Cuaderno de actividades
to accompany

Tu mundo

español sin fronteras

Magdalena Andrade
Irvine Valley College

Jeanne Egasse
Irvine Valley college

Elías Miguel Muñoz

María José Cabrera Puche
West Chester University of Pennsylvania

Mc Graw Hill

Connect
Learn
Succeed™

The McGraw-Hill Companies

Connect
Learn
Succeed™

CUADERNO DE ACTIVIDADES TO ACCOMPANY TU MUNDO: ESPAÑOL SIN FRONTERAS

This book is printed on acid-free paper.

4 5 6 7 8 9 0 QVS/QVS 19 18 17 16 15

ISBN: 978-0-07-759574-6
MHID: 0-07-759574-2

Senior Vice President, Products & Markets: *Kurt L. Strand*
Vice President, General Manager, Products & Markets: *Michael Ryan*
Vice President, Content Production & Technology Services: *Kimberly Meriwether David*
Managing Director: *Katie Stevens*
Senior Brand Manager: *Katherine K. Crouch*
Senior Director of Development: *Scott Tinetti*
Faculty Development Manager: *Jorge Arbujas*
Development Editor: *Jennifer Kirk*
Editorial Coordinator: *Leslie Briggs*
Director of Digital Content: *Janet Banhidi*
Digital Product Analyst: *Vicki Splaine*
Executive Marketing Manager: *Craig Gill*
Senior Market Development Manager: *Helen Greenlea*
Director, Content Production: *Terri Schiesl*
Content Project Manager: *Jolynn Kilburg*
Senior Buyer: *Sandy Ludovissy*
Lead Designer: *Matthew Baldwin*
Cover Designer: *Preston Thomas, Cadence Design Studio*
Interior Design: *Maureen McCutcheon*
Lead Content Licensing Specialist: *Keri Johnson*
Photo Research: *Susan Friedman*
Permissions Coordinator: *Lori Church*
Compositor: *Aptara®, Inc.*
Typeface: *10/12 Palatino*
Printer: *Quad/Graphics*

The photo credits are appearing at the end of the book.

www.mhhe.com

Contents

To the Student

The *Cuaderno de actividades* (workbook/laboratory manual) is intended for use outside the classroom. It is designed to give you additional practice reading, writing, and listening to Spanish in a variety of meaningful contexts.

How to get the most out of the *Cuaderno*

¡A escribir! and **Exprésate.** These sections give you the opportunity to express yourself in written Spanish on the topics presented in each chapter. When doing each activity, try to use the vocabulary and structures that you have acquired in the current chapter as well as those from previous chapters. The **Lee** *Infórmate* notes will refer you to the specific grammar points that you need to study in the main text.

When you've finished the assignment, check your answers against the Answer Key in the back of the *Cuaderno*. Bear in mind that in many cases your answers should reflect your own life and experiences. Use the Answer Key to correct errors in form, not differences in content.

Pronunciación y ortografía. The **Ejercicios de pronunciación** include a series of pronunciation activities designed to attune your ear to the differences between English and Spanish and to improve your Spanish pronunciation. The **Ejercicios** group familiar or easily recognizable words so you can practice the pronunciation of a particular sound that those words have in common. First, an explanation of the pronunciation is given, followed by examples for you to repeat aloud. Keep the following suggestions and facts in mind when reading these activities:

- Your goal is to develop a feel for good pronunciation in Spanish, not to memorize pronunciation rules.
- Most people achieve good pronunciation in a new language by interacting in a normal communicative situation with native speakers of that language.
- The more spoken Spanish you hear, the more you will become used to the rhythm, intonation, and sound of the language.
- Do not attempt to pay close attention to details of pronunciation when you are speaking Spanish; it is far more important to pay attention to what you are trying to express.

The **Ejercicios de ortografía** consist of spelling rules and examples, followed by dictation exercises. You will be familiar with the words in these dictation exercises from the communicative activities done in class. Again, the idea is not to memorize a large number of spelling rules, but rather to concentrate on items that may be a problem for you.

Actividades auditivas consists of listening activities that help you check your comprehension of recorded passages. These passages include conversations and narratives, and they give you more opportunities to listen to and understand spoken Spanish outside the classroom. These activities simulate real-life experiences, giving you exposure to authentic speech in a variety of contexts and to the different accents of the Spanish-speaking world.

Videoteca. This section will help you to work with the chapter's **Amigos sin Fronteras** and **Mi país** video segments. There is a variety of viewing activities in the **Videoteca** sections of the *Cuaderno*.

The **¡A leer!** section contains three readings: **¿Sabías que...?**, **Galería**, and **Conexión cultural.** **¿Sabías que...?** is usually short and focuses on Spanish or other regional languages; **Galería** readings are accompanied by images and discuss the various opportunities for exploring the country's natural and cultural points of interest; **Conexión cultural** focuses on some aspect of Hispanic culture. The more Spanish you read, the more you will be able to understand and speak.

Keep in mind that reading is not translation. If you are translating into English as you go, you are not really reading. Many of the words and phrases in these readings have appeared in classroom activities. Some words are included in the **Vocabulario de consulta** list and bolded in the text. You do not need to learn these; just use them to help you understand what you're reading. There will also be some words that you will not know and that are not part of the vocabulary list. Try to understand the main idea of the reading without looking up such words. More often than not, you will be able to get the main idea by using context.

Your instructor will ask you to do some of the readings at home so you can discuss them in class. The better you prepare yourself, the more you will learn from these discussions and the more Spanish you will acquire. The following suggestions will help you with the readings.

- **Cues.** Look at the title, photos, and any other cues outside the main text for an introduction to what the reading is about.
- **Familiar words.** Scan the text for familiar words and cognates. Cognates are words that are similar in English and Spanish. Use them to make predictions about content and to help you anticipate.
- **Main idea.** Pay attention to the first paragraph: it will present the main idea of the reading. The remaining paragraphs develop the main idea with more details.
- **Context.** Use context to make intelligent guesses regarding unfamiliar words.
- **Read with a purpose.** The first time, read to get the main idea; the second, to clarify the main idea and notice important details; the third, to answer questions and relate content to your own experiences.
- **Visualize.** If you are reading a story, picture it in your mind instead of trying to translate as you go.
- **Be an active reader.** Anticipate, predict. An active reader asks him- or herself questions: Why is this said? Who says it? An active reader predicts the outcome and incorporates clues to reformulate predictions as he or she continues to read.
- **Be adventurous.** Try your hand at the different types of questions and post-reading activities. Let your reading be an enjoyable experience!

¡A conversar! 1

¡A escribir!°

A… Let's Write!

Los nombres de los compañeros de clase

A. Nombres y apellidos. Eloy y Claudia están en el gimnasio de la universidad. La persona del gimnasio habla con Eloy. Conecta las preguntas con las respuestas lógicas.

Claudia Cuéllar Arapí   Eloy Ramírez Ovando

LA PERSONA DEL GIMNASIO

1. _____ Hola, ¿cómo te llamas?

2. _____ ¿Cuáles son tus apellidos?

3. _____ Y, ¿cómo se llama tu amiga?

4. _____ ¿Cuáles son sus apellidos
(los apellidos de tu amiga)?

ELOY

a. Ramírez Ovando.

b. Sus apellidos son Cuéllar Arapí.

c. Me llamo Eloy.

d. Se llama Claudia.

B. ¿Cómo se escribe tu nombre?

Parte 1. Escribe los números 1 a 6 para ordenar la conversación.

Nombre	Primer apellido	Segundo apellido
CLAUDIA	CUÉLLAR	ARAPÍ

_____ ¿Cómo se escribe tu nombre?

_____ Gracias, ¿y cómo se escribe tu primer apellido?

_____ Hola, ¿cómo te llamas?

_____ Me llamo Claudia Cuéllar Arapí.

_____ Mi primer apellido se escribe así: *ce, u, e, doble ele (elle), a, ere*

_____ Mi nombre se escribe así: *ce, ele, a, u, de, i latina, a*

Parte 2. Ahora mira los nombres de los amigos del club y conecta las dos columnas.

Nombres y apellidos

1. _____ CLAUDIA Cuéllar Arapí
2. _____ NAYELI Rivas Orozco
3. _____ RADAMÉS Fernández Saborit
4. _____ RODRIGO Yassín Lara
5. _____ ANA SOFÍA Torroja Méndez
6. _____ XIOMARA Asencio Elías

¿Cómo se escribe?

a. Su nombre se escribe con equis.
b. Su apellido se escribe con dos eses.
c. Su nombre se escribe con i griega.
d. Su apellido se escribe con jota.
e. Su apellido se escribe con doble ele (elle).
f. Su apellido se escribe con be grande.

La ropa, los colores y los números del 0 al 49

Lee *Infórmate 1.1–1.2*

C. La ropa y los colores. Escribe cada palabra en su categoría correspondiente.

abrigo	blusa	camiseta	gris	rosado	vaqueros
amarillo	botas	corbata	morado	saco	verde
anaranjado	bufanda	chaqueta	negro	sandalias	vestido
azul	café	falda	pantalones	sombrero	violeta
blanco	camisa	gorro	rojo	traje	zapatos

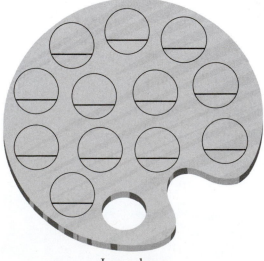

Los colores

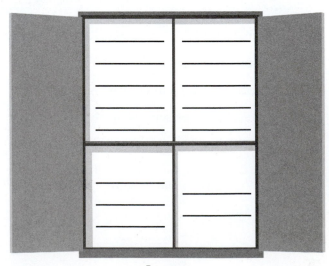

La ropa

D. ¿Qué llevan y cuánto cuesta?

Parte 1. Mira los maniquíes (*mannequins*) y escribe la ropa que llevan.

Vocabulario útil			
unas botas	una corbata	un sombrero	un vestido
una bufanda	un gorro	una sudadera	unos zapatos de tenis
una camiseta	unos pantalones	un traje muy elegante	blancos
una chaqueta	unas sandalias	unos vaqueros azules	unos zapatos grises

1. ¿Qué ropa lleva el niño?	2. ¿Qué ropa lleva la niña?	3. ¿Qué ropa lleva el hombre?	4. ¿Qué ropa lleva la mujer?
_____ _____ _____ _____ _____	_____ _____ _____ _____ _____	_____ _____ _____ _____ _____	_____ _____ _____ _____ _____

(Continúa)

Parte 2. Contesta las preguntas usando oraciones completas (*complete sentences*).

MODELO: De las personas en el dibujo, ¿quién lleva el traje? (el niño, la niña, el hombre, la mujer)

El hombre lleva el traje.
¿Cuánto cuesta el traje?
El traje cuesta cuarenta y nueve dólares y trece centavos.

1.   ¿Quién lleva la corbata? (el niño, la niña, el hombre, la mujer)

_____

2.   ¿Cuánto cuesta la corbata?

_____

3.   ¿Quién lleva el vestido? (el niño, la niña, el hombre, la mujer)

_____

4.   ¿Cuánto cuesta el vestido?

_____

5.   ¿Quién lleva el gorro y la bufanda? (el niño, la niña, el hombre, la mujer)

_____

6.   ¿Cuánto cuestan el gorro y la bufanda juntos (*together*)?

_____

7.   ¿Quién lleva las botas? (el niño, la niña, el hombre, la mujer)

_____

8.   ¿Cuánto cuestan las botas?

_____

La descripción de las personas

Lee *Infórmate 1.3–1.4*

E. Los amigos están en la universidad. Mira las ilustraciones y conecta las dos columnas.

Ángela McNeil-Mendivil

Camila Piatelli de la Fuente

Eloy Ramírez Ovando

Antonella Piatelli de la Fuente

ROPA		NOMBRES	
1.	_____ Lleva camiseta y es delgado.	**a.**	Camila y Eloy
2.	_____ Lleva chaqueta y sandalias.	**b.**	Camila y Antonella
3.	_____ Lleva un abrigo largo y sombrero.	**c.**	Antonella
4.	_____ Llevan cinturón.	**d.**	Ángela
5.	_____ Llevan chaqueta.	**e.**	Camila
6.	_____ Lleva vestido.	**f.**	Eloy
7.	_____ Llevan falda.	**g.**	Eloy y Ángela

F. **¿Quiénes son los miembros de la familia de Eloy?** Lee cada (*Read each*) descripción y escribe el nombre de la persona.

Antonio Ramírez del Valle

Eloy Ramírez Ovando

Eduardo Antonio Ramírez Ovando

Patricia Ramírez Ovando

Ricardo Alberto Ramírez Ovando

Estela Ovando Hernández

1. Es muy joven, delgada y no muy alta. Tiene el pelo largo, castaño y lacio. Lleva vaqueros azules y una sudadera. ¿Quién es? _____

2. Es alto y un poco gordo. Tiene bigote y lleva lentes. Hoy lleva pantalones color café, una camiseta azul y zapatos color café. ¿Quién es? _____

3. Es joven, alto y delgado. Tiene el pelo corto y castaño. Lleva pantalones color kaki, una camisa azul y corbata. ¿Quién es? _____

4. Es joven, alto y delgado. Tiene el pelo corto y castaño. Lleva unos pantalones cortos blancos, una camiseta azul oscuro y sandalias. ¿Quién es? _____

5. Es de estatura mediana y un poco gorda. No es muy joven y tiene el pelo canoso. Lleva un vestido verde y unos zapatos de tacón alto. ¿Quién es? _____

6. Es muy joven, bajo y delgado. Tiene el pelo corto y castaño. Lleva vaqueros azules, una camiseta blanca y zapatos de tenis. ¿Quién es? _____

Los saludos

G. Conversaciones incompletas. Usa el **Vocabulario útil** para responderle a Eloy.

Vocabulario útil		
Buenas tardes	**Mucho gusto**	**Adiós**
Hola	**Hasta luego**	**Igualmente**
Chao	**Muy bien, gracias, ¿y tú?**	**No muy bien, un poco**
Encantado/a	**Buenos días**	**cansado/a**
Buenas noches	**Regular, ¿y tú?**	

Organización de las expresiones		
Expresiones para (*for*) ...		**Tú respondes** (*You answer*):
saludar (*greeting*)	¡Hola!	_____ _____ _____ _____
hablar de cómo está una persona (*talking about how someone is*)	¿Cómo estás? ¿Cómo está usted? ¿Qué tal?	_____ _____ _____
presentar (*introducing*)	Me llamo… Te presento a mi amigo/a… Mucho gusto…	_____ _____ _____
despedirse (*saying goodbye*)	¡Adiós!	_____ _____ _____

H. Conversaciones en acción. Completa las conversaciones con las expresiones de la caja.

Vocabulario útil		
Cómo estás	Igualmente (×2)	Muy bien, gracias, ¿y tú?
Hola (×2)	Me llamo	Te presento a mi amiga.

Claudia Cuéllar Arapí **Eloy Ramírez Ovando**

Claudia Cuéllar Arapí **Eloy Ramírez Ovando**

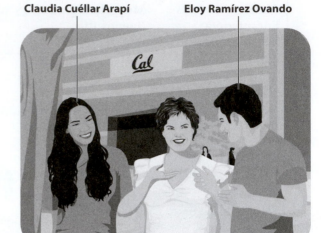

Ángela McNeil-Mendívil

CLAUDIA: Hola.

ELOY: _____.¹ ¿Cómo te llamas?

CLAUDIA: _____² Claudia. ¿Y tú?

ELOY: Me llamo Eloy. ¡Mucho gusto, Claudia!

CLAUDIA: _____.³

CLAUDIA: Buenos días, Eloy.

ELOY: _____,⁴ Claudia. Gusto de verte. ¿_____⁵?

CLAUDIA: _____.⁶

ELOY: Muy bien, también, gracias. ¿Me presentas a tu amiga?

CLAUDIA: _____⁷ Ángela, Eloy.

ELOY: Mucho gusto.

ÁNGELA: _____.⁸

En resumen

I. **¿Dónde está mi amigo?** Eloy está en una fiesta con su amigo pero su amigo desparece (*disappears*). Entonces Eloy le cuenta (*tells*) a un muchacho de la fiesta sobre (*about*) su amigo. Organiza las frases de 1 a 11 en orden lógico.

_____ ¡Ay, no! Y, ¿cómo es tu amigo?

_____ ¡Sí, ese es mi amigo! ¡Qué bien! Muchas gracias.

_____ Chao.

_____ Gracias por la descripción. Y ¿qué ropa lleva hoy?

_____ Bien pero estoy triste. No veo (*I do not see*) a mi amigo aquí en la fiesta.

_____ De nada, chico. Adiós.

_____ Es alto, delgado y tiene el pelo castaño y lacio. Es muy extrovertido, muy divertido y muy trabajador.

___1___ Hola, ¿cómo estás?

_____ Hola, muy bien gracias, ¿y tú?

_____ Lleva unos vaqueros negros y un cinturón, unos zapatos color café y una camisa azul y roja.

_____ Mira allá (*there*), ¿es tu amigo?

J. **Comunicación personal: En la cafetería de la universidad.** Imagínate que estás en la cafetería de la universidad con tu amigo o amiga pero él o ella desaparece (*disappears*). Completa la conversación con otro estudiante de la cafetería y describe a tu amigo/a.

Saludar	TÚ: _____ ESTUDIANTE: Hola, muy bien gracias, ¿y tú? TÚ: _____ pero estoy triste. ¡Mi amigo/a desapareció (*disappeared*)!
Describir	ESTUDIANTE: ¿Cómo es tu amigo/a? (descripción física y de personalidad) TÚ: _____ _____ _____ ESTUDIANTE: ¿Qué ropa lleva? TÚ: _____ _____ ESTUDIANTE: Mira, allí (*there*) está. TÚ: ¡Bien! Muchas gracias. ESTUDIANTE: De nada.
Despedirse	TÚ: _____ ESTUDIANTE: Adiós.

Exprésate

Escríbelo tú

¿Cómo eres?

Escribe una composición corta en cuatro partes: (1) saluda, (2) di cómo te llamas, (3) da una buena descripción de tu apariencia física y de tu personalidad y finalmente (4) describe la ropa que llevas frecuentemente. Usa la información de las **Actividades 3, 5, 7** y la **Actividad integral** de tu libro de texto (*textbook*) como modelos.

Completa la tabla para organizar las ideas.

¿Cómo eres?		
Saluda		
Di cómo te llamas		
Descripción	Descripción de tu apariencia física	
	Descripción de tu personalidad	
	Descripción de la ropa que llevas frecuentemente	

Ahora escribe tu composición.

_____

_____

_____

_____

_____

_____

_____

Enlace auditivo

Pronunciación y ortografía (*Pronunciation and Writing*)

This section of *Tu mundo* offers rules to help you pronounce and write words correctly in Spanish. Read the explanations, then listen carefully to how the sample words and letters are pronounced. This section will teach you some preliminary pronunciation rules, which will be especially useful if you need to pronounce a word you have not heard yet. Each rule will be explained in more detail in subsequent pronunciation and spelling exercises.

Ejercicios de pronunciación

I. *Vowels.* The Spanish vowels are **a, e, i, o,** and **u.** They are pronounced as short, crisp sounds, unlike their equivalent English vowels, which are often drawn out. Notice the difference when the same vowels are pronounced in Spanish then English words.

	SOUND IN SPANISH	SOUND IN ENGLISH
a	alta	h*a*lt
e	pelo	p*ay*
i	sí	s*ee*
o	como	c*o*mb
u	mucho	m*oo*d

II. *Consonants.* The pronunciation of most Spanish consonants is close to that of English. However, Spanish sounds are never exactly the same as English sounds. For this reason the following rules are offered only as guidelines.

A. The pronunciation of the consonants **ch, f, l, m, n, p, s,** and **t** is almost identical in Spanish and English.

	SPANISH	ENGLISH MEANING
ch	chile	*chili*
f	fuente	*fountain*
l	lista	*list*
m	mapa	*map*
n	no	*no*
p	patio	*patio*
s	sopa	*soup*
t	tiempo	*time*

B. The consonants **c, g,** and **x** have more than one pronunciation in Spanish, depending on the letter that follows.

	SOUNDS LIKE ENGLISH	SPANISH	ENGLISH MEANING
c (before **a, o, u**)	*k*	carro	*car*
c (before **e, i***)	*s,* or *c* before *e, i, y*	círculo	*circle*
g (before **e, i**)	*h*	general	*general*
g (before **a, o, u**)	*g,* but pronounced softer than in English	gas	*gas*
x (before a vowel)	*ks*	taxi	*taxi*
x (before a consonant)	*ks, s*	experto	*expert*
x	*h*	México†	*Mexico*

_____

*In some regions of Spain, **c** before **e** or **i** and **z** are pronounced similar to the English *th.*

†The *x* in the word *México* is pronounced like an *h* English, using the same sound as for the *g* before *e* or *i.*

C. The sounds of the Spanish consonants **q** and **z** are almost identical to sounds in English that are represented by different letters.

	SOUNDS LIKE ENGLISH	SPANISH	ENGLISH MEANING
q (before **ue, ui**)	*k;* never *kw*	*q*ué	*what*
z	*s;* never **z***	*z*apato	*shoe*

D. The sounds of the Spanish consonants **d, j, ll,** and **ñ** are similar to English sounds that are represented by different letters.

	SOUNDS LIKE ENGLISH	SPANISH	ENGLISH MEANING
d	*fa*th*er*	to*d*o	*everything*
j	*h*appy	*r*ojo	*red*
ll	*y*es	*ll*ama	*call(s)*
ñ	*ca*ny*on*	ca*ñ*ón	*canyon*

E. These Spanish sounds have no close or exact English equivalents.

	PRONUNCIATION	SPANISH	ENGLISH MEANING
b, v	Similar to English *b* but softer; lips do not always close. No difference between **b** and **v** in Spanish	ca*b*eza, ca*v*ar	*head, to dig*
r	single tap of the tongue	pe*r*o	*but*
rr	trill	pe*rr*o	*dog*

F. In Spanish, the letter **h,** and the **u** in the combination **qu,** are always silent.

	SPANISH	ENGLISH MEANING
h	hablar	*to talk*
u (in **qu**)	que	*that*

   III. *Rhythm and Intonation.* English pronunciation follows a *stress-timed rhythm.* This means that stressed syllables are longer (more drawn out) than unstressed syllables. Spanish follows a *syllable-timed rhythm.* This means that each syllable in Spanish is about equal in length when pronounced.

A. Listen to the sentences in the following dialogues and note the difference between English stress-timed rhythm and Spanish syllable-timed rhythm. Note especially that each syllable in Spanish is about equal in length when pronounced.

Hello, how are you? — —Hola, ¿cómo está usted?
Fine, thanks. And you? — —Muy bien, gracias. ¿Y usted?
I'm fine. Are you a friend of Omar Acosta? — —Estoy bien. ¿Es usted amigo de Omar Acosta?

Yes, he's a very nice person and also very intelligent. — —Sí, es una persona muy simpática y muy inteligente también.

---

*In some regions of Spain, as **c** before **e** and **i**, **z** is also pronounced similar to the English *th*.

B. Listen and then pronounce the following sentences. Concentrate on making the syllables equal in length.

1. Claudia lleva una chaqueta azul.
2. Lucía tiene el pelo negro.
3. El profesor Sotomayor es muy inteligente.
4. Eloy lleva una camisa verde.
5. Los pantalones de Lucía son blancos.

Ejercicios de ortografía

Interrogatives: Accent Marks. When writing question words (*who?, where?, when?, why?, how?, what?, which?*) in Spanish, always use question marks before and after the question and write an accent mark on the vowel in the stressed syllable of the question word: **¿Qué es? ¿Cuáles son?**
  Listen and then write the question words you hear beside the English equivalents.

1. *How?* _____
2. *What?* _____
3. *Who?* _____
4. *How many?* _____
5. *Which?* _____

Actividades auditivas°

Actividades… *Listening Comprehension Activities*

A. La ropa y los números. Professor Franklin Sotomayor is asking his beginning Spanish class to number drawings of clothes. Listen to what he says and write the appropriate number under the correct clothing article.

Vocabulario de consulta

los dibujos	drawings	**¿Repito?**	Should I repeat/say again?
escuchen	listen	**fácil**	easy
escriban	write	**Cal**	*name given locally to UC Berkeley*

(Continúa)

El profesor Sotomayor habla de la ropa en su clase de español. Escucha y escribe los números que dice él.

1. _____

2. _____

3. _____

4. _____

5. _____

6. _____

7. _____

B. **Una reunión de los Amigos sin Fronteras.** Claudia and Eloy, the founders of the club **Amigos sin Fronteras**, are giving a small party so the members get to meet each other. Claudia is telling Eloy the names of the new members. Listen to their dialogue and answer the questions.

Vocabulario de consulta

también	also
pero	but
fabulosa	fabulous
idea	idea

Claudia y Eloy hablan de los nuevos miembros del Club Amigos sin Fronteras. Contesta las preguntas. (*Answer the questions.*)

1. ¿Cómo se llama la joven rubia que lleva una falda corta? _____

2. ¿Cómo se llama el chico gordito (un poco gordo) que lleva camisa blanca? _____

3. ¿Se llama Nayeli o Camila la chica morena y bonita? _____

4. ¿Quién es tímida, Nayeli o Camila? _____

5. ¿Cuántas personas hay en la fiesta? _____

Videoteca

Amigos sin Fronteras°

Amigos… *Friends without Borders*

Episodio 1: Los nuevos amigos

Resumen (*Summary*). In the student lounge, Mexican-American student Eloy Ramírez Ovando is watching a soccer game on TV while he studies and does his homework. He is cheering for the Spanish national team. Claudia Cuéllar Arapí, a student from Paraguay, passes by. They meet, exchange personal information, and come up with the idea of starting the **Amigos sin Fronteras** club.

Preparación para el video

A. **¡Comencemos!** Escribe tres preguntas que puedes hacer (*you can ask*) para conocer (*get to know*) a otro/a (*another*) estudiante.

_____

_____

_____

Vocabulario de consulta

Vamos	Let's go
¡Qué nervios!	It's nerve-racking!
No te preocupes, no hay problema.	Don't worry, there's no problem.
vos*	you (*inf. sing.*)
tienes	you have
equipo	team
economía	economy
biología	biology
Tu turno.	Your turn.
Te llamo mañana.	I'll call you tomorrow.

Comprensión del video

B. El episodio. Indica las oraciones que describen este episodio.

1. ☐ Claudia es una amiga buena de Eloy.
2. ☐ Eloy mira la televisión.
3. ☐ Claudia es de Paraguay.
4. ☐ Eloy y Claudia tienen clases juntos (*together*).

C. ¿Cierto o falso? Lee las oraciones (*sentences*) y decide si son ciertas (*true,* C) o falsas (*false,* F).

1. El equipo de fútbol favorito de Eloy es el equipo de México. C F

2. Claudia es paraguaya. C F

3. Eloy es mexicano. C F

4. Claudia es estudiante de historia. C F

5. Eloy es estudiante de biología. C F

D. Detalles. Completa las oraciones según el video.

1. El color favorito de Eloy es _____ porque es el color de la _____ de

   su equipo de _____ favorito.

2. Claudia es de _____ y es estudiante de _____.

3. Los padres de Eloy son _____ pero Eloy no es de México. Dice (*He says*)

   que es _____.

4. La idea de _____ es formar un _____ internacional.

*****Vos** is an informal form of address in Paraguay, similar to the pronoun **tú. Vos hablás** means **tú hablas** and **vos sos** means **tú eres.**

Mi país

Estados Unidos

Preparación para el video

Selecciona las respuestas correctas.

La Parada Puertorriqueña en Nueva York

1. ¿Qué comunidad hispana es la más grande en California? La comunidad de...

   a. Perú   c. Argentina
   b. México   d. Cuba

2. ¿Qué celebraciones hispanas se celebran en Estados Unidos?

Comprensión del video

¿Cierto (C) o Falso (F)?

1.	En California la cultura mexicana está muy presente.	C	F
2.	Estados Unidos hay mas de setenta y cinco millones de hispanos.	C	F
3.	El nombre de la ciudad de Los Ángeles y de muchas otras ciudades del español.	C	F
4.	Las pupusas, salchichas y tapas son comidas mexicanas.	C	F
5.	En el festival de la Calle Ocho, las personas bailan salsa y merengue.	C	F
6.	Hay un comunidad puertorriqueño muy grande en Nueva York.	C	F
7.	Los colores rojo, blanco y azul invaden las calles de Los Ángeles durante Cinco de Mayo.	C	F
8.	Muchos hispanos famosos tiene estrellas en el paseo de la fama.	C	F

¡A leer!

¿Sabías que... ?°

¿Sabías... Did You Know That . . . ?

Un mundo de ropa

¿Sabías que cada país[a] hispano tiene prendas[b] de ropa tradicionales? En el Caribe muchos hombres llevan guayabera,[c] un tipo de camisa bordada.[d] En el sur de México y Guatemala está la hermosa[e] ropa maya, como el huipil,[f] que es una blusa larga bordada. En Bolivia se usan mucho el poncho y el sombrero de fieltro.[g] Las mujeres en Bolivia también[h] llevan muchas faldas a la vez[i]: una pollera y varias combinaciones.[j]

Pero los hispanos también llevan ropa moderna. Para ir a una fiesta, una mujer lleva un vestido elegante y zapatos de tacón alto,[k] y el hombre lleva traje con corbata. La ropa informal es siempre[l] popular: una camiseta, una falda o un pantalón y zapatos de tenis o sandalias. Entre los jóvenes, los vaqueros son la prenda de ropa más popular. Los vaqueros tienen muchos nombres: en Cuba es «bluyín», en el norte de México son «jeans» y en Puerto Rico son «mahones». No importa el nombre que se use,[m] ¡es una prenda muy práctica!

[a]cada... *every country*   [b]*articles*   [c]*lightweight man's shirt*   [d]*embroidered*   [e]*beautiful*   [f]*Mayan tunic*   [g]*felt (fabric)*
[h]*also*   [i]*a... at once*   [j]pollera... *embroidered skirt and various underskirts*   [k]zapatos.... *high heels*   [l]*always*
[m]No... *It doesn't matter what name you use*

Comprensión

1. _____ Un huipil es un tipo de...

   a. pantalón maya
   b. camisa bordada
   c. blusa larga bordada

2. _____ Las guayaberas se usan más en...

   a. Bolivia
   b. el Caribe
   c. España

3. _____ En Puerto Rico los vaqueros tienen el nombre de...

   a. «mahones»
   b. «bluyín»
   c. «jeans»

Galería

Estados Unidos

Placita Olvera,
Los Ángeles, California

Calle Ocho, Miami, Florida

La Parada, Manhattan, Nueva York

Via Crucis, Langley Park, Maryland

Las celebraciones hispanas en Estados Unidos

¡Bienvenidos[a] a la galería de las comunidades[b] hispanas en Estados Unidos! Visita[c] las comunidades latinas y sus festivales…

Visita la Placita Olvera, en Los Ángeles, California. En la Placita Olvera hay[d] una plaza tradicional mexicana y sitios[e] históricos. Hay cafés y restaurantes mexicanos con tacos, enchiladas y ¡música mexicana! También[f] hay tiendas[g] con sombreros, blusas y pantalones típicos. En la Placita Olvera se celebran muchas fiestas típicas de México y de otros países[h] hispanos, por ejemplo, el Cinco de Mayo. Y tú, ¿celebras el Cinco de Mayo?

Si estás[i] en Miami, Florida, hay dos opciones interesantes: la Pequeña[j] Buenos Aires y el Festival de la Calle Ocho en la Pequeña Habana. Visita la Pequeña Buenos Aires y celebra la tradición y cultura argentinas en sus restaurantes, cafés y tiendas. Si es marzo,[k] visita el Festival de la Calle Ocho, que se celebra en la Pequeña Habana y es el festival latino más grande de Estados Unidos. El festival de la Calle Ocho celebra la cultura cubana y la cultura latina en general. En el festival hay músicos latinos famosos, comida étnica[l] y muchas actividades. Si visitas el festival de la Calle Ocho, lleva ropa cómoda[m]: zapatos cómodos, una camiseta, pantalones cortos… ¡y mucho entusiasmo! ¿Quieres descubrir[n] más festivales? ¡Perfecto!

En Nueva York, en junio[ñ] se celebra La Parada, un festival en honor a Puerto Rico. Es un festival muy familiar[o] y celebra la cultura y la tradición puertorriqueñas. Normalmente hay varias personas famosas en este festival. ¿Sabes qué[p] tres colores son los más comunes[q] en La Parada? Los tres colores más importantes del festival son el rojo, el blanco y el azul por las banderas[r] de Puerto Rico y Estados Unidos. ¡Qué buen festival! Ahora… planeas visitar[s] Nueva York y participar en La Parada, ¿verdad[t]?

En julio[u] hay otro festival latino, en Nueva Jersey: el Festival Peruano de Paterson. Es un festival en honor a Perú, los peruanos y su cultura. El festival celebra el Día de la Independencia de Perú (el veintiocho de julio), su tradición, su arte, su comida, su música y su folklore.

Finalmente, hay eventos religiosos interesantes, por ejemplo, el Via Crucis, en la comunidad de Langley Park, en Maryland. En Langley Park hay una comunidad latina grande con muchas personas de Centroamérica, especialmente de El Salvador y de Guatemala.

Pero hay muchas más celebraciones latinas en Estados Unidos. ¿Qué celebraciones quieres visitar? ¡Visítalas todas!

[a]*Welcome* [b]*communities* [c]*Visit* [d]*there is* [e]*sites* [f]*Also* [g]*stores* [h]*otros… other countries* [i]*Si… If you are* [j]*Little* [k]*March* [l]*comida… ethnic food* [m]*comfortable* [n]*¿Quieres… Do you want to discover* [ñ]*June* [o]*family-oriented* [p]*¿Sabes… Do you know which* [q]*los… the most common (ones)* [r]*flags* [s]*Ahora… Now . . . you plan on visiting* [t]*right? (Lit., true?)* [u]*July*

Comprensión. Conecta las descripciones con la comunidad o evento correspondiente.

1. _____ Celebran un festival en honor a Puerto Rico.

2. _____ Celebran el festival latino más grande de Estados Unidos.

3. _____ Esta plaza tradicional mexicana tiene muchos cafés, restaurantes y tiendas.

4. _____ Este evento religioso se celebra en una comunidad latina con personas de El Salvador y Guatemala.

5. _____ Celebran el Día de la Independencia de Perú en julio.

a. Placita Olvera

b. Calle Ocho

c. La Parada

d. Via Crucis

e. Paterson, Nueva Jersey

Conexión cultural°

Conexión... *Cultural Connection*

La presencia vital de los hispanos

Vocabulario de consulta

viven	live
para	in order to
todos	all
cada	each
Entre	Among
ascendencia	ancestry
escritores	writers
Algunos	Some
cine	movies
primera	first
ganador	winner
Premio	Prize
nadador	swimmer
campeón	champion
gimnasta	gymnast
se entrena	trains
Sur	South
que trabajan en el campo	who work in fields
limpian	they clean
sea cual sea	whatever may be

Cincuenta millones de hispanos **viven** en muchos estados de Estados Unidos, por ejemplo en Texas, California, Florida, Nueva Jersey, Nueva York y Maryland. Sus contribuciones culturales son importantes.

La palabra *Hispanic* se usa con frecuencia en Estados Unidos **para** describir a **todos** los latinos. Pero en la comunidad hispana hay personas de varios países que forman grupos diferentes, **cada** grupo con una historia diferente. Hay inmigrantes de España y de América Latina. Su presencia es vital porque contribuyen de manera importante a la vida cultural y económica de Estados Unidos.

Entre los hispanos de **ascendencia** mexicana, o chicanos, hay muchos **escritores**, actores, músicos, artistas, políticos y una astronauta. **Algunos** buenos ejemplos: Salma Hayek, actriz y productora de **cine;** Edward James Olmos, actor de cine y televisión; y el famoso guitarrista Carlos Santana. También hay escritores muy buenos como Sandra Cisneros, autora chicana de la novela *The House on Mango Street*. Hay políticos y activistas de gran impacto, como Antonio Villaraigosa, Henry Cisneros, César Chávez y Dolores Huerta. La astronauta chicana Ellen Ochoa es la **primera** hispana en el espacio.

En la comunidad de los dominicanos (las personas de República Dominicana), hay tres personas muy célebres en tres profesiones diferentes: en el cine, la actriz Zoe Saldana, que triunfa con *Avatar, Star Trek* y *Colombiana*; en la literatura, Junot Díaz, **ganador** del **Premio** Pulitzer en 2008 por su novela *The Brief Wondrous Life of Oscar Wao*; y en el mundo de los deportes, Alex «A-Rod» Rodríguez, beisbolista del equipo New York Yankees.

Los puertorriqueños (las personas de Puerto Rico) forman otro grupo. Hay políticos como Luis V. Gutiérrez, miembro del Congreso. También está Sonia Sotomayor, miembro de la Suprema Corte de Justicia de Estados Unidos; el cantante Marc Anthony; la escritora Esmeralda Santiago; el poeta Tato Laviera y la actriz de cine Jennifer López.

La actriz dominicana
Zoe Saldana

Muchos puertorriqueños viven en Nueva York… ¡son neoyorriqueños!

Los cubanos forman otro grupo, que reside especialmente en Florida, Nueva Jersey y California. Entre ellos hay novelistas muy famosos como Oscar Hijuelos (Premio Pulitzer, 1990) y Cristina García, autora de *Dreaming in Cuban*. En el cine están Andy García y Cameron Díaz. Y en la música, Gloria Estefan y Pitbull son dos cubanoamericanos muy famosos Pero también hay un **nadador** y **campeón** olímpico que es cubanoamericano: Ryan Lochte. Y el **gimnasta** olímpico Danell Leyva es cubano pero vive y **se entrena** en Miami.

Recogiendo (*Picking*) fresas (*strawberries*) en California

Un grupo más heterogéneo incluye inmigrantes de España, América Central y América del **Sur**. En la música dos famosos son Shakira y Juanes y en el cine John Leguizamo; los tres son de Colombia. En medicina, el español Severo Ochoa recibe el Premio Nobel de 1959. También está el astronauta de Costa Rica, Franklin Chang-Díaz.

Finalmente, un grupo muy importante: el de los hispanos que **trabajan en el campo** con la fruta y la verdura (vegetales), que trabajan en los jardines de las casas o que **limpian** oficinas y hoteles. Ellos son indispensables para el progreso de Estados Unidos.

Algunas personas de esta comunidad prefieren llamarse *Hispanic* o *Hispanic American*; otras usan las palabras *Latino* y *U.S. Latino*; otros son más específicos y mencionan su nacionalidad: peruano, cubano, salvadoreño. Pero **sea cual sea** la palabra preferida o el término oficial, la presencia hispana es cada día más visible y vital en Estados Unidos.

Comprensión. ¿Cierto (*true*, C) o falso (*false*, F)?

1. No hay muchos hispanos en Estados Unidos.   C   F

2. Los latinos son de varios países pero su historia no es diferente; es muy similar.   C   F

3. La astronauta de ascendencia mexicana, Ellen Ochoa, es la primera hispana en el espacio.   C   F

4. Los escritores Junot Díaz (dominicano) y Oscar Hijuelos (cubano) son ganadores del Premio Pulitzer.   C   F

5. Sonia Sotomayor, de ascendencia puertorriqueña, es actriz de cine y cantante.   C   F

6. No hay colombianos famosos en Estados Unidos.   C   F

7. Hay hispanos que contribuyen al progreso de Estados Unidos porque trabajan en el campo y limpian oficinas y hoteles.   C   F

Amigos y compañeros 2

¡A escribir!

Los cumpleaños y la edad

Lee Infórmate 2.1

A. **Edad y fecha.** Conecta la información de las columnas de la forma más apropiada.

1. _____ ¿Cuántos años tienes?

2. _____ 1-II-1971

3. _____ ¿Cuándo nació Shakira?

4. _____ doce de octubre

5. _____ ¿Cuándo es tu cumpleaños?

6. _____ 2-I-1971

7. _____ Claudia tiene diecinueve años.
   Eloy tiene veintiún años.

8. _____ Xiomara tiene veinte años.
   Ana Sofía tiene veinte años.

9. _____ Lucía tiene veintitrés años.
   Sebastián tiene dieciocho años.

a. Nació el dos de febrero de 1977.

b. El dos de enero de 1971.

c. Ella es mayor (que él).

d. El primero (uno) de febrero de 1971.

e. Tengo treinta y cuatro años.

f. Día de la Raza.

g. Tienen la misma edad.

h. (Mi cumpleaños) Es el treinta de enero.

i. Él es mayor (que ella).

B. Conversaciones sobre la edad. Completa las conversaciones con las expresiones que faltan (*missing*).

> **Vocabulario útil**
>
> cuántos años tiene   Tenemos veinte años.
> cuántos años tiene usted   Tengo dieciocho años.
> cuántos años tienes   Tengo veinticuatro años.

Nayeli, ¿cuántos años tienes?

_____ 1

Yo tengo diecinueve años. ¡Tú eres menor que yo!

Chicas, ¿cuántos años tienen?

_____ 2

Ah, yo soy mayor. _____ 3

Profesor, ¿_____? 4

Tengo veintiocho años

Lucía, ¿_____? 5

Tengo veintitrés años

Y, ¿_____ Franklin? 6

Franklin es mayor que tú. Él tiene veintiocho años

Las cosas en el salón de clase y los mandatos

Lee *Infórmate 2.2–2.3*

C. **¿Dónde están las cosas en el salón de clase?** Conecta los dibujos con las oraciones que los describen.

¿DÓNDE ESTÁ EL LIBRO?	
1. _____	**a.** El libro está encima de la mesa y el bolígrafo está debajo de la mesa.
2. _____	**b.** El libro está debajo de la mesa y el bolígrafo está encima de la mesa.
3. _____	**c.** El libro está al lado de la mesa y la silla está detrás de la mesa.
4. _____	**d.** La silla y el libro están entre las mesas.
5. _____	**e.** El libro y el bolígrafo están encima de la mesa, pero el libro está delante del bolígrafo.
6 _____	**f.** El libro y el bolígrafo están encima de la mesa, pero el bolígrafo está delante del libro.

D. Mandatos. Separa los mandatos en dos tipos: (1) Se usa solo el cuerpo (*only the body*); (2) se usa el cuerpo y otro elemento.

MANDATOS	
Abran el libro.	Miren hacia arriba.
Caminen.	Muéstrenme el reloj.
Corran.	Muéstrenme la pizarra.
Dense una vuelta.	Salten.
Escriban su nombre en la pizarra.	Saquen el bolígrafo.

SE USA SOLO EL CUERPO	SE USA EL CUERPO Y OTRO ELEMENTO

El cuerpo humano

Lee *Infórmate 2.3*

E. Adivinanza (*Riddle*). Lee las descripciones de estas partes del cuerpo y escribe qué parte del cuerpo es. **OJO:** Hay palabras extra.

Vocabulario útil				
la boca	la cara	el estómago	la nariz	el pelo
los brazos	el cuello	los hombros	los ojos	las piernas
la cabeza	el cuerpo	las manos	las orejas	los pies

1. _____ Esta parte del cuerpo está en la cabeza. Tienes dos. Están encima de la nariz y debajo del pelo. Usas lentes en esta parte del cuerpo.

2. _____ Tienes dos. Están debajo de las piernas. Llevas los zapatos en esta parte del cuerpo.

3. _____ En el cuerpo tienes uno. Está debajo de la cabeza y cerca de los hombros. Usas bufandas en esta parte del cuerpo.

4. _____ Esta parte del cuerpo está en la cabeza. Tienes una. Está entre la boca y los ojos.

5. _____ Esta parte del cuerpo está encima del cuello y es parte de la cabeza. En esta parte del cuerpo tienes los ojos, las orejas, la nariz, la boca y el pelo.

6. _____ En el cuerpo tienes dos. En un extremo de los brazos tienes las manos y en el otro (*other*) extremo tienes esta parte del cuerpo. Están cerca del cuello.

7. _____ En el cuerpo tienes una. Está encima del cuello. En esta parte del cuerpo tienes los ojos, las orejas, la nariz, la boca, el pelo y mucho más. Usas gorros y sombreros en esta parte del cuerpo.

F. **Detective.** Estas personas son miembros de una familia y son similares. Lee las descripciones con cuidado (*carefully*) y escribe el nombre de cada persona.

$$F \propto \frac{m_1 m_2}{r^2}$$

¡Jajaja!

¡Perfecto!

Luis   Clara   Domingo   Carmen   Raquel   Javier

1. Es joven, tiene el pelo corto y los ojos pequeños. Es alta y un poco gorda. En ocasiones es un poco temperamental. ¿Quién es? Es _____.

2. Es joven, alta y delgada. Tiene el pelo corto y los ojos grandes. Es muy idealista. ¿Quién es? Es _____.

3. Es joven, tiene el pelo corto y los ojos pequeños. Es un poco gordo y es bajo. Es muy inteligente. ¿Quién es? Es _____.

4. Es muy optimista. Es joven, tiene el pelo corto y los ojos grandes. Es delgado y alto. ¿Quién es? Es _____.

5. Es muy entusiasta. Tiene el pelo corto y los ojos pequeños. Es un poco gorda y un poco vieja. ¿Quién es? Es _____.

6. Es muy divertido. Tiene el pelo corto y los ojos grandes. Es delgado y no muy alto. ¿Quién es? Es _____.

Amigos sin Fronteras

Lee *Infórmate 2.4*

G. **¿De dónde son los estudiantes del club Amigos sin Fronteras?** Mira el mapa y completa las oraciones con la información necesaria.

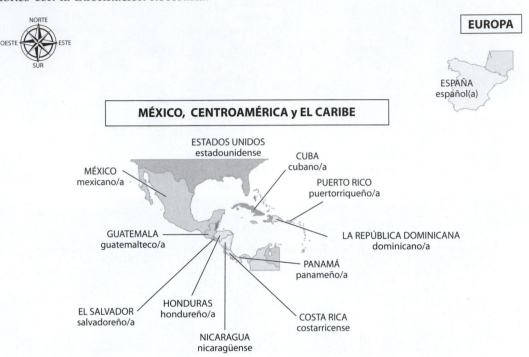

1. Claudia es de _____. Está arriba de Argentina, a la izquierda de Brasil y lejos del océano Pacífico.

2. Nayeli es de _____. Está arriba de Guatemala.

3. Juan Fernando es de _____. Está entre Panamá y Nicaragua.

4. Camila es de _____. Está a la derecha de Chile y al lado de Uruguay y Paraguay.

5. Rodrigo es de _____. Está a la izquierda de Venezuela, al lado de Ecuador y arriba de Perú.

6. Estefanía es de _____. Está en medio de México, Honduras y El Salvador.

7. Lucía es de _____. Está al lado del océano Pacífico y al lado de Argentina.

H. ¿De dónde son? Conversaciones. Completa las conversaciones con las frases apropiadas.

Vocabulario útil		
de dónde es	es de México	son de Ecuador
soy de Los Ángeles	Soy de Paraguay	

¿De dónde eres, Claudia?

_____ 1

Eloy, escucha la música de Radamés.

¿Y _____ 2 Radamés?

Radamés es de Miami, pero su familia es de Cuba. Es cubanoamericano. ¡Qué interesante! ¿no?

Sí, muy interesante. Y yo _____,3 pero mi familia _____. 4 Soy mexicanoamericano.

Mira, él es Omar. Su familia y él _____,5 de Quito, la capital.

En resumen

I. **Comunicación personal: Mi descripción.** Describe cómo eres tú y qué ropa llevas hoy.

Nombre: **¿Cómo te llamas?**	Me llamo _____.	
Edad: **¿Cuántos años tienes?**	(Yo) Tengo _____ años. Nací el _(día)_ de _(mes)_.	
Nacionalidad: **¿De dónde eres?**	(Yo) Soy de _(país)_. Soy _(nacionalidad)_	
Descripción física: **¿Cómo eres físicamente?**	(Yo) Soy…	alto/a, bajo/a, delgado/a, gordo/a, fuerte, débil, viejo/a, joven, moreno/a
	(Yo) Tengo…	el pelo… • corto, largo • lacio, ondulado, rizado • castaño, negro, rubio los ojos… • grandes, pequeños • azules, castaños, negros, verdes
Ropa: **¿Qué ropa llevas hoy?**	Hoy (yo) llevo…	• una blusa/camisa/camiseta/chaqueta (bonita, elegante, fea, blanca, negra, verde, …); un suéter/saco (nuevo, práctico, viejo, color café, morado, rosado, …) • una falda (corta, larga, negra, roja, verde, …), unos pantalones (cortos, largos, amarillos, azules, blancos, …) • un vestido (bonito, corto, elegante, feo, largo, …), un traje (elegante, conservador, azul, gris, negro, …), uniforme • unos zapatos (elegantes, color café, grises, morados, …), unos zapatos de tacón, unos zapatos de tenis, unas botas (altas, bajas, color café, negras, …), unas sandalias • una gorra (azul, roja, verde, …), una bufanda (bonita, de colores, fea, anaranjada, blanca, gris, …), gafas (de sol)
Descripción de personalidad: **¿Cómo eres?**	(Yo) Soy…	divertido/a, entusiasta, generoso/a, idealista, reservado/a, tímido/a, trabajador(a), …

_____

_____

_____

_____

_____

_____

_____

_____

_____

Exprésate

Escríbelo tú

Amigos hispanos

Describe a un amigo hispano o a una amiga hispana. ¿Cómo se llama? ¿De dónde es? ¿Cuántos años tiene? Incluye cinco características físicas y tres características de su personalidad. ¿Es hombre o mujer? ¿Es alto/a, delgado/a, creativo/a, entusiasta, talentoso/a? Si no tienes amigos hispanos, inventa uno. Usa la tabla para organizar tus ideas, luego escribe tu composición en el espacio de abajo.

Mi amigo hispano / amiga hispana se llama _____.			
¿De dónde es?	Es de… (*país*).	Es… (*nacionalidad*).	
¿Cuándo es su cumpleaños?	Nació… (*día y mes*).	Tiene… años.	Es…. (*mayor/menor*) que yo.
Descripción física	Es… (alto/a, bajo/a, gordo/a, delgado/a, etcétera).	Tiene el pelo…	Tiene los ojos…
Descripción de personalidad	Es…		
Ropa favorita	Lleva…		

_____

_____

_____

_____

_____

_____

Enlace auditivo

Pronunciación y ortografía

Ejercicios de pronunciación

I. *Vowels*

A. Vowels in Spanish are represented by five letters: **a, e, i, o,** and **u.**

Listen to the vowel sounds in these words.

    a   mir<u>a</u>, l<u>a</u>rgo, <u>a</u>zul, <u>a</u>brigo
    e   caf<u>é</u>, clas<u>e</u>, n<u>e</u>gro, muj<u>e</u>r
    i   s<u>í</u>, bon<u>i</u>to, ch<u>i</u>ca, r<u>i</u>zado
    o   gord<u>o</u>, pel<u>o</u>, cort<u>o</u>, rojo
    u   r<u>u</u>bia, bl<u>u</u>sa, m<u>u</u>cho, g<u>u</u>sto

B. When vowels are pronounced in Spanish, they are shorter than they are in English. For example, in English the word *go* is pronounced like *gouw* and the word *late* as if it were written *layte.* Such lengthening of vowel sounds does not occur in Spanish.

Listen and compare the following English and Spanish vowel sounds.

ENGLISH	SPANISH	MEANING
day	de	*of*
say	sé	*I know*
low	lo	*it*
mallow	malo	*bad*

C. Listen and then repeat the following words. Concentrate on producing short vowel sounds in Spanish.

    a   t<u>a</u>rde, <u>a</u>miga, c<u>a</u>misa, bl<u>a</u>nca, ll<u>a</u>m<u>a</u>
    e   clas<u>e</u>, l<u>e</u>e, p<u>e</u>lo, l<u>e</u>nt<u>e</u>s, g<u>e</u>neroso
    i   <u>i</u>deal<u>i</u>sta, <u>i</u>ntel<u>i</u>gente, bon<u>i</u>ta, s<u>i</u>mpát<u>i</u>co, t<u>í</u>m<u>i</u>do
    o   n<u>o</u>che, c<u>o</u>mpañer<u>o</u>, <u>o</u>jo, <u>o</u>tro, c<u>o</u>m<u>o</u>, p<u>o</u>co
    u   az<u>u</u>l, s<u>u</u>, <u>u</u>sted, bl<u>u</u>sa, <u>u</u>no

D. Now listen and pronounce the following sentences. Remember to produce short vowels and use syllable-timed rhythm.

    1. Me llamo Eloy.
    2. Mi novia es Susana. Es muy bonita.
    3. Claudia es mi amiga.
    4. Ella es una persona entusiasta.
    5. También es muy sincera.

II. *Consonants: ñ, ll, ch*[1]

A. The letter **ñ** is very similar to the combination *ny* in English, as in the word *canyon.* Listen and then pronounce the following words with the letter **ñ.**

    castaño   niña   señor   año   compañera

---

[1]The letter **ñ** is a separate letter of the Spanish alphabet. The letter combinations **ll** and **ch** are not separate letters, but each is pronounced as one sound.

B. The letter combination **ll** (**elle** or **doble ele**) is pronounced the same as the Spanish letter y^2 by most speakers of Spanish and is very similar to the English *y* in words such as *you, year.* Listen and then pronounce the following words with the letter combination **ll** (**elle** or **doble ele**).

llama   amarillo   lleva   ellas   apellido

C. The letter combination **ch** is pronounced by most Spanish speakers the same as the letter combination *ch* in the English words *chair, church.* Listen and then pronounce the following words with the letter combination **ch.**

mu**ch**o   **ch**ico   **ch**aqueta   mu**ch**a**ch**a   o**ch**o

D. Concentrate on the correct pronunciation of **ñ, ll** and **ch** as you listen to and pronounce these sentences.

1. La niña pequeña lleva una blusa blanca y una falda amarilla.
2. La señorita tiene ojos castaños.
3. Los niños llevan chaqueta.
4. El niño alto se llama Toño.
5. El chico guapo lleva una chaqueta gris.

III. *Consonants:* **h**

A. You have seen that Spanish has the letter combination **ch.** However, the letter **h** (when not as part of the letter combination **ch**) is never pronounced in Spanish.

Listen and then pronounce the following words that are written with the letter **h.**

habla	**h**ombro	**h**ispano
hombres	**H**onduras	**h**ospital
hola	**h**ermano	
hasta luego	a**h**ora	

B. Listen and then pronounce the following sentences. Be sure not to pronounce the letter **h.**

1. Honduras es un país hispano.
2. Los hombros del hombre son muy grandes.
3. Mi hermano habla español.
4. Hablamos mañana. Hasta luego.

Ejercicios de ortografía

I. ñ, ll, ch

A. Listen and write the words you hear with the letter **ñ.**

1. _____   4. _____

2. _____   5. _____

3. _____

B. Now listen and write the words you hear with the letter combination **ll.**

1. _____   4. _____

2. _____   5. _____

3. _____

---

[2]For more about the pronunciation of Spanish **y,** see the **Enlace auditivo** in **Capítulo 3.**

C. Now listen and write the words you hear with the letter combination **ch.**

1. _____
2. _____
3. _____
4. _____
5. _____

II. *Silent* **h.** Remember that the letter **h** is silent in Spanish. If a word is spelled with an **h,** however, you must remember to write it, even though you do not hear it. Listen and write the following words and phrases.

1. _____   5. _____
2. _____   6. _____
3. _____   7. _____
4. _____   8. _____

Actividades auditivas

A. **Las cosas en el salón de clase.** Professor Franklin Sotomayor has asked his class to number drawings of classroom objects. One of his students, Cory, is distracted and doesn't understand what he is supposed to do. Listen to the dialogue, then write the numbers that Professor Sotomayor says in the blank below the appropriate drawing.

Vocabulario de consulta

los dibujos	drawings
debajo de	underneath
finalmente	finally

1. _____ 2. _____ 3. _____ 4. _____ 5. _____

B. Una actividad... ¡divertida! The students in Professor Sotomayor's class are doing a TPR (Total Physical Response) activity. Listen to what Professor Sotomayor says and number the parts of the body in the order that he mentions them.

Vocabulario de consulta

¡Alto!	Stop!	**pónganse**	put
Tóquense	Touch	**rápidamente**	quickly

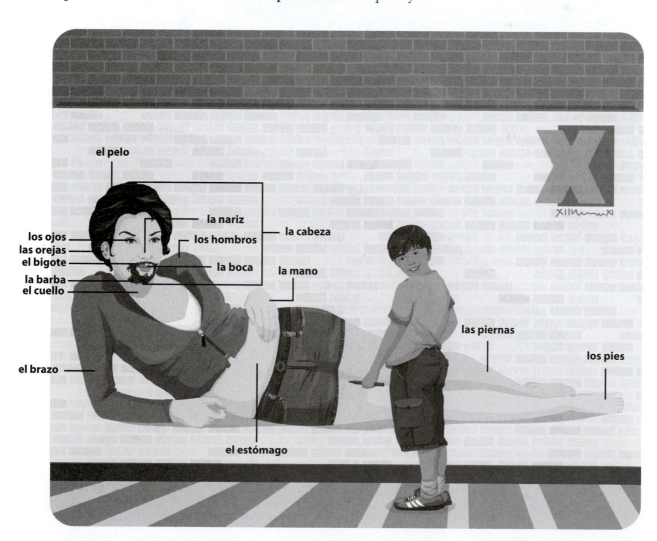

Videoteca

Amigos sin Fronteras

Episodio 2: ¡Buenos días, profesor!

Resumen. Claudia and Eloy are reading e-mail messages from students who want to join the **Amigos sin Fronteras** club. Two days later, they meet a new member Ana Sofía Torroja, who is from Spain. Ana Sofía tells Claudia and Eloy about her Puerto Rican friend Franklin Sotomayor, a professor at Alameda College who wants to join the club. Ana Sofía has a surprise in mind for Franklin…

Preparación para el video

A. **¡Comencemos!** El nuevo club de Eloy y Claudia es para estudiantes hispanos. Nombra un país hispano de cada una (*each*) de las siguientes regiones.

Norteamérica: _____

Centroamérica: _____

El Caribe: _____

Europa: _____

Sudamérica: _____

Vocabulario de consulta

buen día	**buenos días**
paciencia	patience
Mirá (vos)	Look
historia	history
músico	musician
ciencias	sciences
miembros	members (*of a club*)
vosotros	you (*inf. pl., Sp.*)
bienvenida	welcome
A propósito, ¡escuchad!	By the way, listen to this!
quiere estar	he wants to be
sorpresa	surprise
español de primer año	first-year Spanish
no aparecen en mi lista	(they) are not in my roster
¿Saben...?	Do you know . . . ?
hermoso	beautiful

Comprensión del video

B. El episodio. Completa cada una de las oraciones con el nombre correspondiente de la lista, según el episodio.

Ana Sofía	Eloy	Nayeli	Sebastián
Claudia	Franklin	Radamés	

1. _____ lee los nombres de los nuevos participantes.

2. _____ es músico.

3. _____ es peruano.

4. _____ estudia inglés y es de Murcia.

5. _____ es profesor.

6. _____ escucha a su amiga en el centro estudiantil.

7. _____ es de México.

C. ¿Cierto o falso? Marca cierto (C) o falso (F), según (*according to*) el video.

1.	Eloy y Claudia hablan de sus clases este semestre.	C	F
2.	Radamés es músico y su grupo se llama Cumbancha.	C	F
3.	Ana Sofía tiene diecinueve años.	C	F
4.	El nuevo club de amigos se llama Amigos sin Fronteras.	C	F
5.	Franklin es el profesor de Ana Sofía.	C	F

D. Detalles. Completa cada una de las oraciones según el video.

1. Eloy dice (*says*) que _____ es bonita.

2. Claudia y Eloy escuchan una canción (*song*) del grupo de _____.

3. El amigo de _____ es profesor y quiere ser miembro del club.

4. Claudia y _____ inventan el nombre del club.

5. Ana Sofía, Claudia y Eloy van a (*go to*) la clase de _____.

Mi país

Paraguay

Preparación para el video

Selecciona las respuestas correctas.

1. ¿Qué países están al lado de Paraguay?

   a. Argentina   c. Bolivia
   b. Colombia   d. Brasil

2. ¿Cuál es la capital de Paraguay?

   a. Encarnación   c. Asunción
   b. Ciudad del Este   d. Buenos Aires

Comprensión del video

Conecta las dos columnas para completar los espacios en blanco.

1. Claudia es de _____, la ciudad más grande de Paraguay.

2. _____ es el río que divide Paraguay.

3. A Claudia le gusta tocar la campana cuando visita _____.

4. La parte al norte de Paraguay donde no hay muchas personas se llama _____.

5. Santísima Trinidad del Paraná es un ejemplo de ruinas de _____.

6. Cerca de Ciudad del Este, en la frontera de Brasil y Argentina están _____.

7. El centro _____ en el río Paraná genera electricidad para la gente de Paraguay y Brasil.

8. Un lugar muy tranquilo que visita Claudia es _____.

a. Itaipú

b. la Estación Central del Ferrocarril

c. las cataratas del Iguazú

d. Asunción

e. el Chaco

f. el río Paraguay

g. el Salto Cristal

h. las misiones jesuíticas

Salto Cristal

¡A leer!

¿Sabías que... ?

Paraguay, un país bilingüe°

bilingual

¿Sabías que cuando llega Cristóbal Colón a[a] las Américas hay más de 1.000 (mil) idiomas indígenas en el territorio? Y, ¿sabías que en países como México, Venezuela y Perú hay millones de hablantes[b] de idiomas indígenas? Pero el único país oficialmente bilingüe en América Latina es Paraguay. En ese país la Constitución de 1992 (mil novecientos noventa y dos) declara el guaraní como lengua[c] oficial con el español. Hay más de diez millones de hablantes de guaraní en Brasil, Argentina, Paraguay y Bolivia. Pero es en Paraguay donde más influencia tiene este idioma: el

[a]cuando... *when Christopher Columbus arrives in*   [b]*speakers*   [c]*language*

cincuenta por ciento^d de la población^e paraguaya es bilingüe, el cuarenta y seis por ciento habla solo^f guaraní y el cuatro por ciento de los habitantes habla solo español.

La Ley^g de Lenguas del 2010 (dos mil diez) protege todos^h los idiomas indígenas de Paraguay. Además, la nueva Academia de la Lengua Guaraní tiene la responsabilidad de crear^i un alfabeto del guaraní y fomentar^j su estudio. Hay periódicos, sitios Web, emisoras de radio y escuelas^k con clases en guaraní. ¡Los paraguayos están muy orgullosos^l de su cultura indígena!

^dpor... *percent* ^epopulation ^fonly ^gLa... *The Law* ^hprotege... *protects all of* ^icreating ^jpromoting ^kemisoras... *radio stations and schools Even* ^lproud

Comprensión

1. _____ En este país *no* hay hablantes del guaraní.

   a. Argentina   **b.** Brasil   **c.** Cuba   **d.** Paraguay   **e.** Bolivia.

2. _____ ¿Cuál es el porcentaje de personas bilingües en Paraguay?

   a. 46%   **b.** 60%   **c.** 4%   **d.** 50%   **e.** 89%

Galería

Paraguay

Salto Cristal

Misión Jesuítica de la Santísima Trinidad

Estación de trenes, Asunción

Danza de las botellas

Tereré

Las tradiciones y atracciones de Paraguay

¡Visitemos[a] Paraguay! *¡Jaha*!* Paraguay es un país excepcional. Este país mantiene[b] su idioma indígena (el guaraní) y muchas tradiciones, como el «tereré» (té frío[c]) y su famosa «sopa[d] paraguaya» (que no es sopa).

La capital de Paraguay, Asunción, ofrece[e] una gran variedad de actividades: visitar museos, galerías de arte, parques,[f] casinos y una estación de tren[g] muy interesante. Cerca de la ciudad[h] de Encarnación hay diferentes misiones religiosas, como por ejemplo, la Misión Jesuítica de la Santísima Trinidad y la Misión de San Cosme y San Damián. En la Misión de San Cosme y San Damián, hay un planetario y un observatorio. ¿Qué misión prefieres[i] visitar? ¡Visítalas todas![j] ¡Son muy famosas e interesantes!

Paraguay tiene grandes ríos[k] (por ejemplo, el río Paraguay y el río Paraná) y lagos[l] espectaculares (por ejemplo, el lago Ypoa y el lago Ypacaraí). Visita los lagos y observa su flora y su fauna multicolor. ¡Es increíble[m]! También son increíbles las cascadas,[n] como por ejemplo la cascada Salto Cristal... ¿Te gustan[ñ] las cascadas? *¡Jaha!*

Una recomendación final: Escucha la música de arpa paraguaya, especialmente sus románticas «guarañas» y también la famosa canción popular «Recuerdos[o] de Ypacaraí». Pero, hay más... disfruten de[p] la extraordinaria Danza[q] de las botellas,[r] una danza con mujeres que tienen doce botellas encima de la cabeza. ¡Qué difícil! ¿Qué prefieres hacer[s] tú: escuchar[t] música o ver[u] una danza extraordinaria?

[a]*Let's visit* [b]*maintains* [c]*té... iced tea* [d]*soup* [e]*offers* [f]*parks* [g]*estación... train station* [h]*Cerca... Close to the city* [i]*do you prefer* [j]*Visítalas... Visit all of them!* [k]*tiene... has large rivers* [l]*lakes* [m]*incredible* [n]*waterfalls* [ñ]*Te... Do you like* [o]*Memories* [p]*enjoy* [q]*Dance* [r]*Bottles* [s]*prefieres... do you prefer doing* [t]*listening* [u]*seeing*

Comprensión. Contesta las preguntas según la lectura.

1. ¿Qué idioma indígena se mantiene en Paraguay?

   _____

2. ¿Cuál es la capital de Paraguay?

   _____

3. ¿Cómo se llama una de las misiones religiosas cerca de Encarnación?

   _____

4. ¿Cuáles son dos ríos grandes en Paraguay?

   _____

5. Cuando una persona visita los lagos de Paraguay, ¿qué puede observar?

   _____

6. ¿Qué instrumento principal se toca en Paraguay?

   _____

7. ¿Cómo se llama la danza famosa de Paraguay?

   _____

---

*Esta palabra es del idioma guaraní, que se habla en Paraguay, y significa **vamos** (*let's go*). La palabra se pronuncia **yajá.**

Conexión cultural

Paraguay, corazón de América

Menonitas paraguayas

Vocabulario de consulta

corazón	heart
población	population
mestizo	mixed race (European and indigenous)
raza	race
alemanes	Germans (*people*)
retienen	(they) retain, keep
alemana	German
pueblos	towns
menonitas	Mennonites
se sienten aceptados	they feel accepted
aunque	although
Guerra	War
pierde	loses
campaña	campaign
atraer a los extranjeros	attract foreigners
raíces	roots

Paraguay está en el centro del continente latinoamericano, por eso mucha gente llama a este país el «**corazón** de América». Paraguay, país de seis millones de habitantes, tiene dos lenguas oficiales: el español y el guaraní, que es una lengua indígena. Pero Paraguay no es solo un país bilingüe; en la **población** paraguaya también hay una variedad de culturas.

El noventa y cinco por ciento de los paraguayos es **mestizo,** personas de **raza** indígena y raza blanca. El cinco por ciento está formado por la población indígena: diecisiete grupos tribales. ¡Pero hay más! También hay 63.000 (sesenta y tres mil) afroparaguayos y otros grupos étnicos: italianos, ucranianos, japoneses, coreanos, brasileños y **alemanes**, entre otros. Estas comunidades **retienen** su lengua y además hablan español y guaraní.

Los brasileños forman el grupo más grande, pero la comunidad **alemana** también está muy presente en Paraguay y es la más representativa de toda América Latina. Los inmigrantes alemanes fundan varios **pueblos** que reflejan su cultura y su nacionalidad, como por ejemplo Nueva Germanía, Hohenau y Neuland. Muchos alemanes de Paraguay son **menonitas**. En ese país **se sienten aceptados** pues, **aunque** en Paraguay la religión oficial es la católica, el país tiene mucha diversidad religiosa.

¿Por qué hay tanta diversidad en Paraguay? Las razones son históricas. Durante la **Guerra** de la Triple Alianza (1865–1870), gran parte de la población paraguaya desaparece. Esta guerra con Argentina, Brasil y Uruguay tiene motivos territoriales y resulta ser terrible para Paraguay. El pequeño país **pierde** la guerra y pierde a mucha gente: el noventa por ciento de su población masculina adulta. Por esta razón el gobierno ve la necesidad de estimular la inmigración, creando una **campaña** para **atraer a los extranjeros**. Así llegan a Paraguay españoles, italianos, árabes, argentinos, ingleses, y muchos más de Europa y Asia. Estos inmigrantes revitalizan la economía y se incorporan a la cultura bilingüe de Paraguay.

¿Entiendes por qué decimos que Paraguay es el corazón de Sudamérica? Es por su situación geográfica, sí, pero también porque este país es símbolo de la diversidad que caracteriza al continente latinoamericano. Además, si consideras que las sociedades de América Latina son una combinación de la cultura española y las culturas indígenas, entonces Paraguay es un gran representante de esas sociedades. Este país celebra sus **raíces**.

Comprensión. Escoge la respuesta correcta.

1. _____ Paraguay es un país bilingüe donde hay dos lenguas oficiales. ¿Cuáles son?

   a. el español y varias lenguas indígenas
   b. el guaraní y el español
   c. el español y el alemán

2. _____ Este (*This*) grupo de inmigrantes funda varios pueblos en Paraguay.

   a. los brasileños   b. los alemanes   c. los japoneses

3. _____ En la Guerra de la Triple Alianza, Paraguay hace la guerra con estos tres países.

   a. Argentina, Chile, Perú   b. Brasil, Uruguay, Bolivia   c. Argentina, Brasil, Uruguay

4. _____ En Paraguay hay diversidad religiosa, pero su religión oficial es…

   a. la católica   b. la protestante   c. la menonita

5. _____ Estos inmigrantes forman el grupo más grande en Paraguay.

   a. los coreanos   b. los brasileños   c. los árabes

Las actividades y el tiempo libre 3

¡A escribir!

Las actividades favoritas

Lee *Infórmate 3.1*

A. Los deportes. Lee las descripciones y escribe el deporte que les gusta practicar a los Amigos sin Fronteras o a sus familias/amigos. **OJO:** Hay deportes extra.

el baloncesto	el ciclismo	la natación
el béisbol	el fútbol	el tenis
el boxeo	la gimnasia	el voleibol

¿QUÉ DEPORTE LES GUSTA PRACTICAR A ELLOS?

1. *Marcela, la esposa de Omar:* **A Omar y a mis hijos les gusta jugar** este deporte en el parque. Es un deporte muy popular en los países hispanos. Para jugar este deporte se necesita un balón y dos equipos. En los partidos es normal escuchar «¡¡Gol!!». _____

2. *Franklin:* **A las personas de Puerto Rico les gusta mucho jugar y ver** este deporte. Para jugar este deporte es necesario tener una pelota pequeña, un bate y un guante (*glove*) grande. _____

3. *Ana Sofía:* **A las personas de España les gusta mucho ver** este deporte. Para practicar este deporte es necesario una bicicleta y un casco. _____

¿QUÉ DEPORTE LES GUSTA PRACTICAR A USTEDES?

4. *Ángela:* **A mis hijos y a mí nos gusta practicar** este deporte en la piscina pero también es posible practicar este deporte en el mar. _____

5. *Camila:* **A mi hermana Antonella y a mí nos gusta mucho practicar** este deporte. Es necesario tener una raqueta y una pelota pequeña. Normalmente la pelota es amarilla. _____

B. Las actividades favoritas. Los amigos del club hablan de sus actividades favoritas.

Parte 1. Conecta los dibujos (1-6) y las oraciones (a-f). **OJO:** Pon atención a las formas verbales **me/te/le/nos/les gusta.**

1.

Xiomara dice: «A Estefanía y a Franklin…

2.

Sebastián dice: «A Ángela y a mí…

3.

Eloy dice: «Omar, a ti…

4.

Claudia dice: «A Xiomara…

5.

Ana Sofía dice: «A mí…

6.

Camila dice: «A Eloy y a mí…

a. … nos gusta mucho cocinar en casa.»
b. … le gusta leer novelas latinoamericanas.»
c. … me gusta mucho ir a conciertos con los amigos.»
d. … les gusta viajar.»
e. … te gusta jugar al fútbol con tus hijos, ¿no?»
f. … nos gusta textear. Eloy es un genio (*genius*) con los aparatos electrónicos.»

Parte 2. Ahora indica si son ciertas (C) o falsas (F) las oraciones según (*according to*) la información de la tabla. Corrige (*Correct*) las oraciones falsas.

1. A Estefanía le gusta viajar. C F

   Si es falso, ¿qué le gusta hacer a Estefanía?

   _____

2. A Ana Sofía le gusta mucho jugar al fútbol. C F

   Si es falso, ¿qué le gusta hacer a Ana Sofía?

   _____

3. A Camila y a Eloy les gusta jugar a fútbol en el parque. C F

   Si es falso, ¿qué les gusta hacer a Camila y a Eloy?

   _____

4. A Sebastián y a Ángela les gusta mucho ir a conciertos con los amigos. C F

   Si es falso, ¿qué les gusta hacer a Sebastián y a Ángela?

   _____

5. A Omar y a Xiomara les gusta cocinar en casa. C F

   Si es falso, ¿qué le gusta hacer a Xiomara? ¿y a Omar?

   _____

La hora

Lee *Infórmate 3.2*

C. Preguntas y respuestas sobre la hora. Primero conecta las tres columnas correctamente y luego responde a las preguntas. Mira los modelos.

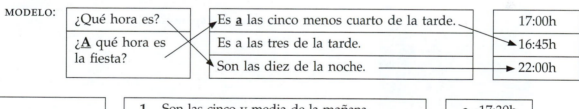

MODELO:

¿Qué hora es?	Es **a** las cinco menos cuarto de la tarde.	17:00h
¿**A** qué hora es la fiesta?	Es a las tres de la tarde.	16:45h
	Son las diez de la noche.	22:00h

¿Qué hora es?	1. Son las cinco y media de la mañana.	**a.** 17:30h
	2. Es a mediodía.	**b.** 00:00h
	3. Es a la una menos diez de la tarde.	**c.** 12:00h
	4. Es medianoche.	**d.** 22:15h
¿A qué hora es la fiesta?	5. Es la una de la tarde.	**e.** 20:45h
	6. Son las nueve menos cuarto de la noche.	**f.** 05:30h
	7. Es a las diez y cuarto de la noche.	**g.** 12:50h
	8. Es a las cinco y media de la tarde.	**h.** 13:00h

(Continúa.)

MODELOS: ¿Qué hora es? (13:15h)   *Es la una y cuarto de la tarde.*

¿**A** qué hora es la clase? (9:30h)   *Es **a** las nueve y media de la mañana.*

9.    ¿Qué hora es? (06:30h) _____

10. 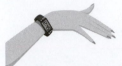   ¿Qué hora es? (12:45h) _____

11.    ¿A qué hora estudias? (21:00h)

_____

12.    ¿A qué hora te gusta andar en bicicleta? (18:15h)

_____

13.    ¿A qué hora es tu clase de español? (12:00h)

_____

14.    ¿A qué hora es tu programa favorito de televisión? (17:35h)

_____

D. Horarios (*Schedules*) de televisión. Mira la programación (*program listings*) de un canal de televisión argentino, Canal 9. Después responde a las preguntas. Mira el modelo.

MODELO: ¿A qué hora es *Doreamon* los fines de semana (los sábados y los domingos)?

Es *a las seis de la mañana.*

	lunes–viernes	sábado	domingo
06:00	**El Chavo.** Serie. Infantil	**Doreamon.** Dibujos animados	
06:20	**Iglesia Universal.** Religioso	**Barney y sus amigos.** Infantil	
07:00		**Bob, el constructor.** Dibujos animados	
07:15	**Paka Paka.**	**Thomas y sus amigos.** Dibujos animados	
07:30	Entretenimiento	**Pocoyó.** Dibujos animados	
08:00		**Iron Kid.** Dibujos animados	**Prevenir.** Interés general
08:15		**Paka Paka.** Entretenimiento	
10:00	**Telenueve a la mañana.** Noticiero	**El Chavo animado.** Serie. Dibujos animados	
10:30		**El Chavo.** Serie. Infantil	**UEFA magazine.** Variedades
11:00	**La cocina del 9.** Cocina		
12:00	**Telenueve 1ª Edición.** Noticiero	**Sabor Argentina.** Variedades	
13:00	**María Mercedes.** Telenovela	**Jineteando.** Agro	**El Chavo.** Serie. Infantil
14:00	**Amorcito Corazón.** Drama	**Alma Gaucha.** Biográfico	
14:30			**Fútbol.** Boca Juniors vs. Rosario Central
15:00	**Amor de verano.** Telenovela	**Fiestas argentinas.** Variedades	
16:00	**Yo soy Betty, la fea.** Telenovela	**Fútbol.** River Plate vs. Estudiantes	**Fear Factor.** Variedades
16:45			
17:00	**Más Viviana.** Periodístico	**Q viva el elegido.** Entretenimiento	**Cine**
17:30			
19:30	**Telenueve 2ª Edición.** Noticiero	**Festival Folklore.** Variedades	

1. ¿A qué hora es *El Chavo* de lunes a viernes?

_____

2. ¿A qué hora es el programa *Pocoyó* los fines de semana (los sábados y los domingos)?

_____

3. ¿A qué hora es *Sabor Argentina* los fines de semana?

_____

4. ¿A qué hora es *Jineteando*?

_____

5. ¿A qué hora es el programa *Yo soy Betty, la fea*?

_____

6. ¿A qué hora es *Fear Factor*?

_____

Las actividades diarias

Lee *Infórmate 3.3*

E. **Camila y su familia.** Completa la conversación entre Eloy y Camila con las oraciones (a–f) apropiadas.

1. _____ 2. _____ 3. _____ 4. _____ 5. _____ 6. _____

ELOY: ¿(...)^1 en esta universidad?

CAMILA: Sí, estudio psicología.

ELOY: Y ¿(...)^2?

CAMILA: Sí, vivo aquí pero no vivo con mi familia. Ellos viven en Argentina.

ELOY: ¡En Argentina! ¿Con qué frecuencia hablas con ellos?

CAMILA: Yo (...)^3.

ELOY: ¿Y qué hace tu familia en Argentina?

CAMILA: Mis padres (...)^4.

ELOY: ¿Y tienes hermanos?

CAMILA: Sí, tengo una hermana de ocho años que se llama Antonella. Ella (...)^5.

ELOY: Y cuando estás en Argentina, ¿qué actividades haces con tu hermana?

CAMILA: Antonella y yo (...)^6. ¡Es muy divertido estar con ella!

a. hablo con ellos todas las noches

b. viven en Buenos Aires y trabajan allí

c. hacemos muchas cosas juntas: patinamos, cocinamos y a veces jugamos al tenis

d. Estudias

e. estudia y vive con mis padres

f. vives aquí con tu familia

F. Eloy y un nuevo compañero de apartamento. Eloy busca (*is looking for*) un compañero de apartamento. Un chico hispano llama por teléfono a Eloy y ellos conversan. Completa su conversación con la forma correcta de los verbos de la lista.

beber (×2)	**levantar**	**salir**
celebrar	**llamar**	**visitar**
dar (fiestas)	**practicar**	
escuchar	**regresar**	

ELOY: Hola, ¿quién habla?

CHICO: Hola, soy Luis. _____¹ porque estoy interesado en vivir en tu apartamento.

ELOY: ¡Qué bien, Luis! Quiero hacerte unas preguntas (*I want to ask you some questions*). ¿Está bien?

CHICO: Sí, por supuesto.

ELOY: Luis, ¿_____² música muy alta (*loud*) por la noche?

CHICO: Bueno, sí, pero solo cuando mis amigos me _____.³

ELOY: Y cuando tus amigos te visitan, ¿_____⁴ (ustedes) alcohol?

CHICO: A veces, pero nosotros también _____⁵ refrescos (*sodas*).

ELOY: Ah, sí, entiendo. Y ¿_____⁶ (tú) fiestas muy frecuentemente?

CHICO: Más o menos. Mis amigos y yo siempre _____⁷ las victorias de nuestro equipo de fútbol. Yo juego en un equipo.

ELOY: ¡Qué bien! ¡Te gusta el fútbol! Luis, y ¿_____⁸ otros deportes?

CHICO: No, no practico otros deportes, solo fútbol, pero a veces _____⁹ pesas en el gimnasio.

ELOY: Ya veo. Hablemos de tu rutina. ¿A qué hora _____¹⁰ de casa por la mañana?

CHICO: A las diez y media aproximadamente.

ELOY: ¿Y a qué hora _____¹¹ por la noche?

CHICO: No tengo una hora específica. Muchas veces regreso a medianoche.

ELOY: ¡A medianoche! Bueno, Luis, hablamos en unos días. Es una decisión difícil. Gracias.

CHICO: Está bien. Adiós y gracias.

ELOY: De nada. Chao.

El tiempo

G. El tiempo en Argentina y Uruguay.

Parte 1. Mira las imágenes y escribe qué tiempo hace en cada imagen.

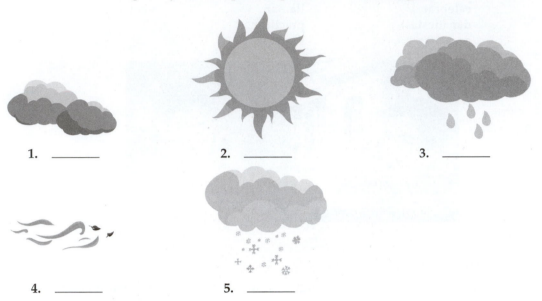

1. _____

2. _____

3. _____

4. _____

5. _____

Parte 2. Ahora mira el mapa y responde a las preguntas sobre el tiempo en Argentina y Uruguay.

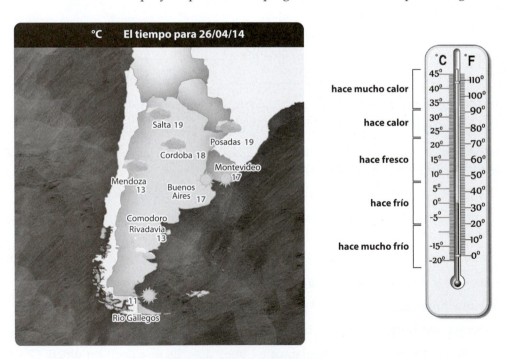

1. ¿Qué tiempo hace en la capital de Uruguay, Montevideo? _____

2. ¿Y qué tiempo hace en la capital de Argentina, Buenos Aires? _____

3. ¿Qué tiempo hace en Comodoro Rivadavia? _____

4. Y en Mendoza, ¿qué tiempo hace? _____

5. ¿Y qué tiempo hace en Córdoba? _____

H. Las actividades en verano. Omar conversa con Camila por Skype sobre las actividades que los otros estudiantes hacen en verano. Completa la conversación con la forma correcta del verbo entre paréntesis.

OMAR: En Estados Unidos, normalmente ¿qué _____[1] (hacer) los estudiantes de la universidad en verano?

CAMILA: Bueno, todos los estudiantes _____[2] (hacer) actividades diferentes. Algunos (*Some*) estudiantes _____[3] (asistir) a clases y otros _____[4] (salir) de vacaciones. Entre los estudiantes que prefieren estar de vacaciones, unos estudiantes _____[5] (acampar) en las montañas y otros _____[6] (viajar) a diferentes lugares o _____[7] (visitar) a sus familias.

OMAR: ¡Qué bien! ¿Y qué _____[8] (hacer) ustedes, los miembros de Amigos sin Fronteras?

CAMILA: Nosotros también _____[9] (hacer) muchas actividades diferentes: _____[10] (comer) juntos (*together*), _____[11] (charlar), _____[12] (hacer) fiestas, _____[13] (viajar)… En fin, _____[14] (pasar) mucho tiempo juntos.

OMAR: ¿Y Radamés _____[15] (tocar) con su grupo en verano?

CAMILA: Claro, es lo mejor (*the best*) del verano. Cuando Radamés _____[16] (tocar) con Cumbancha, todos nosotros _____[17] (asistir) a sus conciertos, _____[8] (bailar) y _____[19] (cantar). Y a veces Ana Sofía y Radamés _____[20] (tocar) la guitarra y cantan juntos en la casa de los amigos del club. ¡Es muy divertido!

En resumen

I. **Mis actividades diarias en otoño.** Completa el cuadro para organizar tus ideas y escribir una narración sobre qué haces en otoño.

MIS ACTIVIDADES DIARIAS EN OTOÑO			
¿Cuáles son tus actividades favoritas durante todo el año?	*Me gusta (mucho)…*		
¿Te gusta el otoño? ¿Por qué (no)?			
¿Qué tiempo hace en otoño? ¿Cuál es la temperatura máxima/mínima normalmente?			
¿Qué ropa llevas?	*En otoño, normalmente llevo…*		
¿Qué actividades haces generalmente? (asistir a, caminar, charlar, escribir, estudiar, mirar el Internet, hablar, hacer (la tarea), jugar, leer, llegar, manejar, regresar, salir, trabajar)*	**¿A qué hora? ¿Cuándo?** (a la(s)…, por la mañana/tarde/noche, primero, después, más tarde, luego)		
	¿Con qué frecuencia? (siempre, con frecuencia, a veces, (casi) nunca)		
	¿Con quién?		
	¿Dónde?		
Conclusión:	*El otoño (no) me gusta porque…*		

_____

_____

_____

_____

_____

_____

_____

_____

_____

*OJO: Es necesario usar las formas que corresponden al pronombre **yo**: asisto, charlo, escribo, hago, etcétera.

Exprésate

Escríbelo tú

Actividades típicas

Escribe sobre las actividades típicas de los jóvenes de tu edad (por ejemplo, tú y tus amigos o los miembros del club **Amigos sin Fronteras**) y las de los adultos como tus padres. Primero, haz una lista de cinco actividades de los jóvenes de tu edad. Luego haz otra lista con cinco actividades de los adultos de la edad de tus padres. Puedes usar el vocabulario de las **Actividades 8, 9, 10** y **11** del libro de texto para saber qué hacen los jóvenes. También puedes entrevistar (*interview*) a tus padres y a los amigos de tus padres para decir qué hacen los adultos. Después, escribe dos párrafos con la información de tu lista y agrega (*add*) detalles importantes e interesantes.

_____

_____

_____

_____

_____

_____

_____

_____

_____

Enlace auditivo

Pronunciación y ortografía

Ejercicios de pronunciación

I. *Consonants:* **r**

A. The Spanish **r** is not at all like the American English *r*. In Spanish, there are two basic **r** sounds: one is a trill, typically represented by the double **r*** (**rr**); and the other is a tap, typically represented by the single **r** (**r**). Listen and then pronounce the following words with double **r** (**rr**).

arriba   cierren   pizarra   correcto   gorro

B. If the letter **r** begins a word, it is usually pronounced with a trill, but it is written as a single **r** rather than as a double **r**. Listen and then pronounce the following words that begin with a trill.

rizado   roja   rubia   reloj   regular   ropa

---

*As with **ll** and **ch**, the letter combination **rr** is not a separate letter, but is pronounced as one sound.

C. In Spanish the single **r** at the beginning of a word and the double **r** are trilled. Most other **r**'s are pronounced as a tap, that is, the tongue lightly strikes the ridge just behind the teeth. It is very similar to the way Americans pronounce some *d*'s and *t*'s (which sound very much like *d*'s) in the middle of words: *butter, pretty, water, latter, ladder, body*. Say the expression *pot of tea* very quickly and pay attention to the *t* of *pot*. This rapid pronunciation of the words *pot of tea* approximates the phrase in Spanish **para ti** (*for you*). Listen and then pronounce the following words with Spanish single **r**.

mira   nariz   enero   orejas   claro   cara   eres

D. Now practice the tap **r** sound when it comes at the end of the word. Listen and then pronounce the following words.

bailar   señor   cocinar   hablar   ver   leer   mayor   menor   tener   mejor   ser

E. Listen to the following sentences and then pronounce them, concentrating on pronouncing the **r** and **rr** correctly. Remember that the **r** at the beginning of a word is pronounced as a trill. And don't forget to pronounce vowels short and to use syllable-timed rhythm!

1. Cierra la puerta.
2. Xiomara tiene el pelo rizado.
3. El carro de Omar es grande.
4. No tengo reloj. ¿Qué hora es?
5. Miren arriba.

II. *Consonants:* **y**

A. In Spanish, the letter **y** is pronounced just like the Spanish vowel **i** when it is a word by itself. When it appears at the end of a word it is also pronounced like the Spanish **i**, but together in a diphthong (a double vowel sound) with the preceding vowel. Listen and then pronounce the following words, in which **y** is pronounced **i.**

y   hay   soy   muy   estoy

B. When the **y** is not at the end of a word, it is usually pronounced the same as the the English *y*.* Listen and pronounce these words, in which **y** is pronounced like *ll.*

playa   mayo   yo   uruguayo   desayunar

Ejercicios de ortografía

I. *The Letter* **r** *and the Letter Combination* **rr.** Write the words you hear, paying attention to the single and double **r** sounds and how they are written.

1. _____
2. _____
3. _____
4. _____
5. _____
6. _____
7. _____
8. _____

---

*Remember that the Spanish letter combination **ll** is also pronounced like the English *y*.

II. *The Letters* **y** *and* **ll.** Listen to the following words and write them with either **y** or **ll.**

1. _____

2. _____

3. _____

4. _____

5. _____

6. _____

7. _____

8. _____

9. _____

10. _____

11. _____

12. _____

13. _____

14. _____

15. _____

16. _____

17. _____

18. _____

19. _____

20. _____

Actividades auditivas

A. **¿Qué les gusta hacer en primavera?** Es un bonito día de primavera. Camila, Radamés y Rodrigo almuerzan y charlan juntos en un pequeño parque en la universidad. Escucha su conversación y luego indica si las frases son ciertas (C) o falsas (F).

Vocabulario de consulta

juntos	together
tanto tiempo	long time no see (*Lit.*, so much time)
solamente	only
merendamos	we have an afternoon picnic
chubascos	showers

Lugares mencionados

el Parque Codornices	*a park close to UC Berkeley; offers opportunities for sports, hiking, picnics, and so on*
Palermo	*a neighborhood in Buenos Aires*
El Rosedal	*a park in Palermo where young people go skating*

¿Cierto (C) o falso (F)?

1. Radamés y Rodrigo están bien pero Camila está un poco cansada.   C   F

2. Rodrigo tiene mucho tiempo libre.   C   F

3. Cuando hace sol, a Camila le gusta patinar.   C   F

4. Radamés tiene cuatro clases.   C   F

5. Cuando hace buen tiempo, a Radamés le gusta merendar en el parque con Rodrigo.   C   F

6. Cuando llueve, a Camila le gusta escuchar música.   C   F

7. Cuando llueve, a Radamés le gusta tocar la guitarra.   C   F

8. Cuando nieva, a Rodrigo le gusta esquiar en las montañas con sus amigos.   C   F

B. El tiempo libre. Camila y Eloy hablan de sus clases y sus actividades diarias. Escucha su conversación y luego contesta las preguntas.

Vocabulario de consulta

¿estás muy ocupada?	are you very busy?
entre	between
tercera	third
a veces	sometimes
sola	alone
paso mucho tiempo	I spend a lot of time
la biblioteca	library
ayuda	help
nos vemos	see you (*Lit.*, we see each other)
claro	of course
entonces	then

1. ¿A qué hora desayuna Camila los lunes, miércoles y viernes?

   _____

2. ¿Cuántas clases tiene Camila por la mañana?

   _____

3. ¿Con quién almuerza Camila a veces?

   _____

4. ¿Cuántas clases tiene Camila por la tarde?

   _____

5. ¿Qué días tiene tiempo libre Camila?

   _____

6. ¿Qué hace Camila los sábados?

   _____

7. ¿Cuándo tiene tiempo libre Eloy?

   _____

Videoteca

Amigos sin Fronteras

Episodio 3: Una noche de juegos

Resumen. Claudia invita a sus amigos del club **Amigos sin Fronteras** a una reunión en casa de Sebastián Saldívar, estudiante de Perú. Allí están Claudia, Ana Sofía y Radamés Fernández, estudiante cubanoamericano. Estos cuatro amigos juegan al Wii y al Cranium. Después... ¡Sebastián ordena pizza para todos!

Preparación para el video

A. ¡Comencemos! Mira la foto y responde a estas preguntas antes de ver el video.

1. ¿Dónde crees que están los amigos?
2. ¿Qué ropa llevan los amigos en la foto?
3. Según (*According to*) la ropa que llevan, ¿hace frío o calor?
4. ¿Qué hacen los chicos en la foto?

Vocabulario de consulta

prácticas de laboratorio	lab practice
Nos quedamos aquí	We'll stay here
es la verdad	it's true
refrescos	soft drinks
taza	cup
contra	against
lo opuesto	the opposite
Tiren el dado.	Throw the die.
¡Socorro!	Help!
tranquilos	relax
queso	cheese
lo máximo	the best

Comprensión del video

B. El episodio. Completa cada una de las oraciones con el nombre correspondiente (Ana Sofía, Claudia, Eloy, Radamés, Sebastián).

1. _____ manda un mensaje a sus amigos.

2. _____ tiene prácticas de laboratorio hoy.

3. _____ prefiere salir a bailar.

4. _____ ofrece algo de beber.

5. _____ pide café.

C. ¿Cierto o falso? Marca cierto (C) o falso (F), según el video.

1. Hace buen tiempo esta noche.   C   F

2. Los amigos van a salir a bailar.   C   F

3. A los chicos les gusta jugar al Cranium.   C   F

4. Sebastián sirve limonada y café.   C   F

5. Sebastián pide pizza para sus amigos.   C   F

D. Detalles. Pon las oraciones en orden según el episodio.

_____ Claudia explica las estaciones del hemisferio sur.

_____ Tres amigos llegan a la casa de Sebastián.

_____ Claudia manda un mensaje de texto a sus amigos.

_____ Sebastián pide pizza.

_____ Sebastián tiene la idea de jugar juegos en casa.

_____ Sebastián prepara café.

_____ Ana Sofía hace mímica para explicarle algo a Claudia.

_____ A Ana Sofía no le gusta la idea de quedarse en casa un viernes por la noche.

Mi país

Argentina y Uruguay

Preparación para el video

Contesta estas preguntas antes de ver el video.

1. ¿Cuál es la capital de Argentina? ¿Y la de Uruguay?

2. ¿Qué música es típica de Argentina y Uruguay?

   a. el flamenco
   b. la polca
   c. el tango

El famoso Glaciar Perito Moreno

Comprensión del video

Completa los espacios en blanco con la respuesta apropiada.

1. El país hispano más pequeño de Sudamérica _____.

2. _____ es una bebida es popular en Uruguay y Argentina.

3. Muchas personas visitan _____ para ver espectáculos de tango.

4. _____ trabajan en ranchos y, a veces, participan en eventos como la Feria de Mataderos.

5. El _____ es la versión argentina del *hotdog*.

6. Lionel Messi y Diego Maradona son famosos en _____.

7. _____ vive en la Casa Rosada en Buenos Aires.

8. La histórica ciudad uruguaya que está cerca de Buenos Aires se llama _____.

9. En _____ se puede ver el famoso Glaciar Perito Moreno.

10. Las _____ de Punta del Este son muy famosas.

a. la Patagonia

b. el presidente de Argentina

c. el fútbol

d. playas

e. el mate

f. choripán

g. Colonia del Sacramento

h. el Café Tortoni

i. los gauchos

j. Uruguay

¡A leer!

¿Sabías que... ?

¿Tú o vos?

En español usamos dos palabras para decir *you:* **tú** y **usted.** Estas palabras son pronombres.[a] **Tú** se usa[b] con los amigos y la familia; **usted** se usa con personas que no conocemos[c] bien. Pero, ¿sabías que en algunas[d] partes del mundo hispano se usa **vos** en vez de[e] **tú**? En México, España, Cuba y muchos otros países dicen[f] «¿Dónde vives?», «¿Qué almuerzas?»o «¿Cúantos años tienes?». Pero en partes de Sudamérica las personas prefieren[g] usar **vos** para expresar estas relaciones de amistad.[h] En Argentina, Uruguay y Paraguay, por ejemplo, se dice «¿Dónde vivís vos?», «¿Qué almorzás vos?»y«¿Cuántos años tenés vos?». En vez de preguntar[i] «¿De dónde eres?», los argentinos preguntan «¿De dónde sos vos?». Y en vez de preguntar «¿Cómo te llamas?», un paraguayo pregunta: «Vos, ¿cómo te llamás?».

Las formas de **vos** no son tan diferentes de las formas de **tú.** Para las formas de **vos**, solo tienes que quitar[j] **-ar, -er,** o **-ir** y agregar[k] **-ás, -és,** o **-ís.** Las formas de **vos** también se usan en casi todos los países de América Central. ¡Qué divertida es la variedad![l]

[a]*pronouns* [b]*se... is used* [c]*no... we don't know* [d]*some* [e]*en... instead of* [f]*they say* [g]*prefer* [h]*friendship* [i]*En... Instead of asking* [j]*solo... you only have to remove* [k]*add* [l]*¡Qué... Variety is such fun!*

TÚ	VOS
¿De dónde eres?	¿De dónde **sos vos**?
¿Cómo te llamas?	¿Cómo te **llamás vos**?
¿Cuántos años tienes?	¿Cuántos años **tenés vos**?
¿Tocas la guitarra?	¿**Tocás** la guitarra **vos**?

Comprensión

1. _____ Las formas de **vos** se usan en...

    a. España y Argentina
    b. Argentina, Uruguay y América Central
    c. Colombia, Venezuela y Panamá

2. _____ En México se le dice a un amigo «¿Cuántos años tienes?»; en Argentina y Paraguay dicen...

    a. «¿Cuántos años tiene Ud.?»
    b. «¿Cuántos años tenéis vosotros?»
    c. «¿Cuántos años tenés vos?»

Galería

Argentina y Uruguay

Una pareja baila el tango

Glaciar Perito Moreno,
Patagonia, Argentina

Escultura *La Mano* en Punta del
Este, Uruguay

Montevideo, capital de Uruguay

¡Visitemos el Cono Sur°!   **Visitemos...** *Let's Visit the Southern Cone*

En el Cono Sur de América Latina hay dos países impresionantes[a]: Argentina y Uruguay. Los dos países son famosos por el tango —un tipo de danza y música— pero también tienen muchas diferencias; por ejemplo, Argentina es un país enorme y Uruguay es pequeño.

Si[b] estás en Buenos Aires, la capital de Argentina, y te gusta pasear, te recomendamos ir al pintoresco barrio[c] de La Boca y observar sus colores vibrantes. El domingo por la mañana, puedes ir[d] al mercado[e] de San Telmo y, por la noche, a un concierto en el Teatro Colón. ¿Escuchas música con frecuencia? ¿Te gusta la música lírica[f]? Este teatro es famoso por su gran acústica.[g]

Pero si te gusta un turismo diferente, más natural, visita la Patagonia y el inmenso glaciar Perito Moreno. Hace mucho frío porque es un glaciar, pero ¡es increíble! En la Patagonia, también te recomendamos ir a la Cueva[h] de las Manos porque... ¡esta cueva es extraordinaria! ¿Te gusta visitar los parques nacionales? En ese caso, te sugerimos pasear por el Parque Nacional de Talampaya. Finalmente, si viajas cerca de Brasil, visita las fantásticas Cataratas[i] de Iguazú y observa la fauna y la flora que hay allí.

[a]*impressive* [b]*If* [c]*pintoresco... picturesque neighborhood* [d]*puedes... you can go* [e]*market* [f]*música... opera music* [g]*acoustics* [h]*Cave* [i]*waterfalls*

(*Continúa.*)

Uruguay también tiene gran variedad de posibilidades: si nadas con frecuencia, puedes ir[j] a las playas[k] de Punta del Este y admirar una famosa escultura[l] que hay en ese lugar. Es la escultura de una mano enorme con dedos gigantes… ¡qué loco! ¿verdad? Si te gusta pasear por las ciudades urbanas, con sus parques y museos, visita Montevideo, la capital de Uruguay. Y si te gusta la historia, te recomendamos ir a Colonia del Sacramento, un centro histórico muy turístico que data del siglo[m] XVII. ¡Visitemos el sur!

[j]puedes… *you can go*   [k]*beaches*   [l]*sculpture*   [m]*century*

Comprensión. Indica si las oraciones son ciertas o falsas según la lectura.

1. Argentina y Uruguay no tienen diferencias.   C   F

2. Buenos Aires es la capital de Uruguay.   C   F

3. El Teatro Colón es famoso por su acústica.   C   F

4. Hace mucho calor en la Patagonia.   C   F

5. Hay playas en Punta del Este.   C   F

6. No hay museos en Montevideo.   C   F

Conexión cultural

Deportes todo el año

En Bariloche, las condiciones son ideales para practicar el esquí.

Vocabulario de consulta

varones	males
Copas Mundiales	World Cups
medallas de oro	gold medals
estrellas	stars
Sabes… ?	Do you know … ?
mundial	worldwide
ganan	win
entre otros	among others
les apasionan (like **gustar**)	they are crazy/passionate about
lugares de temporada invernal	winter resorts
temporada	(sports) season
vida diaria	daily life
sentirte en casa	feel at home

Hay muchos deportes populares en Argentina y Uruguay, pero solo uno es pasión nacional. Lo juegan los niños —principalmente los **varones**— desde el momento en que empiezan a caminar y lo juegan muchos adultos. Sus buenos jugadores son **estrellas.** ¿**Sabes** de qué deporte hablamos? Es el fútbol, claro, un deporte que se juega todo el año y especialmente en los meses del verano en Argentina y Uruguay. Estos países y sus futbolistas tienen dos **Copas Mundiales** y varias **medallas de oro** en los Juegos Olímpicos.

En Argentina, nueve de cada diez habitantes son admiradores de algún equipo de fútbol. Entre los futbolistas argentinos de fama internacional está el legendario Diego Maradona. Otro argentino famoso en este deporte es Lionel Messi, quien recibe la medalla de oro con su equipo en los Juegos Olímpicos de Pekín en 2008. Y Uruguay tiene diez medallas olímpicas en el fútbol; dos son de oro. Los hombres dominan en este deporte, pero el equipo nacional de fútbol femenino en Argentina tiene buena reputación. También hay un equipo de fútbol gay que es parte de la Asociación Internacional de Fútbol de Gays y Lesbianas.

Hay otros deportes que los argentinos y uruguayos practican con igual entusiasmo, como por ejemplo el ciclismo y el tenis. Los ciclistas y tenistas argentinos tienen fama **mundial** y **ganan** varias medallas olímpicas. En el tenis, Argentina cuenta con muchos tenistas de talento: Gabriela Sabatini, Guillermo Vilas, David Nalbandian, Juan Martín del Potro y Juan Mónaco, **entre otros**. En el ciclismo, Argentina gana una medalla de oro en los Juegos Olímpicos de 2008 gracias al ciclista Walter Pérez. Y Uruguay tiene varios ciclistas muy competitivos, como Jorge Soto, quien participa en los Juegos Olímpicos de 2012 en Londres.

A los argentinos y a los uruguayos también **les apasionan** los deportes de invierno. De todos, el esquí es el deporte más popular. En Uruguay no hay **lugares de temporada invernal**, pero muchos uruguayos practican este deporte en Argentina, país de majestuosas montañas. Argentina tiene algunos de los mejores lugares del mundo para esquiar, todos pintorescos y de mucha nieve: ¡veinte pies de nieve en sus picos más altos! Argentina ofrece numerosos lugares para esquiar de norte a sur: Penitentes, Las Leñas, Caviahue, Batea Mahvida, Chapelco, Cerro Bayo, Cerro Catedral, La Hoya y Cerro Castor. Uno de los lugares más extensos es Cerro Catedral en Bariloche; en Bariloche, allí las condiciones son ideales para practicar el esquí y el snowboard.

La **temporada** de esquí en Argentina empieza en julio, tiene su momento de mucha actividad en agosto y termina en septiembre. Durante esos meses, los mejores atletas de esquí alpino de Argentina y Uruguay perfeccionan su deporte.*

Como puedes ver, los deportes son parte de la **vida diaria** en Argentina y Uruguay todo el año. Si te gusta jugar al fútbol o esquiar, ¡vas a **sentirte** en casa en esos dos países!

Comprensión. ¿Cierto (C) o falso (F)?

1. El fútbol se practica mucho en Argentina y Uruguay.   C   F

2. Argentina tiene excelentes lugares para esquiar.   C   F

3. Las mujeres no juegan al fútbol en Argentina y Uruguay.   C   F

4. Algunos argentinos y uruguayos practican deportes individuales.   C   F

5. En Uruguay hay sitios formidables para esquiar.   C   F

6. Argentina no tiene medallas olímpicas en ciclismo.   C   F

---

*Tres de ellos son los miembros de la familia Simari Birkner: las hermanas Macarena y María Belén, y su hermano Cristian Javier, quienes compiten en los Juegos Olímpicos de Vancouver en 2010. Y otro atleta olímpico es Rubén González, deslizador (*luger*) argentino que ya participa en cuatro Olimpiadas.

La familia y los amigos 4

¡A escribir!

En familia

Lee *Infórmate 4.1–4.3*

A. ¡Qué familia!

Parte 1. Lee las descripciones de estas familias, amigos de Omar, y completa el árbol genealógico (*family tree*) con el nombre de cada persona.

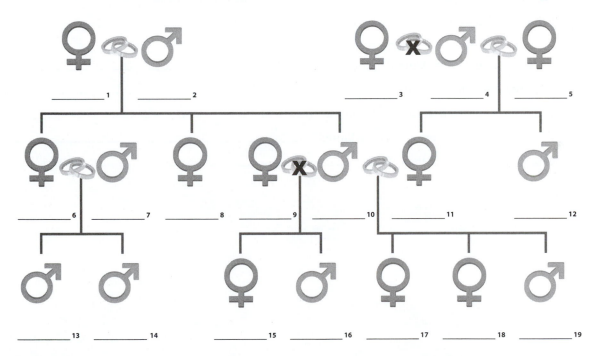

- **Luis** vive en Quito, Ecuador, con su esposa **Rosa** y con su hija soltera, **Marta. Marta** trabaja en Supercines, una cadena (*chain*) de cines.
- La hija mayor (*oldest*) de **Rosa** y **Luis** se llama **Clara.** Al esposo de Clara, **Ricardo,** le gusta mucho montar a caballo.
- A **Luis** le gusta ir al cine con sus siete nietos todas las semanas porque su hija **Marta** trabaja en el cine.
- **Clara** y **Ricardo** tienen dos hijos gemelos, que se llaman **Sebastián** y **Raúl.** A sus hijos les gusta patinar.
- **Luis**, el padre de **Mateo**, toca música en un grupo andino. A Luis y a Mateo les gusta mucho escuchar la música de Claudia Oñate.
- **Mario** y **Ana** tienen dos hijos y tres nietos. A **Mario** y a su esposa les gusta mucho visitar la Ciudad Mitad del Mundo.
- La hermana de **David** se llama **Lucía** y es casada, pero **David** es soltero. A **Lucía** le gusta mucho ir de compras al centro comercial Quicentro, en Quito.
- **Lucía** está casada con **Mateo.** Ellos tienen tres hijos: **Mónica, Elisa** y **Francisco.**
- A **Dulce** también le gusta ir de compras con sus amigas. Ella es divorciada y no tiene hijos ni (*nor*) nietos.
- **David** y **Julia** son muy buenos amigos porque ellos trabajan juntos (*together*) en la Pontificia Universidad Católica del Ecuador. Pero **Julia** es la ex esposa de **Mateo,** ahora esposo de la hermana de David.
- **Mateo** tiene dos hijos con su ex esposa. A sus dos hijos, **Isabel** y **Manuel,** les gusta mucho andar en bicicleta.

Parte 2. Contesta las preguntas según la información en el árbol genealógico.

    MODELO: ¿Cuántos hermanos tiene Mateo?

          Tiene dos hermanas.

1. ¿Cuántos hijos tienen Mateo y Lucía? _____

2. ¿Cuántos hijos tienen Clara y Ricardo? _____

3. ¿Cuántos nietos tienen Rosa y Luis? _____

4. ¿Cuántos primos tienen Isabel y Manuel? _____

5. ¿Cuántos tíos solteros tiene Raúl? _____

B. ¿De quién es?

Parte 1. Conecta las cosas con sus dueños/as (*owners*) según la descripción de cada persona.

LAS COSAS	LOS DUEÑOS
 **1.** Los libros de literatura…	**a.** … es del estudiante de veterinaria. A él le gustan mucho los animales.
 **2.** Los perros…	**b.** … es de la estudiante. Ella estudia español en la universidad con el Profesor Sotomayor.
 **3.** La guitarra…	**c.** … son de Ana Sofía. En invierno, cuando nieva, ella esquía con su familia.
 **4.** El perro…	**d.** … son de Eloy. Tiene dos (un chihuahua y un dálmata) y pasea con ellos por el parque todos los días. Se llaman Chulis y Pecas.
 **5.** Los esquíes…	**e.** … es de Radamés. Él toca con su grupo de música Cumbancha.
 **6.** El libro de español…	**f.** … son de Xiomara. A ella le gusta mucho leer, especialmente literatura latinoamericana.

Parte 2. Contesta las preguntas según la información de la **Parte 1.**

MODELO: ¿Qué tiene Radamés?   *Radamés tiene una guitarra.*

1. ¿De quién son los libros de literatura? _____

2. ¿Qué tiene el estudiante de veterinaria? _____

3. ¿Quién tiene dos perros (un dálmata y un chihuahua)? _____

4. ¿Quién usa los esquíes en invierno? _____

5. ¿De quién es el libro de español? _____

Las preferencias y los deseos

Lee *Infórmate 4.2*

C. **Los comentarios de varios amigos del club.** Completa de forma lógica lo que dicen los miembros del club con información de las dos columnas y escribe las oraciones completas abajo (*below*). **OJO:** Pon atención (*Pay attention*) a la persona que habla y a las formas de los verbos **querer** y **preferir.**

… siempre quiere ver videos en YouTube, pero tú…	… prefiere ir a la playa.
… queremos ir de compras, pero ellos…	… preferimos visitar países de Latinoamérica.
… quieren viajar por Europa, pero mis hermanos y yo…	… a veces prefiero comer en un restaurante.
… quiero ir a la montaña, pero mi esposo…	… prefieren descansar y leer un buen libro.
… siempre quieres comer en casa, pero yo…	… prefieres ir al cine.

1. ÁNGELA: Yo _____

    _____

2. OMAR: Marcela, tú _____

    _____

3. ANA SOFÍA (A ELOY): Te comprendo, Eloy. Sebastián _____

    _____

4. VARIOS AMIGOS DEL CLUB: Nosotros _____

    _____

5. ELOY: Mis padres _____

    _____

D. Conversaciones. Completa las conversaciones con las formas apropiadas de **querer** y **preferir**.

ELOY: Hola, Omar. ¿Tienes planes este fin de semana?

OMAR: Bueno, mi hija Maritza y mi hijo Carlitos _____¹ (querer) hacer actividades

fuera (*outside*) de casa, pero mi esposa y yo _____² (preferir) descansar en casa.

ELOY: ¿Qué _____³ (querer) hacer tus hijos?

OMAR: Pues, Carlitos _____⁴ (querer) ir a la Ciudad Mitad del Mundo, como

siempre (*as always*), pero mi hija Maritza _____⁵ (preferir) caminar por la

naturaleza (*nature*).

ELOY: ¡Uy, qué situación más difícil! ¡Disfruta (*Enjoy*) del tiempo con tu familia! Hablamos

el lunes.

OMAR: Hola, Radamés. ¿Qué estudias?

RADAMÉS: Estudio música. _____⁶ (querer) ser músico profesional.

OMAR: ¡Fantástico! ¡Un músico profesional en el club!

LUCÍA: Chicos, ¿qué _____⁷ (querer) hacer hoy que hace frío: jugar al Cranium en casa de Sebastián o ir a La Peña?

SEBASTIÁN: Yo _____⁸ (preferir) jugar al Cranium en mi casa y ¡cocinar!

ANA SOFÍA: Si Radamés toca con Cumbancha en La Peña, ¡yo _____⁹ (preferir) ir allá (*there*) y bailar!

CLAUDIA: Propongo jugar al Cranium primero y luego ir al concierto de Cumbancha. ¿_____¹⁰ (querer) Uds. hacer eso?

SEBASTIÁN: Buena idea, Claudia.

Datos personales

Lee *Infórmate 4.3*

E. Los números. Responde a las preguntas con las palabras que corresponden a los números entre paréntesis.

1. ¿Cuánto cuesta viajar de Quito, Ecuador, a San Francisco, California? ($1.029)

   Cuesta _____ dólares.

2. ¿En qué año viajan Omar y Marcela a Estados Unidos? (2014)

   Viajan en el año _____.

3. ¿Cuánto cuesta ese carro usado (*used*)? ($8.750)

   Cuesta _____ dólares.

4. ¿Cuántos espectadores (*spectators*) hay en el concierto? (15.913)

   Hay _____ espectadores.

5. ¿Cuántos habitantes (*inhabitants*) tiene tu ciudad? (97.577)

   Tiene _____ habitantes.

F. **En el aeropuerto** (*airport*). Omar y su esposa Marcela están en el aeropuerto de Miami. Completa la conversación entre Omar y el oficial del aeropuerto con las preguntas de la lista.

¿Cómo se llama su esposa?	¿De dónde es usted?
¿Cómo se llama usted?	¿De quién es esa maleta (*suitcase*)?
¿Cuál es su dirección?	Hola, ¿habla usted inglés?
¿Cuál es su estado civil?	¿Por qué viajan ustedes a Estados Unidos?
¿Cuál es su fecha de nacimiento?	¿Tiene hijos?
¿Cuáles son sus apellidos?	¿Y dónde están sus hijos?

OFICIAL DEL AEROPUERTO: _____ 1

OMAR ACOSTA LUNA: Sí, hablo un poco, pero prefiero hablar en español si es posible.

OFICIAL: _____ 2

OMAR: Omar. Me llamo Omar.

OFICIAL: _____ 3

OMAR: Acosta Luna.

OFICIAL: _____ 4

OMAR: Soy de Quito, Ecuador.

OFICIAL: _____ 5

OMAR: Nací el treinta y uno de octubre.

OFICIAL: _____ 6

OMAR: Calle Andalucía, número 24-359, en el barrio La Floresta, en Quito, Ecuador.

OFICIAL: _____ 7

OMAR: Casado.

OFICIAL: _____ 8

OMAR: Se llama Marcela Arellano Macías.

OFICIAL: _____ 9

OMAR: Sí, tengo dos hijos: un hijo de seis años y una hija de cuatro años.

OFICIAL: _____ 10

OMAR: Ellos están con mi familia en Quito.

OFICIAL: _____ 11

OMAR: Esa maleta roja es de mi esposa. Y aquella maleta es mía.

OFICIAL: _____ 12

OMAR: Porque tenemos amigos en California y queremos visitarlos.

OFICIAL: Está bien, señor Acosta Luna. Muchas gracias. ¡Bienvenido (*Welcome*) a Estados Unidos!

OMAR: De nada, oficial. Gracias a usted.

Los planes

Lee *Infórmate 4.4*

G. Planes y deseos. Mira la tabla con los planes y deseos de la familia de Omar para el lunes. Contesta las preguntas con la información de la tabla usando oraciones completas.

EL LUNES...		¿Adónde va(n) a ir?	¿Qué piensa(n) hacer allí?	Pero, ¿qué tiene(n) ganas de hacer?
por la mañana	**Omar**	a la universidad	tomar un examen de economía	jugar al fútbol con sus hijos en el parque
	Marcela	a la casa de su madre	pasear y jugar con los perros de su madre	pasear por el parque con sus hijos
	Carlitos y Maritza	a la escuela	estudiar y jugar con sus amigos	estar en el parque y jugar al fútbol con su padre
por la tarde	**Marcela y Omar**	al hospital	visitar a un amigo	hacer la tarea con sus hijos y jugar al Wii con ellos

MODELOS: ¿Adónde va a ir Omar el lunes por la mañana?

Va a ir a la universidad.

¿Qué piensa hacer allí?

Piensa tomar un examen de economía.

Pero, ¿qué tiene ganas de hacer Omar el lunes por la mañana?

Tiene ganas de jugar al fútbol con sus hijos en el parque.

1. **a.** ¿Adónde va a ir Marcela el lunes por la mañana? _____

    _____

    b. ¿Qué piensa hacer allí? _____

    _____

    c. Pero, ¿qué tiene ganas de hacer Marcela el lunes por la mañana? _____

    _____

2. **a.** ¿Adónde van a ir Carlitos y Maritza el lunes por la mañana? _____

    _____

    b. ¿Qué piensan hacer allí? _____

    _____

    c. Pero, ¿qué tienen ganas de hacer Carlitos y Maritza el lunes por la mañana? _____

    _____

3. **a.** ¿Adónde van a ir Omar y Marcela el lunes por la tarde? _____

    _____

    b. ¿Qué piensan hacer allí? _____

    _____

    c. Pero, ¿qué tienen ganas de hacer Omar y Marcela el lunes por la tarde? _____

    _____

H. Las vacaciones. Mira las imágenes y responde a las preguntas con una oración completa. Usa el vocabulario de la caja y las formas correctas de **pensar, ir a** y **tener ganas de. OJO:** Hay palabras extra en la caja.

andar en bicicleta	**leer un libro en el parque**
bailar en un concierto de Cumbancha	**limpiar la casa**
comer helado (*ice cream*)	**tomar fotos en la ciudad Mitad del Mundo**
escuchar su música favorita, la música de Claudia Oñate	**ver las tortugas** (*tortoises*) **de las islas Galápagos**
hacer la tarea	**ver un volcán activo**
lavar el carro con sus hijos	**visitar a la familia de Estefanía en Guatemala**
lavar la ropa	

1. ¿Qué tiene ganas de hacer Marcela esta tarde?

   Marcela _____

   _____

   _____.

2. ¿Qué piensa hacer Omar mañana por la mañana?

   Omar _____

   _____

   _____.

3. ¿Qué va a hacer Maritza en las vacaciones?

   Maritza _____

   _____

   _____.

(*Continúa.*)

4. ¿Qué va a hacer Carlitos este fin de semana?

Carlitos _____

_____

_____ .

5. ¿Qué van a hacer los Amigos sin Fronteras este fin de semana?

Los Amigos sin Fronteras _____

_____

_____ .

6. ¿Qué piensan hacer Ana Sofía y Claudia este fin de semana?

Ana Sofía y Claudia _____

_____

_____ .

7. ¿Qué tienen ganas de hacer Franklin y Estefanía?

Franklin y Estefanía _____

_____

_____ .

En resumen

I. **Comunicación personal: ¿Quién tiene qué?** Di quién tiene estas cosas. Usa **tengo, tiene, tienen, tenemos.**

una bicicleta nueva	una chaqueta anaranjada	un iPad
botas negras	una cuenta de Facebook	un libro de texto
una cámara digital	una cuenta de Twitter	muchos libros
un carro nuevo	una familia grande	pantalones azules
una casa nueva	un hijo / una hija	un sombrero viejo

1. Yo _____

2. Mi mejor amigo/a _____

3. Nuestro profesor de español _____

4. Mi mejor amigo/a y yo _____

5. Mis padres _____

6. Mis primos _____

J. **Comunicación personal: Preferencias, deseos y futuro.** Responde a las preguntas sobre los planes, los deseos y el futuro de cada persona.

1. ¿Qué quieres hacer tú en las próximas vacaciones?

   _____

2. ¿Qué quieren hacer tu mejor amigo/a y tú el próximo fin de semana?

   _____

3. ¿Qué prefieres hacer tú: chatear o textear?

   _____

4. ¿Qué prefiere hacer tu mejor amigo/a: cocinar o ir a un restaurante?

   _____

5. ¿Qué prefieren hacer tus padres: ver la televisión o ir al cine?

   _____

6. ¿Qué vas a hacer después de graduarte?

   _____

7. ¿Tienes ganas de viajar en el futuro? ¿adónde? ¿con quién?

   _____

8. ¿Piensas vivir en otra ciudad / otro estado / otro país? ¿Dónde?

   _____

9. ¿Qué otras actividades tienes ganas de hacer en el futuro?

   _____

10. ¿Qué vas a hacer hoy después de terminar la tarea de español?

    _____

Exprésate

Escríbelo tú

Planes para el verano próximo

Escribe sobre tus preferencias y planes para el verano próximo. Primero, haz una lista de las actividades que vas a hacer. Luego, escoge las dos actividades más importantes o más divertidas. Tu composición va a tener cuatro párrafos (*paragraphs*). El primer párrafo va a ser una introducción general con todas las actividades que quieres hacer. Al final de este párrafo, menciona las dos más importantes o divertidas. Los próximos dos párrafos van a tener una descripción de esas dos actividades. Después, el cuarto párrafo va a ser tu conclusión: un resumen (*summary*) de tus planes.

EL VERANO PRÓXIMO		
Introducción (Párrafo 1)	Las actividades que vas a hacer	*Voy a…/ Quiero…*
	Las dos actividades más importantes/divertidas	
Cuerpo (Párrafos 2 y 3)	Primera actividad importante/divertida: ¿Qué vas a hacer? ¿Con quién(es) vas a hacerlo? ¿Dónde? ¿Cuándo?	
	Segunda actividad importante/divertida: ¿Qué vas a hacer? ¿Con quién(es)? ¿Dónde? ¿Cuándo?	
Conclusión (Párrafo 4)	Resumen de los planes para el verano próximo y un comentario final	

_____

_____

_____

_____

_____

_____

_____

_____

_____

_____

_____

_____

Enlace auditivo

Pronunciación y ortografía

Ejercicios de pronunciación

Consonants: **j** *and* **g** + **e, i***

In Spanish, the letter **j** before all vowels and the letter **g** before the vowels **e** and **i** are both pronounced similarly to the letter *h* in English. The pronunciation of the **j** and **g** sound varies somewhat in different parts of the Spanish-speaking world. In some countries, it is pronounced more strongly, with more friction in the throat, than in others. The pronunciation taught in *Tu mundo* will be understood by all Spanish speakers.

A. Listen and then pronounce the following words with the letters **g** (followed by **e** or **i**) and **j**.

gente	generoso	roja	traje	viejo	dibujo
gemelo	gimnasio	ejercicios	ojos	bajo	junio
inteligente	anaranjado	mujer	joven	hijo	

B. Listen and then pronounce the following sentences. Be sure to pronounce the **g** and **j** correctly.

1. Hay mucha gente hoy en el gimnasio.
2. Esa mujer del traje anaranjado hace ejercicio.
3. Señora, sus hijos tienen los ojos muy bonitos.
4. Son gemelos. Nacieron en junio.
5. Ese joven es muy inteligente y le gusta jugar al tenis.

Ejercicios de ortografía

I. *The Letters* **j** *and* **g** + **e, i.** The letter **j** before all vowels and the letter **g** before the vowels **e** or **i** are pronounced the same. Listen to these words and write them with the letter **j** or the letter **g.**

1. _____
2. _____
3. _____
4. _____
5. _____
6. _____
7. _____
8. _____

9. _____
10. _____
11. _____
12. _____
13. _____
14. _____
15. _____

---

*See the **Enlace auditivo** for **Capítulo 7** for information on the pronunciation of the letter **g** before **a, o,** and **u,** and the combinations **gue** and **gui.**

II. *Accent Marks: Question Words.* Questions words in Spanish have an accent mark on the stressed vowel: **¿Cómo?, ¿Cuál?, ¿Cuándo?, ¿Cuántos?, ¿Dónde?, ¿Por qué?, ¿Qué?, ¿Quién?, ¿Quiénes?*** Note that the question word *Why?* in Spanish is written as two words, with an accent mark on the stressed vowel of the second word: **¿Por qué?**

Listen and then write the questions words you hear. Be sure to include accent marks on the stressed vowel and an inverted question mark before the word.

1. _____ sales con tu novia?

2. _____ idiomas habla usted?

3. _____ estudias español?

4. _____ vives?

5. _____ se llama la hermana de Camila?

6. _____ son estas personas?

7. _____ años tienes?

8. _____ es su estado civil?

III. *Use of Capital Letters in Spanish.* In Spanish, only names are capitalized: names of countries or other geographical areas, businesses, people, pets, and so on: **Colombia, el Museo del Prado, el Cine Maremagnum, Omar Acosta Luna.** Unlike English, Spanish does not use capital letters for days of the week, months, languages, or nationalities: **viernes, agosto, el inglés, guatemaltecas,** unless the word begins a sentence: **Agosto es mi mes favorito.**

Listen and write the words you hear, using an upper case initial letter only for names.

1. _____   9. _____

2. _____   10. _____

3. _____   11. _____

4. _____   12. _____

5. _____   13. _____

6. _____   14. _____

7. _____   15. _____

8. _____

---

*Remember that you learned in the **Pronunciación y ortografía** section of **Capítulo 1** of this *Cuaderno de actividades* that Spanish always uses an inverted question mark at the beginning and at the end of a question: **¿A qué hora desayunas?**

Actividades auditivas

A. Quiero ser miembro de Amigos sin Fronteras. Omar ve en el Internet que hay un club en la Universidad de California, Berkeley. El club se llama **Amigos sin Fronteras.** Ve también la dirección electrónica de Claudia. Escucha el diálogo y luego completa la actividad.

Vocabulario de consulta

miembros	members
los fundadores	the founders
Queridos	Dear
¿Me aceptan...?	Will you accept me . . . ?
conocerlos	meet them
Maestría	Masters (degree)
Administración de Empresas	Business Administration
van a casarse	are going to get married

¿Cierto (C) o falso (F)?

1.	Omar quiere ser miembro del Club Amigos sin Fronteras.	C	F
2.	Los fundadores del club se llaman Marcela y Eloy.	C	F
3.	A Marcela no le gusta la idea de conocer a los miembros del club.	C	F
4.	Omar trabaja y estudia también.	C	F
5.	Todos los miembros del club son solteros.	C	F
6.	Claudia es de Ecuador.	C	F
7.	Los otros miembros del club son de un país solamente.	C	F
8.	Claudia quiere hablar con Omar por teléfono.	C	F
9.	Omar dice que va a llamar por Skype la semana próxima.	C	F

B. Los planes de los Amigos sin Fronteras para el fin de semana. Es un jueves por la tarde. Radamés, Claudia, Ana Sofía y Rodrigo hablan de los planes para el fin de semana en el apartamento de Claudia. Escucha el diálogo y luego contesta las preguntas.

Vocabulario de consulta

La Peña	*a cultural center and performance space in Berkeley*
Está bien.	That's cool/fine.
exhibición	exhibit
oro	gold
acompañarnos	to go with us
sos un amor	you're a sweetheart
valioso	valuable
¿Está bien?	(Is that) OK?
Oigan	Hey, listen (*directed to a group*)
probar	taste, try (*food*)
¡Que pasen una buena noche!	Have a good night!

1. _____ ¿Dónde va a tocar el grupo musical de Radamés?

   a. la universidad
   b. La Peña
   c. la casa de Sebastián

2. _____ ¿Qué van a hacer los chicos el viernes por la noche?

   a. escuchar música
   b. cocinar en casa
   c. jugar al Cranium

3. _____ ¿Qué piensa hacer Claudia con Cumbancha?

   a. tocar la guitarra
   b. bailar
   c. cantar

4. _____ ¿Qué va a hacer Ana Sofía toda la noche el viernes?

   a. estudiar
   b. bailar
   c. cocinar

5. _____ ¿Qué va a hacer Ana Sofía el sábado?

   a. estudiar
   b. bailar
   c. cocinar

6. _____ Radamés va a estudiar el sábado. ¿Qué más piensa hacer?

   a. cocinar y comer
   b. lavar la ropa y limpiar
   c. leer y ver la televisión

7. _____ ¿Adónde invita Rodrigo a Claudia el sábado?

   a. al museo
   b. a Colombia
   c. a una tienda de oro

8. _____ ¿Qué va a hacer Claudia el sábado por la mañana?

   a. estudiar
   b. cocinar
   c. limpiar la casa

9. _____ ¿Qué tiene ganas de hacer Claudia el domingo?

   a. salir a comer
   b. salir a bailar
   c. cenar en casa

10. _____ ¿Qué tipo de restaurante es Caña?

   a. peruano
   b. cubano
   c. mexicano

Videoteca

Amigos sin Fronteras

Episodio 4: El nuevo equipo de fútbol

Resumen. En el centro estudiantil, Ana Sofía y Eloy juegan al tenis con el programa Wii. Radamés y Claudia animan (*cheer*) a los jugadores. Reciben una llamada de Omar Acosta, nuevo miembro del club, por Skype. Omar es de Ecuador y les anuncia que va a viajar a Berkeley en marzo. Al final, los cuatro amigos del club deciden jugar al fútbol.

Preparación para el video

A. ¡Comencemos! Indica con un círculo las palabras correctas para completar las oraciones según la foto.

1. (Dos / Cuatro) de los Amigos sin Fronteras (estudian / están) en el centro estudiantil.
2. Claudia y Radamés (ven / recogen) a sus amigos (jugar / ir) al tenis.

Vocabulario de consulta

¡Dale!	Go on!
¡Fuera de aquí!	Get out of here!
Piensa	She thinks
dominante	domineering
¡Ándale, chamaca!	Go for it, girl!
buena gente	a good person
¡Por fin voy a conocerlo!	I'm finally going to meet him!
ciudad	city
va ganando	(she) is winning
asistir a un congreso	attend a conference
Se fue la luz	The lights went out
perdimos	we lost

Comprensión del video

B. El episodio. Escribe los números 1 a 5 para ordenar este pequeño resumen.

_____ Omar llama por Skype.

_____ Los amigos deciden formar un equipo de fútbol.

_____ Eloy y Ana Sofía juegan al tenis.

_____ Radamés dice que Claudia es mandona.

_____ Los amigos juegan al fútbol.

C. ¿Cierto (C) o falso (F)?

1. Radamés es una distracción para Claudia.	C	F
2. Omar es estudiante de UC Berkeley.	C	F
3. Omar tiene dos hijos.	C	F
4. El juego favorito de Ana Sofía en el Wii es *Guitar Hero*.	C	F
5. Eloy tiene un balón de fútbol en su mochila.	C	F
6. Picante es un restaurante.	C	F

D. Detalles. Contesta las preguntas según el video.

1. ¿Quién le echa porras a (*cheers for*) Ana Sofía? _____

2. ¿Quién dice «¡Fuera de aquí!»? _____

3. ¿Quién llama por Skype? _____

4. ¿Adónde (A qué ciudad) va a viajar Omar? _____

5. ¿Quiénes son los otros miembros que van a invitar a jugar en el equipo de fútbol?

_____   _____   _____

Mi país

Ecuador

Preparación para el video

Responde a estas preguntas antes de ver el video.

1. ¿Dónde está Ecuador?

   a. En el Caribe.
   b. En América Central.
   c. En América del Sur.

2. ¿Por qué son especiales las tortugas de las islas Galápagos?

   a. Son grises.   **b.** Son gigantes (muy grandes).   **c.** Son rápidas.

Una tortuga en las islas Galápagos

Comprensión del video

¿Cierto (C) o falso (F)?

1. Omar vive con su familia en Quito, la capital de Ecuador. C F

2. Ecuador forma parte de la Sierra Madre. C F

3. Una actividad turística muy popular es subir el volcán Pichincha C F

4. Hay varios grupos en Ecuador que conservan sus tradiciones indígenas. C F

5. Todos los años la familia de Omar va a la ciudad Mitad del Mundo para celebrar el Cinco de Mayo. C F

6. A Carlitos le gusta tomar el tren de Quito a Cotopaxi. C F

7. Omar y Marcela piensan llevar a los niños a ver las tortugas gigantes en las islas Galápagos. C F

8. Omar va a jugar al béisbol en el parque con Carlitos y Maritza. C F

¡A leer!

¿Sabías que... ?

El quechua, idioma de los incas

¿Sabías que el idioma quechua se habla en cinco países de Sudamérica? El quechua (o quichua) es el idioma del Imperio inca, Tawantinsuyo.* En 1531 los españoles llegan a Sudamérica y conquistan el territorio de los incas, pero no pueden[a] eliminar su idioma. Hoy diez millones de personas en Colombia, Ecuador, Perú, Bolivia, Chile y Argentina todavía lo hablan.

La palabra *quechua* es el nombre que los españoles le dan a este idioma de los incas; *qich wa* quiere decir[b] **valle templado**[c] en su idioma. Pero los hablantes[d] de quechua llaman su idioma *runa simi*, que quiere decir **lengua de la gente.** El quechua tiene una gramática muy compleja[e] y hay muchos dialectos diferentes.

El quechua se incorpora al vocabulario del español de Sudamérica con palabras como *charqui, choclo, cancha* y *poroto*.[f] El español de Ecuador también usa palabras del quechua como *ñaño/a* (hermano/a), *guata* (estómago), *guambra* (muchacho) y *taita* (padre). Hay grupos de hablantes de quechua que trabajan en Quito y combinan el vocabulario del español con la gramática del quechua para crear[g] un nuevo idioma: media lengua. Este idioma mixto nace en los años 1920 pero hoy en día solo tiene 1.000 hablantes. En cambio,[h] el quechua sigue muy vivo[i] y tanto Bolivia como[j] Perú y Ecuador promueven[k] la educación en este idioma. ¡Hasta hay[l] varias páginas de Wikipedia en quechua!

[a]no... *they cannot* [b]quiere... *means* [c]*temperate* [d]*speakers* [e]*complex* [f]charqui... *jerkey, corn, court/field (for sports), and bean* [g]*create* [h]En... *On the other hand* [i]sigue... *is still very much alive* [j]tanto... *both Bolivia and* [k]*promote* [l]Hasta... *There are even*

Comprensión

1. _____ Indica el país donde *no* hay hablantes del quechua.

   a. Argentina   **b.** Venezuela   **c.** Chile   **d.** Ecuador   **e.** Bolivia

2. _____ Una lengua que combina elementos del español con elementos del quechua es el...

   a. guaraní   **b.** tupi   **c.** maya   **d.** media lengua   **e.** castellano

Tawantinsuyo means *four regions* and is the Quechua name for the Inca Empire.

Galería

Ecuador

La ciudad Mitad del Mundo

Una mujer indígena en la ciudad de Otavalo

Termas (*Thermal baths*) de Papallacta

Una tortuga gigante en las islas Galápagos

El volcán Tungurahua

Experiencias increíbles en Ecuador

¿Norte o sur...? Hoy te invitamos a visitar la mitad[a] del mundo: Ecuador. Vamos a visitar algunas de las bellezas[b] de este país. Primero, la ciudad Mitad del Mundo que, como su nombre indica, está en el ecuador[c] del mundo. En esta ciudad hay una línea[d] en el suelo[e] que marca la división del mundo en sus dos hemisferios; puedes estar[f] con una pierna en el hemisferio norte y otra en el hemisferio sur... ¡alucinante[g]! Pero más increíbles son las islas[h] Galápagos, en el océano Pacífico, casi a[i] 1.000 kilómetros de la costa ecuatoriana. En estas islas hay especies[j] animales y plantas que no existen en ningún otro lugar,[k] por ejemplo, unas tortugas gigantes[l] llamadas galápagos. ¿Tienes ganas de ir?

Por otro lado,[m] hay varios volcanes en Ecuador, entre[n] ellos, el volcán Tungurahua, que está activo. Cerca del volcán está la ciudad de Baños de Agua Santa,[ñ] que tiene numerosas piscinas de aguas termales.[o] Pero estas termas no son las únicas de Ecuador; hay termas en Papallacta, donde puedes tomar un baño termal al aire libre. Pero si prefieres el mar, te recomendamos nadar en las playas de Salinas, donde hay muchas otras actividades súper interesantes, como ver ballenas.[p] De todas estas actividades, ¿qué prefieres hacer tú?

Finalmente, si[q] quieres observar la gran riqueza[r] cultural de la comunidad indígena que vive en Ecuador, visita la ciudad de Otavalo. Los indígenas de Otavalo conservan[s] intactas muchas de sus tradiciones y hablan su lengua, el quichua (quechua). ¡Va a ser una experiencia extraordinaria! Cuéntanos... ¿qué lugares de Ecuador piensas visitar?

[a]*middle* [b]*beauties* [c]*equator* [d]*line* [e]*ground* [f]*puedes... you can stand* [g]*amazing* [h]*islands* [i]*casi... at nearly* [j]*species* [k]*ningún... no other place* [l]*tortugas... giant tortoises* [m]*Por... On the other hand* [n]*among* [ñ]*Baños... Holy Water Baths (place name)* [o]*piscinas... thermal water pools* [p]*whales* [q]*if* [r]*richness* [s]*preserve, keep*

Comprensión. Conecta cada una de las oraciones con el lugar descrito. **OJO:** Uno de los lugares se usa dos veces.

1. _____ En esta ciudad un línea marca la división entre norte y sur.

2. _____ En esta ciudad viven muchos indígenas que conservan su idioma y tradiciones.

3. _____ Aquí se conservan especies de animales y plantas que no existen en otras partes.

4. _____ En este lugar puedes observar ballenas.

5. _____ Esta ciudad está cerca del volcán Tungurhua y tiene baños termales.

6. _____ Aquí viven las tortugas gigantes.

a. Baños de Agua Santa

b. islas Galápagos

c. la ciudad Mitad del Mundo

d. Otavalo

e. Salinas

Conexión cultural

Las Galápagos, tesoro de la naturaleza

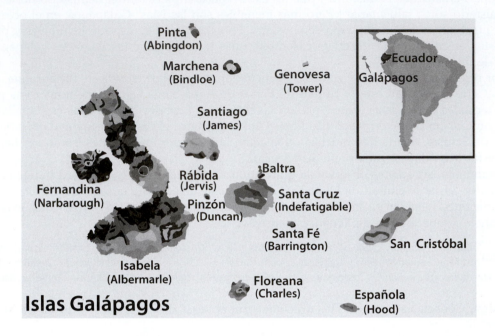

Pinta (Abingdon)

Marchena (Bindloe)

Genovesa (Tower)

Ecuador
Galápagos

Santiago (James)

Fernandina (Narbarough)

Rábida (Jervis)

Baltra

Santa Cruz (Indefatigable)

Pinzón (Duncan)

Santa Fé (Barrington)

San Cristóbal

Isabela (Albermarle)

Floreana (Charles)

Española (Hood)

Islas Galápagos

Vocabulario de consulta

tesoro	treasure
tortugas gigantes	giant tortoises
dibujó	drew
carta de navegación	navigation chart
científicos	scientists
todavía están creciendo	are still growing
creció	grew
endémicas	endemic (*belonging to a particular place*)
depredadores	predators
tres cuartos	three-quarters (three-fourths)
escasa	scarce
razones	reasons
escasez	shortage, lack
tercio	third
únicas	unique
algodón	cotton
pimienta	pepper

Tortuga gigante de las islas Galápagos

Las islas Galápagos, la inspiración para la teoría de la evolución de Charles Darwin y para su famoso libro *El origen de las especies* (1859), forman un archipiélago de islas volcánicas a 972 kilómetros al oeste de Ecuador. Son parte de este país sudamericano desde 1832. Están sobre el ecuador y en la zona hay una gran variedad de flora y fauna terrestre y marina.

Este archipiélago de islas volcánicas se llama ahora islas Galápagos por las **tortugas gigantes** que viven allí, pero este lugar tiene otros nombres: Encantadas, Archipiélago del Ecuador y, el nombre oficial, Archipiélago de Colón. Hasta los años 1800 (siglo XIX) es refugio de piratas. Precisamente un bucanero, también historiador inglés, Ambrose Cowley, **dibujó** la primera **carta de navegación** de estas islas en 1684. Él les da nombres de piratas (en inglés) a las islas pequeñas y nombres de nobles ingleses a las islas más grandes. Los **científicos** usan los nombres en inglés todavía pero el gobierno de Ecuador tiene nuevos nombres en español para las islas. Los nuevos nombres están relacionados con la conquista española y con santos católicos.

Las islas son relativamente jóvenes, la más antigua (vieja) tiene más o menos tres millones de años. Las más jóvenes, Isabela y Fernandina por ejemplo, **todavía están creciendo;** Fernandina **creció** en abril del 2009 con una erupción volcánica.

En las islas hay casi 9.000 especies y muchas de ellas son **endémicas.** Esas especies endémicas aparecen en las islas gracias a la evolución natural de los animales y también porque no existen **depredadores** en la isla. Hay gran variedad de animales terrestres. **Tres cuartos** de los pájaros y reptiles son endémicos. Hay animales marinos también: tortugas gigantes, pingüinos, leones marinos, iguanas marinas, manta rayas, corales, y muchos más.

Por otra parte, la flora es **escasa** por dos **razones:** la índole volcánica de la isla y la **escasez** de insectos o animales para polinizar las plantas. Hay solamente 500 especies más o menos y un **tercio** son endémicas. Por ejemplo, existen especies **únicas** de **algodón, pimienta** y tomate.

UNESCO nombra al archipiélago patrimonio de la humanidad en el 2007. Visita estas fascinantes islas en persona o de manera virtual, ¡son increíbles!

Comprensión

1. ¿Quién se inspiró en las islas Galápagos para escribir el libro *El origen de las especies*?

   _____

2. ¿De dónde viene el nombre islas Galápagos?

   _____

3. ¿Cuáles son otros nombres para este archipiélago?

   _____

4. ¿Quién les da nombres de nobles ingleses y piratas a cada una de las islas?

   _____

5. ¿En qué se basa el gobierno ecuatoriano para los nuevos nombres de las islas?

   _____

6. ¿Qué hay más en las Galápagos, flora o fauna? ¿Por qué?

   _____

La rutina diaria 5

¡A escribir!

La rutina

Lee *Infórmate 5.1–5.2*

A. La rutina diaria

Parte 1. Los miembros del club Amigos sin Fronteras nos hablan de las rutinas diarias de diferentes estudiantes. Conecta las dos columnas para completar sus declaraciones (*statements*).

LOS ESTUDIANTES	LA RUTINA
 **1.** _____ ELOY: En mi clase de anatomía hay un estudiante muy irresponsable: …  **2.** _____ XIOMARA (*hablando con su amiga Rosa*): Rosa, no tienes una buena rutina: …  **3.** _____ XIOMARA (*hablando con Claudia y Eloy*): Chicos, ustedes son unos estudiantes excelentes, son muy responsables. Todos los días…	**a.** duermes solamente cuatro horas porque te gusta mucho ver televisión por la noche, tomas mucho café, a veces no almuerzas y no haces ejercicio. **b.** se despiertan temprano, se duchan, desayunan mientras leen las noticias en línea y empiezan a trabajar en sus tareas —no pierden tiempo. Luego van a clases y, cuando vuelven de la universidad, tienen su vida social con los amigos del club. **c.** escuchamos música cuando nos levantamos, cantamos mientras nos duchamos y escuchamos nuestro iPod cuando vamos a la universidad. Por la noche, antes de ponernos el pijama y acostarnos, los dos practicamos con la guitarra: yo practico en mi dormitorio y tú en tu apartamento.

(Continúa.)

d. se levanta a mediodía, no asiste a todas las clases, no toma todos los exámenes, vuelve a casa tarde y no hace la tarea.

e. te levantas a las siete y media, después de dormir ocho horas, te pones ropa deportiva y sales a correr por el parque. Cuando vuelves a casa, te duchas, te secas, te pones la ropa y desayunas muy bien. Luego, estudias y vas a la universidad. Después, almuerzas con los amigos y, cuando vuelves a casa, vas al gimnasio por una hora y, después, cenas y descansas.

4. _____ RADAMÉS (*hablando por teléfono con Ana Sofía*): Sí, chica, tú y yo somos fanáticos de la música porque…

5. _____ ÁNGELA (*hablando con Nayeli*): Mi hijo Andrés, que tiene catorce años, es muy buen estudiante: …

f. todos los días hace la tarea y estudia antes de acostarse. Por la mañana, se levanta muy temprano, se ducha y, antes de desayunar, estudia un poco más y pone sus libros en la mochila.

6. _____ RODRIGO (*hablando por teléfono con Juan Fernando, el amigo costarricense del club*): Juan Fernando, tú sí que eres atlético y tienes una buena rutina: …

Parte 2. Ahora contesta las preguntas según las declaraciones de los amigos.

1. ¿Qué hace el estudiante irresponsable a mediodía? _____

2. ¿Cuánto tiempo duerme Rosa? _____

3. ¿Qué actividades hacen Claudia y Eloy antes de desayunar? Escribe las dos actividades.

   _____ _____

4. ¿Qué actividades hacen Radamés y Ana Sofía por la noche después de practicar con sus

   instrumentos musicales? Escribe las dos actividades. _____ _____

5. ¿Qué hace Juan Fernando, el estudiante más atlético del club, después de ir a la universidad?

   Escribe las tres cuatro actividades.

   _____ _____ _____ _____

B. Conversaciones. Xiomara tiene problemas para dormir bien. Llama por teléfono a su mamá y su mamá le da diferentes recomendaciones. Completa su conversación con la forma correcta de los verbos de la lista.

Vocabulario útil

acostarse	ducharse
almorzar	empezar
cerrar	encender (*to turn on*)
comer (×2)	hacer
desayunar	jugar
despertarse (×3)	leer
dormir	tomar (×2)

XIOMARA: Hola, mami.

MAMÁ: Hola, hija. ¿Cómo estás?

XIOMARA: Más o menos. No _____¹ muy bien por las noches.

MAMÁ: ¡Qué raro! ¿A qué hora _____² por la mañana?

XIOMARA: A las cinco aproximadamente. Pero _____³ muchas veces (*times*) durante la noche, también.

MAMÁ: ¿Y qué haces después de _____⁴? ¿_____⁵ los ojos para dormirte otra vez (*again*)?

XIOMARA: No, mami. _____⁶ a pensar en todas mis tareas para la universidad, así que (*so*) _____⁷ la lámpara de mi mesa y _____⁸ novelas.

MAMÁ: ¿_____⁹ ejercicio antes de acostarte?

XIOMARA: No, no tengo mucho tiempo. A veces _____¹⁰ al tenis con mis amigos del club, pero por la tarde.

MAMÁ: Bueno, bueno. ¿Y la comida? ¿_____¹¹ una dieta balanceada? ¿_____¹² por la mañana antes de ir a la universidad? ¿_____¹³ bien a mediodía?

XIOMARA: Sí, mami, _____¹⁴ muy bien todo el día (*all day*).

MAMÁ: ¿_____¹⁵ café?

XIOMARA: Sí, _____¹⁶ mucho café durante el día.

MAMÁ: Ese es el problema, el café. No tomes (*Don't drink*) café después de las tres de la tarde, hija. Y otra recomendación, ¿por qué no _____¹⁷ con agua tibia antes de _____¹⁸? El agua tibia se usa para relajarse (*relax*).

XIOMARA: Buena idea, mami. ¡Muchas gracias por tus recomendaciones, ¡son muy buenas! Te quiero mucho, mami. ¡Hablamos mañana!

MAMÁ: Yo también, hija. Sí, hablamos mañana.

Las tres comidas

Lee *Infórmate 5.3*

C. Los menús. Lee las pistas (*hints*) y luego usa la lista de palabras para completar la tabla con la comida y bebida que cada persona normalmente consume durante el día. **OJO:** Hay palabras extra.

Vocabulario útil

el bistec	la hamburguesa	las papas fritas
el café	el helado de fresa	el pastel
el cereal	los huevos revueltos	el pescado
la ensalada de lechuga y tomate	el jugo de naranja	los refrescos
los espaguetis	la leche	el tocino
la fruta	el pan tostado	el vino tinto
las galletitas	la papa al horno	el yogur

Juan Fernando, el estudiante costarricense del club, es muy atlético y no come carne.

BEBIDAS	DESAYUNO	ALMUERZO Y CENA	POSTRE
1. _____	2. _____	3. _____	5. _____
Pista: Lo bebe por las mañanas y tiene mucha vitamina C.	*Pista:* A veces lo come con frutas.	*Pista:* La come todos los días, normalmente como primer plato.	*Pista:* La come todos los días porque es muy saludable.
		4. _____	
		Pista: Lo come dos o tres veces a la semana porque tiene Omega 3. Su favorito es el salmón.	

La hermana pequeña de Xiomara, Leticia, tiene diez años.

BEBIDAS	DESAYUNO	ALMUERZO Y CENA	POSTRE
6. _____	7. _____	8. _____	9. _____
Pista: La bebe fría todos los días.	*Pista:* Lo come con leche y bananas.	*Pista:* Los come muchos días. Son un tipo de pasta.	*Pista:* Lo come a veces. Le gusta porque es de leche y fruta.

Rosa, la amiga salvadoreña de Xiomara, no tiene una dieta saludable.

BEBIDAS	DESAYUNO	ALMUERZO Y CENA	POSTRE
10. _____ *Pista:* Los bebe todos los días. Le gustan muy fríos.	**11.** _____ *Pista:* Los come todas las mañanas pero tienen mucho colesterol.	**13.** _____ *Pista:* La come con pan, tomate y no mucha lechuga.	**15.** _____ *Pista:* Lo come todos los días, su favorito es el de chocolate.
	12. _____ *Pista:* Lo come frito. Contiene mucha grasa.	**14.** _____ *Pista:* Las come con salsa de tomate (*ketchup*).	

D. El doctor de Amigos sin Fronteras. Xiomara quiere comenzar una dieta saludable y recibe unas recomendaciones de Eloy, que estudia medicina. Selecciona la palabra apropiada para completar su conversación. **OJO:** Las frases subrayadas (*underlined*) son pistas (*hints*).

XIOMARA: Hola, Eloy. Quiero comer <u>una dieta saludable</u>. ¿Me ayudas a (planearlo / planearla / planearlos / planearlas)[1]?

ELOY: Por supuesto, Xiomara. Primero, miremos qué <u>comidas saludables</u> comes normalmente. ¿Comes (pollo frito / verduras / carne)[2]?

XIOMARA: No, Eloy, no (lo / la / los / las)[3] como casi nunca. Son un poco <u>caras</u> (*expensive*) y, como sabes, los estudiantes no tenemos mucho dinero.

ELOY: Pero son muy <u>saludables</u>, tienen muchas (calorías / vitaminas / grasa)[4] y muy <u>pocas</u> (calorías / vitaminas / grasa).[5] ¿Y <u>fruta</u>? ¿(Lo / La / Los / Las)[6] comes todos los días?

XIOMARA: Bueno, <u>bananas</u> sí. (Lo / La / Los / Las)[7] como a veces por la mañana.

ELOY: ¡¿Solo a veces?! La fruta es muy <u>saludable</u> porque, en general, tiene (mucha grasa / mucha fibra / mucho colesterol).[8] Pero en el caso de <u>las bananas</u>, ten cuidado, porque tienen (mucha grasa / mucho colesterol / mucho azúcar).[9]

XIOMARA: Ah, ahora comprendo por qué las bananas siempre me llenan mucho.

ELOY: Exacto, normalmente las bananas te van a llenar mucho. A ver, ¿y qué bebidas tomas normalmente?

XIOMARA: Me gusta beber <u>refrescos</u>, pero no (lo / la / los / las)[10] bebo todos los días. Prefiero tomar café y té porque son más saludables, ¿verdad?

ELOY: Bueno, depende. Y <u>el café</u>, ¿con qué frecuencia (lo / la / los / las)[11] tomas?

XIOMARA: Uy, (lo / la / los / las)[12] tomo todos los días. Me gusta con leche y mucho azúcar. Además, el café no engorda, ¿verdad, Eloy?

ELOY: No, el café no engorda, pero el azúcar sí. Ay, Xiomara, ¡tu dieta necesita mucho trabajo!

Los días feriados

Lee Infórmate 5.4

E. **La agenda de Xiomara.** En la agenda de su teléfono, Xiomara anota (*makes a note of*) los días importantes para ella y su familia. Completa la agenda de Xiomara con los días importantes, en orden cronológico. Para los días indicados con estrella, usa la fecha en que se celebra en El Salvador, país de origen de los padres de Xiomara. **OJO:** Si es necesario, usa la información de **Comunícate: Los días feriados** en el **Capítulo 5** de tu libro de texto.

Vocabulario útil

el Año Nuevo	el Día del Padre*
el Día de la Independencia*	el Día del Trabajador
el Día de la Madre*	la Navidad
el Día de San Valentín	la Nochebuena
el Día de las Brujas	la Nochevieja
el Día de los Muertos	Semana Santa (y domingo de Pascua)
el Día de los Reyes Magos	

enero	febrero	marzo	abril
1. _____ 2. _____	3. _____	*el cumpleaños de mi hermana Leticia*	4. _____

mayo	junio	julio	agosto
5. _____ 6. _____	7. _____	*el Día del Santo de mi mami*	*el cumpleaños de mi papi*

septiembre	octubre	noviembre	diciembre
mi cumpleaños 8. _____	9. _____	10. _____	11. _____ 12. _____ 13. _____

F. Las actividades durante los días feriados

Los miembros del club Amigos sin Fronteras hablan de lo que hacen durante diferentes días feriados. Mira los dibujos y luego conecta las frases de las cinco columnas de la forma más lógica. Luego usa los comentarios para contestar las preguntas que siguen.

¿QUÉ HACEN LOS AMIGOS SIN FRONTERAS?			
ÁNGELA: El cuatro de julio, yo siempre…	cenamos en casa de mi abuela con mis primos y tíos,…	van de casa en casa (*from house to house*)…	y luego la invitas a comer a su restaurante favorito, ¿no?
XIOMARA: Este día, los niños…	sales con tus hijos y…	me pongo ropa roja, azul y blanca,…	y celebramos el fin de un año y el comienzo de otro con doce uvas.
FRANKLIN: Este día de febrero, yo siempre…	lo celebro con mi familia,…	le compras un regalo a Marcela por ser una madre excelente,…	y por la noche salgo al parque a ver los fuegos artificiales.
ANA SOFÍA: Ese día de diciembre mi familia y yo…	salen de sus casas con un disfraz,…	me pongo ropa elegante para estar con mi novia…	y piden dulces.
CAMILA: Omar, tú…	le doy flores y una tarjeta a Estefanía,…	nos ponemos ropa nueva…	y salgo a cenar con ella a un restaurante elegante.

(Continúa.)

Ahora, escribe los comentarios completos de cada amigo para contestar las preguntas.

1. ¿Qué comenta esta amiga del club sobre el Día de las Brujas?

   _____

   _____

2. ¿Qué dice este amiga sobre el Día de la Independencia de Estados Unidos?

   _____

   _____

3. ¿Qué hace este amigo del club para el Día de San Valentín o Día de los Enamorados?

   _____

   _____

4. ¿Qué le pregunta Camila a este amigo del club sobre el Día de los Muertos?

   _____

   _____

5. ¿Cómo celebra esta amiga del club la Nochevieja y Año Nuevo?

   _____

   _____

Los estados físicos y anímicos

G. ¿Cómo están los amigos del club? Mira los dibujos y completa cada descripción con la forma apropiada del vocabulario útil. **OJO:** Es necesario cambiar los verbos y los adjetivos. Hay vocabulario útil extra.

Vocabulario útil

estar...	tener...
aburrido/a/os/as	calor
cansado/a/os/as	frío
enamorado/a/os/as	hambre
enfermo/a/os/as	miedo
enojado/a/os/as	prisa
triste(s)	sed
	sueño

1. Franklin y Estefanía _____

_____

_____ .

2. Xiomara y Eloy _____

_____

_____ .

3. Sebastián _____

_____

_____ .

4. Carlitos y Maritza _____

_____

_____ .

5. Eloy _____

_____

_____

6. Ana Sofía y Radamés _____

_____

_____ .

H. Las situaciones. Mira los dibujos y luego completa la descripción de cada situación con la forma apropiada de las frases en negrita (*bold*). **OJO:** Es necesario cambiar los verbos y los adjetivos.

Vocabulario útil

tener frío
tener hambre
tener miedo
tener sed
tener sueño

EN EL CINE: Hoy es el primer día de vacaciones de verano y varios amigos del club lo celebran en el cine. Prefieren ir a la sesión de la noche porque quieren ver una película (*movie*) de suspenso, pero empiezan los problemas: Xiomara _____[1] porque no duerme bien; Ana Sofía _____[2] porque hay aire acondicionado en el cine y ella no lleva chaqueta; Camila _____[3] porque no es una película de suspenso, ¡es una película de terror!; Radamés _____[4] y quiere comer una hamburguesa, pero no hay hamburguesas en ese cine y Sebastián _____[5] pero no venden el refresco que le gusta.

Vocabulario útil

estar cansado/a
estar muy contento/a/os/as (×3)
estar deprimido/a/os/as (×2)
estar muy ocupado/a/os/as

EN LA FIESTA DE CUMPLEAÑOS: Normalmente las personas _____[6] cuando es su cumpleaños pero este año Nayeli _____[7] porque es su cumpleaños y no está con su familia. Los amigos del club no quieren ver a Nayeli triste y le preparan una fiesta sorpresa (*surprise*). Durante el día, todos los amigos del club _____[8] porque necesitan preparar diferentes detalles para la fiesta. Y, al final del día, aunque (*although*) todos los amigos _____[9] por el trabajo de preparación, ellos _____[10] porque Nayeli ya no _____.[11] Ahora ella _____.[12]

En resumen

I. **Mi rutina y mis estados de ánimo.** Responde a las preguntas con muchos detalles usando oraciones completas.

1. Generalmente, ¿cuál es tu rutina por la mañana de lunes a viernes? _____

   _____

   _____

   _____

2. ¿Te gusta desayunar en casa o prefieres desayunar en la cafetería? ¿Qué desayunas

   normalmente? _____

   _____

3. ¿Qué haces antes de acostarte? _____

   _____

4. ¿Cómo te preparas cuando tienes una reunión o una cita (*date*) importante? ¿Y cuando tienes

   un examen difícil? _____

   _____

   _____

   _____

   _____

   _____

5. ¿Qué haces cuando estás contento/a? ¿Y cuando estás nervioso/a? _____

   _____

   _____

6. ¿Qué haces cuando tienes mucha hambre pero no tienes tiempo para cocinar? ¿Qué comidas

   prefieres comer? ¿Por qué? _____

   _____

   _____

7. ¿Cuál es tu día feriado favorito? ¿Por qué te gusta? ¿Qué tipo de actividades haces? ¿Con

   quién(es) las haces? _____

   _____

   _____

   _____

   _____

J. La rutina de mis amigos y de mi familia. Contesta las preguntas con muchos detalles.

1. ¿Qué hacen tu mejor amigo/a y tú en vacaciones? _____

_____

_____

_____

_____

2. Describe el día feriado que más celebra tu familia. ¿Qué miembros de tu familia hay normalmente ese día? ¿Qué comen? ¿Quién(es) cocina(n)? ¿Qué actividades hacen y dónde? _____

_____

_____

_____

_____

_____

3. ¿Cómo celebra su cumpleaños tu mejor amigo/a? ¿Qué hace? ¿Come con su familia? ¿Tiene una fiesta con pastel? ¿Sale con sus amigos? Explica con muchos detalles. _____

_____

_____

_____

_____

Exprésate

Escríbelo tú

Tu presentación para el club

Imagínate que vas a ser miembro del club Amigos sin Fronteras. Escribe una descripción de ti mismo/a (*yourself*) como presentación para los miembros del club. La descripción debe incluir algunos datos personales, como por ejemplo: ¿Cómo te llamas? ¿Cuántos años tienes? ¿Dónde vives? Habla también de tus gustos y preferencias y de tu rutina diaria: ¿A qué hora te levantas todos los días y durante el fin de semana? ¿Qué haces después de tus clases / del trabajo? ¿Qué haces cuando estás aburrido/a? ¿Qué prefieres hacer para celebrar un día feriado favorito? ¿Qué te gusta hacer los sábados por la noche? Usa la tabla para organizar tus ideas; puedes hacer una selección de las preguntas que más te gustan. Luego escribe la composición.

Datos personales	Nombre	*Me llamo…*
	Edad, cumpleaños…	*Nací el… . Tengo… años.*
	Origen y dirección	*Soy de… y vivo en…*
	Idiomas	*Hablo…*
Gustos y preferencias	Estación del año preferida	*Me gusta… (el verano, el invierno, etcétera).*
	Actividades favoritas y preferencias (en verano, invierno, etcétera)	*Cuando hace frío (calor, fresco, …) / En invierno (verano, …), me gusta… pero prefiero…* *Los fines de semana, me gusta…* *Después de las clases / del trabajo, me gusta… .*
	Deportes favoritos	*Me gusta(n)…*
Rutina diaria (las comidas y otras actividades)	Por la mañana…	
	Después de las clases / del trabajo…	
	Por la noche…	
Días feriados	Mi día feriado favorito es…	¿En qué día/mes se celebra?	*Se celebra el…*
		¿Qué haces para celebrarlo?	
		¿Con quién lo celebras?	
		¿Por qué te gusta ese día?	
	El día feriado que *menos* me gusta es…	¿Por qué no te gusta ese día?	
Planes para las próximas vacaciones	¿Qué vas a hacer?	
	¿Qué piensas hacer?	
	¿Qué tienes ganas de hacer?	
	¿Con quién?	
Otra información interesante		

_____

_____

_____

_____

_____

_____

_____

_____

Enlace auditivo

Pronunciación y ortografía

Ejercicios de pronunciación

I. *Consonants:* **b** *and* **v**

A. The letters **b** and **v** are pronounced exactly the same in Spanish. Usually the lips are close together, but they are not completely closed. There is no equivalent sound in English, because English *b* is pronounced with the lips completely closed and English *v* is pronounced with the upper teeth on the lower lip.

Listen and then pronounce the following words, concentrating on pronouncing an identical soft **b** sound for both **b** and **v.**

abuela	noventa	cabeza	corbata
novio	debajo	nuevo	evento
favorito	febrero	lleva	trabajo

B. When preceded by the letters **m** or **n**, both **b** and **v** are pronounced hard as the English letter *b,* as in *boy.*

Listen and then pronounce the following words. Concentrate on pronouncing a hard **b** sound for both **b** and **v.**

invierno	hombre	invitar	conversar
hombros	sombrero	nombre	

C. Concentrate on the correct pronunciation of the letters **b** and **v** as you listen and then pronounce the following sentences.

1. El hombre lleva sombrero.
2. No hablen; escriban en sus cuadernos.
3. Yo nací en febrero y mi novio nació en noviembre.
4. Mi abuelo lleva corbata.
5. Donde yo vivo no llueve mucho en octubre.
6. Las verduras tienen muchas vitaminas.
7. En el invierno llevo abrigo.
8. El libro está debajo del pupitre.
9. La primavera es mi estación favorita.
10. La estudiante nueva no habla bien el español.

II. *Stressing the Correct Syllable*

Most words in Spanish are not written with an accent mark. When you read words aloud, it is easy to know which syllable is stressed. There are three rules.

1. If the word ends in *any vowel* (**a, e, i, o, u**) or the *consonants* **n** or **s**, pronounce the word with the stress on the next-to-last syllable. For example: **ca-sa, blan-co, a-ños, ham-bur-gue-sa, e-ne-ro, ha-blan, de-sa-yu-no, tra-ba-jan, ca-mi-nan.**
2. If the word ends in *any other consonant except* **n** or **s**, pronounce the word with the stress on the last syllable. For example: **lu-gar, per-so-nal, es-pa-ñol, ver-dad, na-riz, me-jor, fa-vor.**
3. Regardless of what letter a word ends with, if there is a written accent mark, you must stress the syllable where the accent appears. For example: **es-tó-ma-go, sué-ter, lá-piz, ár-bol, au-to-bús, ca-pí-tu-lo, ja-po-nés, ja-bón, a-quí.**

A. Look at the following words and pronounce them with the stress on the next-to-the-last syllable. Note that they all end in a vowel, **n** or **s.** Say the word first and then listen for confirmation.

1.	barba	**5.**	nombre	**9.**	Argentina
2.	piernas	**6.**	cabeza	**10.**	hablan
3.	italiano	**7.**	pongan		
4.	morado	**8.**	castaños		

B. These words end in a consonant other than **n** or **s** and are therefore stressed on the last syllable. Say the word and then listen for confirmation.

1.	verdad	**5.**	regular	**9.**	profesor
2.	azul	**6.**	señor	**10.**	mayor
3.	borrador	**7.**	nacional		
4.	pared	**8.**	reloj		

C. These words are written with an accent mark. Say the word, stressing the syllable with the written accent, and then listen for confirmation.

1.	francés	**5.**	está	**9.**	sábado
2.	fácil	**6.**	suéter	**10.**	inglés
3.	café	**7.**	difícil		
4.	teléfono	**8.**	alemán		

Ejercicios de ortografía

I. *The Letters* **b** *and* **v.** The spelling of words written with a **b** or a **v** must be memorized, since there is no difference in pronunciation. Listen and write the words you hear, using **b** or **v.**

1. _____   6. _____

2. _____   7. _____

3. _____   8. _____

4. _____   9. _____

5. _____   10. _____

II. *Word Stress.*

A. If a word ends in any consonant except **n** or **s,** it is normally stressed on the last syllable, for example: **hospital, universidad.** If the word ends in a consonant and is not stressed on the last syllable, an accent mark must be written on the stressed syllable: **dólar, sándwich, béisbol.** Listen and write the words you hear. All must be written with an accent mark.

1. _____   4. _____

2. _____   5. _____

3. _____

B. If the word is not stressed on the second-to-last or last syllable, an accent mark is always written on the stressed syllable, for example: **música, página, miércoles.** Listen and write the following words with accents on the third-to-last syllable.

1. _____
2. _____
3. _____
4. _____
5. _____
6. _____
7. _____
8. _____

9. _____
10. _____
11. _____
12. _____
13. _____
14. _____
15. _____

Actividades auditivas

A. La solución perfecta. Eloy y Nayeli conversan sobre la rutina de Eloy. Escucha su diálogo y contesta las preguntas.

Vocabulario de consulta

¡Ojalá que sí!	I hope so!
nada de eso	none of that
sigamos	let's go on
de ahora en adelante	from now on

¿Quién dice lo siguiente, Nayeli (N) o Eloy (E)?

1. _____ Vivo cerca de la universidad.

2. _____ ¡Desayunas mucho!

3. _____ Por la mañana me ducho, me pongo la ropa, me peino, desayuno y me lavo los dientes.

4. _____ No almuerzo nunca.

5. _____ Tengo la solución perfecta: vas a despertarte a las siete y media.

6. _____ ¡Me gusta dormir!

B. ¡Corre! ¡Corre! Sebastián está en el centro estudiantil de la universidad y ve a Xiomara, quien corre por el centro hacia la puerta. Escucha su conversación y luego indica si las frases son ciertas (C) o falsas (F).

Vocabulario de consulta

centro estudiantil	student center
hacia	toward
¡Para!	Stop!
quizás	maybe
¡Ya veo!	I can see that!
¡Buena suerte!	Good luck!

¿Cierto (C) o falso (F)?

1.	Sebastián quiere jugar al tenis con Xiomara hoy.	C	F
2.	Xiomara tiene clase en cinco minutos.	C	F
3.	Xiomara está preocupada porque tiene un examen difícil.	C	F
4.	Sebastián solo hace ejercicio para llegar a sus clases.	C	F
5.	Xiomara está muy nerviosa.	C	F
6.	Xiomara quiere hablar de una novela peruana con Sebastián.	C	F

Videoteca

Amigos sin Fronteras

Episodio 5: ¡Música, maestro!

Resumen. Claudia le dice a Radamés que hoy hay una fiesta sorpresa de cumpleaños para Nayeli Rivas Orozco, estudiante mexicana que ahora es miembro del club Amigos sin Fronteras. Más tarde, Claudia, Eloy y Radamés conversan sobre su familia y sobre las cosas que van a llevar a la fiesta. Finalmente, todos le dan una sorpresa muy divertida a Nayeli y le cantan «Las mañanitas».

Preparación para el video

A. ¡Comencemos! Mira la foto y marca la respuesta correcta.

1. _____ Radamés está en…

   a. clase   **b.** el patio   **c.** el centro estudiantil

2. _____ Radamés…

   a. toca la guitarra   **b.** estudia   **c.** habla por teléfono

3. _____ Claudia llega con…

   a. una amiga   **b.** su mochila   **c.** la guitarra de Radamés

Vocabulario de consulta

te podemos pasar a buscar	we can come get you
juntos	together
regalo	gift
listo	ready
llaves	keys
extraña	(she) misses
Es la costumbre	It's the custom
de vez en cuando	once in a while
la joven festejada	the party girl
«Las mañanitas»	*popular birthday song in Mexico*

Comprensión del video

B. El episodio. Indica la persona que dice cada una de las oraciones en este episodio: Claudia, Eloy, Nayeli o Radamés.

1. _____ Gracias por invitarme a escuchar tu nueva canción.

2. _____ A veces estoy ocupado, o cansado, y no tengo ganas de tocar.

3. _____ ¿«Papi» y «Mami», eh? Pues yo llamo a mis padres «Dad» y «Mom»…

4. _____ Yo no puedo viajar a Miami con frecuencia.

5. _____ ¿Qué tal una foto del grupo? Todos juntos, ¡vamos! ¡Digan «queso»!

6. _____ ¡¿Queso?! Pero en México decimos «whiskey».

C. ¿Cierto (C) o falso (F)?

1. Claudia y Nayeli llegan a casa de Radamés.   C   F

2. Cuando llega su amiga, Radamés estudia.   C   F

3. Eloy y Claudia recogen a Radamés para ir a la fiesta.   C   F

4. Franklin y su novia traen pastel a la fiesta.   C   F

5. Radamés no habla mucho con sus padres.   C   F

6. Radamés nunca come hamburguesas.   C   F

7. La nueva canción de Radamés se llama «Las mañanitas».   C   F

D. Detalles. Completa las oraciones según este episodio.

1. Cuando hay fiesta, Radamés se _____, se peina y se viste _____

   (¡como siempre!) y va a la fiesta con su compañera, _____.

2. La madre de Radamés le pregunta si come _____, _____ y _____.

3. Radamés y todos los cubanos llaman a su padre «_____» y a su madre «_____».

4. «Las mañanitas» es una _____ mexicana para los cumpleaños.

5. Cuando van a tomar una foto, los mexicanos no dicen «*cheese*», sino (*but rather*) «_____».

Mi país

El Salvador, Honduras y Nicaragua

Preparación para el video

1. ¿Qué país <u>no</u> está en Centroamérica?

   a. Honduras   d. Nicaragua
   b. Colombia   e. Guatemala
   c. El Salvador

Las ruinas mayas de Copán

2. ¿Qué océano hay al lado derecho de Centroamérica? ¿Y al lado izquierdo?

   a. el Océano Índico   c. el Océano Atlántico
   b. el Océano Pacífico   d. el Océano Glaciar Ártico

Comprensión del video

¿En qué países de Centroamérica están los siguientes lugares?

	EL SALVADOR	HONDURAS	NICARAGUA
1. Copán	☐	☐	☐
2. Granada	☐	☐	☐
3. Joya de Cerén	☐	☐	☐
4. el volcán Izalco	☐	☐	☐
5. el lago Managua	☐	☐	☐
6. Tazumal	☐	☐	☐
7. el volcán Momotombo	☐	☐	☐
8. la isla de Roatán	☐	☐	☐

¡A leer!

¿Sabías que... ?

Garífuna y misquito, dos idiomas centroamericanos

¿Sabías que hay más de cuarenta lenguas indígenas en América Central? El garífuna y el misquito son dos de las más interesantes. El garífuna es un idioma arahuaco; lo habla un grupo que originalmente ocupa el territorio de las Antillas.* Este grupo se mezcla[a] con esclavos[b] fugitivos y por eso ahora se conocen como **caribes**[†] **negros.** Hay casi 300.000 personas en la costa atlántica de Belice, Guatemala, Honduras y Nicaragua que hablan garífuna. Esta cultura es famosa por su estilo de música y danza, llamado **punta,** que tiene un ritmo rápido y contagioso.

El misquito es otro idioma indígena en Centroamérica con más de 150.000 hablantes en la Mosquitía, una región de selvas, ríos[c] y playas en la costa atlántica de Honduras y Nicaragua. El misquito es un idioma indígena de Nicaragua, pero su cultura, como la garífuna, viene de una mezcla de grupos indígenas con esclavos negros. Por su proximidad[d] a las islas caribeñas británicas,[e] el misquito utiliza palabras del inglés criollo[§] y de varias lenguas africanas que traen los esclavos africanos. Por muchos años estos dos idiomas fueron[f] prohibidos en las escuelas pero recientemente hay esfuerzos[g] para ofrecer clases en ambos.[h] ¿Quieres aprender a decir «hola» en estos idiomas? ¡Es fácil! En garífuna se dice *buíti bináfi* y en misquito es *nak'sa.*

[a]se... *mixes* [b]*slaves* [c]*selvas... jungles, rivers* [d]*closeness* [e]*British* [f]*were* [g]*efforts* [h]*both*

Comprensión

1. _____ El idioma garífuna es...

   a. una mezcla del inglés criollo y el español
   b. una mezcla del español y el arahuaco
   c. un idioma arahuaco

2. _____ El misquito se habla en...

   a. Guatemala y Belice
   b. Honduras y Nicaragua
   c. Honduras y El Salvador

---

*Before the arrival of Spaniards, the Arawak occupied most of the territory of the Antilles (or West Indies) from Southern Florida to the coastal areas of Venezuela and Colombia.

[†]The word **caribes** refers to the Carib indigenous group for whom the Caribbean Sea was named. This warrior tribe migrated from the northern part of South America and eventually took over much of the Caribbean from the Arawak and the Taino peoples. Garifuna language has borrowed some Carib elements.

[§]*Creole English* is a term that applies to many variants of English acquired by slaves or indentured indigenous people in areas colonized by England.

Galería

El Salvador, Nicaragua y Honduras

Las playas de El Salvador, particularmente las zonas de El Sunzal y La Paz en la costa del océano Pacífico, son el paraíso de muchos surfistas.

Las fascinantes ruinas mayas de Tazumal, El Salvador son un ejemplo claro de la arquitectura maya.

Granada, Nicaragua, es una ciudad colonial con iglesias muy coloridas y festivales interesantes.

El Fuerte San Fernando Omoa es una fortaleza impresionante de Honduras.

Las ruinas de Copán, Honduras, tienen los jeroglíficos mayas más grandes del mundo.

(Continúa.)

¡Vamos a América Central!

Hoy te invitamos a conocer tres países centroamericanos: el más pequeño (El Salvador) y los dos más grandes (Nicaragua y Honduras). El ecoturismo es una opción fantástica para observar la flora y la fauna de estos tres países. Pero hay otros rasgos[a] muy interesantes. ¡Vamos a explorarlos!

Las playas de El Salvador, en la costa[b] del océano Pacífico, son el paraíso[c] de muchos surfistas,[d] particularmente las zonas de El Sunzal y La Paz. Además de[e] las grandes olas,[f] en El Salvador también hay un gran número de volcanes, la mayoría inactivos, donde es posible ver rastros[g] de lava. ¡Es súper interesante! Pero también son fascinantes las ruinas mayas de Tazumal y San Andrés. Si[h] tienes la oportunidad de visitar El Salvador, ¿qué actividades quieres hacer en este país?

Nicaragua es el país más grande de América Central y tiene dos costas: una costa en el océano Pacífico y otra en el mar[i] Caribe. Como en El Salvador, las playas del Pacífico son famosas entre los surfistas de todo el mundo. Pero, si prefieres visitar zonas con historia, te invitamos a visitar una ciudad colonial de gran interés cultural y arquitectónico: Granada. Esta ciudad, que está junto al Lago de Nicaragua, tiene iglesias[j] coloniales muy coloridas y museos y festivales, como el Festival Internacional de la Poesía, que se celebra en febrero. Hay muchas opciones, ¿no? Y cuéntanos… ¿cuál de estas actividades prefieres hacer tú?

El segundo país más grande de América Central es Honduras, que también tiene acceso a dos costas: una en el Pacífico y otra en el Caribe. Muchos turistas viajan a las aguas de color azul turquesa del Caribe y a las islas de la Bahía para ver maravillosos arrecifes[k] de coral y peces multicolores. Pero si eres una persona interesada en la historia, te va a gustar la Fortaleza[l] de San Fernando de Omoa, del siglo XVII, y todas las ruinas mayas que hay en Honduras. Entre las ruinas mayas se destacan[m] las ruinas de Copán, donde están los jeroglíficos mayas más grandes encontrados[n] hasta ahora. Finalmente, si estás en Honduras en mayo, es obligatorio ver el carnaval más grande de América Central: el Carnaval de La Ceiba. ¿Quieres ir a ese festival? ¡Te lo recomendamos! ¿Y qué otros lugares quieres visitar en Honduras?

Estos tres países de América Central tienen mucho que ofrecer, ¿no? ¡Vamos a visitarlos!

[a]*features* [b]*coast* [c]*paradise* [d]*surfers* [e]*Además… in addition to* [f]*waves* [g]*traces* [h]*If* [i]*Sea* [j]*churches* [k]*maravillosos… wonderful reefs* [l]*Fort, Fortress* [m]*se… stand out* [n]*found*

Comprensión. Empareja cada una de las oraciones con el país o los países correspondientes.

1. _____ Es conocido por sus arrecifes de coral.

2. _____ Es conocido por un carnaval enorme.

3. _____ Es el país más grande de los tres.

4. _____ Es el país más pequeño de los tres.

5. _____ Es un destino ideal para los surfistas.

6. _____ Tiene costa en el mar Caribe.

7. _____ Tiene ruinas mayas.

8. _____ Tiene una ciudad colonial junto al lago principal del país.

9. _____ Tiene volcanes.

a. El Salvador

b. Nicaragua

c. Honduras

Conexión cultural

Círculo de Amigas

Vocabulario de consulta

hermoso	beautiful
pobre	poor
pobreza	poverty
ayuda	help
mejorar	improve
se compone de	is made up of
femenina	female
coser	to sew
construye	it builds
estufas de propano	propane stoves
agua limpia	clean water
biblioteca	library
becas	scholarships
recaudar fondos	to raise funds
estuches	cases
bolsas	bags
descarta	discard
hortalizas	vegetable gardens
lluvia	rain
patrocinar	sponsor
¡involúcrate!	get involved!

El Círculo de Amigas está en Jinotega, una comunidad de Nicaragua

Nicaragua es un país **hermoso** pero muy **pobre.** Tiene seis millones de habitantes y el cincuenta por ciento vive en extrema **pobreza;** el ochenta por ciento vive con menos de dos dólares al día. Pero, afortunadamente, hay organizaciones que ofrecen **ayuda** a la gente nicaragüense. Una de las organizaciones más activas es Círculo de Amigas, que tiene su centro en Jinotega, una comunidad al norte de Managua, la capital.

El objetivo principal de Círculo de Amigas es ayudar a las niñas y mujeres jóvenes a **mejorar** su vida. La organización se dedica a la instrucción de niñas y muchachas porque la mayoría de la gente pobre en Nicaragua son mujeres y la mayor parte de la población nicaragüense **se compone de** niñas y mujeres entre las edades de diez y veinticuatro años. Los directores del Círculo comprenden que, si la población **femenina** recibe educación, las posibilidades de progreso económico aumentan para toda la comunidad. Otro factor a considerar es que, cuando las familias tienen un poco de dinero para la educación, tradicionalmente deciden educar a los hijos, no a las hijas.

Pat McCully, una profesora de español de California, funda el Círculo de Amigas en 1993. Esta mujer generosa primero enseña a las mujeres nicaragüenses a **coser,** y así empieza la organización, con un pequeño espacio en el que las mujeres pueden aprender a coser la ropa de su familia. Después, con la contribución de voluntarios, el Círculo ofrece varios tipos de ayuda: **construye** casas modestas, compra **estufas de propano** y obtiene **agua limpia** para las casas. También, la organización establece la única **biblioteca** pública en el norte de Nicaragua, con acceso a computadoras y un programa de instrucción académica para las estudiantes. Pero uno de los proyectos más significativos del Círculo es ofrecer **becas** para muchas niñas que, de otra manera, no pueden ir a la escuela.

(Continúa.)

El Círculo de Amigas continúa su misión admirable con el trabajo de sus voluntarios* y participantes. Las madres y algunas niñas hacen varios proyectos para **recaudar fondos.** Uno de estos proyectos es fabricar **estuches** para teléfonos celulares de las **bolsas** plásticas que la gente **descarta.** Hay voluntarios que contribuyen con el cuidado de **hortalizas,** por ejemplo, un trabajo difícil con serios obstáculos como la **lluvia** torrencial.

¿Quieres participar tú en el Círculo de Amigas? Pues hay muchas maneras de hacerlo: puedes **patrocinar** a una niña, puedes donar objetos necesarios como máquinas de coser y computadoras, y claro, también puedes ofrecer tu participación directa. Visita el sitio Web de Círculo de Amigas y después… **¡involúcrate!**

Comprensión. Completa las oraciones con frases de la columna a la derecha.

1. _____ La fundadora del Círculo de Amigas es…

2. _____ El Círculo empieza con…

3. _____ La organización ofrece ayuda a niñas y mujeres porque…

4. _____ Algo que ofrece el Círculo a la comunidad es…

5. _____ Las becas que ofrece el Círculo…

6. _____ El cincuenta por ciento de los nicaragüenses…

a   es gente muy pobre.

b. una biblioteca con computadoras.

c. una profesora de California.

d. ayudan a las niñas a ir a la escuela.

e. un grupo de mujeres que cosen ropa para su familia.

f. hay muchas que son pobres.

---

*Todas las personas de los Estados Unidos que trabajan en Círculo de Amigas son voluntarias.

Las carreras y los oficios 6

¡A escribir!

Las materias

A. Definiciones. Completa las descripciones con una de las materias de la lista. **OJO:** Hay materias extra.

Vocabulario útil

anatomía	geografía	matemáticas
biología	historia	mercadotecnia
economía	ingeniería	psicología
física	literatura	química (farmacéutica)

1. Es muy común usar mapas en esta materia. Se estudian varios aspectos de la Tierra (*Earth*) como, por ejemplo, las montañas de un país. Es la _____.

2. En esta materia estudiamos los eventos más importantes que ocurren en el mundo como, por ejemplo, la llegada de Cristóbal Colón a América el doce de octubre de 1492. Es la

   _____.

3. Los futuros médicos estudian esta materia en su primer año de la carrera. Es el estudio de la estructura del cuerpo humano. El texto se llama *La __ de Gray*. Es la _____.

4. En esta materia hay que leer mucho y estudiar diferentes novelas. Si estás en un país hispano, una lectura obligatoria en esta materia es la famosa novela española *Don Quijote de la Mancha*. Es la _____.

5. En esta clase estudiamos las teorías de Sigmund Freud, Carlos Jung y Alfredo Adler. Es la

   _____.

6. Para muchos chicos, esta es una de las materias más difíciles porque se trabaja con números. Esta materia es muy útil para tener buenas notas en otras materias como ingeniería, física y economía. Son las _____.

7. En esta materia se trabaja con los elementos de la tabla periódica (hidrógeno, oxígeno,…) y se observa cómo se unen algunos de estos elementos para crear elementos nuevos como, por ejemplo, el agua (H_2O). Es la _____.

Las actividades de la clase

Lee *Infórmate 6.1–6.2*

B. **En la clase de mercadotecnia.** Hoy es el primer día en la clase de mercadotecnia que toma Lucía Molina. El profesor les da a todos los estudiantes una tarea: escribir dos listas, una con las actividades que son apropiadas en su clase y otra con las que no son apropiadas. Usa las frases de la lista para ayudar a Lucía con esta tarea.

Vocabulario útil

charlar con los compañeros cuando el profesor habla
contestarle al profe cuando nos hace preguntas
dormir una siesta
escuchar al profesor cuando nos habla
estudiar para los exámenes de otras materias
hacer la tarea de otras materias
hacerle preguntas al profesor

maquillarse y ponerse perfume
ponerle atención al profesor
tocar la guitarra, cantar y bailar
tomar apuntes
tomar exámenes
trabajar en grupo con varios compañeros/as
usar el celular / hablar por el móvil

APROPIADAS	NO APROPIADAS
_____	_____
_____	_____
_____	_____
_____	_____
_____	_____
_____	_____

C. **En la clase de español**

Parte 1. Combina las dos columnas de forma lógica. **OJO:** Pon especial atención a las palabras en negrita (*boldface*).

1. _____ El profesor siempre **nos** hace preguntas…

2. _____ Los estudiantes a veces no **le** ponen atención…

3. _____ Si tengo dudas, el profesor siempre **me** explica la lección…

4. _____ El profesor siempre **les** devuelve los exámenes…

5. _____ El profesor siempre **les** dice «¡Buenos días!»…

6. _____ Ángela, el profesor **te** contesta…

a. **al profesor** de español.

b. **a sus estudiantes** cuando llega a clase por la mañana.

c. **(a ti)** cuando (tú) le preguntas algo, ¿no?

d. **a mis amigos y a mí** cuando (nosotros) no estamos poniendo atención.

e. **a mí** en sus horas de oficina. ¡Es muy simpático!

f. **a sus estudiantes** después de corregirlos.

Parte 2. Ángela habla de sus clases. Completa las oraciones con los pronombres apropiados: **me**, **te**, **le**, **nos** o **les**.

1. El profesor de español _____ ayuda a mi amiga y a mí en su oficina y nosotras _____

   decimos «gracias por la ayuda, profesor».

2. Cuando no comprendo algo en clase, yo _____ pregunto al profesor y él siempre _____

   responde.

3. Luis, ¿_____ escribe comentarios el profesor en tus exámenes cuando los corrige? Muchos

   estudiantes dicen que este profesor _____ escribe comentarios muy interesantes en sus

   exámenes y tareas.

4. Cuando estamos en clase, el profesor de español siempre _____ muestra los videos de

   Amigos sin Fronteras y _____ hace preguntas. ¡Son unos videos muy divertidos!

D. **¡Esta clase es un desorden total!** Claudia, la amiga paraguaya del club, toma una clase de economía. Mira el dibujo y luego completa las oraciones para decir qué está haciendo cada persona. Escribe oraciones usando las dos listas. Mira el modelo.

¿QUÉ ESTÁ HACIENDO?	DETALLES
charlar	a sus amigos
dormir	con su mejor amiga sobre la fiesta
entrar a la clase	con un libro y los exámenes de sus estudiantes
escribir	en la pizarra
hablar por teléfono	sobre el examen
leer	una revista de carros
textear	una siesta

(Continúa.)

MODELO: El profesor *está entrando a la clase con un libro y los exámenes de sus estudiantes.*

1. El chico de la gorra _____.

2. CLAUDIA: Nosotras _____.

3. La chica de las gafas _____.

4. El chico de las gafas _____.

5. Los novios _____.

6. El chico de las botas _____.

Las habilidades

Lee *Infórmate 6.3*

E. **¡Los amigos del club son unos grandes expertos!** Lucía habla por teléfono con su mamá y le comenta todas las habilidades que tienen sus amigos del club. Completa el diálogo con la forma apropiada de **saber**.

LUCÍA: ¡Hola, mami!

MAMÁ: ¡Hola, hija! ¿Cómo estás?

LUCÍA: Genial (*Great*) y sabes, mami, hay un grupo de amigos hispanos muy simpáticos y con mucho talento aquí en la universidad. Ellos _____1 hacer de todo.

MAMÁ: ¿De verdad? Cuéntame, cuéntame.

LUCÍA: A ver (*Let's see*), te cuento. Por ejemplo, Radamés y Ana Sofía _____2 tocar la guitarra. Pero, además, Radamés _____3 componer música para guitarra y toca con un grupo. Ah, y Ana Sofía es española y _____4 bailar sevillanas, un baile típico de España.

MAMÁ: ¡Qué bien! ¿Y algún amigo _____5 cocinar bien?

LUCÍA: No, mami. Bueno… a Sebastián le gusta cocinar, pero no _____6 hacerlo muy bien. Pero, afortunadamente, su compañero Daniel, que es de Georgia, es un gran chef y sí _____7 cocinar todo tipo de comidas, ¡incluso (*even*) platos hispanos!

MAMÁ: ¡Qué divertido, Lucía! Oye, ¿y tus amigos _____9 jugar al Monopolio tan bien como tú?

LUCÍA: Sí, ellos también _____,10 pero no jugamos mucho, solo a veces cuando hace mal tiempo. Y cuando hace buen tiempo mis amigos y yo preferimos jugar al fútbol y al tenis.

MAMÁ: Pero, Lucía, ¿tú _____¹¹ jugar al tenis?

LUCÍA: Bueno, no _____¹² muy bien, pero juego. Lo bueno de este club de amigos es que todos nosotros _____¹³ hacer actividades diferentes y aprendemos unos de otros (*from each other*).

MAMÁ: Muy bien, hija. Bueno, hablamos este fin de semana. Ya _____¹⁴ tú que los sábados yo te llamo.

LUCÍA: Sí, ya lo (yo) _____,¹⁵ mami. ¡Hasta el sábado!

F. **Los planes de trabajo**. Algunos amigos del club conversan sobre sus planes de trabajo después de terminar la universidad. Completa el diálogo con las formas correctas de **saber** y **poder**.

LUCÍA: Chicos, ¿ _____¹ todos ustedes lo que van a hacer después de terminar la carrera? ¿Piensan volver a sus países?

CAMILA: La verdad, no _____² qué voy a hacer. Si (*If*) _____³ quedarme aquí en Estados Unidos por un tiempo, voy a trabajar. ¿Y tú, Lucía?

LUCÍA: Mi familia _____⁴ que yo quiero terminar la Maestría aquí en Estados Unidos y después, si _____⁵ encontrar un trabajo en mercadotecnia en este país, pienso trabajar unos años. Pero si no _____⁶ encontrar un buen trabajo, vuelvo a Chile. En Chile, si tú _____⁷ hablar español e inglés bien, al menos (*at least*) (tú) _____⁸ trabajar como profesor bilingüe en una academia. ¿Y tú, Ana Sofía?

ANA SOFÍA: Bueno, yo no _____⁹ qué voy a hacer después de terminar la carrera tampoco pero ahora que preguntas... Radamés, tú y yo _____¹⁰ tocar bien la guitarra, pienso que _____¹¹ darles clases de guitarra a los niños. ¿Qué crees (*do you think*)?

RADAMÉS: ¡Es una idea excelente, Ana Sofía! ¡Claro que _____¹² (tú y yo)! Si los niños _____¹³ venir a mi casa o a la tuya, (nosotros) _____¹⁴ darles clases. ¡Qué bien!

LUCÍA: ¡Creo que este club de amigos va a estar aquí por muchos años! ¡Chao, amigos! Tengo clase, nos vemos más tarde.

El empleo

Lee *Infórmate 6.4*

G. **Anuncios de empleo.** Lee estos anuncios de empleo de un periódico chileno. Luego usa el vocabulario útil para escribir la información que falta: la profesión y las obligaciones o experiencia necesaria para cada trabajo. **OJO:** Hay vocabulario extra.

Vocabulario útil

abogado/a	dar masajes	enseñar en una	plomero
bombero	defender a los	academia	profesor(a)
cajero/a	acusados	ingeniero/a	reparar carros y
cantante	dependiente/a	juez	autobuses
cantar varios tipos	diseñar (*design*)	mecánico	reparar tuberías
de música	estructuras	mesero/a	terapeuta
chofer	grandes	obrero/a industrial	tomarles la presión
cortar el pelo	enfermero/a	peluquero/a	

Anuncios de empleo

_____ ¹
Empleo de media jo rnada en el Hospital Valparaíso. La persona interesada tiene que saber _____ ² y darles las medicinas a los pacientes. Por favor, enviar currículum vitae a: Ibsen s/n, San Roque, Valparaíso, Valparaíso, 2340000 Chile

_____ ⁷
Empleo de jornada completa en una peluquería de Concepción. La persona interesada tiene que saber _____ .⁸

_____ ¹³
Empleo de media jornada cerca de Valdivia, en Temuco. Se busca persona con experiencia en todo tipo de reparaciones de baños (*bathrooms*). La persona interesada debe saber _____ ¹⁴ y debe tener carro propio para ir a las casas de los clientes.

_____ ³
Empleo en Santiago. Se necesita una persona bilingüe para _____ .⁴ Requisito: La persona interesada debe tener experiencia previa en el salón de clase. Sueldo por hora.

_____ ⁹
Empleo de jornada completa en compañía de Valdivia. La persona interesada necesita saber _____ ,¹⁰ como el puente (*bridge*) Golden Gate de San Francisco y construcciones similares. Enviar currículum vitae por correo electrónico a: trabajo@empresasdechile.cl

_____ ¹⁵
Empleo en un club nocturno de Viña del Mar. La persona interesada debe saber _____ .¹⁶ Sueldo fijo (*fixed*) por noche más propinas (*plus tips*).

_____ ⁵
Empleo de jornada completa en un taller de reparaciones de Iquique. Se necesita persona para _____ .⁶ La persona interesada debe tener un carro propio (*own*). Buen sueldo.

_____ ¹¹
Empleo de jornada completa en Santiago. La persona interesada tiene que ir a los tribunales para _____ .¹² Es necesario tener un carro propio. Excelente sueldo.

_____ ¹⁷
Empleo en una clínica de rehabilitación física de Puerto Montt. Se necesita persona con experiencia. La persona interesada necesita saber _____ .¹⁸ Sueldo muy competitivo.

H. Los empleos y sus obligaciones. Mira los dibujos y luego completa las oraciones sobre las obligaciones de estas personas. Usa una expresión de obligación y las frases apropiadas de la tabla. Escribe las obligaciones en el orden que aparecen en los dibujos. **OJO:** Vas a usar todas las actividades de la lista.

EXPRESIONES DE OBLIGACIÓN: deben, debes, necesita, tenemos que, tengo que

ACTIVIDADES

atender a los pacientes cuando llaman
bañar a los animales
charlar con los clientes
darle la medicina a una paciente
darles medicinas a los animales cuando la
   necesitan
escoger el jurado
escuchar al cliente y tomar apuntes
escuchar a la paciente y tomar apuntes para
   dárselos al médico
informar al médico
jugar con el gato que está enfermo

lavar la ropa
lavar los platos
limpiar las mesas
limpiar las ventanas
pasar la aspiradora
pasear a los perros
preparar la defensa
presentarle el caso al jurado
recoger los platos y llevarlos a la cocina
servirles la comida a los clientes
tomarle la presión al paciente

MODELO:

Los meseros *deben servirles la comida a los clientes, charlar con los clientes, recoger los platos y llevarlos a la cocina y limpiar las mesas.*

El señor Rivas... ¡sí!

La abogada

1. Esta semana, la abogada _____
_____.

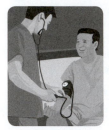    

El enfermero

2. Como enfermero, yo _____
_____.

Pablo, asistente de veterinario

3. LUCÍA: Pablo, son muchas tus obligaciones como asistente de veterinario; tú _____
_____
_____.

Los empleados de la compañía de limpieza

4. Nosotros, los que trabajamos para una compañía de limpieza (*cleaning*) de casas, _____
_____
_____.

En resumen

I.   ¿Qué puedes hacer? Mira la tabla y combina las oraciones de cada columna de manera lógica. Después escribe las preguntas completas abajo y contéstalas. Explica bien tus razones. Mira el modelo.

1. ___*b*___ Si sé reparar tuberías,…

2. _____ Si eres un mecánico excelente y sabes reparar carros bien,…

3. _____ Si un estudiante no sabe muy bien resolver problemas de matemáticas,…

4. _____ Las personas que saben tomar el pulso,…

5. _____ Si nosotros podemos hablar bien inglés y español,…

6. _____ Si eres una buena estudiante y sabes mucho de anatomía,…

7. _____ Si (yo) no soy organizada,…

a.   ¿puede estudiar para ser ingeniero?

b.   ¿puedo arreglar cables eléctricos y ser electricista?

c.   ¿puedes ser una buena doctora?

d.   ¿puedo ser secretaria?

e.   ¿pueden ser enfermeras?

f.   ¿puedes reparar autobuses también?

g.   ¿podemos trabajar como profesores bilingües en una academia?

MODELO: **1.** —Si sé reparar tuberías, *¿puedo arreglar cables eléctricos y ser electricista?*
          —*No, si sabes reparar tuberías, eres plomero. Un(a) electricista sabe arreglar cables eléctricos.*

2. —Si eres un mecánico excelente y sabes reparar carros bien, _____

    _____

    — _____

    _____

3. —Si un estudiante no sabe muy bien hacer problemas de matemáticas, _____

    _____

    — _____

    _____

4. —Las personas que saben tomar el pulso, _____

    — _____

    _____

5. —Si nosotros podemos hablar bien inglés, _____

    — _____

    _____

6. —Si eres una buena estudiante y sabes mucho de anatomía, _____

    — _____

    _____

7. —Si (yo) no soy organizada, _____

    _____

    — _____

    _____

Exprésate

Escríbelo tú

Tu empleo

Contesta las preguntas de la tabla para escribir una descripción bien organizada de tu empleo. Si no tienes empleo ahora, describe tu empleo ideal. Luego escribe la composición.

Yo trabajo de (*profesión/oficio*).			
Tipo de trabajo	Horario	¿Es tu trabajo de jornada completa o de media jornada?	
		¿Cuál es tu horario? (¿A qué hora entras? ¿A qué hora sales?)	
	Sueldo	¿Es bueno el sueldo?	
Obligaciones	¿Cuáles son tus obligaciones?		
	¿Qué tienes que hacer todos los días? ¿Debes hacer lo mismo (*the same thing*) todos los días?		
	¿Necesitas hablar con los clientes o con tus colegas?		
Opinión	¿Es agradable o desagradable el trabajo?		
	¿Qué aspectos del empleo te gustan más? Descríbelos.		
	¿Hay cosas que no te gusta hacer? Da ejemplos.		
	En general, ¿crees que es un empleo interesante? Explica.		
	¿Es agradable tu jefe? Explica.		

_____

_____

_____

_____

_____

_____

_____

_____

_____

_____

_____

Enlace auditivo

Pronunciación y ortografía

Ejercicios de pronunciación

Consonants: **p; t; c + a, o, u;** *and* **qu + e, i***

The following consonants are pronounced with the mouth very tense: **p; t; c** before **a, o,** and **u;** and **qu** before **e** and **i**. In English these consonants are often pronounced in a more relaxed fashion and with a small explosion of air; no such explosion of air occurs in Spanish. Note also that the Spanish **t** is pronounced with the tip of the tongue touching the back of the upper teeth, whereas the English *t* is pronounced with the tongue further back, on the alveolar ridge, which is just behind the front teeth and in front of the palate.

A. Listen to the following words in English and Spanish. Notice the difference in tension when the same consonant is pronounced in each language.

ENGLISH	SPANISH	ENGLISH	SPANISH	ENGLISH	SPANISH
patio	patio	*taco*	taco	*casino*	casino
papa	papá	*tomato*	tomate	*capital*	capital

B. Listen and then pronounce the following words with your tongue and mouth tense, avoiding any escape of extra air.

p	pelo, piernas, piso, pizarra, planta, plato, puerta, pequeño, Perú, perro, padre, poco, precio, país
t	texto, tiza, traje, tiempo, teatro, televisión, trabajo, tocar, tomar, tenis
c + a, o, u	cabeza, castaño, corto, café, camisa, corbata, cuaderno
qu + e, i	qué, quién, quiero, quince

C. Listen and repeat the following sentences, concentrating on the correct pronunciation of **p, t, c,** and **qu.**

1. El pelo de Omar es muy corto.
2. La camisa de Rodrigo es de color café.
3. Camila tiene un traje de tenis nuevo.
4. ¿Quién tiene una corbata nueva?
5. Eloy tiene un carro pequeño.

---

*For more practice with the pronunciation of these consonants, you may wish to review the **Pronunciación y ortografía** section of **Capítulo 1** of this *Cuaderno de actividades*.

Ejercicios de ortografía

I. *The Letters c and q.* The letter **c** followed by **a, o,** or **u** and the letters **qu** followed by **e** and **i** are both pronounced with the sound of the letter *k.* Only foreign words in Spanish are written with the letter **k.**

Listen and write the words or phrases you hear. Be careful to use the letters **c** and **qu** correctly.

1. _____   6. _____

2. _____   7. _____

3. _____   8. _____

4. _____   9. _____

5. _____   10. _____

II. *Separating Diphthongs.* A diphthong is when a strong vowel (**a, e, o**) falls next to a weak vowel (**i, u**) and they blend to form a single syllable. For example, the strong–weak combination **-ai-** is pronounced *ay* and the weak–strong combination **-ua-** is pronounced *wa.* In Spanish, when the vowels are pronounced as *separate* syllables, you must write an accent on the weak vowel, as with the words **María, frío, gradúo,** and **grúa** (*tow truck*). When writing the accent mark on the **i,** the accent mark takes the place of the dot: **í.**

A. Listen and write the following words with an accent mark on the **i.**

1. _____   6. _____

2. _____   7. _____

3. _____   8. _____

4. _____   9. _____

5. _____   10. _____

B. Listen and write the following words with an accent mark on the **u.**

1. _____   4. _____

2. _____   5. _____

3. _____   6. _____

Actividades auditivas

A. La casa nueva. Juan Pablo Molina Guerra e Iris Serrano Villegas, los padres de Lucía, están construyendo una casa nueva en Valparaíso, Chile. En este momento la casa está casi terminada. Ahora Juan Pablo e Iris están hablando con el supervisor del proyecto. Escucha la conversación y contesta las preguntas.

Vocabulario de consulta

construyendo	building
terminada	finished
los dueños	owners
¿En qué puedo servirles?	How may I help you?
los muebles	furniture
la cocina	kitchen
la sala	living room
quisiera	I would like to
Sí, cómo no.	Yes, of course.

Lugar mencionado

Valparaíso *Ciudad y puerto* (port) *en el centro de Chile, a aproximadamente 120 kilómetros al oeste de Santiago, la capital del país. Es famosa por su cultura bohemia, sus casas de colores alegres y sus hermosas (muy bonitas) vistas del mar.*

1. ¿Quién es Roberto García López?

   _____

2. Cuando el señor Molino primero va a la casa, ¿por qué no puede hablar con el plomero? (¿Qué está haciendo el plomero?)

   _____

3. ¿Por qué no puede hablar con el electricista tampoco? ¿Qué está haciendo el electricista?

   _____

4. ¿Por qué no pueden ver la sala el señor Molina y su esposa?

   _____

5. Por la tarde, ¿qué está haciendo el electricista?

   _____

6. ¿Con quién puede hablar el señor Molina finalmente?

   _____

B. Clases y planes. Lucía Molina Serrano piensa ir a Costa Rica. Ahora ella habla por Skype sobre sus clases y sus planes para el verano con su amigo Juan Fernando Chen Gallegos, quien vive en Costa Rica. Juan Fernando también es miembro del club Amigos sin Fronteras. Escucha la conversación e indica las respuestas correctas.

Vocabulario de consulta

maestría	master's (degree)
me gustaría	I would like
propia	own
especies en peligro de extinción	endangered species
un abrazo	(sending you) a hug

Lugares mencionados

Monteverde	*Un pueblo* (town) *en Costa Rica famoso por su reserva biológico a en un bosque nubloso* (cloud forest).
Tortuguero	*Un parque nacional costarricense en la costa atlántica, famoso por el desove de tortugas* (turtle egg-laying).

1. _____ ¿Qué tiene Lucía este semestre?

   a. dos clases   **c.** tres clases
   b. una maestría   **d.** una clase de química

2. _____ Las clases favoritas de Juan Fernando son las de…

   a. historia   **c.** mercadotecnia
   b. matemáticas   **d.** química

3. _____ ¿Qué tiene Juan Fernando del dos al catorce de julio?

   a. clases   **c.** exámenes finales
   b. vacaciones   **d.** tareas

4. _____ Lucía tiene exámenes finales en…

   a. mayo   **c.** enero
   b. julio   **d.** marzo

5. _____ ¿Cuándo empiezan las clases en la Universidad de Costa Rica, donde estudia Juan Fernando?

   a. julio   **c.** enero
   b. marzo   **d.** mayo

6. _____ En julio, Brian, el novio de Lucía, quiere visitar…

   a. Costa Rica   **c.** Berkeley
   b. Estados Unidos   **d.** Chile

7. _____ Lucía quiere visitar Monteverde pero Brian prefiere ir a Tortuguero. ¿Qué solución ofrece Juan Fernando?

   a. visitar Chile primero   **c.** visitar Tortuguero y Monteverde
   b. ir a Monteverde solamente   **d.** ir a Tortuguero solamente

8. _____ Lucía y Juan Fernando van a…

   a. llamar a Brian mañana   **c.** hablar en junio para hacer planes
   b. viajar a Costa Rica solos   **d.** hacer planes para el verano hoy

Videoteca

Amigos sin Fronteras

Episodio 6: Un disfraz para Halloween

Resumen. Ana Sofía, Radamés y Claudia están de visita en casa de Sebastián. Allí seleccionan disfraces para Halloween y se los ponen. Los disfraces son de Daniel, el compañero de Sebastián. Hay varios disfraces de profesiones y oficios: policía, deportista, cocinero, enfermera… ¡y también de Elvis Presley! Al final, cada uno termina con el disfraz perfecto.

Preparación para el video

A. **¡Comencemos!** Completa las oraciones basándote en el resumen y la foto.

_____, _____ y _____ están en casa de Sebastián. Sebastián les muestra muchos _____ de policía, horror, etcétera.

Vocabulario de consulta

¿Estás seguro… ?	Are you sure . . . ?
disfrazarse	to dress up (in a costume/disguise)
chévere	great, cool (*Cuba, coll.*)
recuerden	remember
¿Dónde tengo la cabeza?	What was I thinking? (*Lit.,* Where is my head?)
aprendiendo	learning
loco	crazy
voy/vas de	I'm/you're going (dressed) as (a)
acha	girlfriend (*Spain, short for* **muchacha**)
culpable	guilty
¡Qué guay!	That's cool! (*Spain, coll.*)
te queda genial	it looks fantastic on you
misión cumplida	mission accomplished
darle las gracias	to thank him

Comprensión del video

B. **El episodio.** Indica con una equis (X) las oraciones que corresponden a este episodio.

- ☐ **1.** Los amigos compran los disfraces de Daniel.
- ☐ **2.** Hoy hace frío.
- ☐ **3.** A Claudia le gustan los disfraces hawaianos.
- ☐ **4.** Radamés va a disfrazarse de músico famoso.
- ☐ **5.** Ana Sofía quiere disfrazarse de princesa.
- ☐ **6.** Los amigos piensan que Claudia no debe disfrazarse de policía o mujer bombero.

C. El contenido. Une el nombre de los amigos del club con el disfraz que va a usar cada uno.

1. _____ Ana Sofía
2. _____ Claudia
3. _____ Eloy
4. _____ Radamés
5. _____ Sebastián

a. policía
b. cocinero/a
c. Elvis
d. princesa
e. juez
f. (mujer) bombero
g. médico loco / médica loca
h. enfermero/a

D. Detalles. Contesta las preguntas.

1. ¿Cuáles son algunos de los disfraces que nadie escoge? Nombra por lo menos cuatro.

   _____

2. ¿Por qué no quiere Ana Sofía disfrazarse de princesa?

   _____

3. Según Claudia, ¿qué debe aprender Radamés si quiere ser un buen Elvis?

   _____

4. ¿Qué van a hacer todos los amigos para darle las gracias a Daniel?

   _____

Mi país

Chile

Preparación para el video

1. ¿Qué país <u>no</u> está en Sudamérica?

   a. Perú
   b. Bolivia
   c. Chile
   d. Costa Rica
   e. Argentina

2. En el hemisferio sur, los meses de diciembre a febrero son…

   a. primavera
   b. verano
   c. otoño
   d. invierno

El Desierto de Atacama

Comprensión del video

Conecta las dos columnas para completar las frases.

1. Uno de los lugares del mundo donde menos llueve es _____.
2. La prima y la tía de Lucía hacen _____.
3. La Isla de Pascua también se llama _____.
4. La capital de Chile es _____.
5. Los palafitos, unas casas muy interesantes, se encuentran en _____.
6. Las Torres del Paine, se encuentran en _____.
7. Hay más _____ que personas en la Antártica Chilena.
8. Mucha gente visita la Antártica Chilena para ver _____.

a. unas humitas deliciosas
b. el Archipiélago de Chiloé
c. pingüinos
d. la Patagonia
e. el Desierto de Atacama
f. Santiago
g. ballenas azules
h. Rapa Nui

¡A leer!

¿Sabías que... ?

El castellano* de Chile

¿Sabías que en algunos países de Sudamérica las personas dicen «castellano» para hablar del idioma español? Hay variantes del castellano de Sudamérica que son muy interesantes. Por ejemplo, en Chile, los amigos se hablan con una forma del verbo que corresponde a **vos**. En la tabla, puedes ver las diferencias entre[a] el **vos** de Chile, el **vos** de Argentina y el **tú** de México.

	pensar	**correr**	**salir**
Chile (**tú**, **vos**)	pensái	corrí(s)[†]	salí(s)[†]
Argentina (**vos**)	pensás	corrés	salís
México (**tú**)	piensas	corres	sales

En general, los chilenos de clase media[b] combinan el pronombre[c] **tú** con la forma del verbo de **vos** (¿Cuándo salís tú?) mientras que[d] usan el pronombre **vos** mayormente[e] en situaciones muy informales. El castellano chileno también tiene un vocabulario único.[f] Para preguntar «¿Entiendes?», se dice «¿Cachái?» (del verbo **cachar**). Un amigo es **un(a) yunta** y una fiesta es **una farra.** Se dice «loco[g]» para hablarle a un buen amigo: Loco, ¿vení mañana a jugar fútbol con nosotros?

Hay dos idiomas indígenas que contribuyen al castellano de Chile: el quechua y el mapuche. Del quechua vienen **guagua** (bebé), **chupalla** (sombrero) y **taita** (padre), y del mapuche tenemos **pilcha** (ropa), **pololo/a** (novio/a) y **poncho.**

El español chileno tiene su toque[h] especial, pero como en muchos países de Sudamérica, para decir «adiós» usan una palabra italiana: ¡**chao!**

[a]*between* [b]*de... middle-class* [c]*pronoun* [d]*mientras... while* [e]*primarily* [f]*unique* [g]*crazy (person)* [h]*touch*

Comprensión

1. _____ El castellano es otra palabra para...

   a. el español de Chile
   b. el idioma español
   c. el español de España

2. _____ En Chile hay muchas palabras de estos dos idiomas indígenas.

   a. guaraní y maya
   b. quechua y aimara
   c. mapuche y quechua

3. _____ En Chile para decir «novio/a» dicen...

   a. pololo/a
   b. guagua
   c. pilcha

*****Castellano** literally means *Castilian*, after the region of Spain, Castile, where the language we refer to as *Spanish* originated. Speakers in most of the countries of South America prefer this over **español** to refer to the Spanish language.

[†]Generally the final **-s** is not pronounced in Chilean Spanish.

Galería

Chile

Isla de Pascua (Rapa Nui): un gran atractivo (*attraction*) turístico en medio del océano Pacífico, con volcanes apagados (*dormant*) y grandes enigmas, como los moáis, unas enormes esculturas megalíticas

Gabriela Mistral y Pablo Neruda, poetas chilenos ganadores (*winners*) del Premio Nobel de Literatura.

Valle de la Luna (*moon*), en el desierto de Atacama

Los palafitos de la isla de Chiloé

Chile, país de poetas

¿Quieres experimentar la diversidad? ¡Vamos a visitar Chile! Este magnífico y extenso país ofrece[a] algo interesante para cada persona. Puedes visitar muchos lugares diferentes sin salir de[b] Chile. ¡Qué bacán![c] Chile tiene glaciares, desierto, selvas,[d] montañas, playas, volcanes, géiseres e islas.[e] Además hay ciudades grandes y pueblos[f] tradicionales y de diferentes etnias.[g] ¡Chile tiene de todo[h]! ¿Qué te interesa visitar primero? ¡Te invitamos a verlo todo!

La belleza[i] y diversidad natural chilenas inspiran a muchos poetas y escritores. Se dice[j] que Chile es un «país de poetas»: entre los más famosos están dos Premios Nobel de Literatura, Gabriela Mistral y Pablo Neruda. Además de la literatura, Chile ofrece mucho más. ¿Te gusta la historia? ¿Y la arqueología? En Chile hay muchos lugares históricos, como los moáis —las enormes esculturas de la Isla de Pascua— o el Museo Chileno de Arte Precolombino de Santiago. ¿Te interesa la arquitectura? Entonces te va a fascinar la arquitectura de la isla de Chiloé: los palafitos (casas en palitos[k] sobre el agua) y las iglesias construidas[l] completamente de madera.[m]

Si te interesa la antropología, Chile también te va a ofrecer oportunidades para explorar su diversidad humana. Puedes ver la influencia de las diferentes etnias en todo el país: en sus costumbres,[n] en sus ropas, en sus artesanías, en todo. Por ejemplo, es muy común ver tejidos[ñ] que representan la influencia de los pueblos mapuches y aimaras. Por otro lado, en el norte de Chile, vemos la combinación de tradiciones indígenas con la religión católica en la famosa Fiesta de La Tirana. Pero si prefieres el deporte y ya estás en el norte de Chile, te recomendamos ir en bicicleta desde el precioso pueblo San Pedro de Atacama al fascinante desierto de Atacama. ¡Va a ser una experiencia única!

Definitivamente, Chile lo tiene todo: arte e historia, naturaleza y una riqueza[o] cultural inmensa. ¡Vamos a Chile, po'*!

[a]*offers* [b]*sin... without leaving* [c]*¡Qué... How cool!* [d]*jungles* [e]*islands* [f]*villages* [g]*ethnic backgrounds*
[h]*de... (some of) everything* [i]*beauty* [j]*se... They say (It is said)* [k]*stilts* [l]*iglesias... churches built*
[m]*wood* [n]*customs* [ñ]*tapestries, weavings* [o]*richness*

Comprensión. Indica con un círculo las palabras correctas para completar las oraciones.

1. San Pedro es (una casa, un pueblo, un museo, una iglesia) en (La Tirana, Atacama, Chiloé, Santiago) desde donde puedes hacer una excursión (a las islas, al desierto, al volcán, al museo).
2. Mistral y Neruda son (museos, pueblos, poetas, desiertos) chilenos.
3. Puedes ver arte (precolombino, moái, católico, español) en un museo en (Chiloé, San Pedro, Atacama, Santiago).
4. Las moáis son (iglesias, esculturas, volcanes, casas) en (Chiloé, San Pedro, Isla de Pascua, Atacama).
5. La Tirana es (un museo, una excursión, una fiesta, una casa) que representa la fusión de (arte, tejidos, literatura, tradiciones).
6. Los palafitos son (iglesias de madera, esculturas, casas, museos precolombinos) en la isla de (Chiloé, Pascua, San Pedro, Santiago).

---

*The colloquial Chilean expression **po'** comes from **pues** (*then*) and it is often placed at the end of sentences to mark emphasis.

Conexión cultural

Las peñas chilenas

Vocabulario de consulta

público	audience
dentro y fuera	inside and outside
fueron	they were
los años sesenta y setenta	the '60s and '70s (decades)
han sido	have been
el pueblo	the (common) people
juegos de azar	gambling
se gestó	was conceived
popular	*adj.* working-class
compromiso	commitment
sótanos	basements
velas	candles
populares	for the general public
cantautores	singer-songwriters
toque de queda	curfew
ha regresado	has returned

Víctor Jara, cantautor de
la Nueva Canción Chilena

Una peña es una reunión social que incluye un **público,** cantantes, poetas, bailarines y orquestas folclóricas. La palabra *peña* viene del mapundungun, el idioma de los indios mapuches. En esa lengua, *peñi* quiere decir «hermano» y *peñalolén* es una reunión entre hermanos. Las peñas chilenas todavía existen **dentro y fuera** de Chile, pero **fueron** más comunes e importantes en **los** turbulentos **años sesenta y setenta.** Tienen una historia interesante dentro del movimiento socialista de esas décadas.

Las peñas **han sido** por muchos años una importante fuerza social en Chile. Tienen un **precursor** interesante: las chinganas de fines del siglo XVIII y principios del siglo XIX. Las chinganas son lugares de diversión para **el pueblo** en zonas rurales y alrededor de las ciudades. Allí la gente bebe, come, juega **juegos de azar** y baila. Las chinganas tienen gran importancia porque allí **se gestó** la identidad **popular** de Chile.

En los años cincuenta, las peñas folclóricas reemplazan a las chinganas. Las peñas son también lugares de diversión pero son más un evento social con énfasis en la cultura y el **compromiso** social. Las reuniones son en lugares pequeños como, por ejemplo, los **sótanos** de restaurantes. Hay música y bailes folclóricos de Chile, canciones y poesía. El público frecuentemente bebe vino y come empanadas a la luz de las **velas.** A veces, los artistas invitan al público a participar espontáneamente con algún número artístico. Las peñas son **populares** también, pero se asocian generalmente con la música de protesta y movimientos de izquierda: grupos de estudiantes, o de obreros, por ejemplo.

Una de las peñas folclóricas más conocidas en Santiago, la capital de Chile, es la Peña de los Parra, de la década de los sesenta y principios de los setenta. En esta peña participan varios reconocidos **cantautores** de la Nueva Canción Chilena,* Víctor Jara,[†] Patricio Manns y Violeta Parra.[§] La dictadura militar de Augusto Pinochet,[¶] al principio de su régimen, cierra esta y otras peñas.

---

*Nueva Canción was a musical movement in Chile in the 1970s. It ended in the mid '70s when many of the musicians were forced into exile by the military regime.

[†]Víctor Jara (1932–1973) was a Chilean musician, singer-songwriter, and theater director who was tortured and killed by Chile's military regime shortly after the 1973 coup d'etat.

[§]Violeta Parra (1917–1967) was a famous Chilean singer-songwriter.

[¶]General Agusto Pinochet (1915–2006) led a military coup to overthrow democratically elected president Salvador Allende in 1973 and ruled as a dictator in Chile until 1990.

A fines de 1975 nace una primera peña semiclandestina llamada Peña Doña Javiera y en abril de 1976 nacen otras dos: La Fragua y El Yugo. El Yugo se abre de lunes a domingo pero solamente de las 20:00 hasta las 24:00 horas, debido al **toque de queda** de la **dictadura**. Se presentan artistas de fama nacional e internacional. Cuando la dictadura cierra El Yugo en agosto de 1978, su director, Julián del Valle, sale al exilio en Europa. Allá crea otras tres peñas: en España, El Rincón Andino y la Asociación de Chilenos en España (1980), y en Lisboa, Portugal, Espacio Iberoamericano. Ahora Julián del Valle **ha regresado** a Chile y continúa promoviendo el folclor chileno y las causas sociales justas en nuevas peñas.

Comprensión

1. _____ Una peña es...

   a. una roca
   b. un restaurante

   c. una reunión social
   d. una orquesta

2. _____ En la lengua de los indios mapuches, *peñalolén* quiere decir...

   a. reunión de amigos
   b. peña chilena

   c. reunión entre hermanos
   d. mapundungun

3. _____ Las chinganas son...

   a. lugares urbanos en Chile
   b. un antecedente de las peñas

   c. la identidad de Chile
   d. una fuerza social moderna

4. _____ Las peñas son un evento social con énfasis en...

   a. la comida y la bebida
   b. la música electrónica

   c. los bailes modernos
   d. la cultura y el compromiso social

5. _____ Las peñas son reuniones sociales que generalmente se asocian con...

   a. un movimiento de derecha
   b. grupos de militares

   c. un movimiento de izquierda
   d. las escuelas públicas

6. _____ ¿Qué o quién cierra la Peña de los Parra?

   a. la cantante Violeta Parra
   b. la dictadura de Augusto Pinochet

   c. la Nueva Canción
   d. un cantautor famoso

7. _____ La peña El Yugo se abre de lunes a domingo...

   a. por solo cuatro horas
   b. todo el día

   c. a veces
   d. durante el toque de queda

8. _____ Julián de Valle, director de la peña El Yugo,...

   a. abre otras peñas en Europa
   b. sale al exilio en 1976

   c. nunca regresa a Chile
   d. es el dictador de Chile

Los lugares y la residencia 7

¡A escribir!

Los lugares en la ciudad

Lee Infórmate 7.1

A. **¿Qué sabes? ¿Qué y a quién conoces?** Completa cada pregunta con el verbo apropiado para indicar lo que sabes (información), lo que conoces (lugares) y a quién conoces (personas).

1. ¿ _____ si el aeropuerto de Bogotá (El Dorado) es internacional?

2. ¿ _____ cómo es el pan de la panadería de la esquina?

3. ¿ _____ al chofer del autobús?

4. ¿ _____ cómo se llama la gasolinera más cercana?

5. ¿ _____ al mesero de tu restaurante preferido?

6. ¿ _____ a qué hora cierran el centro comercial?

7. ¿ _____ el Hospital Universitario San Ignacio de Bogotá?

8. ¿ _____ dónde está la iglesia?

9. ¿ _____ la discoteca nueva del centro?

10. ¿ _____ la playa de Bocagrande de Cartagena?

11. ¿ _____ cuánto cuesta una entrada en el Cine Multiplex?

12. ¿ _____ a la profesora de geografía de la universidad?

13. ¿ _____ si la panadería está cerca del correo?

B. Los lugares de la ciudad. Ángela quiere practicar su español y Franklin le hace preguntas sobre los lugares de la ciudad mientras esperan a sus amigos del club. Ayuda a Franklin a hacerle las preguntas usando la información de la tabla. Escribe las preguntas en la página siguiente. luego combina las frases de las tres columnas para escribir las preguntas que Franklin le hace. **OJO:** Algunos de los verbos se usan más de una vez pero la información de las otras columnas se usa una vez solamente.

¿Cómo se llama el lugar donde puedes…		
		para el desayuno?
		para luego preparar el desayuno, el almuerzo o la cena?
	atención médica…	en caso de emergencia, por ejemplo?
	comidas frescas…	
buscar…	dinero…	y aprender cosas sobre diferentes artistas?
comprar (×4)…	ejercicio…	y comer palomitas?
hacer…	el sol…	y hacer otras transacciones financieras?
recibir…	estampillas…	
sacar o depositar…	exhibiciones de arte…	y leer libros, revistas y periódicos?
tomar…	información…	y levantar pesas?
ver…	medicinas…	y mandar cartas y paquetes?
	pan y pasteles…	y nadar?
	películas…	y cosas para el baño como, por ejemplo, cepillos de dientes y champú?

MODELO: FRANKLIN: *¿Cómo se llama el lugar donde puedes ver películas y comer palomitas?*

ÁNGELA: ¡Es el cine!

1. FRANKLIN: _____

   ÁNGELA: ¡Es la panadería!

2. FRANKLIN: _____

   ÁNGELA: ¡Es el correo!

3. FRANKLIN: _____

   ÁNGELA: ¡Es el gimnasio!

4. FRANKLIN: _____

   ÁNGELA: ¡Es la farmacia!

5. FRANKLIN: _____

   ÁNGELA: ¡Es el hospital!

6. FRANKLIN: _____

   ÁNGELA: ¡Es el banco!

7. FRANKLIN: _____

   ÁNGELA: ¡Es la biblioteca!

8. FRANKLIN: _____

   ÁNGELA: ¡Es el museo!

9. FRANKLIN: _____

   ÁNGELA: ¡Es la playa!

10. FRANKLIN: _____

    ÁNGELA: ¡Es el supermercado!

La casa y el vecindario

Lee *Infórmate 7.2–7.3*

C. **Dos casas diferentes.** Mira la casa de los padres de Radamés (los Fernández Saborit) y la casa de su vecino, el Sr. Rivero. Escribe oraciones comparando las dos casas. Usa **más** (+), **menos** (−) y **tan/tanto** (=) en las comparaciones. Sigue (*Follow*) los modelos.

La casa de los Fernández Saborit

La casa del Sr. Rivero

MODELOS: (+) árboles: *La casa del Sr. Rivero tiene <u>más</u> árboles <u>que</u> la casa de los Fernández Saborit.*

(−) cuadros / modernos: *Los cuadros del Sr. Rivero son <u>menos</u> modern**os** <u>que</u> los cuadros de los Fernández Saborit.*

(=) casa / bonito: *La casa del Sr. Rivero es <u>tan</u> bonit**a** <u>como</u> la casa de los Fernández Saborit. / La casa de los Fernández Saborit es <u>tan</u> bonit**a** <u>como</u> la casa del Sr. Rivero.*

1. (+) cuadros en la sala: _____

   _____

2. (−) sillas en la cocina: _____

   _____

3. (=) mesitas en la sala: _____

   _____

4. (+) camas / grande: _____

   _____

5. (−) cocina / moderno: _____

   _____

6. (=) casa / cómodo: _____

   _____

D. El vecindario de los Ramírez Ovando (Los Ángeles, California). Lee la descripción del vecindario de los padres de Eloy (los Ramírez Ovando) y complétala con las palabras de la lista.

Vocabulario útil		
aeropuerto internacional	discotecas	panaderías
apartamento	edificio de varios pisos	tiendas de ropa
bares	gimnasios	un jardín muy pequeño
bibliotecas	mercados	una oficina de correos
cine	museos	

(Continúa.)

El vecindario donde viven mis padres es multicultural y allí se puede hacer una gran variedad de actividades si manejas unos diez minutos. Por ejemplo, se puede comprar comida fresca y bebidas en diferentes _____,[1] y pan y pasteles en varias _____.[2] Pero lo mejor es que se puede comprar productos de diferentes países del mundo en muchas tiendas. Mis padres viven en un barrio residencial cerca de un gran centro comercial. Dentro del centro comercial se puede ir al _____[3] para ver una película o se puede comprar ropa en muchas de las _____[4] que hay. Al ser (*Being*) un barrio residencial, no hay lugares para bailar, es decir, no hay _____,[5] ni hay _____[6] donde beber alcohol en el vecindario. Pero muy cerca de su casa sí hay lugares para levantar pesas y hacer ejercicio: hay _____[7] particulares y de franquicias (*franchises*). A unos quince minutos en carro, hay _____[8] muy grande donde se puede comprar estampillas y mandar cartas o paquetes. Mis padres y mis hermanos viven en una casa con _____[9] pero están contentos con su casa. Hay muchas familias que viven en un _____[10] pequeño en un _____[11] y, en algunos casos, sin ascensor. Cerca del vecindario de mis padres hay varias escuelas públicas y _____[12] donde las personas pueden buscar información y sacar libros. Muchas veces, los chicos de las escuelas visitan algunos de los _____[13] que hay en la ciudad y allí ven diferentes exhibiciones de arte. Lo mejor de este vecindario es que está cerca del _____[14] LAX y eso es muy conveniente para salir de viaje o recibir amigos y familia.

Las actividades domésticas

E. **Las actividades domésticas.** Completa la tabla con las actividades que las personas normalmente hacen en cada cuarto.

> **Vocabulario útil**
>
> desayunar, almorzar y cenar
> desempolvar
> ducharse
> jugar a las cartas con amigos
> jugar juegos de mesa
> lavar los platos
> lavarse el pelo
> limpiar las ventanas
>
> limpiar el inodoro
> ordenar la ropa del armario
> pasar la aspiradora y barrer el piso
> pasar tiempo con la familia y los amigos
> poner y quitar la mesa
> preparar el desayuno, la comida y la cena
> tender la cama

	EL DORMITORIO	LA COCINA	EL COMEDOR
ACTIVIDADES	_____ _____	_____ _____	_____ _____
	LA SALA	EL BAÑO	TODA LA CASA
	_____ _____ _____	_____ _____ _____	_____ _____ _____

F. Responsabilidades en casa

Parte 1. Camila y Nayeli son compañeras de casa y conversan sobre los quehaceres domésticos y las responsabilidades que tienen. Completa la conversación con las formas adecuadas de **tener que, deber** y **necesitar**.

CAMILA: Buenos días, Nayeli. ¿Quieres café?

NAYELI: ¡Buenos días! Ummm, café, ¡qué rico! Oye, ¿qué piensas hacer hoy?

CAMILA: (Yo) _____[1] (tener que) ir a comprar comida en el supermercado, como (*since*) es mi responsabilidad. ¿Quieres venir?

NAYELI: No, mientras (*while*) tú vas al mercado, yo _____[2] (deber) limpiar las ventanas, aunque (*although*) no tengo ganas.

CAMILA: Es verdad. Por cierto, ¿qué días (yo) _____[3] (tener que) cocinar?

NAYELI: Los martes y los jueves. Y mientras tú cocinas, yo _____[4] (necesitar) poner la mesa. Los días que cocinas, (yo) _____[5] (tener que) lavar los platos también.

CAMILA: Claro, y cuando tú cocinas los lunes y miércoles, yo pongo la mesa y lavo los platos. Y ya que (*since*) hablamos de quehaceres, ¿quién _____[6] (deber) limpiar los baños y sacar la basura?

NAYELI: A ver, tú no _____[7] (deber) limpiar los baños; esa es mi responsabilidad, pero tú sí _____[8] (necesitar) sacar la basura. ¿Está bien?

CAMILA: Bueno, si no hay otra opción...

NAYELI: Y (nosotras) _____[9] (tener que) decidir quién va a pasar la aspiradora una vez a la semana y quién _____[10] (necesitar) regar las plantas

CAMILA: Yo prefiero regar las plantas. (Yo) _____[11] (necesitar) relajarme y esa actividad es perfecta.

NAYELI: Excelente. Entonces, yo _____[12] (tener que) pasar la aspiradora.

CAMILA: ¡Qué bien! Creo que tenemos el plan perfecto.

Parte 2. Ahora selecciona los quehaceres de Camila y Nayeli según la información de su conversación. **OJO:** La conversación implica que Camila y Nayeli comparten algunos de los quehaceres.

	CAMILA	NAYELI
1. cocinar	☐	☐
2. comprar comida en el supermercado	☐	☐
3. lavar los platos	☐	☐
4. limpiar los baños	☐	☐
5. pasar la aspiradora	☐	☐
6. poner la mesa	☐	☐
7. regar las plantas	☐	☐
8. sacar la basura	☐	☐

Actividades en casa y en otros lugares

Lee *Infórmate 7.4*

G. El tercer cumpleaños de Ricardito. Rodrigo le está mostrando a su amigo Jorge unas fotos del día del tercer cumpleaños de su hijo Ricardito. Rodrigo le comenta cada foto. Combina las dos columnas para recrear la historia de ese día.

1.

2.

3.

4.

5.

6.

7.

8.

1. _____ El día del tercer cumpleaños de mi hijo Ricardito, (yo)…

2. _____ Después de desayunar, (yo)…

3. _____ Cuando llegó mi padre, él y yo…

4. _____ Luego, mi hermano Leyton y mi hermana Isabel…

5. _____ Finalmente, todos los invitados…

6. _____ A las cuatro en punto, mi hijo y yo…

7. _____ Ese día, Ricardito…

8. _____ Después de la fiesta de cumpleaños, (yo)…

a. **recogí** las cosas de la fiesta y **saqué** cuatro bolsas (*bags*) de basura gigantes.

b. **me levanté** temprano para preparar mi casa para la fiesta.

c. **llegaron** a la fiesta sorpresa: primos, tíos, abuelos y amigos.

d. **barrí** el patio de mi casa.

e. **jugó** con sus amigos en la fiesta y en el parque… ¡cuatro horas!

f. le **prepararon** a Ricardito un pastel de chocolate delicioso.

g. **abrimo**s la puerta de la casa y en ese momento empezó la fiesta.

h. **regamos** las plantas del jardín.

H. El último fin de semana de Radamés

Parte 1. Usa los siguientes verbos para completar la descripción del fin de semana de Radamés.

Vocabulario útil

charlar	estudiar	organizar	recoger
escribir	firmar (*to sign*)	practicar	tomar

El viernes pasado, Radamés _____[1] varias horas con su guitarra y luego _____[2] una canción nueva para tocarla con Cumbancha. Más tarde, _____[3] el desorden de su dormitorio y fue a un club nocturno para tocar con Cumbancha. Al final del concierto, todos los músicos de Cumbancha les _____[4] autógrafos a sus admiradoras (*fans*): las chicas del club de Amigos sin Fronteras. El sábado por la mañana, después de desayunar, Radamés _____[5] un poco para sus clases y más tarde fue al centro de estudiantes. Allí sus amigos y él _____[6] por varias horas de diferentes cosas: de exámenes, de chicas, de conciertos, de música… Más tarde, esos amigos del club y Radamés fueron (*went*) a la casa de Sebastián. Allí todos _____[7] un buen café cubano y _____[8] una fiesta sorpresa para Nayeli.

Parte 2. Ahora usa la primera letra de cada verbo en el orden en que los escribiste en la descripción para descifrar (*decode*) un mensaje secreto.

El mensaje secreto: Para Radamés, ese fin de semana fue __ __ __ __ __ __ __ __
                                                       1   2   3   4   5   6   7   8

En resumen

I. **Mi vida en detalle.** Selecciona *uno* de los temas siguientes. Sigue las instrucciones de ese tema para escribir una breve composición en el espacio de abajo. Usa el modelo como ejemplo.

1. **Tu cuarto favorito:** En tu casa o en la casa de tus padres, ¿cuál es tu cuarto favorito? ¿Por qué? ¿Cómo es ese cuarto? ¿Qué (objetos y muebles) hay en él? Si ese cuarto tiene ventanas, ¿qué ves cuando miras por las ventanas? ¿Qué te gusta hacer en ese cuarto?

2. **Tu vecindario y el vecindario de tu amigo/a:** Compara tu vecindario con el vecindario de un amigo / una amiga. Compara el número de vecinos o de casas (hay más/menos vecinos o casas), las casas (altas, bajas, caras, baratas, grandes, pequeñas), las escuelas (mejores, peores) y los jardines (árboles, arbustos, fuentes, estatuas). Habla de los edificios y de otras construcciones del vecindario y de qué se puede hacer en esos lugares.

3. **Las actividades diarias:** Seguro que hay actividades que te gusta mucho hacer y otras que no te gusta hacer pero que tienes que hacer porque son parte de tus obligaciones. Habla de las actividades que haces durante un fin de semana típico y de las obligaciones que tienes en casa (**tengo que, debo, necesito**). Di cuáles de las actividades te gustan y cuáles no te gustan.

4. **Hablando del pasado:** Piensa en tu último cumpleaños. Habla de todo lo que hiciste: a qué hora te levantaste; qué desayunaste, con quién y dónde; a quién viste ese día; con quién hablaste por teléfono; si te organizaron una fiesta, cómo fue, quién la planeó, quién asistió, qué regalos te dieron… ¡Da muchos detalles!

MODELO: *Mi cuarto favorito es la sala porque es muy cómoda y está al lado de la cocina. Hay dos sofás grandes y entre los dos sofás hay una mesita y una lámpara. Enfrente de los sofás tenemos un televisor en la pared y en el centro de la sala hay una alfombra roja y gris. En mi casa no hay chimenea pero no es necesaria porque nunca hace frío en invierno. Al lado de un sofá hay una ventana gigante. Me gusta mucho sentarme en ese sofá para tomar café y mirar por la ventana, especialmente en primavera, porque puedo ver los árboles y los arbustos de mi jardín. ¡A veces, también veo animales!*

Tema: _____

_____

_____

_____

_____

_____

_____

_____

_____

_____

_____

Exprésate

Escríbelo tú

Eres agente de bienes raíces

Imagínate que eres agente de bienes raíces (*real estate*). Busca una foto como la del ejemplo de aquí o haz un dibujo de una casa. Luego, escribe un anuncio de venta (*sales ad*) para una revista o sitio Web de bienes raíces en el que describes esa casa. Debes incluir muchos detalles en tu descripción. Por ejemplo, ¿la casa tiene un piso, dos o más pisos? ¿Cuántos cuartos tiene? ¿Qué aparatos domésticos se incluyen en la venta? Describe también la vecindad y menciona el precio de la casa. Recuerda incluir la foto o el dibujo con tu composición.

Casa en Bogotá - Venta \$699.999.999, Area: 192m^2

 Enviar a un amigo   Reciba ofertas similares por e-mail

Foto (28)

Precio Venta:	**\$ 699.999.999**
Código del inmueble:	40909
Tipo de Propiedad:	Casa
Habitaciones:	4
Baños:	4
Área Construida:	192M^2
Área del lote:	220
Garajes:	2
Antigüedad:	

Contactar anunciante   Ver teléfono

_____

_____

_____

_____

_____

_____

_____

_____

_____

_____

_____

Enlace auditivo

Pronunciación y ortografía

Ejercicios de pronunciación

I. *Consonants:* **g** *and* **gu**

A. In most situations the letter **g** is "soft," that is, it is pronounced with less tension in the tongue for Spanish compared to English. The back of the tongue is near the roof of the mouth, but never completely closes off the flow of air, as it does in the pronunciation of English *g*. Remember that **u** in the combinations **gue** and **gui** is never pronounced.*

Listen and repeat the following words, concentrating on a soft pronunciation of the letter **g**.

digan	portugués	llegar
estómago	elegante	hamburguesa
abrigo	lugar	regular
traigo	jugar	
amiga	pregunta	

B. When the letter **g** in the combinations **ga, gue, gui, go, gu** is preceded by the letter **n**, whether in the same word or when the **n** ends a word and the **g** begins the following word, it has a "hard" pronounciation, as in the English letter *g* in the word *go*. Listen and repeat the following words and phrases with **ng**, concentrating on a hard pronunciation of the letter **g**.

tengo	un grupo
pongo	ven gorilas
vengo	un gato
lengua	un gobierno
ninguno	en Guinea Ecuatorial
domingo	

C. Listen and then repeat the following sentences, concentrating on the correct pronunciation of the letter **g**.

1. Tengo un estómago muy delicado.
2. El domingo vamos a un lugar muy elegante para comer.
3. Yo me pongo el abrigo cuando hace frío.
4. Mañana traigo mi libro de portugués.
5. A Rodrigo le gusta jugar al fútbol en Guatemala.
6. Si no vas a tocar la guitarra el domingo, no vengo.

II. *Linking*

A. Words in spoken Spanish are normally not separated, but rather are linked together in phrases called *breath groups*. Listen to the breath groups in the following sentence.

Voy a comer / y después / quiero estudiar / pero tal vez / si tengo tiempo / paso por tu casa.

B. Words within a phrase or breath group are not separated but pronounced as if they were a single word. Notice especially the following possibilities for linking words.

(C = *consonant* and V = *vowel*.)

C + V	más⌢o menos, dos⌢o⌢tres, tienes⌢el⌢libro
V + V	él⌢o⌢ella, voy⌢a⌢ir, van⌢a⌢estudiar, su⌢amigo, todo⌢el día

---

*However, when the **u** of **gue, gui** is written with two dots over the **u** (for example, **bilingüe, lingüística**), this indicates that the **u** is to be pronounced.

C. Notice also that if the last sound of a word is identical to the first sound of the next word, the sounds are pronounced as one.

C + C   los⌢señores, el⌢libro, hablan⌢naturalmente
V + V   Es⌢toy mirando a⌢Ana Sofía, ¡Estudie⌢en España!, ¿Qué va⌢a hacer?

D. Listen and then pronounce the following sentences. Be sure to link words together smoothly.

1. No me gusta hacer nada aquí.
2. Los niños no saben nadar.
3. El libro está aquí.
4. Claudia va a hablar con Nayeli.
5. Mi hijo dice que son nuevos los zapatos.

Ejercicios de ortografía

I. *The Letter Combinations* **gue** *and* **gui.** Remember that the letter **g** is pronounced like **j** before the letters **e** and **i**, as in **gente** and **página.** In order for the letter **g** to retain a hard pronunciation before these vowels, the letter **u** is inserted, as in **portuguesa** and **guitarra.**
    Listen and write the following words with **gue** and **gui.**

1. _____   5. _____
2. _____   6. _____
3. _____   7. _____
4. _____   8. _____

II. *Word Stress*

A. A word that ends in a vowel and is stressed on the last syllable must carry a written accent on the last syllable. For example: **mamá, escribí.** Regular verbs in the past (preterite) tense in the first and third-person singular forms are stressed on the last syllable. You will learn more about accents on preterite forms in the **Ortografía** section of **Capítulo 8.**
    Listen and then write the words you hear stressed on the last syllable.

1. _____   6. _____
2. _____   7. _____
3. _____   8. _____
4. _____   9. _____
5. _____   10. _____

B. A word that ends in the letters **n** or **s** and is stressed on the last syllable must have a written accent on the last syllable, for example, **detrás.** This includes all words ending in **-sión** and **-ción.**
    Listen and write the words you hear stressed on the last syllable.

1. _____   6. _____
2. _____   7. _____
3. _____   8. _____
4. _____   9. _____
5. _____   10. _____

C. When words that end in an **-n** or **-s** and are stressed on the final syllable, such as **francés** or **comunicación,** are written in forms with an additional syllable, these forms do not need a written accent mark. This includes feminine forms, such as **francesa,** and plural forms, such as **franceses** and **comunicaciones.**

Listen and write the following pairs of words.

1. _____ → _____

2. _____ → _____

3. _____ → _____

4. _____ → _____

5. _____ → _____

Actividades auditivas

A. Anuncios de radio. Y ahora dos mensajes importantes en La Voz de Bogotá, 105.9 FM, ¡tu estación de radio favorita en Colombia! Escucha los anuncios y llena los espacios en blanco con las palabras que faltan.

Vocabulario de consulta

anuncios	ads
pagar el alquiler	to pay rent
amplios	spacious
privado	private
tranquilo	quiet
seguro	safe
¡Disfrute de su propio hogar!	Enjoy your own home!

CONDOMINIOS MAZURÉN

Señor, señora, ¿están cansados de pagar el alquiler cada mes? Tenemos la solución perfecta para ustedes. ¡Condominios Mazurén! Nuestros _____[1] son amplios y cómodos, con tres _____,[2] dos _____[3] y una gran _____[4] con balcón privado. Nuestros condominios tienen una _____[5] moderna y un comedor separado. Cerca de los condominios hay un _____[6] con muchos árboles y una fuente. Y también una _____[7] muy grande. ¡Venga a vernos! Estamos en la _____[8] 150, en un barrio residencial, tranquilo y seguro. Estamos cerca del Centro Comercial Mazurén, aquí en Bogotá, Colombia. Llámenos al número 801–2337. O visítenos en línea en **www.condomazuren.com.** Recuerde, Condominios Mazurén. ¡Disfrute de su propio hogar!

LIMPIEZA A DOMICILIO VICTORIA

Vocabulario de consulta

Limpieza a Domicilio	Housecleaning
Disfrute de	Enjoy
tiempo libre	free time
mientras	while

Limpieza a Domicilio Victoria: ¡el mejor servicio _____[1] en Bogotá! Nuestra compañía

_____[2] toda su casa por un precio muy bajo. Pasamos la aspiradora y desempolvamos los

_____[3] de la sala y los dormitorios. También _____[4] la cocina y el comedor, y

limpiamos dos baños. Y por el mismo precio —¡un precio muy bajo!— también limpiamos las

paredes y las ventanas.

Usted ya no tiene que pasar horas trabajando para tener su casa limpia. Disfrute de su tiempo

libre mientras nosotros hacemos sus _____.[5] Limpieza a Domicilio Victoria: ¡El mejor

servicio doméstico en Bogotá! Llámenos al número de móvil 316–831–9138 o visítenos en línea en

www.limpiavictoria.com. Limpieza a Domicilio Victoria, ¡para la _____[6] moderna!

B. Un verano divertido. La profesora Julia Johnson-Muñoz es asesora del club Amigos sin Fronteras y ahora conversa con Rodrigo y Xiomara, dos miembros del club, sobre sus actividades del verano. Escucha el diálogo y luego completa la actividad.

Vocabulario de consulta

asesora	advisor
¿Lo pasaron bien?	Did you have a good time?
golosinas	sweets, snacks
nunca te aburres	you never get bored

¿Quién diría (*would say*) lo siguiente: Julia (J), Rodrigo (R) o Xiomara (X)?

1. _____ Jugué al fútbol con mi hijo.

2. _____ Mi esposo y yo viajamos este verano.

3. _____ Comí los platos exquisitos que preparó mi abuela.

4. _____ Pasé mucho tiempo con mi hijo, ¡pero nunca es suficiente!

5. _____ No me aburro nunca con mis abuelos.

6. _____ Una de mis actividades favoritas es leer, y este verano leí mucho.

7. _____ Bailé en una fiesta con mis abuelos.

8. _____ Viajé a Colombia.

Videoteca

Amigos sin Fronteras

Episodio 7: Hogar, dulce hogar

Resumen. Claudia se prepara para andar en bicicleta con Nayeli. Las dos amigas dan un largo paseo. Seis horas después, cuando Claudia regresa a su casa, ¡descubre que no tiene las llaves! Ana Sofía llega y las dos hablan de todos los lugares que Claudia visitó ese día: un parque, el correo, un café. Por fin, Ana Sofía encuentra las llaves de Claudia.

Preparación para el video

A. ¡Comencemos! Indica con círculos todas las respuestas apropiadas, según la foto.

En la foto, ¿cómo está Claudia?

a. Está muy contenta.	**b.** Está preocupada.	**c.** Está triste.	**d.** Tiene hambre.

Vocabulario de consulta

estar de vuelta	to be back
un rato	a while
vida	life
se caen	(they) fall
las patea y se mueven	kicks them and they get moved
llaves	keys
Se me perdieron las llaves	I lost my keys
chiflada	nuts, crazy (*coll.*)

Comprensión del video

B. El episodio. Completa cada una de las oraciones con el nombre o los nombres correctos: Ana Sofía, Claudia, Eloy o Nayeli.

1. _____ dio/dieron un paseo en bicicleta.

2. _____ descansó/descansaron en el parque.

3. _____ limpia(n) la casa los fines de semana.

4. _____ compró/compraron estampillas.

5. _____ va(n) al cine.

6. _____ tomó/tomaron un café en casa de Claudia.

C. ¿Cierto o falso?

1.	Claudia pierde varias cosas: el libro, las llaves,…	C	F
2.	Claudia está en la sala de su casa cuando llama por teléfono a Ana Sofía.	C	F
3.	Sebastián y Claudia tomaron algo en un café.	C	F
4.	Claudia está muy estresada por el examen del lunes.	C	F
5.	Ana Sofía aceptó tomar algo en la casa de Claudia.	C	F

D. Detalles. Completa cada una de las oraciones con la información del video.

1. Claudia quiere llevar un _____ al paseo en bicicleta para estudiar en

   el _____.

2. Hoy es _____, el día que Ana Sofía siempre _____ la casa y

   _____.

3. Después de pasar un rato en el parque, Nayeli fue a _____ y Claudia fue

   al _____.

4. Claudia llamó a _____ para tomar un _____.

5. Ana Sofía encontró _____ de Claudia _____ el patio de su casa.

Mi país

Colombia y Panamá

Preparación para el video

Contesta estas preguntas antes de ver el video.

Mujeres kuna en Panamá

1. ¿Dónde están Colombia y Panamá?

   a. en América del Norte y América del Sur
   b. en América del Sur y Europa
   c. en América del Norte y América Central
   d. en América del Sur y América Central

2. ¿Qué producto famoso de Colombia se exporta a todo el mundo?

   a. el vino   b. el queso   c. el cristal   d. el café

Comprensión del video

¿Cierto (C) o falso (F)?

1. Desde el cerro de Montserrate se puede ver toda la ciudad de Bogotá.   C   F
2. La Catedral Primada es espectacular porque está dentro de una mina de sal.   C   F
3. El café es un producto importante en el comercio de Medellín.   C   F
4. El Castillo de San Felipe está en la ciudad de Cartagena.   C   F
5. La ciudad de Barranquilla es famosa por sus playas.   C   F
6. La Ciudad de Panamá tiene edificios modernos y también zonas históricas como el Casco Viejo.   C   F
7. Hay muchas actividades ecoturísticas en los catorce parques nacionales de Panamá.   C   F
8. El parque Darién es el parque nacional más pequeño de Panamá.   C   F
9. Las mujeres kuna usan varios colores de tela para hacer sus bonitas molas.   C   F
10. Gracias al Canal de Panamá, los barcos pueden pasar de un lado del continente americano al otro.   C   F

¡A leer!

¿Sabías que... ?

Panamá, crisol° de cultura y lengua

Melting Pot

¿Sabías que fuera de la Amazonia,[a] Panamá tiene la extensión de selva[b] tropical más grande del mundo? Esta selva tropical tiene una gran variedad de plantas y animales que no existen en otras partes de mundo. Panamá también tiene mucha diversidad cultural y lingüística, con siete grupos indígenas y un gran número de inmigrantes de muchos países.

Cuando llegaron los españoles en 1501, había[c] sesenta distintas tribus de indígenas en Panamá, pero el impacto de la conquista fue muy drástico. Hoy en día hay solo siete tribus que forman el cinco por ciento de la población[d] de Panamá. En 2010, por primera vez en la historia panameña, el gobierno[e] de Panamá aprobó[f] una nueva ley[g] para reconocer oficialmente las lenguas indígenas: ngabe, buglé,[h] kuna,[i] emberá, wounaan, naso y bri bri. Un famoso poeta de la tribu kuna, de nombre Arysteides Ikuaiklikiña Turpana, afirma que esta ley es importante porque la discriminación contra[j] los indígenas del país es un problema grave. La nueva ley declara que en zonas indígenas las escuelas deben ser bilingües. Esto va a ayudar a promover[k] las lenguas indígenas y su cultura.

En el siglo XIX[l] llegaron los primeros chinos a Panamá para trabajar en el ferrocarril.[m] Luego, cuando empezó[n] la construcción del canal de Panamá en 1904, llegaron también obreros[ñ] del Caribe, de los territorios árabes y de otras partes de Asia. Se calcula que en Panamá todavía hay 150.000 hablantes[o] de chino y muchos más que no hablan este idioma pero que son de ascendencia[p] china. Panamá tiene una fuerte presencia africana por los esclavos[q] de África pero también tiene descendientes de inmigrantes de muchos países de Europa, entre otros, Inglaterra, Irlanda, Italia, Polonia y Rusia. Aunque muchos panameños son católicos, hay grandes grupos de protestantes, judíos, musulmanes[r] e hindúes en el país.

Panamá es un puente[s] entre América del Norte y América del Sur y su famoso canal atrae[t] a personas de todo el mundo. Este país es un verdadero crisol de lenguas y culturas.

[a]fuera... *outside of the Amazon* [b]*jungle, rainforest* [c]*there were* [d]*population* [e]*government* [f]*approved* [g]*law* [h]*language of the Ngabe-Buglé, Panama's largest indigenous group* [i]*language of the Kuna, one of Panama's most well-known indigenous groups, famous for their molas (embroidered garments)* [j]*against* [k]*promote* [l]siglo... *nineteenth century* [m]*railroad* [n]*began* [ñ]*workers* [o]*speakers* [p]*ancestry* [q]*slaves* [r]judíos... *Jews, Muslims* [s]*bridge* [t]*attracts*

Comprensión

1. _____ En 2010 el gobierno de Panamá creó una ley que...

   a. establece el canal como territorio panameño.
   b. establece Panamá como país bilingüe de español e inglés.
   c. reconoce oficialmente los idiomas indígenas del país.
   d. establece la primera universidad bilingüe de Panamá.

2. _____ Muchos chinos y obreros de otros países llegaron a Panamá en 1904 para trabajar en...

   a. la construcción del canal.
   b. la agricultura.
   c. en la industria farmacéutica.
   d. en el sector del turismo.

Galería

Colombia y Panamá

¿Sabes que los kuna tienen una sociedad matriarcal? Aprende mucho más sobre los kuna en la lectura "Los kuna, gente de oro" en Conexión cultural.

¿Sabías que la cantante Shakira es colombiana? ¿Conoces su música? Los abuelos paternos de Shakira son de Líbano y la cultura libanesa tiene mucha influencia en su música. ¿Sabías que el cantante colombiano Juanes es de ascendencia vasca (*Basque ancestry*)? ¿Conoces sus canciones? ¿Te gustan?

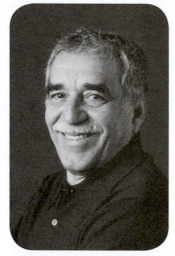

¿Conoces la obra (*work*) del escritor colombiano Gabriel García Márquez? Su novela más famosa es *Cien años de soledad*. Pero… ¿sabes cuál es el apodo (*nickname*) de este famoso escritor? ¡Es «Gabo»!

¿Conoces alguna de las canciones del músico panameño Rubén Blades? «Pedro Navaja» es una de las más populares. ¿Sabías que Rubén Blades es también actor de cine, político y abogado?

El arte reinaº en Colombia y Panamá

reigns

¿Qué sabes de Colombia y Panamá? ¿Conoces a alguna persona famosa de estos países? Los dos países cuentan conª muchas personas conocidasᵇ por su trabajo artístico. Por ejemplo, ¿alguna vez bailaste o escuchaste la famosa canción «Waka waka»? ¿Sabes quién cantó esa canción en el Mundial de Fútbolᶜ de Sudáfrica del 2010? ¡Fue la famosa cantanteᵈ colombiana Shakira! Y hay

ªcuentan… tienen   ᵇ*known*   ᶜMundial… *World Cup (soccer)*   ᵈ*singer*

muchos otros cantantes colombianos populares a nivel[e] internacional, como Juanes. ¿Conoces su canción «La camisa negra»?

Pero la producción artística colombiana tiene mucho más que la música. ¿Conoces las robustas e inigualables[f] figuras de Fernando Botero? Este artista colombiano es famoso por sus pinturas y esculturas únicas[g]: ¡todas sus figuras son grandes y redondas[h] pero realmente bellas! Y, finalmente ¿conoces el libro *Cien años de soledad*[i]? Es una novela del famoso escritor Gabriel García Márquez, quien ganó el Premio[j] Nobel en 1982. No hay nada mejor que leer un buen libro como ese y tomar un sabroso café colombiano. ¡Qué delicia![k]

Vayamos ahora a Panamá. ¿Qué sabes de Panamá? ¿Conoces el famoso canal de Panamá? Este canal es una obra[l] de ingeniería conocida en todo el mundo y que permite el paso[m] del océano Atlántico al Pacífico. Pero el arte en su sentido más literal está muy bien representado por el famoso cantante y actor panameño Rubén Blades. Rubén estudió derecho[n] en Panamá y luego en la Universidad de Harvard. Lo puedes ver en varias películas de Hollywood y sus discos[ñ] ganaron varios Premios Grammy. Es decir,[o] ¡es cantante, actor y abogado! Otro famoso artista de Panamá es el gran poeta kuna Arysteides Ikuaiklikiña Turpana. Entre muchas de sus actividades, Tupana ayudó a dirigir[p] un periódico en la lengua indígena de los kunas.

No esperes[q] más tiempo para conocer el arte y la música de Colombia y Panamá; no te vas a arrepentir.[r]

[e]*level* [f]*incomparable* [g]*pinturas... unique paintings and sculptures* [h]*round* [i]*Solitude* [j]*Prize* [k]*¡Qué... What a treat!* [l]*work* [m]*passage* [n]*law* [ñ]*albums* [o]*Es... That is to say* [p]*direct, manage* [q]*No... Don't wait* [r]*No... you won't regret it*

Comprensión. Contesta las preguntas según la lectura.

1. ¿Cómo se llama una cantante famosa que canta la canción «Waka waka»?

   _____

2. ¿Quién canta la canción «La camisa negra»?

   _____

3. ¿Qué artista colombiano es famoso por sus pinturas y esculturas únicas?

   _____

4. ¿Cómo se llama una novela famosa de Gabriel García Márquez, según la lectura?

   _____

5. ¿En qué año ganó Gabriel García Márquez el Premio Nobel?

   _____

6. ¿Cuál es el nombre del canal que permite el paso del océano Atlántico al Pacífico?

   _____

7. ¿Qué cantante famoso es de Panamá según la lectura?

   _____

8. ¿En qué universidad de los Estados Unidos estudió Rubén Blades?

   _____

9. ¿A qué grupo indígena ayudó Tupana?

   _____

Conexión cultural

Los kuna, gente de oro

Vocabulario de consulta

pueblo	people
gente de oro	golden people
creen	believe
dios	god
fuerza divina	divine force
pelearon	fought
rechazaron	rejected
logró desplazar	managed to displace
aldeas	villages
islas	islands
fabrican	build
hojas	leaves
plátano y coco	banana and coconut
ingreso	income
langosta	lobster
bordados	embroidered
tatuaje	tatoo
tela	fabric
nivel	level
aumenta	increases
inundar	flood
amenaza	threat
pacíficos	peaceful

Los kuna fabrican hermosas molas. En su idioma, la palabra *mola* significa **vestido** o **blusa.**

Los kuna son amerindios, es decir, indígenas de América. Viven en Panamá y en el norte de Colombia. Aunque muchos hablan español, prefieren hablar su idioma nativo, dulegaya, palabra que significa «lengua del **pueblo**».* Todos los miembros de este pueblo se consideran *olo tule* («**gente de oro**») y tienen la fuerte convicción de que son parte de la naturaleza. Los kuna no **creen** en un solo **dios.** Ellos creen en una **fuerza divina** que se expresa como padre y madre.

Esta idea de una divinidad paternal y maternal está en conflicto con la religión católica de los exploradores españoles. Los kuna **pelearon** contra los colonizadores y **rechazaron** su religión. En reacción, el gobierno español decidió eliminar a todos los kuna, pero no realizó su objetivo; solo **logró desplazar** a las tribus desde Colombia hasta el noroeste de Panamá, donde casi todos estos indígenas —aproximadamente 60.000— viven hoy en día.

Los kuna viven en el archipiélago de San Blas, en **aldeas** situadas en 360 **islas.** Estas aldeas forman tres provincias: Kuna Yala, Madugandí y Wargandí. También hay unos mil indígenas kuna que habitan algunas regiones de Colombia. Los kuna tienen un sistema de gobierno donde los líderes —llamados *sailas*— presiden pero no dominan. En tiempos recientes las mujeres participan activamente en el gobierno y hoy en día hay una mujer que preside como *saila*.

La vida de los kuna es tranquila. Viven en casas que ellos **fabrican.** Usan caña de bambú para hacer las paredes y **hojas** de palma para hacer el techo. Las casas tienen un área para los *cayucos*, que son canoas: su medio de transporte principal. Los kuna duermen en hamacas y no tienen aparatos eléctricos. Su dieta es básica y nutritiva. Comen mucho pescado, **plátano** y **coco.** El **ingreso** económico de estos pueblos viene de la exportación de **langosta,** coco y cacao. Pero

---

*To refer to themselves and each other, the kuna use the word *dule*. For example, **yo** is *andule* and *we dule* means **esa persona.**

también venden *molas* que ellos hacen. La palabra *mola* quiere decir «vestido» o «blusa» en la lengua kuna y es una prenda de ropa que llevan muchas mujeres de estas tribus. Los diseños de las molas, **bordados** con arte y color, tienen formas geométricas y elementos de la vida diaria. La historia de las molas es muy interesante: comienza como pintura del cuerpo —un tipo de **tatuaje**— que luego, con el tiempo, los kuna empiezan a transferir los diseños a la **tela** como bordados.

Hoy en día el clima tiene un impacto destructivo en el mundo flotante de los kuna. El **nivel** del agua del archipiélago **aumenta** diariamente y empieza a **inundar** algunas islas. Los expertos estiman que eventualmente todas las islas van a quedar bajo el agua. Por eso los líderes kuna están muy preocupados, y con razón, pues el estilo de vida de su gente sufre una gran **amenaza**. La larga historia de estos **pacíficos** indígenas está en proceso de cambio.

Comprensión. ¿Cierto (C) o falso (F)? Si la oración es falsa, haz la corrección necesaria.

MODELO: Los kuna fabrican sus casas con cemento. C Ⓕ
Los kuna fabrican sus casas con caña de bambú y hojas de palma.

1. Los kuna prefieren hablar español. C F

   _____

2. Las mujeres participan activamente en el gobierno de los kuna. C F

   _____

3. Los kuna creen en una fuerza divina que se expresa como padre y madre. C F

   _____

4. Los kuna no hicieron resistencia a la colonización de los españoles. C F

   _____

5. Casi todos los kuna viven en el norte de Colombia. C F

   _____

6. En las casas de los kuna no hay aparatos eléctricos. C F

   _____

7. Las molas son canoas que los kuna usan para transportarse. C F

   _____

8. Hoy en día el clima está afectando el estilo de vida de los kuna. C F

   _____

Hablando del pasado 8

¡A escribir!

Mis experiencias

Lee *Infórmate 8.1*

A. El orden de las actividades. Nayeli nos habla de las actividades que ella y Eloy hicieron durante los últimos días. Marca la actividad de cada secuencia que *no* está en el orden lógico.

1. _____ El fin de semana pasado me levanté tarde, me puse la ropa, me maquillé un poco, desayuné en casa, leí el periódico, me desperté y salí de casa.

2. _____ El lunes me levanté temprano, tendí la cama, me duché y me lavé el pelo, fui a la universidad y me quité el pijama.

3. _____ Anteayer llegué a casa tarde, cené, charlé con mis amigos por teléfono, me puse el pijama, fui a la universidad y me acosté.

4. _____ Ayer me desperté a las ocho, me puse la ropa, me quité el pijama, me duché y desayuné café con pan tostado.

5. _____ Anoche llegué de la universidad, me quité la ropa, me puse el pijama, cené, me acosté y me duché.

Yo...

1. _____ El domingo pasado se despertó tarde, se afeitó, se lavó los dientes, se levantó, se bañó, se puso la ropa, desayunó y luego salió de casa.

2. _____ El lunes se despertó, se duchó, se vistió, se quitó el pijama y manejó a la universidad.

3. _____ Anteayer almorzó con sus amigos, fue a sus clases de laboratorio por la tarde, volvió a casa, preparó el desayuno y se acostó.

4. _____ Ayer se levantó a las nueve, se puso ropa cómoda, fue a la universidad, se bañó, estudió en la biblioteca y volvió a casa.

5. _____ Anoche llegó a casa después de asistir a la universidad, desayunó, vio televisión, se puso el pijama y se durmió.

Mi amigo Eloy...

B. Conversaciones. Combina las tres columnas de manera lógica. Después, escribe las frases que faltan para completar las conversaciones de los amigos.

ELOY: Hola, Claudia, no lo puedo creer. **¿Ustedes**... CLAUDIA: Por supuesto. Siempre viajamos sin navegador, pero ¡tenemos los celulares!	**estuve** en el concierto, hubo mucha gente y...	**tradujimos** varios documentos del inglés al español.
ROSARIO (LA MAMÁ DE NAYELI): Hija, ¿qué hiciste ayer para tu cumpleaños? NAYELI: No lo vas a creer, **mis amigos**....	**condujeron** a Los Ángeles sin navegador y...	me **puse** ropa cómoda para poder bailar.
NAYELI: Hola, Ana Sofía. ¿Estuviste ayer en el concierto de Radamés? ¿Qué ropa te pusiste? ANA SOFÍA: Sí, claro que (**yo**)...	**quisimos** ayudar a la comunidad hispana de esta zona y...	**supieron** llegar al hotel sin problemas?
ÁNGELA: Hola, Franklin. Gracias por ayudarme ayer con el español. FRANKLIN: De nada, Ángela, ¿(**tú**)...	me **hicieron** una fiesta sorpresa y...	me **dijo** que vio a Claudia y a Xiomara en la cafetería.
ELOY: Hola, Jorge. ¿Sabes algo de Rodrigo? JORGE: Hola, Eloy. Sí, lo vi esta mañana. (**Él**)...	**vino** a la universidad y...	me **trajeron** muchos regalos.
TERESA (LA MAMÁ DE CLAUDIA): Hija, ¿vos usás el español en California? CLAUDIA: Sí, mami, mucho. Por ejemplo, la semana pasada **varios amigos del club y yo**...	**pudiste** encontrar en la biblioteca el libro que te dije o...	**tuviste** que comprar uno nuevo en la librería?

MODELO: ELOY: Hola, Claudia, no lo puedo creer. ¿Ustedes *condujeron a Los Ángeles sin navegador y supieron llegar al hotel sin problemas?*

CLAUDIA: Por supuesto. Siempre viajamos sin navegador, pero ¡tenemos los celulares!

1. ROSARIO (LA MAMÁ DE NAYELI): Hija, ¿qué hiciste ayer para tu cumpleaños?

   NAYELI: No lo vas a creer, mis amigos _____

   _____

2. NAYELI: Hola, Ana Sofía. ¿Estuviste ayer en el concierto de Radamés? ¿Qué ropa te pusiste?

   ANA SOFÍA: Sí, claro que (yo) _____

   _____

   _____

3. ÁNGELA: Hola, Franklin. Gracias por ayudarme ayer con el español.

   FRANKLIN: De nada, Ángela, ¿(tú) _____

   _____

   _____

4. ELOY: Hola, Jorge. ¿Sabes algo de Rodrigo?

   JORGE: Hola, Eloy. Sí, lo vi esta mañana. Él _____

   _____

   _____

5. TERESA (LA MAMÁ DE CLAUDIA): Hija, ¿vos usás el español en California?

   CLAUDIA: Sí, mami, mucho. Por ejemplo, la semana pasada varios amigos del club y yo _____

   _____

   _____

C. **Las actividades de ayer.** Los amigos del club Amigos sin Fronteras comentan lo que hicieron ayer. Mira las imágenes y selecciona una frase de cada columna para narrar lo que hizo cada uno.

			después de ducharme
			en la biblioteca de la universidad.
afeitarse	a las siete de la mañana	*a mis hijos*	
almorzar	al fútbol	con la alarma de su teléfono	*en la ciudad Mitad del Mundo, en Ecuador.*
despertarse	con cuidado	con mi hermana	
estudiar	*muchas fotos*	con mis amigos	en la sala de su casa.
hacer	por varias horas	en el baño	en mi restaurante vegetariano favorito.
jugar	su tarea de inglés	en la computadora	en un parque cerca de la universidad.
tomarles	una ensalada	sola	y se preparó para ir a la universidad.

MODELO:

OMAR: (Yo) *Les tomé muchas fotos a mis hijos en la ciudad Mitad del Mundo, en Ecuador.*

(Continúa.)

1. JUAN FERNANDO: (Yo) _____

2. ELOY: (Yo) _____

3. FRANKLIN: (Yo) _____

4. NAYELI: Mi compañera Camila _____

5. NAYELI: Claudia _____

6. NAYELI: Ana Sofía _____

Las experiencias con los demás

Lee *Infórmate 8.2–8.3*

D. Así son los amigos sin fronteras: ¡no paran! Nayeli hace varios comentarios sobre sus amigos del club. Completa las siguientes oraciones con las expresiones de la caja. **OJO:** recuerda que los verbos **conocer, poder, querer, saber, tener** están en pretérito.

> **¡Tuvimos** la victoria muy cerca! Pero el otro equipo fue mejor
> **conocimos** por Skype a los hijos de Omar
> la **conocimos** en persona
> la **pudimos** planear en secreto
> la **quisimos** ayudar y tradujimos varios documentos de interés
> **pudimos** tener miembros que viven en sus países de origen
> **quisieron** formar un grupo con amigos hispanohablantes
> **supe** de la existencia del club
> **supimos** su nacionalidad
> **tuvieron** mucho éxito (*success*) con esa idea del club

1. Claudia y Eloy _____ y así nació el club de Amigos sin Fronteras. Lo cierto

   es que (ellos) _____ y recibieron muchos correos de diferentes personas. Por

   ejemplo, yo _____ y les escribí rápidamente para hacerme miembro.

2. Este club es internacional; hay personas de muchos países e incluso (*even*)

   _____: Omar vive en Ecuador con su esposa y sus hijos y Juan Fernando

   vive en Costa Rica. Entre los miembros que viven aquí, hay personas de casi todos los países

   hispanohablantes. Por ejemplo, cuando escuchamos hablar a Ana Sofía,

   _____, es española.

3. Esta semana muchos de nosotros _____. Los dos son muy guapos y simpáticos.

4. Y, aunque (*although*) todos sabemos que Eloy tiene novia, Susan, por fin ayer todos la vimos

   y _____.

5. Esta semana también planeamos la fiesta de Claudia y lo mejor es que (nosotros)

   _____

6. Anteayer varios de nosotros jugamos al Wii y mi equipo casi gana. _____.

7. Finalmente, ya que (*since*) la comunidad hispanohablante de Berkeley, California,

   es muy grande, el mes pasado nosotros, los miembros del club,

   _____

E. **Las situaciones cambian.** Normalmente los amigos hacen siempre las mismas cosas, pero esta
   semana cada uno hizo algo diferente. Mira los dibujos y completa las oraciones usando el mismo
   verbo dos veces en cada oración, una vez en el *presente* y una vez en el *pretérito*. **OJO:** Pon
   atención al sujeto de cada oración.

Vocabulario útil		
andar	despertarse	mentir (ie; i) (*to lie*)
caerse	*divertirse*	perder
contar	dormir	volver

   MODELO:

   Los estudiantes del club Amigos sin Fronteras siempre *se divierten* en los conciertos de
   Cumbancha, pero anoche *se divirtieron* más porque celebraron el cumpleaños de Nayeli
   con un pastel.

   (*Continúa.*)

1.

normalmente **anoche**

Normalmente Nayeli _____ a casa a medianoche, pero anoche ¡_____ casi a las dos!

2.

por lo general **esta mañana**

Por lo general, Radamés _____ hasta las ocho aproximadamente, pero esta mañana _____ hasta después de mediodía porque anoche tocó con Cumbancha.

3.

casi siempre **esta mañana**

NAYELI: Yo casi siempre _____ a las siete de la mañana, pero hoy _____ a las nueve y media porque también estuve en el concierto de Cumbancha anoche.

4.

nunca **ayer**

Claudia nunca _____ las llaves, pero ayer sí las _____.

5.

siempre **ayer por la tarde**

Omar y Marcela siempre nos _____ muchas historias de sus hijos. Ayer por la tarde nos _____ cómo fueron sus últimas vacaciones.

6.

nunca

ayer durante todo el día

CLAUDIA: Mis amigos nunca me _____, pero ayer me _____ durante todo el día y me dieron diferentes excusas para no estar conmigo. Al final supe que fue porque me prepararon una fiesta sorpresa.

7.

a veces   la semana pasada

NAYELI: A veces mis amigos y yo _____ en bicicleta por la playa, pero la semana pasada _____ por un parque con un lago enorme.

8.

casi nunca   ayer

Nayeli casi nunca _____ de la bicicleta, pero ayer _____ dos veces en el parque con Claudia.

F. **¡Fue un día terrible!** Nayeli nos describe uno de los peores días de su vida. Completa el párrafo con los verbos entre paréntesis en presente o en pretérito según el contexto.

Todos los días mi compañera de cuarto, Camila, me _____[1] (despertar: ella) porque yo no _____[2] (poder) levantarme fácilmente. Pero ayer Camila y yo _____[3] (levantarse) tarde porque ella no _____[4] (oír) el despertador (*alarm clock*) y no me _____[5] (despertar: ella) a tiempo. Ella _____[6] (ducharse) en cinco minutos pero yo no _____[7] (tener) tiempo para ducharme. Así que (*So*) _____[8] (vestirse: yo) rápido y, en diez minutos, _____[9] (salir: nosotras) para la universidad. Pero primero _____[10] (ir: nosotras) a la gasolinera y le _____[11] (poner: nosotras) gasolina al carro. Luego _____[12] (manejar: nosotras) a gran velocidad para llegar a la primera clase. Al final, las dos _____[13] (llegar) quince minutos tarde a nuestras clases y no _____[14] (poder: yo) escuchar lo que _____[15] (decir) el profesor al principio de la clase sobre el próximo examen. Además, mi profesor no _____[16] (ponerse) muy contento al verme llegar tarde. Al final de la clase yo _____[17] (querer) explicarle la situación, pero no me _____[18] (dar: él) la oportunidad de explicarle nada. Ahora no _____[19] (saber: yo) qué hacer. Después de la clase hablé con mi mamá y ella me _____[20] (recomendar) comprar dos relojes con alarma.

Hechos memorables

G. **Los amigos del club van y vienen.** Contesta las preguntas con oraciones completas usando la información de la tabla.

	¿DÓNDE?	¿CUÁNDO?	MODO DE TRANSPORTE
Eloy y sus amigos	Los Ángeles, California	hace dos meses	carro (manejar)
Camila	Rosario, Argentina	el verano pasado	autobús
Nayeli y Claudia	la playa	ayer	bicicleta
Radamés	la universidad	hace tres horas	a pie (andar)
Rodrigo	Isla Margarita, Venezuela	hace un año	barco
Omar y su familia	las islas Galápagos, Ecuador	hace cinco semanas	avión (*plane*)
Radamés y su grupo Cumbancha	centro cultural La Peña	anteayer	dos carros
Ana Sofía y Sebastián	museo	hace dos fines de semana	carro (conducir)

MODELO: ¿Adónde fue de vacaciones Rodrigo hace un año?

Hace un año Rodrigo fue de vacaciones a Isla Margarita, Venezuela.

1. ¿Cuándo manejaron a Los Ángeles Eloy y sus amigos?

_____

2. El verano pasado ¿adónde fue de vacaciones Camila?

_____

3. ¿Cuándo anduvieron en bicicleta por la playa Nayeli y Claudia?

_____

4. ¿Cuándo anduvo a pie Radamés a la universidad?

_____

5. ¿Cuándo viajaron Omar y su familia a las islas Galápagos?

_____

6. ¿Cuándo manejaron Radamés y su grupo Cumbancha al centro cultural La Peña?

_____

7. ¿Cómo fueron al museo Ana Sofía y Sebastián hace dos fines de semana?

_____

H. **¿Cuánto tiempo hace que... ?** Responde a las siguientes preguntas usando la información entre paréntesis. Usa el modelo como ejemplo.

MODELO: ¿Cuánto tiempo hace que cerraron tu tienda de deportes favorita? (dos años) →

Hace dos años que cerraron mi tienda de deportes favorita.

¿Cuánto tiempo hace que...

1. dormiste doce horas por la noche? (por lo menos medio año)

_____

2. anduvo Nayeli en bicicleta por la playa? (un mes)

_____

3. se murió tu mascota? (un año)

_____

4. los amigos del club conocieron a Susan, la novia de Eloy? (dos meses)

_____

5. supiste la verdad sobre Santa Claus? (mucho tiempo)

_____

6. pudieron descansar ustedes en la playa por última vez? (un año y medio)

_____

7. Jorge fue a la sinagoga? (una semana)

_____

8. Radamés y Cumbancha tocaron en La Peña por última vez? (dos noches)

_____

En resumen

I. **Momentos pasados.** Contesta las preguntas con todos los detalles posibles.

1. ¿Cuál fue el mejor día de tu vida? ¿Por qué fue un día excepcional? ¿Qué pasó ese día?

    El mejor día de mi vida fue (el día que cumplí dieciocho años / el día que conocí a mi novio/a / el día \
    de mi graduación de la escuela secundaria,...). Fue un día excepcional porque...

    _____

    _____

    _____

2. ¿Te divertiste el fin de semana pasado? ¿Qué hiciste?

    _____

    _____

    _____

3. ¿Cuánto tiempo hace que se conocieron tu mejor amigo/a y tú? ¿Cómo y dónde se conocieron?

    _____

    _____

    _____

4. ¿Qué hiciste en tus últimas vacaciones? ¿Adónde fuiste y con quién?

    _____

    _____

    _____

    _____

Exprésate

Escríbelo tú

El fin de semana pasado

Escribe una narración sobre el fin de semana pasado. ¿Qué hiciste? Consulta la lista de preguntas sobre tus actividades en casa y fuera de casa y escoge las más apropiadas para narrar lo que hiciste durante los tres días (el viernes por la tarde/noche, el sábado y el domingo).

ACTIVIDADES EN CASA

¿Te levantaste temprano o tarde? ¿A qué hora te levantaste?

¿Jugaste videojuegos? ¿Los jugaste con otra persona o solo/a? ¿Por cuánto tiempo jugaste?

¿Estudiaste para tus clases de la semana? ¿Hiciste la tarea? ¿Para qué asignatura(s) la hiciste?

¿Descansaste?

¿Escuchaste música? ¿Qué música escuchaste?

¿Tuviste que limpiar la casa? ¿Qué tuviste que hacer?

¿Desayunaste/Almorzaste/Cenaste en casa? ¿Te gustó la comida? ¿Quién la preparó?

¿Qué más hiciste en casa? ¿Te divertiste?

ACTIVIDADES FUERA DE CASA

¿Adónde fuiste? ¿Fuiste solo/a o con otra(s) persona(s)?

¿Desayunaste/Almorzaste/Cenaste en un restaurante? ¿En cuál? ¿Te gustó la comida?

¿Hiciste ejercicio o practicaste un deporte? ¿Cuál? ¿Con quién?

¿Fuiste al mercado, a una tienda o a un centro comercial? ¿Qué compraste? ¿Compraste comida chatarra?

¿Fuiste a una fiesta? ¿Qué hiciste allí? (¿Bailaste? ¿Bebiste? ¿Charlaste con amigos?)

¿Fuiste a la iglesia/sinagoga/mezquita? ¿Qué hiciste allí?

¿Fuiste al cine? ¿Qué película viste? ¿Te gustó?

¿Qué más hicieste fuera de casa? ¿Te divertiste?

_____

_____

_____

_____

_____

_____

_____

_____

_____

_____

_____

Enlace auditivo

Pronunciación y ortografía

Ejercicios de pronunciación

I. *Consonants:* s

In Spanish, the letter **s** between vowels is always pronounced with the hissing sound of the English *s*, never with the buzzing sound of English *z*. Place your finger on your Adam's apple and pronounce *s* and *z* in English. You will feel the difference!

Listen and pronounce the following words. Be sure to avoid the *z* sound.

José   Susana   museo   mesa   beso   casi   Isabel   camisa   piso   esposa

II. *Consonants:* z, ce, *and* ci

A. In Latin America, Spanish speakers pronounce the letter **z** and the letter **c** before **e** and **i** exactly as they pronounce the letter **s**.

Listen and pronounce the following words. Avoid any use of the sound of the English *z*.

cabeza	luz	zapatos	diez	cenar	independencia
brazos	azul	tiza	trece	edificio	fácil

B. In most areas of Spain, the letter **z** and the letter **c** before **e** and **i** are distinguished from the letter **s** by pronouncing **z** and **c** with a sound similar to the English sound for the letters *th* in *thin* and *thick*.

Listen to a speaker from Spain pronounce these words.

cabeza	luz	zapatos	diez	cenar	independencia
brazos	azul	tiza	trece	edificio	fácil

III. *Consonants:* l

A. In Spanish, the letter **l** is pronounced almost the same as the English *l* in *leaf*, but it is not at all similar to the American English *l* at the end of *call*.

Listen and pronounce the following words. Concentrate on the correct pronunciation of the letter **l**.

color	tradicional	lentes	hospital	aquel
fútbol	español	abril	difícil	papeles

B. Listen and then repeat the following sentences. Pay special attention to the correct pronunciation of the letter **l**.

1. El árbol está al lado de la catedral.
2. ¿Saliste a almorzar el lunes?
3. En abril no hace mal tiempo aquí.
4. ¿Cuál es tu clase favorita? ¿La de español?
5. Tal vez voy a ir a la biblioteca.
6. Este edificio es muy moderno; aquel es más tradicional.

Ejercicios de ortografía

I. *The Letters* s *and* z; *the Combinations* ce *and* ci

A. The letters **s**, **z**, and the letter **c** before the letters **e** and **i** are pronounced identically by speakers of Latin American Spanish. When writing, it is necessary to know which of these letters to use.

Practice writing the words you hear with the letter **s**.

1. _____   4. _____

2. _____   5. _____

3. _____

B. Practice writing the words you hear with the letter **z**.

1. _____   4. _____

2. _____   5. _____

3. _____

C. Practice writing the words you hear with the letter **c.**

1. _____   4. _____

2. _____   5. _____

3. _____

II. *Stress on Preterite Verb Forms*

A. Two of the regular preterite verb forms (the **yo** form and the **usted, él/ella** form) carry a written accent mark on the last letter. The accent mark is needed because these forms end in a stressed vowel.*

　　Listen to the following preterite verbs and write each with an accent mark.

1. _____   6. _____

2. _____   7. _____

3. _____   8. _____

4. _____   9. _____

5. _____   10. _____

B. None of the forms of preterite verbs with irregular stems are stressed on the last syllable and therefore they are not written with an accent mark.

　　Listen and write the following preterite verbs.

1. _____   6. _____

2. _____   7. _____

3. _____   8. _____

4. _____   9. _____

5. _____   10. _____

III. *Orthographic Changes in the Preterite*

A. Some verbs have a spelling change in certain preterite forms. In verbs that end in **-car, c** changes to **qu** in the preterite forms that end in **-e** in order to maintain the hard "k" sound of the infinitive.† Common verbs in which this change occurs are **buscar** (*to look for*), **sacar** (*to take out*), **secar** (*to dry*), and **tocar** (*to touch; to play an instrument*), as well as **comunicar** (*to communicate*) and **explicar** (*to explain*). Compare these verb forms.

buscar	sacar	secar	tocar
yo bus<u>qu</u>é	yo sa<u>qu</u>é	yo se<u>qu</u>é	yo to<u>qu</u>é
ella buscó	él sacó	ella secó	él tocó

Now listen and write the verbs you hear, changing **c** to **qu** where appropriate. Pay attention to the verbs that are stressed on the last syllable: they will require written accent marks.

1. _____   4. _____

2. _____   5. _____

3. _____

---

*To review the rules for word stress in Spanish, go to the **Ejercicios de pronunciación** in the **Pronunciación y Ortografía** section of **Capítulo 5.**
†You will often see this change indicated in parentheses after the infinitive verb in vocabulary lists: **buscar (qu).**

B. In verbs that end in **-gar, g** changes to **gu** in the preterite forms that end in **-e** in order to maintain the hard "g" sound of the infinitive.* Common verbs in which this change occurs are **jugar** (*to play*), **llegar** (*to arrive*), **obligar** (*to oblige*), and **pagar** (*to pay*), as well as **entregar** (*to hand in*), **navegar** (*to sail*), **apagar** (*to turn off*), and **regar** (*to water* [*plants*]). Compare these verb forms.

jugar	llegar	obligar	pagar
yo jugu<u>é</u>	yo llegu<u>é</u>	yo obligu<u>é</u>	yo pagu<u>é</u>
él jugó	él llegó	él obligó	él pagó

Now listen and write the verbs you hear, changing **g** to **gu** where appropriate. Pay attention to the verbs that are stressed on the last syllable: they will require written accent marks.

1. _____   4. _____

2. _____   5. _____

3. _____

C. In verbs that end in **-zar, z** changes to **c** before final **-e**.† Common verbs in which this change occurs are **almorzar** (*to have lunch*), **comenzar** (*to begin*), **cruzar** (*to cross*), and **empezar** (*to begin*), as well as **abrazar** (*to hug/embrace*), **rechazar** (*to reject*), and **rezar** (*to pray*). Compare these forms.

almorzar	comenzar	cruzar	empezar
yo almor<u>cé</u>	yo comen<u>cé</u>	yo cru<u>cé</u>	yo empe<u>cé</u>
él almorzó	él comenzó	él cruzó	él empezó

Note also that in the irregular verb **hacer,** the **c** changes to **z** before **o** in order to maintain the same sound as in the infinitive.

hacer
yo hice
él hi<u>zo</u>

Now listen and write the verbs you hear, changing **c** to **z** (or **z** to **c**) where appropriate. Pay attention to the verbs that are stressed on the last syllable: they will require written accent marks.

1. _____   4. _____

2. _____   5. _____

3. _____   6. _____

D. In verbs that end in **-uir** (but not **-guir**), **i** changes to **y** whenever it is unstressed and between vowels. Common verbs in which this change occurs are **concluir** (*to conclude*), **construir** (*to construct*), and **distribuir** (*to distribute*), as well as **destruir** (*to destroy*), **huir** (*to flee*), and **incluir** (*to include*), but not verbs ending in **-guir** such as **distinguir** (*to distinguish*) and **seguir** (*to follow*). Compare these verb forms.

	concluir	construir	distribuir	*but not*	distinguir
yo	concluí	construí	distribuí		distinguí
él	conclu<u>y</u>ó	constru<u>y</u>ó	distribu<u>y</u>ó		distinguió
ellos	conclu<u>y</u>eron	constru<u>y</u>eron	distribu<u>y</u>eron		distinguieron

---

*You will often see this change indicated in parentheses after the infinitive verb in vocabulary lists: **apagar (gu).**
†You will often see this change indicated in parentheses after the infinitive verb in vocabulary lists: **rechazar (c).**

Note the same change in the verbs **caer, creer,** and **leer.**

	caer	creer	leer
yo	caí	creí	leí
él	ca_y_ó	cre_y_ó	le_y_ó
ellos	ca_y_eron	cre_y_eron	le_y_eron

Now listen and write the verbs you hear, changing **i** to **y** where appropriate. Pay attention to the verbs that are stressed on the last syllable: they will require written accent marks.

1. _____   4. _____

2. _____   5. _____

3. _____   6. _____

E. Listen to the sentences and write them correctly. Pay close attention to the spelling of preterite verbs and to the correct use of accent marks.

1. _____

2. _____

3. _____

4. _____

5. _____

6. _____

7. _____

8. _____

9. _____

10. _____

F. Now listen to these preterite verbs and write them correctly using a written accent when needed.

1. _____   9. _____

2. _____   10. _____

3. _____   11. _____

4. _____   12. _____

5. _____   13. _____

6. _____   14. _____

7. _____   15. _____

8. _____

Actividades auditivas

A. Un fin de semana difícil. Nayeli no llamó a su madre, Rosario, el domingo porque tuvo muchos problemas ese día. El más grave fue que Kamal, su caballo, estuvo muy enfermo. Escucha el diálogo entre Nayeli y su mamá y luego contesta las preguntas.

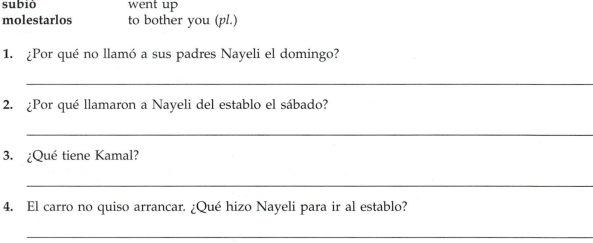

Vocabulario de consulta

grave	serious
estábamos	we were
contar	to tell, recount
establo	stable
¿Está muy grave?	Is he seriously ill?
pata	leg (*animal*), foot (*animal*)
arrancar	start (*a car*)
Carísimo, seguro.	Very expensive, for sure.
sufrió	suffered
me fue muy mal	(it) went badly, I did poorly
todavía no	not yet
hice una cita	I made an appointment
subió	went up
molestarlos	to bother you (*pl.*)

1. ¿Por qué no llamó a sus padres Nayeli el domingo?

   _____.

2. ¿Por qué llamaron a Nayeli del establo el sábado?

   _____.

3. ¿Qué tiene Kamal?

   _____.

4. El carro no quiso arrancar. ¿Qué hizo Nayeli para ir al establo?

   _____.

5. ¿Cuántos días pasó Nayeli con Kamal?

   _____.

6. ¿Le fue bien o mal en el examen de historia a Nayeli? ¿Por qué?

   _____.

7. ¿Cómo resolvió (*solved*) Nayeli el problema del carro?

   _____.

8. ¿Cuánto más tuvo que pagar Nayeli este semestre por la matrícula?

   _____.

B. Un viaje muy divertido. Nayeli le cuenta a su hermana Izel sobre el viaje que hizo a Baja California con los amigos del club. Escucha el diálogo y luego contesta las preguntas.

Vocabulario de consulta

lindas	beautiful
no se cansó	(he) didn't get tired
Toma	It takes (*amount of time*)
paisaje	landscape; countryside
desierto	desert
partes secas	dry parts
aprovechamos	we took advantage of
regalar	to give away
pinturas rupestres	cave paintings

Lugares mencionados

Loreto	*una ciudad en la costa del Mar de Cortés, México*
Mar de Cortés	*(también Golfo de California) entre Baja California y el resto de México*
Misiones jesuitas	*misiones de los padres* (priests) *jesuitas en Baja California Sur*
Sierra de Guadalupe	*una cordillera* (mountain range) *pequeña de Baja California Sur, conocida por su pinturas rupestres que tienen más de 7500 años*

1. ¿Dónde pasó la Semana Santa Nayeli?

   _____

2. Menciona dos de los cinco amigos que fueron con Nayeli.

   _____

3. ¿Por qué no fueron todos los miembros del club?

   _____

4. ¿Quién manejó? ¿Se cansó mucho?

   _____

5. ¿Cómo es el agua del Mar de Cortés?

   _____

6. Según Nayeli, ¿quién es el mejor pescador del grupo? ¿Por qué?

   _____

7. ¿Por qué tuvieron que regalar los peces que pescaron?

   _____

8. ¿Qué vieron Nayeli, Rodrigo y Franklin en la Sierra de Guadalupe?

   _____

9. ¿Qué vieron en el Mar de Cortés el viernes?

   _____

Videoteca

Amigos sin Fronteras

Episodio 8: Una fiesta de despedida

Resumen. Claudia les informa a Nayeli y Radamés que va a pasar el verano en Paraguay con sus abuelos. Así que sus amigos deciden darle una fiesta sorpresa de despedida. Ana Sofía invita a Claudia al cine y Claudia cree ver (*thinks she sees*) a varios de sus amigos en la calle con bolsas del supermercado. ¡Piensa que pasa algo raro! Por fin las dos amigas regresan a la casa de Claudia.

Preparación para el video

A. ¡Comencemos! Indica con círculos todas las respuestas apropiadas, según la foto.

En la foto, ¿cómo están Nayeli, Claudia y Radamés?

a. Tienen frío. **b.** Están contentos. **c.** Tienen hambre. **d.** Están de mal humor.

Vocabulario de consulta

noticia	news	**sabrá**	(she) will know
¡Qué padre!	That's awesome! (*col., Mex.*)	**¡caíste del cielo!**	you're an angel (*Lit.*, you fell from heaven)
boleto	ticket	**perderme el principio**	to miss the beginning
bienvenida	welcome (*n.*)	**tenés razón**	you're right
acogedora	cozy, welcoming	**algo anda mal**	something's not right
reunirnos	to get together	**me dejaron pensando**	you (*pl.*) left me thinking
quitar	to delete	**los perdono**	I forgive you (*pl.*)

Comprensión del video

B. El episodio. Indica las oraciones que corresponden a este episodio.

☐ **1.** Claudia va a pasar unas semanas en Paraguay este verano.
☐ **2.** Radamés y Nayeli no pueden salir a bailar porque tienen un examen.
☐ **3.** Ana Sofía invita a Claudia a salir a cenar.
☐ **4.** Nayeli manda mensajes a sus amigos para organizar una fiesta en casa de Claudia.
☐ **5.** Antes de la fiesta, Claudia está un poco enojada con sus amigos.

C. ¿Cierto o falso?

1.	Hace dos años que Claudia no ve a sus abuelos.	C	F
2.	Radamés y Nayeli quieren salir a bailar con Claudia esta noche.	C	F
3.	Ana Sofía invita a Claudia al cine para distraerla (*distract her*).	C	F
4.	Cuando regresan del cine no son las ocho todavía.	C	F
5.	Cuando llegan al apartamento, Claudia abre la puerta y no hay nadie.	C	F

D. Detalles. Completa cada una de las oraciones según el episodio.

1. Claudia va a pasar parte de _____ y todo _____ en Paraguay.

2. Los _____ de Claudia le están preparando una gran _____ de bienvenida.

3. La sopa paraguaya no es sopa. Es un tipo de _____ tradicional de Paraguay.

4. Nayeli dice que tiene que estudiar para _____ de la clase de _____ el lunes.

5. Radamés dice que tiene que _____ y que Cumbancha va a _____ por varias horas esta

    tarde en _____.

6. En la entrada del cine con Ana Sofía, Claudia ve a _____.

7. Claudia y Ana Sofía llegan un poco _____ a la casa de Claudia; por eso, Ana Sofía dice que

    no puede encontrar _____.

Mi país

México

Preparación para el video

1. Los _____ y los _____ fueron
    habitantes de México antes de llegar
    Cristóbal Colón.

    a. incas
    b. aztecas
    c. mayas

2. ¿Cuáles de estos lugares están en México?

    a. la isla de Cancún
    b. Río de Janeiro
    c. Chichen Itzá

La pirámide de Kukulkan

Comprensión del video

Conecta las dos columnas para completar las oraciones.

1. México es el _____ país más grande de

    América Latina.

2. La familia de Nayeli vive en un departamento

    cerca del _____.

3. En el _____ se encuentra la famosa Piedra del Sol

    o calendario azteca.

4. En el D.F., la Catedral, el Palacio Nacional y las

    ruinas del Templo Mayor están en el _____.

5. Los murales de _____ están en el

    Palacio Nacional.

6. Una de las siete maravillas del mundo moderno

    se llama _____.

7. A Nayeli le gusta tomar el sol en las hermosas playas de la _____.

8. En _____ se celebran la Guelaguetza y el Día de los Muertos.

a. isla de Cancún

b. segundo

c. Diego Rivera

d. Oaxaca

e. Museo Nacional de Antropología

f. Paseo de la Reforma

g. Chichén Itzá

h. Zócalo

¡A leer!

¿Sabías que... ?

El náhuatl: lengua antigua,° lengua moderna

lengua... *Ancient Language*

¿Sabías que en México hay más de seis millones de personas que hablan lenguas indígenas? México todavía tiene alrededor de[a] sesenta y cinco idiomas nativos, entre otros, el náhuatl, el maya, el mixteco, el zapoteco, el totonaco y el purépecha. De todos los idiomas, el náhuatl es el que más se habla, con poco más de un millón de hablantes en el centro y el sur de México.

El náhuatl es el idioma de la gente nahua y fue el idioma del Imperio[b] Azteca. Cuando llegaron los españoles a México, empezó la eliminación de muchos de los más de cien idiomas hablados[c] en el territorio mexicano del siglo XVI.[d] Después de la independencia de México en 1821, el gobierno estableció un sistema de educación monolingüe en español. A fines del siglo XX,[e] solo un cinco por ciento de la población mexicana todavía hablaba[f] el idioma de sus antepasados.[g] En 2003, el gobierno mexicano quiso proteger el náhuatl y otros idiomas indígenas y por eso proclamó la Ley General de Derechos Lingüísticos de los Pueblos Indígenas.[h] Hoy en día hay periódicos, libros, emisoras de radio[i] y páginas de Internet en náhuatl.

Se puede afirmar que los idiomas nativos, en especial el náhuatl, tuvieron mucha influencia en el español. Algunas palabras de origen náhuatl son **chocolate, chile, tamal, coyote, chicle,**[j] **aguacate, guacamole, cacahuate,**[k] **tomate** y **zacate,**[l] y hay muchísimas más que se usan en el español mexicano. Además, muchos de los nombres para pueblos, ciudades, y lugares geográficos en México y partes de Centroamérica también vienen del náhuatl; por ejemplo, Oaxaca, Zacatecas, Mazatlán, Jalisco, Tlaxcala, Guatemala. El náhuatl es muy poético, como puedes ver en los orígenes de estas palabras que ahora son importantes en la lengua española.

[a]alrededor... *around* [b]*Empire* [c]*spoken* [d]siglo... *sixteenth century* [e]*A... Toward the end of the twentieth century* [f]*spoke* [g]*ancestors* [h]Ley... *General Law of the Linguistic Rights of Indigenous Peoples* [i]emisoras... *radio stations* [j]*gum* [k]*peanut* [l]*grass*

ESPAÑOL	ORIGEN EN NÁHUATL	SIGNIFICADO
papalote (*kite*)	*papalotl* < *papalli* (hoja [*leaf*]) + *otl* (cosa)	«cosa de hojas»
guajolote (*turkey*)	*huexolotl* < *hue* (grande) + *xolotl* (monstruo)	«monstruo grande»
México	*metztli* (luna [*moon*]) + *xictli* (ombligo [*belly button*]) + *co* (lugar)	«lugar del centro de la luna»
Guatemala	*cuauhtlemallan* < *cuahuitl* (árbol) + *llan* (lugar de muchos)	«lugar de muchos árboles»
náhuatl	*nāhua-tl* (sonido claro o sonoro [*clear or pleasant sound*]) + *tlahtōl-li,* (lengua)	«lengua de sonido sonoro»

Comprensión

A. Escoge la respuesta correcta.

1. _____ ¿Cuáles *no* son idiomas indígenas de México?

   a. guaraní
   b. maya
   c. mixteco
   d. náhuatl
   e. purépecha
   f. quechua
   g. totonaco

2. _____ ¿Qué significa la palabra **México** en náhuatl?

   a. lugar de muchos árboles
   b. centro del sol
   c. ombligo de la luna

B. Escribe la palabra en español al lado de su palabra correspondiente en náhuatl.

Palabras en español: **aguacate, cacahuate, coyote, chicle, chile, chocolate, guacamole, tamale, tomate, zacate.**[1]

1. tómatl _____

2. ahuácatl _____

3. tsiktl _____

4. cacahuatl _____

5. coyotl _____

6. chilli _____

7. sácatl _____

8. ahuacámulli _____

9. tamalli _____

10. xocolatl _____

[1]grass

Galería

México

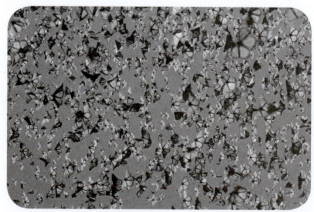

El arco de piedra blanca en Cabo San Lucas
es símbolo de esta zona: Une el océano Pacífico y
el Mar de Cortés.

Chichén Itzá es una zona arqueológica
precolombina construida por los mayas en la
península de Yucatán.

El Teatro Juárez en la ciudad de Guanajuato
es donde se celebra el Festival Cervantino todos
los años.

Las mariposas monarca migran de Canadá al
estado de Michoacán en México, ¡un viaje de casi
5.000 kilómetros (3.000 millas)!

(Continúa.)

Diversión,[o] cultura e historia en México

¿Quieres visitar un país rico en todos los sentidos[a]? México es un país rico en cultura, historia, diversión y naturaleza. Vamos a conocer este maravilloso país.

La palabra **precolombino**[b] se usa para hablar de las civilizaciones en las Américas antes de la llegada[c] de Cristóbal Colón. En el caso de México, en aquel período ya existían[d] diferentes culturas, como las culturas tolteca, azteca, zapoteca, olmeca y maya.[e] En México existe ahora mucha evidencia de estas culturas como, por ejemplo, sus imponentes[f] pirámides. ¿Conoces alguna zona arqueológica de México? Entre las ruinas precolombinas más conocidas de México está Chichén Itzá, en la zona de Yucatán, un ejemplo excepcional de la cultura maya. También puedes visitar la zona de Tula (cuna[g] de la civilización tolteca), las pirámides de Teotihuacán (una zona al norte de la Ciudad de México) y Palenque (otra muestra de la cultura maya).

Además de esa riqueza[h] arquitectónica, histórica y cultural, la riqueza artística también es muy amplia.[i] Un ejemplo excepcional de eso es el Festival Internacional Cervantino[j] de Guanajuato, que ocurre todos los años en octubre y en donde se celebra la literatura, la música, la danza, el teatro y las artes visuales. Puedes ver algunos de los eventos del festival en uno de los edificios más bonitos de la ciudad colonial de Guanajuato: el Teatro Juárez.

Por otro lado, si los espectáculos naturales te interesan más que los artísticos, te recomiendo ver la llegada de las mariposas[k] monarca que migran en otoño de Canadá al estado[l] de Michoacán; su llegada coincide con el Día de los Muertos. Pero es posible observar la belleza[m] natural de México de muchas otras formas,[n] como en sus playas. Un ejemplo de esta belleza natural está en Cabo San Lucas, Baja California Sur, con su famoso arco de piedra[ñ] blanca que une[o] el océano Pacífico y el Mar de Cortés.

De todos esos ejemplos de las riquezas de México, ¿cuáles te interesan más? Todos, ¿no? ¿Por qué no visitas este fabuloso país?

[a]*ways* [b]*pre-Columbian* [c]*arrival* [d]*ya… there already existed* [e]*tolteca… Toltec, Aztec, Zapotec, Olmec, and Mayan* [f]*impressive* [g]*cradle* [h]*richness* [i]*broad* [j]*related to (Miguel de) Cervantes, author of* Don Quijote de la Mancha [k]*butterflies* [l]*state* [m]*beauty* [n]*de… in many other ways* [ñ]*stone* [o]*unites*

Comprensión. Indica la respuesta correcta según la lectura.

1. ¿Cuáles son las ruinas precolombinas más conocidas de México?

   a. Machu Picchu   **b.** Tikal   **c.** Chichén Itzá

2. ¿Dónde están situadas las pirámides de Teotihuacán?

   a. en Tula
   b. al norte de la Ciudad de México
   c. en Yucatán

3. ¿Dónde se celebra el Festival Internacional Cervantino?

   a. Guanajuato   **b.** Michoacán   **c.** Baja California Sur

4. ¿Cuándo llegan las mariposas monarca que migran a México?

   a. la Navidad   **b.** la Semana Santa   **c.** el Día de los Muertos

5. ¿Cuál es el ejemplo de belleza natural en Cabo San Lucas?

   a. los lagos inmaculados (*immaculate*)
   b. el famoso arco de piedra blanca
   c. las montañas nevadas (*snow-covered*)

Conexión cultural

Barrancas del Cobre° y los rarámuri

Barrancas… *Copper Canyon*

Vocabulario de consulta

cañón	Canyon
sierra	Mountain Range
acantilados	cliffs
grandiosos	magnificent, grand
Cubren	They cover
gargantas	gorges
cañadas	ravines
profunda	deep
ferrocarril	railroad
recorrido	journey
imponente	stunning, impressive
puentes	bridges
fondo	bottom
cumbres	summits
esclavitud	slavery
cuevas	caves
creencias animistas	animist (*religious*) beliefs
cielo	sky
tierra	earth
dioses	gods
teje cobijas	(she) knits blankets
madera	wood
cosechan	(they) harvest
barro	clay
tejen	(they) weave
cestos	baskets
venden	(they) sell
vías	tracks
mueren	(they) die
propios	own
logros	achievements

Barrancas del Cobre en
Chihuahua, México

El **cañón** del Colorado, en Arizona, es grande y espectacular. ¡Es una maravilla de la naturaleza! Pero… ¿sabes que hay otro cañón muy similar pero más grande y profundo? Pues es cierto: Se llama Barrancas del Cobre y está en la **sierra** Tarahumara del estado mexicano de Chihuahua. Hay un tren que puede llevarte a este fascinante lugar donde hay gente que vive en los **acantilados** de esos cañones desde hace cientos de años.

Barrancas del Cobre está formada por veinte cañones; cuatro de ellos, como el cañón de Urique, son **grandiosos.** Se formaron hace entre cuarenta y ochenta millones de años. **Cubren** más de cuarenta y cinco mil kilómetros cuadrados (aproximadamente 28.000 millas cuadradas) de **gargantas** y **cañadas.** Además, forman una región cuatro veces mayor que el cañón del Colorado y más **profunda** en algunas partes. Con una profundidad de casi mil novecientos metros (unos 6.136 pies), el cañón de Urique tiene un clima subtropical.

El **ferrocarril** Chihuahua-Pacífico hace un **recorrido** escénico de 655 kilómetros (410 millas) que dura aproximadamente quince horas y sale de la ciudad de Los Mochis, Sinaloa. Le llaman el ChePe (por las iniciales de Chihuahua-Pacífico: Ch y P). Pasa por pueblos y acantilados de altura **imponente,** treinta y nueve **puentes** y ochenta y seis túneles. ¡Es una maravilla de la ingeniería mexicana! Las mejores estaciones del año para visitar este lugar son la primavera y el otoño. En

(*Continúa.*)

otoño ya pasaron las lluvias de verano y también, en el **fondo** no hace tanto calor como en el verano ni tanto frío en las **cumbres** como en el invierno.

Los rarámuri,* a quienes los españoles llamaron «tarahumaras», forman el grupo más numeroso entre los habitantes de este espacio majestuoso. En el siglo XVII tuvieron que abandonar las mejores tierras para escapar de la **esclavitud** en las minas de los españoles y se fueron hacia los acantilados de los cañones. Todavía hoy viven allí —algunos en **cuevas,** que los protegen de las lluvias, el calor, los vientos y los animales— y hablan su idioma, el rarámuri, lengua de la familia yuto-azteca. En las **creencias animistas** de los rarámuri, todo tiene vida espiritual, incluso los objetos y la naturaleza: las montañas, los ríos, el **cielo,** la **tierra,** las rocas, las plantas y los animales. Para ellos, el sol y la luna son **dioses.** El sol es su dios creador y lo llaman Onorúame; a la luna la llaman Everuame.[†]

La familia es la base de la organización social de los rarámuri. La mujer prepara los alimentos, cuida de la casa y los niños, **teje cobijas** y lava la ropa. También es su obligación transmitir el idioma y la manera de crear la ropa típica. El hombre corta **madera,** construye casas y trabaja en la preparación de la tierra para cultivarla. Todos —hombres, mujeres y niños— plantan, **cosechan** y cuidan de los animales.

Los rarámuri venden sus artesanías.

Las mujeres hacen utensilios de **barro** para cocinar y **tejen cestos** de palma; los hombres fabrican violines y muchos objetos de madera. Por lo general, **venden** su artesanía al lado de las **vías** del tren. Aún así, los rarámuri son de los habitantes más pobres de todo México y muchos **mueren** de hambre y de frío durante el invierno. Por fortuna, últimamente el mundo sabe ya de su triste destino y cada año más gente trata de ayudarlos.

Barrancas del Cobre es un lugar de belleza impresionante. Si tienes la oportunidad de visitarlo, vas a ver con tus **propios** ojos los bellos paisajes naturales y los **logros** de la ingeniería mexicana. Además, vas a pasar por la región de los rarámuri y aprender más sobre su cultura original e interesante, conservada por miles de años.

Comprensión

1. ¿Cómo se llama un lugar tan espectacular como el cañón del Colorado pero cuatro veces más grande y más profundo? ¿Dónde se encuentra?

   _____

2. ¿Qué transporte te lleva por esos cañones? ¿Cuántas horas dura el viaje?

   _____

3. ¿Cuál es el mejor tiempo (dos estaciones) para visitar este lugar y por qué?

   _____

4. ¿Cómo se llaman las personas que viven en los acantilados de este lugar?

   _____

5. ¿Por qué viven allí desde hace más de cuatro siglos?

   _____

6. ¿Qué venden los rarámuri para ganar dinero?

   _____

---

*La palabra *rarámuri* quiere decir «pies que vuelan».
[†]Otros nombres: Rayenari, el Dios Sol y Metzaka, la Diosa Luna.

¡Buen provecho! 9

¡A escribir!

La cocina del mundo hispano

A. Los gustos de los amigos del club. Daniel, el compañero de Sebastián, quiere preparar una fiesta con comida típica del mundo hispano para los amigos del club. Ayuda a Daniel a preparar la lista de platos e ingredientes usando las palabras de la lista. Puedes usar la sección de **La cocina del mundo hispano** en el **Capítulo 9** del texto como referencia.

Vocabulario útil		
PLATOS	**INGEDIENTES**	
el ceviche	aguacate	frijoles
el gallo pinto	arroz	jugo de limón
el guacamole	carne de cerdo	mariscos
la paella valenciana	carne de ternera	pescado crudo
la parillada	carne molida	pollo
el picadillo	cebolla	tomate
	chile	verduras

	NOMBRE DE UN PLATO TÍPICO DE SU PAÍS	INGREDIENTES DEL PLATO
Sebastián (Perú)	_____¹	_____ y _____²
Nayeli (México)	_____³	_____, _____, _____⁴ y cebolla
Ana Sofía (España)	_____⁵	arroz, _____, _____ y _____⁶
Radamés (Cuba)	_____⁷	_____, _____⁸ y pasta de tomate y otros ingredientes.
Juan Fernando (Costa Rica)	_____⁹	especias, _____ y _____¹⁰
Camila (Argentina)	_____¹¹	carne de cordero, _____ y _____¹²

B. En un restaurante hispano. Nayeli y Sebastián están en un restaurante que sirve comidas de varios países hispanos. Completa su conversación con las frases de la lista. Pon atención a las palabras en negrita (*boldface*).

le gusta	me gusta
les gusta	nos gusta
les gustan	nos gustan
me encanta	te gusta
me encantan	te gustan

MESERO: Hola, chicos. ¿Qué quieren beber?

NAYELI: ¿Qué nos recomienda?

MESERO: Si a los dos _____¹ **el arroz**, les recomiendo la horchata.

SEBASTIÁN: Nayeli, ¿a ti _____² **la horchata**?

NAYELI: Hmmm, no me gusta… ¡_____³ **la horchata**! Es una de mis bebidas favoritas. Bueno, entonces, como (*since*) a los dos (a nosotros) _____⁴ **la horchata**… dos horchatas, por favor.

MESERO: Está bien. Aquí tienen el menú.

NAYELI: Gracias, señor. Miremos el menú mientras viene el mesero con las bebidas. ¡Qué hambre! ¡Qué rico se ve todo! Mira, tienen tapas españolas. Sebastián, ¿a ti _____⁵ **las tapas,** no?

SEBASTIÁN: La verdad es que sí, _____⁶ **las tapas.** Hmmm…. Quiero una tapa de calamares, otra de tortilla española y una ensaladilla. ¿Y tú qué quieres comer, Nayeli?

NAYELI: Hoy yo quiero comer comida cubana. Sé que a Radamés _____⁷ **el picadillo,** y a mí _____⁸ mucho **la carne molida,** así que (*so*) voy a pedir picadillo con plátanos fritos.

MESERO: Aquí tienen sus bebidas. ¿Saben qué quieren comer?

NAYELI: La verdad es que _____⁹ **todos los platos del menú** y ya sabemos qué queremos comer pero no sabemos qué postre pedir. ¿Qué nos recomienda?

MESERO: Si _____¹⁰ **los postres hispanos,** les recomiendo el flan.

SEBASTIÁN: Perfecto. Entonces… ¡ya estamos listos!

La nutrición

Lee *Infórmate 9.1–9.2*

C. Comidas y restaurantes. Combina las frases de las dos columnas para formar oraciones lógicas.

1. _____ **Ninguna** de estas tres comidas es una verdura:

2. _____ Los veganos **nunca** comen carne…

3. _____ Xiomara, Lucía y Ana Sofía cenaron sopa y ensalada, pero…

4. _____ **Nadie** bebe esta bebida caliente nunca:

5. _____ Rodrigo, Sebastián y Eloy comieron hamburguesas y papas fritas en la cafetería, pero…

6. _____ El restaurante abre a las once de la mañana y cierra a las once de la noche. Por eso (*because of that*),…

7. _____ **Ninguno** de estos tres alimentos es una carne:

8. _____ Las personas alérgicas a los mariscos…

9. _____ Hoy Radamés solamente cenó; no desayunó…

10. _____ **Ninguno** de estos tres alimentos es una fruta:

a. **ninguna** comió carne.

b. ni **tampoco** almorzó.

c. no pueden comerlos **nunca.**

d. la sandía, el pollo y la langosta.

e. no hay **nadie** a las nueve de la mañana.

f. ni **tampoco** consumen productos animales, como la leche.

g. la chuleta de cerdo, el apio y los espárragos.

h. los camarones, la piña y la calabaza.

i. la cerveza.

j. **ninguno** comió verduras.

D. La Dieta Mediterránea. Sebastián quiere seguir la Dieta Mediterránea, una las dietas más populares y saludables. Mira la pirámide alimenticia de esta dieta y contesta las preguntas de Sebastián. **OJO:** Algunas respuestas requieren uno de estos pronombres de complemento directo: **lo, la, los, las.** Mira los modelos.

Pirámide de la Dieta Mediterránea: un estilo de vida actual
Guía para la población adulta

MODELOS: ¿Debo comer frutos secos (*nuts*) todos los días? ¿Cuántas porciones?
Sí, debes (deber) *comerlos* todos los días. *Debes* (Deber) comer de *una a dos* porciones.

Con la Dieta Mediterránea, ¿tengo que comer semillas (*seeds*) en cada comida principal?
No, no tienes que (tener que) *comerlas* en cada comida principal. Pero sí *tienes que* (tienes que) *comerlas todos los días.*

Con esta dieta, ¿qué productos hay que consumir en cada comida principal?
En cada comida principal hay que consumir *aceite de oliva, pan / pasta / arroz / cuscús / otros cereales, frutas y verduras.*

SEBASTIÁN: Con la Dieta Mediterránea, ¿tengo que comer pan en cada comida principal? ¿Cuántas porciones?

TÚ: _____ (tener que)[1] _____[2] en cada comida principal.

_____ (Tener que)[3] comer de _____[4] porciones.

SEBASTIÁN: Con esta dieta, ¿debo comer frutas en cada comida principal? ¿Cuántas porciones?

TÚ: _____ (deber)[5] _____[6] en cada comida principal.

_____ (Deber)[7] comer de _____[8] porciones.

SEBASTIÁN: ¿Debo comer pescado todas las semanas? ¿Cuántas porciones?

TÚ: _____ (deber)[9] _____[10] todas las semanas.

_____ (Deber)[11] comer _____[12] porciones.

SEBASTIÁN: Con la Dieta Mediterránea, ¿qué productos hay que consumir todos los días?

TÚ: Todos los días hay que consumir _____.[13]

SEBASTIÁN: Con esta dieta, ¿qué productos hay que consumir todas las semanas?

TÚ: Todas las semanas hay que consumir _____.[14]

SEBASTIÁN: ¿Debo comer dulces todos los días?

TÚ: _____ (deber)[15] _____[16] todos los días. Pero sí

_____ (deber)[17] _____[18] _____[19]

SEBASTIÁN: ¿Tengo que comer huevos todos los días?

TÚ: _____ (tener que)[20] _____[21] todos los días. Pero sí

_____ (tener que)[22] _____[23] _____[24].

La preparación de la comida

Lee *Infórmate 9.3*

E. **De compras.** Sebastián y Daniel van a preparar un postre y una ensalada para una fiesta con los amigos del club. Van al supermercado para comprar los ingredientes y algunos otros alimentos que necesitan en casa. Ayúdalos a completar sus listas usando las siguientes palabras.

Vocabulario útil			
el aderezo	una cucharadita	un kilo (un kilogramo)	un tarro
una bolsa	media cucharadita	dos latas	una taza
una cucharada	media docena (seis)	una pizca	dos tazas y media

1.    2.    3.

4.    5.    6.    7.

Para preparar el postre (pastel de café) necesitamos...

1. _____ de café.

2. _____ de harina.

3. _____ de azúcar.

4. _____ de canela.

5. _____ de bicarbonato de soda.

6. _____ de sal.

7. _____ de huevos.

(Continúa.)

8.  **9.**  **10.**

Para la ensalada de atún, tenemos que comprar…

    8. _____ de tomates.

    9. _____ para la ensalada.

    10. _____ de atún.

11.  **12.**

Para tener en la casa, debemos comprar…

    11. _____ de mayonesa.

    12. _____ de guisantes congelados.

F. Receta: papas a la huancaína. Mira las imágenes y pon en orden los pasos para preparar papas a la huancaína, una de los platos favoritos de Sebastián.

    a. Se adorna con huevos cocidos, aceitunas y hojas de lechuga.
    b. Se añade el queso (400 gramos de ricota) y el aceite (1/2 taza).
    c. Se calienta un poco de aceite en una sartén y se fríen los ajíes cortados y los ajos enteros.
    d. Se cocinan las papas y los huevos.
    e. Se cortan las papas por la mitad y los huevos en rodajas.
    f. Se cortan los ajíes.
    g. Se cubren las papas cocidas con esa salsa.
    h. Se licúa (*blend*) para hacer una crema (se puede añadir leche para obtener la consistencia deseada).
    i. Se pone esa preparación (ajíes y ajos) en una licuadora (*blender*).
    j. Se preparan los cinco ajíes amarillos (se limpian los ajíes por dentro).

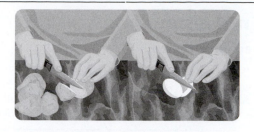

1. _____

2. _____

3. _____

4. _____

5. _____

6. _____

7. _____

8. _____

9. _____

10. _____

En el restaurante

Lee *Infórmate 9.4*

G. En un restaurante hispano

Parte 1. Mira las expresiones útiles para cuando vas a un restaurante hispano. Pon cada expresión en su lugar y termina las oraciones incompletas de una manera lógica.

Vocabulario útil		
¡Buen provecho!	**Me trae... , por favor.**	**¿Qué me recomienda?**
¿Desean algo para tomar?	**¿Nos trae la cuenta, por favor?**	**Quisiera pedir... , por favor.**
¿Están listos para pedir?	**Para mí... , por favor.**	**Tráiganos... , por favor.**
Me gustaría probar...		

1. El mesero les pregunta a los clientes si quieren una bebida.

   _____

2. El mesero les pregunta a los clientes si saben qué quieren.

   _____

3. Los clientes le dicen al mesero qué quieren comer o beber.

   _____

4. Los clientes le piden recomendaciones al mesero.

   _____

5. Cuando amigos de los clientes los ven cenando en el restaurante, usan esta expresión.

   _____

6. Los clientes están listos para salir, pero tienen que pagar la cena.

   _____

Parte 2. Ahora, empareja la descripción con la palabra o frase que describe.

1. _____ Cuando bebes con tus amigos y familia, haces esto para celebrar algo especial (un evento, la salud,...).

2. _____ Después de comer en un restaurante, siempre hay que hacer esto y, normalmente, se hace con tarjeta de crédito o con dinero en efectivo (*cash*).

3. _____ Es un dinero que se le da a los meseros. En Estados Unidos normalmente es del quince al veinte por ciento de la cuenta.

4. _____ La forma en que te sirven en un restaurante: rápido, lento, bien, mal... comer o beber algo por primera vez.

5. _____ Se pone encima de la mesa y debajo de todos los utensilios de la mesa. Sirve para cubrir la mesa.

6. _____ Se pone a la izquierda del plato y sirve para comer ensalada y carne.

7. _____ Se pone a la derecha del plato y sirve para cortar la carne.

8. _____ Se pone entre la cuchara, el tenedor y el cuchillo. Sirve para poner la comida.

a. un brindis

b. el cuchillo

c. el mantel

d. pagar la cuenta

e. el plato

f. la propina

g. el servicio del restaurante

h. el tenedor

H. El restaurante Perú Andino. A Sebastián le gusta mucho ir al restaurante Perú Andino con sus amigos del club. Hoy come allí con Xiomara. Completa su conversación con las formas apropiadas de los verbos **pedir** y **servir**. OJO: Algunas formas están en presente, otras en pretérito y otras en el infinitivo.

XIOMARA: Sebastián, ¿vas a _____^{1} paella?

SEBASTIÁN: No, Xiomara, en este restaurante (ellos) no _____^{2} comida española,

(ellos) solamente _____^{3} platos peruanos. Recuerda que estamos en el

restaurante Perú Andino.

XIOMARA: Hmmm… ¿Qué te parece si (yo) _____^{4} dos cervezas mientras decidimos?

SEBASTIÁN: No, no podemos _____^{5} cervezas porque vamos a manejar…

XIOMARA: Sí, es verdad. Entonces ¿_____^{6} (yo) dos refrescos?

SEBASTIÁN: La verdad, prefiero _____^{7} una bebida típica peruana. Si quieres refresco,

aquí (ellos) _____^{8} un refresco muy popular en Perú, Inka Cola.

XIOMARA: ¿Tú vas a _____^{9} Inka Cola?

SEBASTIÁN: No, yo quiero chicha morada. La chicha que (ellos) _____^{10} en este

restaurante es deliciosa. Te la recomiendo.

XIOMARA: Está bien, yo siempre _____^{11} refresco, pero hoy voy a _____^{12}

chicha morada, como tú.

SEBASTIÁN: Mesero, dos chichas moradas, por favor.

XIOMARA: Bueno, ahora miremos el menú. ¡Tengo hambre!

SEBASTIÁN: Está bien. Mira, tienen ceviche. Es pescado crudo cocinado con limón. La semana

pasada (yo) lo _____^{13} con Eloy y Nayeli y, la verdad, está muy rico.

Pero si no te gusta el pescado, también hay camarones al ajo, papas a la huancaína,

arroz con pollo, ají de gallina y lomo saltado.

XIOMARA: Uf, ¡qué difícil! ¿Qué te parece si yo _____^{14} camarones al ajo y papas a

la huancaína y tú _____^{15} lomo saltado?

SEBASTIÁN: Me encanta ese plan. Y al final, si quieres, (nosotros) _____^{16} postre.

XIOMARA: Creo que va a ser mucha comida. Oye, Sebastián, ¿los meseros _____^{17}

pronto aquí?

SEBASTIÁN: Más o menos. La semana pasada (ellos) nos _____^{18} como en quince o

veinte minutos. No sé hoy… ¡Mesero!

XIOMARA: Gracias, Sebastián… ¡quiero probar ya (*now*) toda esa comida!

En resumen

I. Tu plato favorito. Escribe la receta de tu plato favorito. Primero escribe los ingredientes que necesitas y las cantidades. Luego describe el proceso de preparación: ¿Cómo se hace ese plato?

Vocabulario útil				
se adorna(n)	se calienta(n)	se corta(n)	se deja(n) reposar	se pone(n)... en...
se añade(n)	se cocina(n)	se cubre(n)	se mezcla(n)	se prepara(n)

LOS INGREDIENTES

_____ _____ _____

_____ _____ _____

_____ _____ _____

LA PREPARACIÓN

_____

_____

_____

_____

_____

_____

Exprésate

Escríbelo tú

Una cena ideal

Describe una cena ideal. ¿Es una cena en casa o en un restaurante? ¿Qué comidas se sirven? ¿Hay algunos platos saludables? ¿Hay sopa o ensalada? ¿Qué se sirve para beber? Menciona los platos principales y el postre. ¿Cuáles de estos platos tienen más proteína, carbohidrato, grasa, calcio, vitaminas, etcétera? Di también quién prepara la comida y con quién cenas. Por último, contesta esta pregunta: ¿Por qué consideras esta cena «ideal»?

_____

_____

_____

_____

_____

_____

_____

_____

_____

Enlace auditivo

Pronunciación y ortografía

Ejercicios de pronunciación

I. *Consonants*: **d**

A. In most situations, the pronunciation of the letter **d** in Spanish is very similar to the soft pronunciation of the letter combination *th* in English *father*.

Listen and repeat the following words with a soft **d**.

pescado	casado	nadie	helado	ensalada	tenedor
saludar	mediodía	picado	limonada	mercado	empanada

B. If the letter **d** comes at the end of a word, it is pronounced very softly or not at all. Listen and then pronounce the following words with a soft final **-d**.

usted	pared	verdad	especialidad
oportunidad	ciudad	Navidad	

C. In Spanish, the **d** is preceded by **n** or **l**, or if it comes at the beginning of an utterance, it is pronounced as a hard **d**, as in English.

Listen and then pronounce the following words with a hard **d**.

¿Dónde?	sandía	atender	segundo	condimento
vender	Daniel	mandato	faldas	sueldo

D. Listen and then pronounce the following sentences. Be sure to concentrate on the correct pronunciation of the letter **d**.

1. Rodrigo, ¿es usted casado?
2. No, soy divorciado.
3. Aquí venden helados deliciosos.
4. ¿Y venden batidos también?
5. Daniel, ¿dónde está la limonada que preparaste?
6. La dejé en el refrigerador.
7. Corté la sandía en rebanadas.
8. Decidí servir la ensalada sin aderezo.
9. Dolores, ¿te gustan las verduras enlatadas?
10. No, prefiero las verduras frescas, cocidas o crudas.

II. *Consonants with* **r***

A. In Spanish, if the **r** is preceded by an **n** or **l**, it is usually trilled. Listen and then pronounce the following words with a trilled **r**.

n + r	Enrique, sonreír
l + r	alrededor

---

*For a review of the pronunciation of tap and trilled **r**, see the **Pronunciación y ortografía** section of **Capítulo 3** of this *Cuaderno de actividades*.

B. When **r** is preceded by a consonant that is not **n** or **l**, it is pronounced as a single tap. Listen and then pronounce the following words in which **r** is preceded by a consonant.

b + r	fib<u>r</u>a, ab<u>r</u>e, sab<u>r</u>oso, cub<u>r</u>e, b<u>r</u>ócoli
d + r	pad<u>r</u>e, cuad<u>r</u>o, d<u>r</u>ama, carbohid<u>r</u>ato, mad<u>r</u>e
g + r	g<u>r</u>asa, neg<u>r</u>o, g<u>r</u>acias, <u>r</u>egreso, cang<u>r</u>ejo, integ<u>r</u>al
p + r	p<u>r</u>oducto, exp<u>r</u>ésate, p<u>r</u>obar, p<u>r</u>opina, comp<u>r</u>a
t + r	post<u>r</u>es, t<u>r</u>ozo, cilant<u>r</u>o, t<u>r</u>aiga, nuest<u>r</u>o
c + r	c<u>r</u>ee, esc<u>r</u>ibe, c<u>r</u>udo, c<u>r</u>ema, c<u>r</u>édito
f + r	f<u>r</u>ijol, f<u>r</u>ito, f<u>r</u>uta, refresco, enf<u>r</u>ente

C. When **r** is followed by a consonant, it can be pronounced either as a single tap or as a trill, depending on the speaker. Listen and then pronounce the following words in which **r** is followed by a consonant.

co<u>r</u>to	ce<u>r</u>veza	ho<u>r</u>chata
pe<u>r</u>sona	ho<u>r</u>no	po<u>r</u>ción
á<u>r</u>bol	to<u>r</u>tilla	me<u>r</u>cado
he<u>r</u>mano	se<u>r</u>villeta	conve<u>r</u>sa
ca<u>r</u>ne	ve<u>r</u>dura	recue<u>r</u>da

Ejercicios de ortografía

Accent Review (Part 1)

You have learned that the following words must carry a written accent mark. For more practice with the rules for written accent marks, you may wish to review the listed sections in this *Cuaderno de actividades*.

• Question words (**Cap. 4, Ejercicios de ortografía II**)	Examples: **¿Qué?, ¿Cuándo?**
• Words in which stress falls on the third syllable (or further) from the end (**Cap. 5, Ejercicios de ortografía II**)	Examples: **plátano, eléctrico**
• Words that end in a consonant other than **-n** or **-s** and are stressed on the next-to-the-last syllable (**Cap. 5, Ejercicios de ortografía II**)	Example: **difícil**
• Words that have a strong vowel next to a weak vowel but pronounced as separate syllables (**Cap. 6, Ejercicios de ortografía II**)	Examples: **frío, gradúo**
• Words that end in a stressed vowel and those whose last syllable is stressed and ends in **-n** or **-s** (**Cap. 7, Ejercicios de ortografía II**)	Examples: **aquí, dirección**
• First- and third-person preterite verb forms (**Cap. 8, Ejercicios de ortografía II**)	Examples: **tomé, comió, sirvió, pedí**

Listen and then write the following sentences. Check each word to see if it requires a written accent.

1. _____

2. _____

3. _____

4. _____

5. _____

6. _____

7. _____

8. _____

9. _____

10. _____

11. _____

12. _____

13. _____

14. _____

15. _____

Actividades auditivas

A. ¡Qué buena manera de celebrar! Eloy conversa con Claudia en la universidad. Escucha la conversación y contesta las preguntas.

Vocabulario de consulta

lleno	full
¡Para reventar!	About to burst!
¡Qué buena manera de celebrar!	What a great way to celebrate!
me escondo	I (will) hide

(Continúa.)

¿Cierto (C) o falso (F)? Si la oración es falsa, haz la corrección necesaria.

1. Eloy no quiere comer con Claudia porque está muy lleno. C F

   _____

2. Ayer fue el cumpleaños de la mamá de Eloy. C F

   _____

3. Para el desayuno comieron pan, cereal, frijoles, tortillas y otras comidas más. C F

   _____

4. En el restaurante Tacos Baja California, Eloy pidió tres tacos de pollo. C F

   _____

5. La familia de Eloy no comió nada para la cena porque comieron mucho durante el almuerzo en el restaurante y todos estaban (*were*) llenos. C F

   _____

6. Claudia dice que quiere celebrar el próximo cumpleaños del papá de Eloy con toda la familia de Eloy. C F

   _____

B. **Una cena muy sabrosa.** Estefanía y Franklin cenan hoy en un restaurante hispano que se especializa en mariscos. Escucha el diálogo y luego escoge la respuesta correcta.

¡Vamos a tener que lavar platos!

Vocabulario de consulta

enseguida	right away
a menudo	often
¿Está bien?	(Is that) OK?
¿Salió... ?	Did it turn out (to be) . . . ?
en realidad	really
invito yo	it's my treat / on me
me toca a mí	it's my turn

1. _____ Antes de pedir la comida en el restaurante, Estefanía y Franklin...

   a. leen el menú y piden las bebidas.   c. van al baño y se lavan las manos.
   b. dejan una propina.   d. comen muy bien.

2. Franklin y Estefanía piden _____ para los dos.

   a. sopa y langosta   c. un coctel, langosta y sopa
   b. coctel de camarones y langosta   d. langosta y ensalada

3. _____ Después de comer, Franklin y Estefanía dicen que...

   a. la comida estuvo muy buena.   c. la comida del restaurante es terrible.
   b. el mesero nunca les trajo la cuenta.   d. no piensan volver a ese restaurante.

4. Cuando Franklin ve la cuenta, se sorprende porque…

   a. la cena salió muy barata.
   b. no incluye las bebidas.
   c. no pidieron postre.
   d. la comida cuesta mucho.

5. _____ Sabemos que, al final, Franklin y Estefanía…

   a. tuvieron que lavar muchos platos.
   b. no dejaron propina.
   c. salieron del restaurante sin pagar.
   d. pagaron con la tarjeta de crédito de Estefanía.

Videoteca

Amigos sin Fronteras

Episodio 9: ¡Buen provecho!

Resumen. Sebastián invita a Nayeli y a Eloy a cenar en un restaurante peruano. Nayeli no conoce la comida peruana pero tiene muchas ganas de probarla. Los tres amigos piden papas a la huancaína de aperitivo y otros platos típicos de Perú. Sebastián pide ceviche, Eloy lomo saltado y Nayeli arroz con pollo. Pero el plato de Nayeli… ¡es una sorpresa para ella!

Preparación para el video

A. ¡Comencemos! Completa las siguientes oraciones según la foto.

_____¹, _____² y _____³ están en un

_____⁴ peruano. El _____⁵ les pregunta: «¿Están listos para

_____⁶?»

Vocabulario de consulta

¡Adelante!	Go on!	**máquinas**	machines
¡Qué amable!	How nice!	**¡Cada loco con su tema!**	To each his own!
canela	cinnamon	**refrescante**	refreshing
sugerencias	suggestions	**¡Ya era hora!**	It was about time!
no hace falta	there´s no need	**tiene fama de**	has a reputation for
Guarda	Put away	**se le olvida**	he forgets
aparatos	gadgets	**quema**	he burns

Comprensión del video

B. El episodio. ¿Quién lo dijo?

1. _____ No quiero leer el menú.

2. _____ Me puede traer los camarones al ajo.

3. _____ Le recomiendo a usted la chicha morada.

4. _____ Me trae el ceviche, por favor.

5. _____ Tienes mucho que aprender de la comida de mi país.

6. _____ Me gusta mucho el pollo.

a. Eloy
b. Nayeli
c. Sebastián
d. el mesero

C. **Contenido en general.** ¿Cierto (C) o falso (F)?

1. Sebastián invita a cenar a sus amigos.   C   F

2. A Eloy le gusta usar sus aparatos electrónicos.   C   F

3. El arroz con pollo de Cuba es diferente al de Perú.   C   F

4. A Nayeli no le gusta la chicha morada.   C   F

5. Nayeli visita restaurantes peruanos con frecuencia.   C   F

D. **Detalles.** Contesta las preguntas.

1. ¿Qué amigos del club van al restaurante?

   _____

2. ¿Qué bebida pide cada amigo del club?

   _____

3. ¿Qué ingredientes lleva el ceviche peruano?

   _____

4. ¿Por qué se sorprende Nayeli al ver su plato de comida?

   _____

5. ¿Cómo pagan la cuenta: en efectivo, con cheque o con tarjeta?

   _____

Mi país

Perú y Bolivia

Preparación para el video

1. Mira un mapa. ¿Qué hay entre Perú y Bolivia?

   a. El Lago Titicaca   **b.** Colombia   **c.** Guatemala

2. ¿Qué platos son típicos de Perú?

   a. las tapas   **c.** el ceviche
   b. el guacamole   **d.** las papas a la huancaína

Comprensión del video

Selecciona el país apropiado para cada número, según el video.

Un barco de totora

	PERÚ	BOLIVIA
1. la Isla del Sol	☐	☐
2. Lima	☐	☐
3. La Paz	☐	☐
4. las papas a la huancaína	☐	☐
5. las cholas	☐	☐
6. Coricancha	☐	☐
7. Cusco	☐	☐
8. Machu Picchu	☐	☐
9. el Lago Titicaca	☐	☐
10. los barcos de totora	☐	☐

¡A leer!

¿Sabías que... ?

Las Américas: un tesoro° de comidas
treasure

¿Sabías que muchas de las comidas que se usan en la cocina internacional vienen de las Américas? Los italianos usan salsa de tomate en la pizza, los suizos son famosos por el chocolate, los tailandeses le ponen chile y cacahuates a muchos platos y asociamos las papas con Irlanda. Pero todos estos alimentos[a] tienen sus orígenes en las Américas.

Cuando llegaron los españoles al Caribe, los indígenas se alimentaban de[b] maíz, yuca, calabaza, papaya, guayaba[c] y varios pescados y mariscos. En México y Centroamérica los españoles encontraron otras comidas típicas: el tomate, el chocolate, la vainilla, el aguacate, el chile, los frijoles y el guajolote (que también llamamos pavo). Los aztecas preparaban una bebida de agua, semillas[d] de cacao (la planta del chocolate) y chile: el origen del chocolate caliente. El tomate, también de origen mexicano, es la base de muchos platos mediterráneos, como el gazpacho y los espaguetis a la marinera. Otras comidas de origen americano, como la piña, la papaya, el marañón[e] y el chile, vienen de lugares tropicales.

El cultivo del maíz empezó en México hace unos 8.000 años y se difundió[f] por el Caribe y Sudamérica. Muchos platos típicos de México y Centroamérica llevan maíz, por ejemplo los tamales, el atole[g] y las tortillas. Las habichuelas y los frijoles* tienen su origen en Mesoamérica y de allí llegaron a todas partes de las Américas.

Hay más de sesenta variedades de papa que vienen de la región andina. La papa se usa en muchos platos típicos del mundo hispano como los llapingachos[h] de Ecuador, la papa a la huancaína de Perú y la tortilla española[i] de España. Otro alimento importante del Imperio Inca es la quínoa y uno de los platos típicos de Bolivia es el pastel de quínoa.

En muchos casos los nombres para estos alimentos provienen[j] de la palabra indígena para la fruta o legumbre, adaptado al español. Por eso tienen diferentes nombres según el país donde se consumen.

ALIMENTO	PALABRA INDÍGENA	OTROS NOMBRES
el aguacate	< náhuatl[†] *ahuacatl*	palta (Amér. Sur)
la batata	< taíno[§] *batata*	camote (Méx.)
el cacahuate	< náhuatl *cacahuatl*	maní, cacahuete (España)
el chile	< náhuatl *chilli*	ají (Amér. Sur)
los ejotes	< náhuatl *ejotl*	judías (Esp.), habichuelas (Caribe), chauchas (Arg., Uru.)
el maíz	< taíno *mahís*	elote (Méx.); choclo (Amér. Sur); mazorca (Esp., Caribe)
la mandioca	< guaraní[¶] *mandióg*	yuca (Caribe)

Los españoles llegaron a las Américas buscando oro pero el verdadero[k] tesoro fue la gran variedad de alimentos, con sabores únicos, que transformaron la cocina del mundo.

[a]*food items* [b]*se... ate, fed themselves on* [c]*guava* [d]*seeds* [e]*cashew fruit* [f]*spread* [g]*a hot, porridge-like drink* [h]*potato pancakes stuffed with cheese and cooked on a griddle* [i]*tortilla... dish made from eggs, potatoes, and onions* [j]*come from* [k]*true, real*

---

*Spaniards named one variant of bean "lima bean" after the city of Lima, Peru.

[†]**Náhuatl,** still spoken in Central Mexico, was the language of the Aztecs. There are currently about 1.5 million native speakers of the language.

[§]**Taíno** was spoken on the Caribbean islands of what are now Puerto Rico, Cuba, Hispaniola (where Haiti and the Dominican Republic are located), Jamaica, the Bahamas, the Florida Keys, and the Lesser Antilles. The language is generally considered to be extinct.

[¶]**Guaraní,** one of the official languages of Paraguay, is also spoken in communities in the neighboring countries of Argentina, Bolivia, and Brazil. There are currently about 4.9 million native speakers of the language.

Comprensión

1. _____ El tomate, el maíz, el chile y el chocolate son todas comidas originarias...

   a. de Perú   **b.** del Caribe   **c.** de Argentina   **d.** de México

2. _____ La quínoa, la papa y los cacahuates son comidas originarias...

   a. de Perú   **b.** del Caribe   **c.** de Argentina   **d.** de México

3. _____ Dos platos del mundo hispano que llevan papas son...

   a. atole y tamales
   b. llapingachos y tortilla española
   c. yuca frita y ceviche
   d. habichuelas y atole

4. Escribe la palabra indígena y el idioma indígena de origen (**taíno, náhuatl** o **guaraní**) para estas palabras del español.

ESPAÑOL	PALABRA INDÍGENA	IDIOMA DE ORIGEN
a. aguacate	_____	_____
b. maíz	_____	_____
c. ejote	_____	_____
d. mandioca	_____	_____

Galería

Perú y Bolivia

Machu Picchu, la mística ciudad de los incas, fue descubierta (*discovered*) en 1911.

En el ritual andino se le ofrecen a la diosa (*goddess*) Pachamama, o Madre Tierra (*Earth*), alimentos como granos, harina de maíz, chicha, cigarros y hojas de coca.

Los habitantes de las islas de Uros en el lago Titicaca usan la totora (*a type of grass*) para hacer sus botes, sus casas e incluso el piso (el suelo) de sus islas.

El Salar (*Salt flat*) de Uyuni, en el suroeste de Bolivia, es el salar más grande del mundo. Es el más alto también, a 12.000 pies sobre el nivel del mar.

Perú y Bolivia, una experiencia única[o]   *Unique*

La riqueza[a] cultural e histórica que ofrecen Perú y Bolivia es enorme. ¿Quieres saber por qué? Si le preguntas a alguien qué conoce de Perú, una respuesta muy común es «Machu Picchu». Como se puede ver en la foto, Machu Picchu es impresionante,[b] ¿no? Esta mística ciudad de los incas se descubrió hace poco más de un siglo, en 1911, y todavía conserva su belleza.[c] La UNESCO declaró Machu Picchu Patrimonio Natural y Cultural de la Humanidad en 1983. ¡Es un lugar que no te puedes perder[d]! Otro ejemplo de la genialidad[e] inca son las terrazas circulares que construyeron[f] en Moray. Estas terrazas están a varios niveles de profundidad[g] y la diferencia de temperatura que hay en cada terraza les ofreció a los incas la oportunidad de plantar y cultivar diferentes alimentos durante todo el año. Por cierto,[h] ¿sabías que Perú es el país con más diversidad de papas del mundo? ¡Tiene más de 2.000 variedades!

Antes de ir a Bolivia, hay que visitar el lago que se encuentra entre Perú y Bolivia: el lago Titicaca. Es el lago navegable más alto[i] del mundo. Entre las docenas[j] de islas que hay en este lago, están las islas de Uros. ¡Estas islas son flotantes[k]! El suelo[l] está hecho[m] de totora, una planta que crece en el lago. Sobre la totora los isleños[n] cultivan varios productos, como papas, e incluso cocinan el pescado que pescan[ñ] en el lago. Qué interesante, ¿verdad?

En Bolivia también tienes opciones diversas y únicas. Uno de los lugares más fascinantes es el Salar de Uyuni. Es el desierto de sal más alto del mundo, pero no siempre fue un desierto de sal: Ese lugar primero fue un lago salado gigante[o] pero se secó.[p] Otra opción interesante es visitar la ciudad de Potosí donde encontramos Cerro[q] Rico que fue una fuente[r] económica muy importante por sus minas de plata.[s] Pero si quieres disfrutar de[t] la ciudad, debes visitar la capital del país, Sucre, donde además de historia y cultura, vas a descubrir un folclor musical fantástico y una tradición culinaria muy rica. Una tradición muy común en la cultura andina son las ofrendas de alimentos (granos, harina de maíz y hojas de coca[u]) a la Madre Tierra, que también se llama Pachamama, a cambio de[v] salud y prosperidad. ¿Qué más les puedes pedir a estos dos países? Nada, lo tienen todo.

[a]*richness* [b]*impressive* [c]conserva… *maintains its beauty* [d]*miss* [e]*genius* [f]*built* [g]niveles… *levels of depth* [h]Por… *By the way* [i]más… *highest (in altitude)* [j]*dozens* [k]*floating* [l]*ground* [m]*made* [n]*islanders* [ñ]*they fish* [o]lago… *gigantic saltwater lake* [p]se… *it dried up* [q]*Hill* [r]*source* [s]minas… *silver mines* [t]disfrutar… *enjoy* [u]hojas… *coca plant leaves* [v]a… *in exchange for*

Comprensión. Primero completa la oración con la información correcta de la lectura. Luego, indica con la letra apropiada la respuesta correspondiente.

1. _____ Es el lago navegable más alto del mundo. Está entre Bolivia y _____.

2. _____ Como capital de _____, es una ciudad que se caracteriza por sus tradiciones culinarias y musicales.

3. _____ Es el año en que la UNESCO declaró _____ Patrimonio Natural y Cultural de la Humanidad.

4. _____ Se llama así la Madre Tierra en la cultura _____.

5. _____ Es un desierto de sal en _____ que fue al principio un lago salado enorme.

6. _____ En la cultura _____, es una tradición hacer esto para obtener salud y prosperidad.

7. _____ Es una ciudad en _____ que se caracteriza por sus terrazas circulares construidas por los _____.

8. _____ Son islas que se encuentran en el lago _____. Se dice que son flotantes porque se construyen con una planta que crece en el lago.

9. _____ Es una ciudad en _____ que se conoce por _____, una montaña «de plata».

10. _____ Es el año en que se descubrió «Machu Picchu», una ciudad construida en _____ por los _____.

a. Moray

b. Potosí

c. el lago Titicaca

d. 1983

e. 1911

f. la ofrenda de alimentos

g. las islas de Uros

h. el Salar de Uyuni

i. Pachamama

j. Sucre

Conexión cultural

El misterio de Machu Picchu

Vocabulario de consulta

cima	peak
cresta	ridge
noroeste	northwest
etapa	phase
incaica	Incan
llegaran	arrived
estaba	was
era	was
precipitó	hastened
derrotar	defeat
guerreros	warriors
tenía	he had
armas de fuego	firearms
enfermedades	diseases
cordillera	mountain range
antepasados	ancestors
diariamente	daily
sagrado	sacred
alimentos	foods

Machu Picchu, antigua
ciudad de los incas

Imagínate una ciudad majestuosa en la **cima** de una montaña con una vista espectacular de valles verdes, una ciudad abandonada por cientos de años. Hablamos de las ruinas de Machu Picchu, la antigua ciudad de los incas. Machu Picchu está en la **cresta** de una montaña sobre el valle Urubamba de Perú, cincuenta millas al **noroeste** de Cuzco. El nombre de este sitio misterioso significa «montaña vieja». En 1981 el gobierno peruano lo declaró Santuario Histórico y en 1983 las ruinas fueron nombradas Patrimonio Natural y Cultural de la Humanidad por la UNESCO.*

Se estima que la ciudad de Machu Picchu fue construida en el año 1450, durante la **etapa** más próspera de la civilización **incaica**. También sabemos que la ciudad fue abandonada antes de que **llegaran** los españoles, pero la razón es un misterio. El Imperio Inca ya **estaba** en decadencia cuando llegaron los colonizadores a Perú en 1526, a causa de varias guerras entre monarcas rivales. El Imperio Inca **era** muy vasto, pero la invasión española **precipitó** desintegración. El conquistador Francisco Pizarro pudo **derrotar** a miles de **guerreros** incas con poco más de cien soldados, pues **tenía** varias ventajas: las **armas de fuego** y las **enfermedades** europeas.

El objetivo de los colonizadores era encontrar la ciudad mítica de El Dorado. No encontraron ese lugar imaginario ni descubrieron Machu Picchu, por lo cual el sitio se mantuvo intacto por muchos años. Los españoles tampoco pudieron erradicar la cultura incaica, pues esta se mantiene viva en los países andinos, es decir, los que están en la **cordillera** de los Andes: Colombia, Ecuador, Perú, Bolivia, Chile y Argentina. Un gran número de quechuas, indígenas del Imperio Inca, resistieron la asimilación a la cultura española. Por eso, los quechuas de hoy tienen mucho en común con sus **antepasados** y celebran sus tradiciones **diariamente.** Para ellos, su pasado continúa en el presente y Machu Picchu es símbolo de su cultura.

(Continúa.)

---

*En una encuesta (*survey*) de Internet del 2007, Machu Picchu también resultó ser una de las Nuevas Siete Maravillas (*Wonders*) del Mundo.

La famosa ciudad indígena fue descubierta en 1911 por Hiram Bingham, un profesor e historiador de la Universidad de Yale. Desde entonces muchos arqueólogos, historiadores y antropólogos estudian estas ruinas. Pero hay preguntas que siguen sin respuesta definitiva. Por ejemplo, ¿para qué construyeron Machu Picchu los incas? Pues, hay varias teorías sobre la construcción de esta maravilla arquitectónica. Una de las teorías más aceptadas es que Machu Picchu era un sitio **sagrado** para practicar la religión o un tipo de residencia divina de los dioses. Otros estudiosos proponen que Machu Picchu era el lugar de descanso del emperador Pachacuti. Algunos especulan que los incas construyeron su ciudad como observatorio solar.*

También hay arqueólogos que afirman que, al tener Machu Picchu varios microclimas, se construyó para explorar el cultivo de diferentes **alimentos** y ver cuáles se adaptaban mejor a cada tipo de clima. Por último, algunos estudiosos opinan simplemente que a los incas les fascinó el lugar y, por eso, construyeron allí su ciudad como gran capital de su imperio.

Para muchas de las personas que visitan las ruinas hoy en día, las respuestas a todas las preguntas sobre Machu Picchu no son urgentes. Lo importante es que Machu Picchu existe y que todos podemos admirar su belleza. Visitar estas ruinas es como hacer un viaje fantástico por el tiempo hacia el pasado de una gran civilización.

Comprensión. Escoge la respuesta correcta.

1. _____ El nombre Machu Picchu quiere decir…

   a. sitio religioso   c. cresta de la montaña
   b. montaña vieja   d. montaña nueva

2. _____ El objetivo principal de Pizarro cuando llegó a Perú era…

   a. descubrir Machu Picchu   c. descubrir la ciudad de El Dorado
   b. destruir el Imperio inca d. destruir la cordillera de los Andes

3. _____ Las ruinas de Machu Picchu fueron descubiertas en…

   a. 1981   c. 1526
   b. 1911   d. 1450

4. _____ ¿Cuál de estas teorías *no* se menciona en la lectura?

   a. Machu Picchu se construyó como hogar para los dioses.
   b. Machu Picchu se construyó para observar el sol.
   c. Machu Picchu se construyó para hacer sacrificios.

5. _____ Una de las teorías más aceptadas afirma que Machu Picchu se construyó…

   a. como lugar de descanso para el emperador.
   b. para confundir a los españoles.
   c. para explorar varios cultivos.
   d. como sitio religioso.

6. _____ Los quechuas de hoy…

   a. no tienen nada en común con sus antepasados.
   b. tienen mucho en común con sus antepasados.
   c. nunca visitan Machu Picchu.
   d. prefieren no celebrar las tradiciones incaicas.

---

*Para los incas, el sol era el dios creador del universo y ellos se consideraban «hijos del sol».

Los recuerdos 10

¡A escribir!

La familia y los parientes

Lee *Infórmate 10.1*

A. La familia de Radamés. Lee lo que Radamés dice de su familia. Luego completa las oraciones con las frases de la lista para dar la misma información que nos da Radamés.

a mí	**a mi padre y a mi**	**con mi hermano y**	**con mi padre y con**
a mi madre	**madre**	**con mi madre**	**mi hermano**
a mi madre	**a mi madre y a mí**	**con mi madre**	**con nadie**
a mi madre y a mi	**con mis padres**	**con mi padre**	**conmigo**
hermana			

MODELO: Mi madre y yo nos parecemos.

    a. Yo me parezco *a mi madre.*   **b.** Mi madre se parece *a mí.*

1. Mi madre, mi hermana Eliana y yo nos parecemos físicamente; además, nos llevamos muy bien.

    a. Mi hermana Eliana y yo nos parecemos _____.

    b. Mi hermana Eliana se parece _____.

    c. Yo me parezco _____.

    d. Mi hermana y mi madre se llevan bien _____.

    e. Mi hermana y yo nos llevamos bien _____.

2. Mi hermano Julián, mi madre y mi padre se parecen físicamente y en algunos aspectos de la personalidad. Además, todos se llevan muy bien.

    a. Mi hermano Julián se parece _____.

    b. Mi padre se lleva muy bien _____.

    c. Mi madre se lleva muy bien _____.

3. Mi padre y mi madre están casados y viven en Miami, donde también vive mi hermana Iraida, que es divorciada.

    a. Mi madre está casada _____.

    b. Mi hermana vive _____.

    c. Mi hermana ya no está casada _____.

B. **¡No recuerdo cómo se dice!** Ángela no siempre recuerda las palabras para referirse a las relaciones familiares en español. Ayúdale a escribir las definiciones usando las frases de la tabla.

es son	la esposa (×3) el esposo (×2) el hermano la hija (×2) *los hijos* los hijos los padres	de	mi esposo/a mi hermano/a mi hijo/a mi madrastra/padrastro con su ex esposo/a mi madre/padre y su nuevo esposo/a mi madre, pero no es mi padre mi padre, pero no es mi madre mi padre/madre *mis tíos*

MODELO: Mis primos _____.

Mis primos *son los hijos de mis tíos.*

1. Mi cuñada _____.

2. Mis suegros _____.

3. Mi yerno _____.

4. Mi nuera _____.

5. Mis sobrinos _____.

6. Mi tío _____.

7. Mi media hermana _____.

8. Mi hermanastra _____.

9. Mi madrastra _____.

10. Mi padrastro _____.

La niñez

Lee *Infórmate 10.2*

C. **La niñez de los miembros de mi familia.** Mira el árbol genealógico de la familia de Radamés. Lee lo que nos dice de los miembros de su familia y escribe el nombre o los nombres de los parientes que él describe.

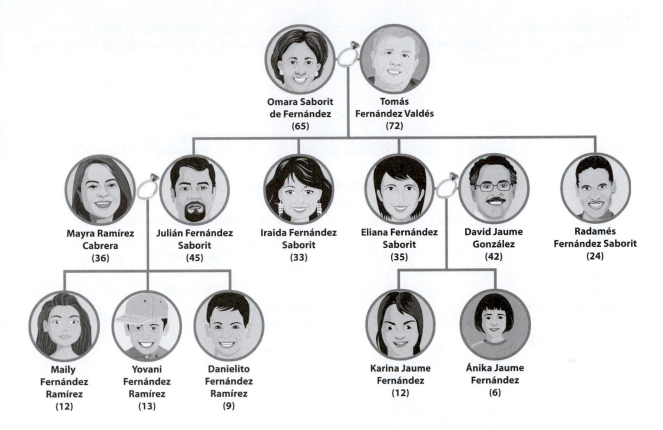

DESCRIPCIÓN

¿QUIÉN ES?

1. **El hijo soltero de mis padres:** Tenía clases de guitarra todos los martes y jueves en una escuela de música que había cerca de mi casa.

   Radamés

2. **La hija menor de mi hermana Eliana:** Era una bebé preciosa y muy grande para su edad.

   _____

3. **La única hija de mi hermano Julián:** Dormía mucho cuando era bebé.

   _____

4. **Mi cuñada:** Cuando era pequeña, se divertía mucho con sus hermanas, especialmente cuando jugaban a las casitas.

   _____

5. **Mi cuñado:** Cuando era pequeño, se subía a los árboles con sus amigos.

   _____

6. **Mi hermana soltera (divorciada):** Cuando era niña, leía tiras cómicas a todas horas. ¡Le encantaban!

   _____

7. **Mi mamá:** Cuando era niña, vivía en Guantánamo, Cuba, y jugaba mucho con su hermano mayor.

   _____

8. **Mi papá:** Cuando era niño, tenía dos perros y paseaba con ellos por el parque todas las tardes.

   _____

9. **Mis dos hermanas:** Cuando eran pequeñas, montaban en el cachumbambé en el parque todos los fines de semana. Les encantaba ese juego.

   _____

10. **Mis hermanas y yo:** Cuando mis sobrinos Yovani y Danielito eran pequeños, íbamos con mi papá al parque y volábamos papalotes y jugábamos al escondite.

   _____

D. ¡Cuántos recuerdos! Radamés conversa con sus amigos del club mientras abre un baúl (*trunk*) donde hay muchos objetos de su niñez. Completa los comentarios de Radamés con el imperfecto del verbo entre paréntesis.

¡Mira! Y este es mi cuaderno de música.
Cuando (ser: yo) _____8 pequeño,
(tomar) _____9 clases de música con el
professor Rodríguez. Las clases (ser) _____10 en
el primer piso de un edificio alto. Recuerdo que el salón
(tener) _____11 dos ventanas grandes y todos
los días, mi profe las (abrir) _____,12
(mirar: él) _____13 por la ventana,
(sonreír: él) _____,14
(sacar: él) _____15 los brazos por
la ventana y (gritar: él) _____16
«¡Inspiración, ven!»

¡Esta es la guitarra que yo
(usar) _____1 cuando
(tener) _____2 siete años!
Recuerdo que (practicar) _____3
todos los días mientras mis hermanos me
(escuchar) _____4 pacientemente
y luego me (aplaudir) _____.5
Siempre me (decir: ellos) _____6
que (ir: yo) _____7 a ser
un músico famoso.

¡Cuántos recuerdos!

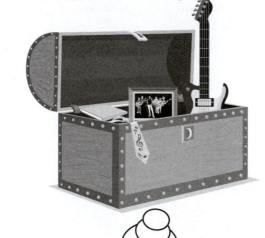

¡La famosa corbata! El profesor Rodríguez,
que también (ser) _____17 cubano,
(ser) _____18 muy divertido.
¡(Parecer) _____19 un músico loco por la forma de
vestir! Siempre (venir) _____20 con ropa cómoda y
una corbata muy loca con temas musicales. Ah... y siempre
(llevar) _____21 un sombrero como el que lleva
el cantante dominicano Juan Luis Guerra. Al final del año,
el profesor le (dar) _____22 su corbata
como regalo al mejor estudiante del año
¡y un año me la gané (*won*) yo!

En esta foto estamos el professor
Rodríguez y nosotros, sus estudiantes. En la
clase de guitarra (ser: nosotros) _____23 ocho
estudiantes: cuatro muchachas y cuatro muchachos. Todas
las muchachas (llevarse) _____24 muy bien conmigo
y dos de los muchachos también. Pero siempre
(tener: yo) _____25 problemas con uno de ellos.
Cuando ese muchacho (ver) _____26 que yo
(hablar) _____27 con las muchachas, él
(ponerse) _____28 bravo (*mad*) conmigo y
(querer) _____29 pelear. ¡Pienso
que él _____30 (estar)
enamorado de una de
las muchachas!

E. A veces la vida cambia. Radamés está haciendo una lista con las actividades que sus hermanos y él hacían cuando eran niños. Debajo de cada dibujo, escribe en **imperfecto** las actividades, usando las expresiones de la lista. Luego, completa la segunda oración usando el pronombre apropiado y el **presente** del mismo verbo para decir si *todavía* hacen esas actividades o si *ya no* las hacen. **OJO:** Pon atención a las palabras en negrita.

comer **comida chatarra** al menos una vez por semana	ponerse **un disfraz** de Elvis Presley en los carnavales
jugar **al béisbol** en la escuela	tocar **la guitarra** por las noches
jugar **al escondite** después de las clases	*tomar **clases** de música todas las semanas*
lavar **el carro** de Papi todos los fines de semana	ver **películas** en el cine los sábados por la tarde
leer **tiras cómicas** todos los días	*volar **papalotes** por las tardes con Papi*

MODELO:
Cuando yo tenía siete años… *tomaba clases de música todas las semanas.*
Todavía… ***las tomo.***

Cuando éramos pequeños, mis hermanas y yo… *volábamos papalotes por las tardes con Papi.*
Pero ya no… ***los volamos***

uno, dos, tres,…

1. Cuando yo era niño… _____

_____

_____

Todavía… _____

_____.

2. Cuando éramos niños, mis amigos y yo…

_____

_____.

Pero ya no… _____

_____.

(Continúa.)

3. Cuando eran pequeñas, mis hermanas…

_____

_____

Todavía… _____

_____.

4. Hace muchos años, mis hermanos mayores…

_____

_____.

Pero ya no… _____

_____.

5. Cuando era niña, mi hermana Iraida…

_____

_____

Pero ya no… _____

_____.

6. De niño, yo siempre… _____

_____

_____.

Pero ya no… _____

_____.

7. De niños, mi amigo y yo… _____

_____

_____

Todavía… _____

_____.

8. De pequeño (yo) con mucha frequencia…

_____

_____.

Todavía… _____

_____.

La adolescencia

Lee _Infórmate 10.2–10.4_

F. **De todos los días.** Combina las dos columnas para crear explicaciones y excusas. **OJO:** Pon mucha atención a las formas verbales (**en negrita**).

1. _____ (Yo) **Pensaba despertarme** temprano…

2. _____ Nayeli y Camila **querían estudiar** por la mañana…

3. _____ (Yo) **Quería ponerme** mi ropa favorita…

4. _____ Sebastián **pensaba levantarse** a las siete…

5. _____ (Yo) **Pensaba trabajar** solo de nueve a cinco…

6. _____ Ángela **quería bañarse** por la mañana…

7. _____ Eliana, antes nunca **querías hacer** los quehaceres de la casa…

8. _____ Los otros músicos de Cumbancha y yo **queríamos llegar** a la fiesta temprano…

9. _____ Omar **pensaba manejar** a su trabajo…

10. _____ Iraida, recuerdo que en la escuela secundaria siempre **querías sacar** buenas notas…

a. pero el reloj no sonó y **durmió** hasta las diez.

b. y, por eso, **estudiabas** muchas horas todos los días.

c. pero **tenía** mucho trabajo y, al final, **terminé** a las ocho de la tarde.

d. pero había mucho tráfico y **decidió** ir en bicicleta.

e. pero ahora **piensas** que hay que limpiar todos los días.

f. pero había un accidente en la carretera y **nos fue** imposible.

g. pero no **estaba** limpia.

h. pero no había agua caliente y no **pudo.**

i. pero tenía mucho sueño y no **pude.**

j. pero **tenían** muchas otras cosas interesantes que hacer.

G. Fotos en Red Estrella. Radamés está subiendo (*uploading*) fotos a la red social Red Estrella. Ayúdale a Radamés a escribir una descripción para cada foto usando las frases en **Descripciones**. Luego, escribe los comentarios que hacen sus amigos usando las frases en **Comentarios**.

DESCRIPCIONES	COMENTARIOS
Aquí **estaba** yo **comprando** una de mis guitarras favoritas.	¡No sabía que te gustaba la nieve ni el frío!
Aquí mis hermanas llevaban ropa típica afrocubana porque **estaban participando** en el festival internacional de la escuela.	¡Qué bueno poder ver esta foto de graduación!
En esta foto mi familia y yo **estábamos celebrando** mi graduación de la escuela secundaria.	¡Qué vestidos tan bonitos!
Aquí **estábamos jugando** al Tetris mi hermana Iraida y yo.	¿Tenías ese videojuego? ¡A mí me encantaba!
Oh, no, mi hermano haciendo locuras… Julián, ¿qué **estabas haciendo** en esta foto? ¿Adónde **estabas mirando**?	Estaba preparándome para subirme a la palmera del vecino porque mi papalote estaba allí.
Un ejemplo más de nuestras vacaciones juntos: Aquí Julián y yo **estábamos esquiando** en Utah.	¡Te veo muy feliz en esa foto, Radamés! Claro que la música a ti siempre te pone feliz.
*Unas vacaciones inolvidables con mi hermano: Aquí **estábamos preparando** las maletas para viajar a la República Dominicana.*	*¡Veo que te gusta el Caribe!*

Álbum *Mis recuerdos de la adolescencia*

MODELO:

*Unas vacaciones inolvidables con mi hermano: Aquí **estábamos preparando** el viaje a la República Dominicana.*

COMENTARIO

ELOY: *¡Veo que te gusta el Caribe!*

1. _____

_____

_____

2. CLAUDIA: _____

3. _____

_____

_____

4. ANA SOFÍA: _____

5. _____

_____

_____

6. XIOMARA: _____

_____

7. _____

_____

_____

8. OMAR: _____

_____

9. _____

_____

_____

10. SEBASTIÁN: _____

_____

11. _____

_____

_____

12. JULIÁN: _____

_____

H. Las excusas de Yovani. A Yovani, el sobrino de Radamés, no le gusta hacer los quehaceres domésticos ni ayudar en casa y siempre tiene excusas para su papá, Julián. Le dice, «**Iba a...** , **pero...** ». Completa sus conversaciones usando las excusas de la lista y el pronombre **lo**, **la**, **los** o **las** para sustituir las palabras en negrita.

EXCUSAS

el vecino tenía la máquina de cortar
estaba lloviendo y no pude sacarlo/la
Maily ya lo/la paseó
mi mamá lo/la recogió primero
no estaban sucios
no había agua
sonó el telefono
tenía mucho calor y no los/las cerré

MODELO: JULIÁN: Yovani, ¿por qué no <u>barriste</u> **el piso**?

           YOVANI: *Lo iba a barrer (Iba a barrerlo), pero sonó el teléfono.*

1. JULIÁN: Yovani, hijo, otra vez se te olvidó <u>pasear</u> **al perro**.

   YOVANI: _____

2. JULIÁN: ¡Ay, hijo! ¿Por qué no <u>recogiste</u> **el periódico**?

   YOVANI: _____

3. JULIÁN: Hijo, ¿<u>cortaste</u> **el césped** ayer?

   YOVANI: _____

4. JULIÁN: Yovani, ¿ya <u>sacaste</u> **la basura**?

   YOVANI: _____

5. JULIÁN: ¡Hijo, nunca me ayudas! Otra vez se te olvidó <u>regar</u> **el jardín**.

   YOVANI: _____

6. JULIÁN: Yovani, ¿ya <u>cerraste</u> **las ventanas**?

   YOVANI: _____

7. JULIÁN: Hijo, ¿<u>desempolvaste</u> **los estantes** de tu dormitorio?

   YOVANI: _____

En resumen

I. **¡Háblanos de ti!** Contesta las siguientes preguntas con muchos detalles.

1. Piensa en los miembros de tu familia. ¿A quién te pareces físicamente? ¿En qué te pareces a ellos?

    _____

    _____

    _____

2. Y en la personalidad, ¿a quién te pareces? ¿Qué actividades te gusta(ba) hacer con esa persona?

    _____

    _____

    _____

3. Si vivías en otra casa cuando eras más joven, ¿cómo era esa casa? Si no cambiaste de casa cuando eras pequeño/a, explica cómo era la casa de un pariente (primo/a, tío/a, etcétera) o la de tu mejor amigo/a.

    _____

    _____

    _____

4. ¿Cómo era tu maestro/a favorito/a de la escuela secundaria? ¿Cómo era él/ella físicamente? ¿Qué aspectos de su personalidad recuerdas? ¿Recuerdas si todos los días tenía una rutina similar en clase? ¿Qué hacía?

    _____

    _____

    _____

    _____

    _____

5. Cuando eras pequeño/a y pensabas en tu futuro, ¿qué tipo de actividades pensabas hacer de mayor? ¿Qué querías ser? ¿En qué querías trabajar?

    _____

    _____

    _____

    _____

    _____

Exprésate

Escríbelo tú

Las actividades de tu niñez o adolescencia

Piensa en las actividades que más te gustaba hacer a la edad de diez años o a la edad de quince años. ¿Jugabas videojuegos? ¿Con quiénes jugabas? ¿Preferías jugar al béisbol? ¿Dónde lo jugabas? ¿Tenías un amigo imaginario / una amiga imaginaria? ¿Cómo se llamaba tu amigo/a? ¿Tenías un juguete favorito? ¿Leías mucho? ¿Ibas mucho al cine? Usa la tabla para organizar tus ideas y luego escribe una composición sobre este tema.

	MIS ACTIVIDADES FAVORITAS CUANDO TENÍA _____ AÑOS	
Introducción (Párrafo 1)	¿Qué tipo de actividades te gustaba hacer? ¿Cuáles eran tus **dos** actividades favoritas?	*Me gustaba hacer muchas cosas. Por ejemplo... Mis dos actividades favoritas eran...*
Cuerpo I (Párrafo 2)	Primera actividad favorita: ¿Por qué te gustaba esa actividad? ¿Con quién la hacías? (¿La hacías con un amigo imaginario / una amiga imaginaria?) ¿Cómo era esa persona? ¿Dónde hacían ustedes esta actividad? ¿En qué momento del año? ¿Con qué frecuencia? (todos los días, una vez a la semana,...) ¿Era necesario llevar un tipo de ropa específico? Incluye otros detalles interesantes.	*Me gustaba mucho... porque...*
Cuerpo II (Párrafo 3)	Segunda actividad favorita: ¿Por qué te gustaba esa actividad? ¿Con quién la hacías? (¿La hacías con un[a] pariente? ¿con un amigo / una amiga?) ¿Cómo era esa persona? ¿Dónde hacían ustedes esta actividad? ¿En qué momento del año? ¿Con qué frecuencia? (una vez al mes, cada verano,...) ¿Era necesario llevar un tipo de ropa específico? Incluye otros detalles interesantes.	*Mi otra actividad favorita era... Me gustaba mucho porque...*
Conclusión (Párrafo 4)	¿Por qué eran esas dos actividades tus favoritas? Da las dos razones principales.	*_____ y _____ eran mis actividades favoritas porque...*

_____

_____

_____

_____

_____

Enlace auditivo

Pronunciación y ortografía

Ejercicios de pronunciación

Consonants: **b, v, d, g**

A. We have already seen that the letters **b, v, d,** and **g** in the combinations **ga, go,** and **gu** are normally pronounced soft, not hard as in English.* In the case of **b** and **v,** which are pronounced identically, the lips do not completely close; in the case of **d,** the tip of the tongue is on the back of the upper teeth but does not completely stop the air; and in the case of **g,** the back of the tongue against the roof of the mouth does not completely close off the air.

Listen and then pronounce the following words and phrases with soft **b/v, d,** and **g.**

1. Mucho gusto.
2. Es divertido jugar al gato.
3. Mi amigo dice que no va a venir.
4. Abuela, por favor, abra la ventana.
5. Tiene ganas de nadar.

B. If the letters **b, v, d,** and **g** begin a word but do not begin the phrase or sentence, they usually are also pronounced soft. Listen and then pronounce the following words with a soft **b/v, d,** and **g.**

la boca	la discoteca	la galleta
la vida	la dieta	la guía

C. The letters **b, v, d,** and **g** may be pronounced hard if the speaker pauses before a word that begins with one of these letters, as at the beginning of a sentence or phrase.

Listen and then pronounce the following sentences, all of which begin with **b, v, d,** or **g.** Remember to pronounce **b/v, d,** or **g** at the beginning of an utterance with a hard sound. In the middle of an utterance use the soft sound.

1. ¡Vamos a probar las galletas!
2. ¡Ganamos el partido!
3. Voy mañana a la biblioteca.
4. Bailan muy bien esos jóvenes.
5. Debo guardar la comida.

_____

*For more practice with the pronunciation of these consonants, you may wish to review the **Pronunciación y ortografía** sections in the following chapters in this *Cuaderno de actividades*: (**b** and **v**) **Capítulo 5,** (**d**) **Capítulo 9,** (**g** in the combinations **ga, go, gu**) **Capítulo 7.**

D. The letters **b, v, d,** and **g** are also pronounced hard if immediately preceded in the same utterance by **m** or **n.** Listen and then pronounce the following words and phrases with a hard **b/v, d,** and **g.**

1. ¿Por qué no me invitaste a andar en bicicleta?
2. Cambió el tiempo.
3. ¡Tengo hambre!
4. ¡Es tan bonito tu coche!
5. Tengo un gato muy inteligente.

E. In addition, the letter **d** is pronounced hard when immediately preceded in the same utterance by the letter **l.** Listen and then pronounce the following words and phrases with a hard **d.**

el día	el sueldo	Saldívar
el deporte	el disco	
la falda	el dedo	

Ejercicios de ortografía

I. *The Letters* **b, v, d, g**
Listen to the words and write them correctly using **b, v, d,** or **g.** Remember that the letters **b** and **v** are pronounced the same in Spanish. Since it is impossible to tell by the sound of a word if it is written with **b** or **v,** you must simply learn the spelling.

1. _____
2. _____
3. _____
4. _____
5. _____
6. _____
7. _____
8. _____

9. _____
10. _____
11. _____
12. _____
13. _____
14. _____
15. _____

II. **Accents on Imperfect Verb Forms**
Many verb forms in the imperfect tense must be written with an accent mark. This includes all forms of **-er** and **-ir** verbs (for example, **comía, salíamos, entendían**) and forms that are stressed three syllables from the last, that is, the **nosotros/as** forms of **-ar** verbs (for example, **estudiábamos, desayunábamos, participábamos**).
Listen and write the following imperfect forms. Include an accent mark where necessary.

1. _____
2. _____
3. _____
4. _____
5. _____

6. _____
7. _____
8. _____
9. _____
10. _____

Actividades auditivas

A. El bebé de la familia. Lucía y Radamés están en el centro estudiantil de la universidad, conversando sobre la familia de Radamés. Escucha la conversación y luego completa la actividad.

Vocabulario de consulta

se exiliaron	(they) went into exile
cualquier gobierno	any government
chulas	cute, pretty
rebelde	rebel

Lugar mencionado

Guantánamo   *city in Guantánamo Province, at the southeastern end of the island of Cuba*

Escoge la respuesta correcta.

1. _____ Lucía dice que…

    a. conoce bien a la familia de Radamés.   **c.** Radamés es misterioso.
    b. no sabe nada de la familia de Radamés.   **d.** no sabe nada de Cuba.

2. _____ ¿Cuántos primos tiene Radamés? Más de…

    a. tres.   **c.** cuarenta.
    b. treinta.   **d.** veinte.

3. _____ Todos los primos de Radamés están en…

    a. California   **c.** Guantánamo, Cuba
    b. Miami   **d.** La Habana, Cuba

4. _____ ¿Cuál es la relación entre Julián y Radamés? Julian es su…

    a. primo   **c.** hermano mayor
    b. hermano menor   **d.** tío

5. _____ ¿Cuántos sobrinos tiene Radamés? Tiene…

    a. cinco: tres niñas y dos niños.   **c.** cuatro: tres niñas y un niño.
    b. cinco: dos niñas y tres niños.   **d.** cuatro: dos niñas y dos niños.

6. _____ Radamés dice que él es el rebelde de la familia porque…

    a. es músico.   **c.** es el hermano menor.
    b. es soltero.   **d.** estudia en California.

7. _____ Radamés tiene dos hermanas, Iraida y Eliana. Iraida…

    a. es mayor que Eliana.   **c.** y Eliana son gemelas.
    b. es menor que Eliana.   **d.** y Eliana son menores que Radamés.

8. _____ Radamés dice que sus sobrinos a veces…

    a. viajan juntos.   **c.** juegan al escondite.
    b. pelean.   **d.** bailan.

B. **Cuando la abuela era joven.** Ánika Jaume Fernández es la sobrina menor de Radamés y tiene seis años. Ahora Ánika está en un parque con su abuela, doña Omara Saborit, que tiene sesenta y cinco años. Están sentadas en un banco (*bench*). Escucha su conversación y contesta las preguntas.

Vocabulario de consulta

te alegras de estar viva	you're happy to be alive
alegre	happy
costumbre	custom, tradition
isla	island

¿Cierto (C) o falso (F)? Si la oración es falsa, haz la corrección necesaria.

1. Ánika es una niña curiosa. C F

   _____

2. Doña Omara dice que es malo ser vieja. C F

   _____

3. Cuando era niña, a doña Omara le gustaba sentarse en el parque con sus padres. C F

   _____

4. Cuando doña Omara era joven, tenía el pelo negro y era alta, delgada y bonita. C F

   _____

5. Doña Omara y sus hermanos miraban mucho la televisión. C F

   _____

6. Doña Omara y su familia vivían en una casa grande en Miami. C F

   _____

7. Ánika y su abuela se parecen mucho. C F

   _____

8. Doña Omara y sus amigas volaban papalotes en el parque. C F

   _____

9. Doña Omara dice que su mamá era muy buena cocinera. C F

   _____

10. Al final, Ánika y su abuela deciden jugar a las casitas. C F

   _____

Videoteca

Amigos sin Fronteras

Episodio 10: Así somos

Resumen. Claudia, Ana Sofía y Radamés están de visita en casa de Sebastián, mirando fotos y hablando de su niñez y adolescencia. Radamés, Sebastián y Ana Sofía admiten que eran traviesos cuando eran niños y cuentan algunas de sus travesuras; también describen las actividades que les gustaba hacer cuando eran adolescentes. Pero Claudia confiesa que era una niña muy seria.

Preparación para el video

A. ¡Comencemos! Mira la foto y responde a estas preguntas antes de ver el video.

1. ¿Dónde están los amigos?

_____

2. ¿Qué están haciendo tres de los amigos?

_____

Vocabulario de consulta

¡sin mi permiso!	without my permission!	**pegamento**	glue
travieso/a	mischievous	**con disimulo**	sneakily
tiraba	threw	**sin parar**	endlessly
globos	balloons	**huelo**	I smell
cartero	mailman	**en cambio**	on the other hand
tiraba	threw		
metía	inserted, stuck	**modestia aparte**	modesty aside
tubo de escape	exhaust pipe		
salía disparada	would shoot out	**escondida**	hidden
pegaba	would stick		
una moneda de cien pesetas	a one-hundred **peseta** coin (the **peseta** was the former currency of Spain)		

Comprensión del video

B. El episodio. Empareja las actividades o travesuras (*pranks*) con la persona correspondiente.

1. _____ Ana Sofía
2. _____ Claudia
3. _____ la madre de Sebastián
4. _____ Radamés
5. _____ Sebastián

a. Subió fotos a Facebook sin permiso.
b. Pegaba monedas al suelo.
c. Patinaba sola.
d. Ponía papas en el tubo de escape de los coches.
e. Le tiraba globos llenos de agua a la gente.

C. **Contenido en general.** ¿Cierto (C) o falso (F)?

1. De niño Sebastián jugaba varios deportes, entre otros, el fútbol.   C   F

2. Claudia era la más traviesa de todos.   C   F

3. Sebastián preparó una pizza él mismo (*himself*) para sus amigos.   C   F

4. Ana Sofía muestra una foto de ella cuando bailaba salsa y jazz.   C   F

5. De niña, Claudia patinaba con sus amigos.   C   F

D. **Detalles.** Contesta las preguntas según el video.

1. Radamés llenaba globos de agua. ¿Qué hacía luego con ellos?

    _____

2. Los niños siempre trataban de levantar la moneda que Ana Sofía pegaba al suelo. ¿Qué hacían las otras personas?

    _____

3. ¿Qué prepara Sebastián para comer?

    _____

4. ¿Por qué no le gusta a Ana Sofía acampar?

    _____

Mi país

Cuba

Preparación para el video

1. ¿Qué es Cumbancha?

    a. el equipo de fútbol de los Amigos sin Fronteras
    b. el apellido de Radamés
    c. el grupo de música de Radamés
    d. la ciudad donde nació Radamés

Un cocodrilo cubano

2. ¿Qué no es típico de Cuba? Selecciona una respuesta.

    a. su tabaco   b. su música   c. su té   d. sus playas

Comprensión del video

¿Cierto (C) o Falso (F)?

1. Las playas de Varadero son una inspiración para la música de Radamés y Cumbancha.   C   F

2. Cerca de Trinidad, hay casas y edificios de colores brillantes.   C   F

3. En Chanchánchara, se puede disfrutar del café y del son.   C   F

4. Celia Cruz es una figura política cubana muy importante.   C   F

5. El Capitolio de La Habana es parecido al Capitolio de Washington, D.C.   C   F

6. En la fábrica Partagás, producen los famosos tabacos cubanos.   C   F

7. A muchas personas les gusta conducir sus carros nuevos por el Malecón.   C   F

8. En el Carnaval de Santiago de Cuba se puede escuchar ritmos afrocubanos.   C   F

¡A leer!

¿Sabías que… ?

El ritmo° de las palabras: canciones y rimas infantiles°   *Rhythm* / rimas… *Children's Rhymes*

¿Sabías que en muchos países del mundo hispano, cuando un niño se lastima,[a] su madre le dice: «Sana, sana, colita de rana, si no sanas hoy, sanarás mañana»[b]? Esta pequeña rima tiene el propósito de distraer[c] al niño de su lesión.[d] En el mundo hispano hay una larga tradición de rimas y canciones infantiles que son parte básica de la crianza[e] de los niños. La letra[f] y la melodía de esta música ayudan a formar un enlace profundo[g] entre el niño y su cultura.

Las canciones de cuna,[h] que también se llaman **nanas,** tienen una melodía dulce para ayudar al niño a dormir. Una de las más conocidas,[i] «A la nanita nana», es canción de cuna y villancico[j] también. Otras nanas conocidas por todo el mundo hispano son «Señora Santa Ana» y «Este niño lindo». En el Caribe se canta «Duerme negrito», una canción que data de la época de la esclavitud[k] y habla de la pobre[l] mamá que trabaja sin recibir sueldo. En Venezuela la canción de cuna más conocida es «Duérmete mi niño»; ¡la melodía es la misma del himno[m] nacional de ese país!

Además de cantar para adormecer[n] a sus hijos, los padres y abuelos usan las canciones y las rimas para jugar con los niños y para enseñarles sobre el mundo. La canción «Los elefantes» le enseña al niño a contar[ñ] y la canción «Pimpón» es una lección sobre la importancia del aseo.[o] Para ayudar al niño con la pronunciación del español los adultos le enseñan trabalenguas,[p] como por ejemplo: «Erre con erre guitarra, erre con erre barril, ¡qué rápido ruedan las ruedas sobre el ferrocarril!»[q] o «Pepe Peña pela papa, pica piña, pita un pito,[r] pica piña, pela papa Pepe Peña». Los niños también cantan cuando juegan. La canción «La víbora de la mar» acompaña un juego similar al de «*London Bridge Is Falling Down*». Para escoger a un niño para un juego, los niños dicen «De tin marín de dos pingüé, cúcara, mácara, títere fue»[s].

Aunque estas canciones y rimas parezcan canciones muy sencillas,[t] son una fuente rica de vocabulario y cultura. ¡Es posible cantar como los niños y aprender el español a la vez[u]!

[a]*se… gets hurt* [b]*Sana… Heal, heal, little frog tail, if you're not better today, you will be tomorrow.* [c]*distract* [d]*injury* [e]*upbringing* [f]*lyrics* [g]*enlace… deep connection* [h]*canciones… lullabies* [i]*well-known* [j]*Christmas carol* [k]*data… dates back to the era of slavery* [l]*poor* [m]*anthem* [n]*make (them) fall asleep* [ñ]*to count* [o]*personal hygiene* [p]*tongue twisters* [q]*ruedan….. the wheels roll on the train tracks* [r]*pela… peels potatoes, chops pineapple, blows a whistle* [s]*The phrase is nonsensical, the rough equivalent of English's "Eeny-meeny-miny-moe. . . ."* [t]*simple* [u]*a… at the same time*

Comprensión

1. _____ Cuando un niño se lastima, ¿qué le dice su madre?

   a. «De tin marín, de dos pingüé, cúcara, mácara, títere fue.»
   b. «Sana, sana, colita de rana, si no sanas hoy, sanarás mañana.»
   c. «Erre con erre guitarra, erre con erre barril, ¡qué rápido ruedan las ruedas sobre el ferrocarril!»
   d. «A la nanita nana.»

2. _____ ¿Para qué sirven las canciones de cuna que los padres y los abuelos les cantan a los niños?

   a. para enseñarle al niño a contar
   b. para jugar
   c. para aprender a pronunciar bien el español
   d. para adormecer al niño

3. _____ ¿Qué canción se usa para enseñarle al niño a contar?

   a. «Los elefantes»
   b. «Pepe Peña pela papa»
   c. «Señora Santa Ana»
   d. «A la nanita nana»

4. _____ ¿Qué canción usan los niños para escoger a un niño en un juego?

   a. «Duerme negrito»
   b. «Erre con erre guitarra, erre con erre barril, ¡qué rápido ruedan las ruedas sobre el ferrocarril!»
   c. «De tin marín, de dos pingüé, cúcara, mácara, títere fue»
   d. «A la nanita nana»

Galería

Cuba

Cuba se conoce como el Paraíso de los Caracoles por sus famosos caracoles pintados, muy típicos de la isla.

Los corales cubanos están mucho más sanos (*healthy*) que los corales del resto del mundo.

Los cocodrilos cubanos, una especie en peligro (*danger*) de extinción, viven en la ciénaga de Zapata.

En Cuba también existen especies diminutas (*tiny*), por ejemplo una rana tan pequeña como una uña. Es la rana más pequeña del hemisferio norte.

La variedad natural y fascinante de Cuba

¿Quieres saber algunos datos interesantes sobre la flora y la fauna cubanas? La verdad es que Cuba es un país afortunado[a] por tener plantas y animales únicos[b] en el mundo y eso es gracias al aislamiento[c] de la isla, a su historia y a su política[d] de conservación.

Uno de los animales más bellos y típicos de la isla es el caracol pintado.[e] Estos pintorescos[f] caracoles son auténticos de Cuba. De la familia de los caracoles son las babosas[g] panqueque, un tipo de babosas autóctonas[h] de Cuba que evolucionó y se adaptó al medio[i]: perdieron su

[a]*fortunate* [b]*unique* [c]*isolation* [d]*policies* [e]*caracol… painted snail* [f]*picturesque* [g]*slugs* [h]*native, indigenous* [i]*environment*

caparazón[j] para camuflarse[k] en las rocas. Además de los caracoles y este tipo de babosas, también se puede ver en la isla muchas especies diminutas[l] de animales: ranas, murciélagos, búhos y un tipo de colibrí.[m] ¿Qué niño no sueña con[n] ver ese tipo de animales?

    ¿Pensabas que eso era todo? Pues no, ¡ahora, al agua! Los corales cubanos son unos de los más bellos y sanos[ñ] del mundo. ¿Sabías que el hábitat de algunos corales cubanos está casi intacto? Este es el caso de los corales que hay en la laguna cerca de Guanahacabibes, que son preciosos. Y en la famosa Ciénaga[o] de Zapata se pueden encontrar, entre otras especies, los cocodrilos cubanos. Pero, ¡cuidado![p] Estos cocodrilos son los más agresivos y rápidos de su especie. Y otra especie animal autóctona de la isla son las tortugas marinas cubanas que nacen en Cayo Largo. ¿Sabes qué hacen cuando van a tener a sus hijos? Siempre vuelven a Cayo Largo para poner sus huevos.[q] Qué variedad natural y fascinante tiene Cuba, ¿verdad? Visita esta hermosa isla con toda tu familia pero, por favor, ¡ayuda a proteger esa belleza natural!

[j]shell   [k]camouflage itself   [l]especies… tiny species   [m]ranas… frogs, bats, owls, and a type of hummingbird   [n]sueña… dream about   [ñ]healthy   [o]Swamp   [p]careful!   [q]para… to lay their eggs

Comprensión. Empareja cada una de las oraciones con el animal descrito.

1. _____ Es la más pequeña de este hemisferio.   **a.** el caracol

2. _____ Todavía está intacto.   **b.** el cocodrilo

3. _____ Nace y pone huevos en Cayo Largo.   **c.** la rana

4. _____ Se camufla en las rocas.   **d.** la babosa

5. _____ Su «casa» es muy colorida.   **e.** la tortuga marina

6. _____ Es el más rápido y agresivo de su especie.   **f.** el coral cubano

Conexión cultural

La diáspora cubana

Vocabulario de consulta

éxodo	exodus, migration
han salido	have left
a partir de	beginning with
isla	island
pudiente	wealthy
pobreza	poverty
luchar	to fight
guerrilleros	guerilla fighters
derrocar	overthrow
riqueza	wealth
cuidado	care
gratis	free of charge
impuso	imposed
apoyo	support
tuvo lugar	took place
embarcaciones	vessels
golpe	blow
escasez	scarcity
balsas	rafts
balseros	raft people
morían	died
censura	censorship

Entrada de los jóvenes revolucionarios en La Habana el primero de enero de 1959, año del triunfo de la Revolución cubana.

(Continúa.)

Diáspora significa «dispersión y **éxodo**», palabras que pueden usarse para hablar de la historia reciente de Cuba. Desde 1959 hasta el presente, **han salido** de ese país caribeño poco más de dos millones de personas.* Muchos de estos inmigrantes se establecen en Estados Unidos, pero también en otros países.** Esta diáspora es el resultado de todos los éxodos que ocurrieron en Cuba **a partir de** la Revolución cubana de 1959. Antes de la Revolución, el gobierno de esta **isla** solo protegía los intereses de los ricos. En Cuba había una pequeña clase **pudiente** mientras que gran parte de la población vivía en la **pobreza.** Fue por eso que un grupo de jóvenes decidió **luchar** contra ese gobierno y cambiar el injusto sistema de clases en Cuba. El líder del grupo era Fidel Castro, un abogado que organizó guerrillas en las montañas de la isla. En enero de 1959 Castro y sus **guerrilleros** lograron **derrocar** al presidente Fulgencio Batista, un ex militar violento y corrupto. Este fue un momento de mucho optimismo en Cuba.

Uno de los objetivos de Castro era distribuir la **riqueza** del país entre todos los ciudadanos por igual, y este objetivo se realizó. Después de la Revolución, todos los cubanos tenían **cuidado** médico, educación **gratis,** comida y trabajo. Pero, para realizar esta meta, Castro siguió el modelo comunista de la Unión Soviética y las ideas del filósofo alemán Carlos Marx (1818–1883), autor del famoso libro *El manifiesto comunista* (1848). Una de las primeras acciones de Castro fue apropiarse de todas las compañías estadounidenses y nacionalizarlas. En reacción, Estados Unidos le **impuso** un embargo económico a la isla caribeña que continúa hasta hoy. Entonces, sin el **apoyo** de Estados Unidos, el gobierno revolucionario cubano se vio obligado a buscar y aceptar la ayuda de la Unión Soviética. Fue así que Cuba se convirtió en satélite del gobierno ruso.

Como resultado de este proceso, miles de cubanos decidieron irse del país. Muchos de ellos eran gente de clase alta y clase media que perdió su negocio, sus propiedades o su trabajo por no estar a favor del gobierno de Fidel Castro. Esa gente formó parte del primer gran éxodo cubano del siglo XX. Entre 1965 y 1973 llegaron a Estados Unidos más de 200.000 cubanos como refugiados políticos. El siguiente éxodo **tuvo lugar** entre abril y octubre de 1980, cuando Castro declaró que todos los que querían irse de Cuba podían hacerlo, ¡y muchos optaron por salir! Se estima que 125.000 cubanos salieron de Cuba por el puerto de Mariel[†] en los años ochenta, en **embarcaciones** que les llevaban sus familiares que vivían ya en Estados Unidos. Este evento migratorio fue un **golpe** muy fuerte para el líder comunista cubano, pues el mundo entero pudo ver que mucha gente en la isla no estaba a favor de su gobierno.

En 1991 se desintegró la Unión Soviética y Cuba perdió una ayuda económica muy necesaria. Esa década fue difícil para el país caribeño, pues pasó por un período de **escasez** devastadora que los historiadores llaman el Período Especial. Fue a partir de este momento que muchos cubanos empezaron a salir ilegalmente del país en **balsas** improvisadas. Estos inmigrantes se conocen como los **balseros**; muchos **morían** al navegar sus balsas entre Cuba y la costa de la Florida. Este éxodo tan peligroso terminó eventualmente, aunque muchos cubanos siguen tratando de salir de su país por otros medios.

Lamentablemente, ni la Unión Soviética ni Cuba lograron crear una sociedad más justa, basada en las ideas comunistas de Marx. Cierto es que todos los cubanos reciben atención médica y educación, y pueden comer lo básico. Pero la **censura** y el dogma predominan en la isla caribeña. Por eso tantos cubanos se exilian, desilusionados por un sistema que los ayuda pero que también pone límites a sus planes y sueños. Todos estos exiliados forman parte de la diáspora cubana, una de las diásporas más grandes en la historia del mundo.

---

*Este número representa el veinte por ciento de la población cubana, que es de doce millones de habitantes.
**Una antología de poesía cubana reciente, por ejemplo, incluye la obra de poetas que residen en México, España, Francia, Alemania, Sudáfrica, Inglaterra, Bruselas, además de muchos países de Sudamérica y Centroamérica. Ver Alonso, Odette, ed. *Antología de la poesía cubana del exilio*, Valencia: Aduana Vieja Editorial, 2011.
[†]Mariel es una municipalidad que se encuentra al lado sureste de la bahía de Mariel, a unas veinticinco millas al oeste de La Habana. Los cubanos que salieron por este puerto en 1980 se conocen como *los marielitos*.

Comprensión. Pon las siguientes oraciones en orden cronológico, usando números del **1** al **9.** Ya tienes la primera respuesta.

_____ Cuba pasó por un período muy difícil, conocido como el Período Especial.

___1___ El presidente Fulgencio Batista era presidente de Cuba.

_____ Estados Unidos impuso un bloqueo o embargo a la isla de Cuba.

_____ Fidel Castro organizó guerrillas en las montañas de Cuba.

_____ El nuevo gobierno cubano se apropió de las compañías estadounidenses.

_____ Triunfó la Revolución cubana.

_____ Salieron de Cuba más de 200.000 cubanos como refugiados políticos.

_____ Castro basó su gobierno en el modelo de la Unión Soviética.

_____ Muchos inmigrantes cubanos salieron del país por el puerto de Mariel.

De viaje 11

¡A escribir!

La geografía y el clima

Lee *Infórmate 11.1*

A. **¡Qué clima!** Ana Sofía comenta sobre el clima de Murcia, España, y Estados Unidos; su familia y los amigos del club responden a los comentarios de ella. Mira cada imagen y lee la respuesta. Luego escribe el comentario de Ana Sofía escogiendo la expresión más lógica de la lista.

> **¡Cuánta escarcha había esta mañana!**
> **¡Cuánta lluvia ha caído hoy!**
> **¡Cuántos días soleados tenemos en Murcia!**
> **¡Cuántos peces de colores y corales he visto estas vacaciones!**
> **¡Cuántos truenos y relámpagos!**
> **¡Qué bonito es ver el rocío por las mañanas!**
> *¡Qué cielo tan cubierto! ¡Está muy nublado!*
> **¡Qué neblina tan espesa** (*thick*) **había anoche, ¿verdad?!**
> **¡Qué poca agua tienen los ríos y los lagos este año!**
> **¡Qué verano tan caluroso!**
> **¡Qué vientos tan fuertes!**

MODELO:

ANA SOFÍA: *¡Qué cielo tan cubierto! ¡Está muy nublado!*

PAPÁ: Es normal porque he escuchado en la radio que va a caer una tormenta grande durante el día y chubascos por la tarde.

(Continúa.)

1.

ANA SOFÍA: _____

XIOMARA: Uy, sí, y me dan mucho miedo. Pensaba que iba a ser una pequeña llovizna y no esta tormenta tan grande. ¿Estaba pronosticada?

2.

ANA SOFÍA: _____

PAPÁ: La verdad es que sí. La temperatura no baja de los 35°C (95°F) y no llueve nunca; es como estar en un desierto.

3.

ANA SOFÍA: _____

MAMÁ: Es normal porque no ha llovido casi nada este año y ha hecho mucho calor; por eso el agua se ha evaporado. Mira cómo está el río Segura.

4.

ANA SOFÍA: _____

LUCÍA: Es cierto. Me encanta levantarme y verlo. Además, cuando lo hay, el aire de la mañana se siente más fresco.

5.

ANA SOFÍA: _____

MAMÁ: En esta ciudad del sur hay cielos despejados casi todos los días del año. ¡Son perfectos para unas vacaciones en la playa!

6.

ANA SOFÍA: _____

RADAMÉS: ¡Yo también! Estos arrecifes tienen los mejores corales que he visto en mi vida.

7.

ANA SOFÍA: _____

ELOY: Tienes razón. Ha llovido tanto que pensaba que iba a haber una inundación en esta ciudad.

8.

ANA SOFÍA: _____

MAMÁ: La verdad es que sí. Venían a muchos kilómetros por hora. Parecían un huracán.

9.

ANA SOFÍA: _____

NAYELI: Sí, he visto mucha esta semana. Parece que las noches han estado frías. ¡Pobres plantas!

10.

ANA SOFÍA: _____

FRANKLIN: ¡Es cierto! A las once venía del centro y no se veía nada a un metro del coche.

B. **¿Adónde vas y dónde has estado?** Ana Sofía habla con su padre y con algunos amigos del club sobre los lugares donde han estado o adonde van a ir. Completa los diálogos con las palabras y frases de la lista.

Vocabulario útil		
arrecifes	ha estado	he escrito
bosques	ha hecho	he escuchado
costa	habéis vuelto	*he estado*
desiertos	han dicho	he ido
isla	has estado	he visto
montañas	has ido	hemos estado
orilla	has visto	
selva		

ANA SOFÍA: Papá, ¿dónde <u>has estado</u> hoy?

PAPÁ: _____[1] todo el día sentado a la _____[2] de la playa. Te dije que hoy iba a pescar con mi amigo Antonio.

ANA SOFÍA: ¡Ay, es verdad! ¿_____ (vosotros)[3] al mismo lugar de la semana pasada?

PAPÁ: Sí, al mismo lugar, pero hoy pescamos más.

ANA SOFÍA: ¡Qué bien! Y además, ¡qué buen día ha hecho, ¿no?! Hoy el día _____[4] despejado y muy bonito.

ANA SOFÍA: Hola, chicos, ¿quién ha hecho alguna excursión por la _____[5] tropical?

ELOY: Juan Fernando _____[6] ese viaje muchas veces porque le encanta estar en la naturaleza. ¿Sabías que él quiere hacer un viaje en motocicleta por Latinoamérica? Quiere escalar _____,[7] cruzar _____[8] llenos de cactus y disfrutar de la belleza de los _____[9] para ver su inmensa variedad de árboles.

ANA SOFÍA: Eloy, ¿tú _____[10] un bosque de ese tipo alguna vez?

ELOY: Sí, _____[11] algunos, pero no muchos.

ANA SOFÍA: Radamés, ¿a qué islas del Caribe _____[12]?

RADAMÉS: Bueno, (yo) _____[13] a Cuba una vez y mi hermano Julián y yo _____[14] de vacaciones dos veces en las playas de la _____[15] este de la República Dominicana. Pero mis amigos me _____[16] que todas las playas de esta _____[17] caribeña son muy lindas. Claro que, para mí, la mejor playa es la de Varadero, en Cuba. Te la recomiendo.

ANA SOFÍA: Sí, eso (yo) _____.[18] Y también dicen que los _____[19] de coral de Cuba son bellísimos.

RADAMÉS: Es cierto; es que la biodiversidad de Cuba es única. ¿Conoces la isla?

ANA SOFÍA: No, aún no, pero quiero conocerla. Ya lo _____[20] en mi agenda: Cuba es mi próximo destino de vacaciones.

Los medios de transporte

Lee *Infórmate 11.2*

C. **De aquí para allá.** Ana Sofía y Radamés les hacen preguntas a los otros amigos del club sobre sus actividades. Combina las respuestas de los amigos con las preguntas que cada uno hace.

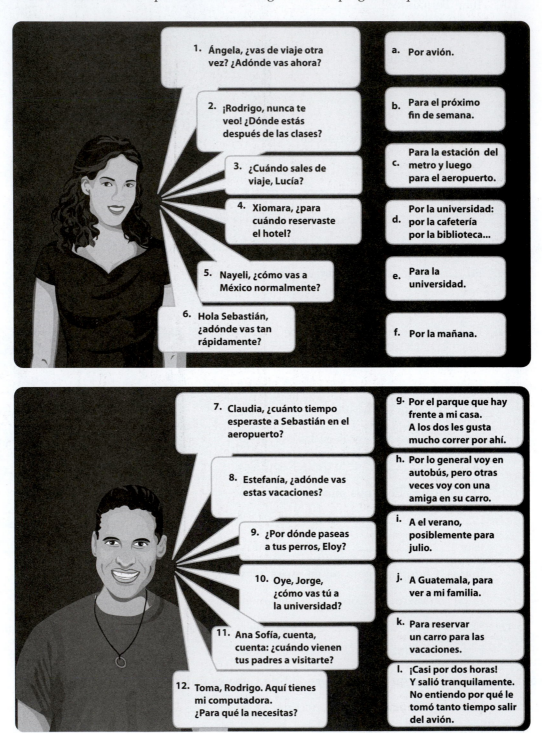

1. Ángela, ¿vas de viaje otra vez? ¿Adónde vas ahora?

a. Por avión.

2. ¡Rodrigo, nunca te veo! ¿Dónde estás después de las clases?

b. Para el próximo fin de semana.

3. ¿Cuándo sales de viaje, Lucía?

c. Para la estación del metro y luego para el aeropuerto.

4. Xiomara, ¿para cuándo reservaste el hotel?

d. Por la universidad: por la cafetería por la biblioteca...

5. Nayeli, ¿cómo vas a México normalmente?

e. Para la universidad.

6. Hola Sebastián, ¿adónde vas tan rápidamente?

f. Por la mañana.

7. Claudia, ¿cuánto tiempo esperaste a Sebastián en el aeropuerto?

g. Por el parque que hay frente a mi casa. A los dos les gusta mucho correr por ahí.

8. Estefanía, ¿adónde vas estas vacaciones?

h. Por lo general voy en autobús, pero otras veces voy con una amiga en su carro.

9. ¿Por dónde paseas a tus perros, Eloy?

i. A el verano, posiblemente para julio.

10. Oye, Jorge, ¿cómo vas tú a la universidad?

j. A Guatemala, para ver a mi familia.

11. Ana Sofía, cuenta, cuenta: ¿cuándo vienen tus padres a visitarte?

k. Para reservar un carro para las vacaciones.

12. Toma, Rodrigo. Aquí tienes mi computadora. ¿Para qué la necesitas?

l. ¡Casi por dos horas! Y salió tranquilamente. No entiendo por qué le tomó tanto tiempo salir del avión.

D. En la agencia de alquiler de coches. Ana Sofía quiere viajar por toda España con unas amigas y decide alquilar un coche. Usa las siguientes oraciones para completar el diálogo entre Ana Sofía y el empleado de la agencia.

Hice la reserva en línea ayer por la tarde, pero no la he traído conmigo.
Hoy salgo para Valencia pero voy a viajar por toda España y necesito kilómetros ilimitados.
La verdad, lo prefiero de gasoil.
Mejor de marchas, por favor.
Necesito un coche para siete personas.
No, gracias, tengo mi propio seguro.
No, señor, creo que no tengo más preguntas.
Pero ¿tengo que pagar el coche con esta tarjeta de crédito?
Por una semana, por favor.
Sí, aquí está mi DNI.
Sí, tengo el carnet de conducir español.
¿Tengo que pagar extra si uso la tarjeta de crédito?
Vengo a recoger el coche que he reservado.

AGENTE: Hola, señorita. ¿En qué puedo servirle?

ANA SOFÍA: Hola, señor. *Vengo a recoger el coche que he reservado.*

AGENTE: ¿Me puede dar su reserva?

ANA SOFÍA: Lo siento, no la tengo aquí. _____

_____¹

AGENTE: Está bien, no hay problema. Yo la busco con su información. ¿Tiene su DNI* o carnet de identificación?

ANA SOFÍA: _____²

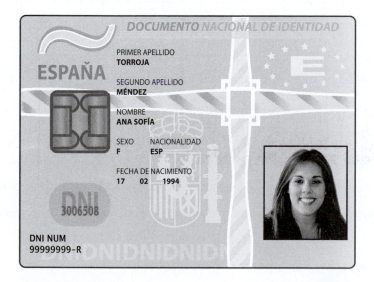

(*Continúa.*)

---

*Documento Nacional de Identidad, *national identification card in Spain.*

AGENTE: Gracias. ¿Tiene carnet de conducir (*driver's license*) de España o un carnet internacional?

ANA SOFÍA: _____ 3

AGENTE: Perfecto. Señorita Torroja Méndez. ¿Qué tipo de coche necesita?

ANA SOFÍA: _____ 4

AGENTE: ¿Prefiere un coche de marchas o automático?

ANA SOFÍA: _____ 5

AGENTE: ¿Lo prefiere de gasolina o de gasoil (*diesel*)?

ANA SOFÍA: _____ 6

Pero si no tiene, de gasolina está bien también.

AGENTE: ¿Quiere comprar el seguro para el coche?

ANA SOFÍA: _____ 7

AGENTE: ¿Por cuántos días lo necesita?

ANA SOFÍA: _____ 8

AGENTE: ¿Quiere tener kilómetros ilimitados (*unlimited*)?

ANA SOFÍA: Sí, por favor. _____

_____ 9

AGENTE: ¿Tiene una tarjeta de crédito para ponerla como depósito?

ANA SOFÍA: Sí, claro, aquí tiene. _____

_____ 10

AGENTE: No, señorita. Puede pagar en efectivo o con tarjeta de crédito, como prefiera.

ANA SOFÍA: _____ 11

AGENTE: No, no hay cargos por pagar con tarjeta de crédito. ¿Tiene más preguntas?

ANA SOFÍA: _____ 12

Gracias por todo.

AGENTE: De nada, señorita. Firme aquí, por favor. Estas son las llaves del coche. Si encuentra algún problema con el coche, con las ruedas, el cinturón de seguridad, los limpiaparabrisas, el parachoques, el capó, con cualquier cosa, debe venir y avisarme. Si todo está bien, ¡buen viaje, señorita!

ANA SOFÍA: Gracias, señor. ¡Que pase un buen día!

En busca de sitios

Lee *Infórmate 11.3*

E. **De paseo por Sevilla.** En su paseo por toda España, Ana Sofía visita Sevilla, una ciudad que conoce muy bien. Allí un turista chileno le pregunta cómo llegar a algunos lugares. Mira el plano de una zona de Sevilla y busca los siguientes lugares. Después ordena las instrucciones que Ana Sofía le da al turista.

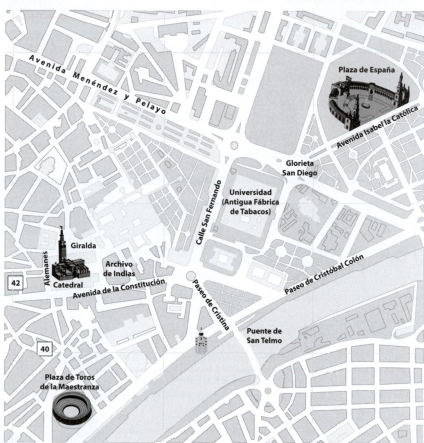

De la Plaza de Toros de la Maestranza a la Universidad (Antigua Fábrica de Tabacos)

_____ Pase la glorieta y doble a la derecha en la calle San Fernando.

_____ Camine por el paseo de Cristóbal Colón hasta el paseo de Cristina.

_____ La Universidad de Sevilla está a la derecha.

_____ Doble a la izquierda en el paseo de Cristina.

Del Archivo de Indias a la plaza de España

_____ A la izquierda va a ver la famosa Plaza de España.

_____ Doble a la izquierda en la avenida de la Constitución y continúe en la calle San Fernando.

_____ En la glorieta San Diego, doble a la izquierda hacia la avenida Isabel la Católica.

_____ Llegue a la glorieta y doble a la derecha en la avenida Menéndez y Pelayo.

_____ Siga derecho hasta la glorieta San Diego.

(Continúa.)

Del puente de San Telmo a la Giralda

_____ A la derecha va a ver la Giralda.

_____ Camine hasta el final de la calle Alemanes.

_____ Camine hasta la calle Alemanes.

_____ Cruce el paseo de Cristóbal Colón.

_____ Doble a la derecha en la calle Alemanes.

_____ Doble a la izquierda en la avenida de la Constitución.

_____ Siga por el paseo de Cristina hasta la glorieta.

F. **RumboHispania: tu viaje ideal.** Los amigos del club buscaron en línea diferentes lugares para ir de viaje. Encontraron la página Web de **RumboHispania,** una agencia de viajes para el turismo en España. Completa la lista de sugerencias para viajeros con el mandato formal **(ustedes)** del verbo entre paréntesis.

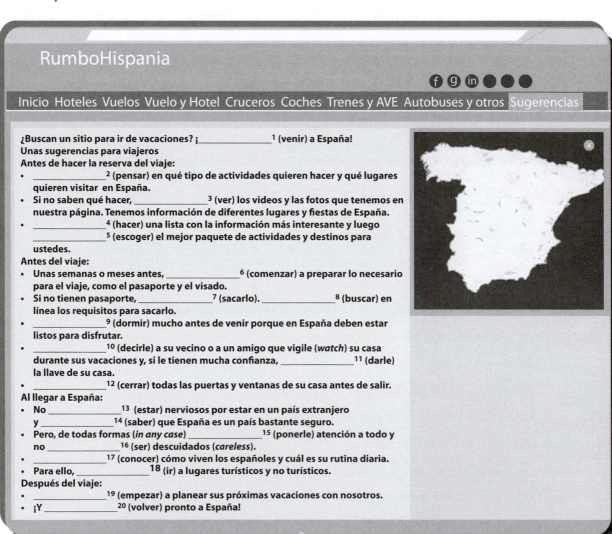

RumboHispania

Inicio Hoteles Vuelos Vuelo y Hotel Cruceros Coches Trenes y AVE Autobuses y otros Sugerencias

¿Buscan un sitio para ir de vacaciones? ¡ _____ [1] **(venir) a España!**
Unas sugerencias para viajeros
Antes de hacer la reserva del viaje:
- _____ [2] **(pensar) en qué tipo de actividades quieren hacer y qué lugares quieren visitar en España.**
- **Si no saben qué hacer,** _____ [3] **(ver) los videos y las fotos que tenemos en nuestra página. Tenemos información de diferentes lugares y fiestas de España.**
- _____ [4] **(hacer) una lista con la información más interesante y luego** _____ [5] **(escoger) el mejor paquete de actividades y destinos para ustedes.**
Antes del viaje:
- **Unas semanas o meses antes,** _____ [6] **(comenzar) a preparar lo necesario para el viaje, como el pasaporte y el visado.**
- **Si no tienen pasaporte,** _____ [7] **(sacarlo).** _____ [8] **(buscar) en línea los requisitos para sacarlo.**
- _____ [9] **(dormir) mucho antes de venir porque en España deben estar listos para disfrutar.**
- _____ [10] **(decirle) a su vecino o a un amigo que vigile (_watch_) su casa durante sus vacaciones y, si le tienen mucha confianza,** _____ [11] **(darle) la llave de su casa.**
- _____ [12] **(cerrar) todas las puertas y ventanas de su casa antes de salir.**
Al llegar a España:
- **No** _____ [13] **(estar) nerviosos por estar en un país extranjero y** _____ [14] **(saber) que España es un país bastante seguro.**
- **Pero, de todas formas (_in any case_)** _____ [15] **(ponerle) atención a todo y no** _____ [16] **(ser) descuidados (_careless_).**
- _____ [17] **(conocer) cómo viven los españoles y cuál es su rutina diaria.**
- **Para ello,** _____ [18] **(ir) a lugares turísticos y no turísticos.**
Después del viaje:
- _____ [19] **(empezar) a planear sus próximas vacaciones con nosotros.**
- **¡Y** _____ [20] **(volver) pronto a España!**

Los viajes

Lee *Infórmate 11.4*

G. ¡Qué cosas pasan! Ana Sofía nos cuenta varias anécdotas que les han pasado a ella y a su familia. Completa sus anécdotas de la forma más lógica combinando las circunstancias y situaciones con los eventos que ocurrieron en esas situaciones.

CIRCUNSTANCIAS Y SITUACIONES

1. _____ (Yo) Estaba en el aeropuerto...

2. _____ Tomábamos el sol en la playa...

3. _____ Unos amigos escalaban una montaña de los Pirineos...

4. _____ Mi mami paseaba a mis perros por el parque...

5. _____ ¿Ibas en el crucero por el Mediterráneo...

6. _____ Yo andaba en mi bicicleta paseando por la ciudad...

7. _____ Mis amigas caminaban por el bosque...

8. _____ Había una gran tormenta con truenos y relámpagos...

9. _____ ¿Estabais en la puerta de embarque (*boarding gate*)...

10. _____ Mis padres y yo estábamos parados en un semáforo...

EVENTOS

a. cuando uno de ellos se cayó y no pudo subir más.

b. y vi salir un avión... ¡con la puerta todavía abierta!

c. cuando os llamé al móvil para deciros adiós?

d. cuando el cielo se cubrió de nubes y cayó un chubasco.

e. cuando a una de ellas le dio alergia a los pinos (*pine trees*) y tuvo que regresar.

f. y la luz de la casa se apagó.

g. cuando el barco chocó contra unas rocas?

h. cuando vimos un pequeño accidente: una persona en bicicleta no paró en la luz roja y atropelló a un peatón que cruzaba la calle.

i. cuando mis hermanos y mis padres me pasaron en su coche.

j. cuando me vio sentada en un banco debajo de un árbol, leyendo.

H. El día del viaje. Ana Sofía siempre apunta los eventos más importantes que le pasan en su vida para no olvidarlos. Esto es lo que escribió sobre el día que viajó sola a Estados Unidos por primera vez. Completa su narración con la forma correcta de pasado (**pretérito** o **imperfecto**) de los verbos en paréntesis.

El día de mi viaje a Estados Unidos

Ese día en el aeropuerto _estaba_ (estar: yo) un poco nerviosa porque _____[1] (viajar) sola y no _____[2] (conocer) a nadie en Estados Unidos. _____[3] (tener) todos mis papeles: mi pasaporte, mi visado y mi reserva de avión. El día _____[4] (estar) bonito en Madrid, el cielo _____[5] (estar) despejado y _____[6] (haber) un sol enorme, pero mi familia ya no _____[7] (estar) allí conmigo.

Mientras _____[8] (esperar) mi turno para facturar[a] las maletas, _____[9] (hablar: yo) con varias chicas jóvenes que también _____[10] (hacer) cola.[b] Todas _____[11] (viajar: ellas) juntas a Nueva York. Antes de llegar al mostrador con mis maletas, _____[12] (tener: yo) que hablar con un oficial de Estados Unidos. El oficial me _____[13] (hacer) muchas preguntas sobre mis maletas. Después de eso, _____[14] (llegar: yo) al mostrador y _____[15] (facturar) mis dos maletas.

Después de facturar las maletas, las chicas de la cola y yo _____[16] (pasar) por seguridad y _____[17] (ir) a nuestras salas de espera. Una hora y media después _____[18] (abordar: yo) el avión en clase turista, claro, y _____[19] (cruzar: yo) el Océano Atlántico por primera vez. Mis aventuras en este país _____[20] (empezar) ese día inolvidable…

[a]_to check_   [b]_hacer… to stand in line_

En resumen

I. Contestas las siguientes preguntas con todos los detalles posibles.

1. ¿Qué tres actividades no has hecho nunca? Explica por qué no las has hecho.

   MODELO: *Nunca he escalado una montaña porque es peligroso y tengo miedo.*

   _____

   _____

   _____

2. ¿Cómo es tu lugar favorito? Habla de la geografía, del clima y de las actividades que has hecho en ese lugar.

   _____

   _____

   _____

   _____

3. ¿Qué aspecto de tu coche (o del coche en el que andas con más frecuencia) no te gusta y qué quieres cambiar?

   _____

   _____

4. Tu profesor es nuevo en la universidad y te pregunta cómo ir de tu salón de clase a la cafetería de la universidad. Dale instrucciones usando la forma de **usted.**

   _____

   _____

   _____

5. Imagínate que vas a viajar a un país hispano. ¿Qué tienes que hacer en el aeropuerto?

   _____

   _____

   _____

   _____

Exprésate

Escríbelo tú

Un viaje en automóvil

Escribe sobre un viaje que hiciste en automóvil. Usa las preguntas a continuación como guía para organizar tu composición.

Mi mejor (peor/último/...) viaje en automóvil		
Información	¿Adónde fuiste? ¿Fuiste solo/a o con algunos amigos?	
	Fui a... con...	
Antes del viaje	¿Cómo te preparaste para el viaje? (compras, documentos, gasolina, ¿ ?)	
	¿Tuviste que hacerle alguna reparación al automóvil? ¿Qué?	
	Actividades	¿Qué viste y qué hiciste durante el viaje?
	¿Problemas?	¿Salió todo bien? ¿Tuvo alguna falla mecánica el coche? ¿Tuviste algún problema con los amigos o en algún lugar a donde llegaron? Descríbelo(s).
		¿Resolviste el/los problema(s) tú solo/a o te ayudó alguien? ¿Quién?
Conclusión	¿Te divertiste en el viaje? Explica.	
	¿Qué es lo que más/menos te gustó?	
	Lo que más/menos me gustó fue (que)...	

_____

_____

_____

_____

_____

_____

_____

_____

_____

Enlace auditivo

Pronunciación y ortografía

Ejercicios de pronunciación

Consonants: s + *Consonant*

A. The pronunciation of the letter **s** when followed by a consonant varies from country to country. It is generally pronounced as an **s** when followed by the consonants **p, t, c, qu, f, j,** and **g** (followed by **e** or **i**). However, when the letter **s** is followed by the consonants **b, v, d, g** (+ **a, o,** or **u**), **y, l, r, m,** and **n,** it is pronounced much like the **z** sound in English

Listen to a Mexican speaker pronounce the following words and phrases.

[s] e_s_tá, e_s_ poco, e_s_pero, conte_s_tar, e_s_coba, e_s_palda, ca_s_taño, e_s_ feo, seme_s_tre, de_s_cansar, tiene_s_ tiempo, gu_s_to, e_s_quiar, e_s_cribir, e_s_cuchar, e_s_posa, e_s_tado, e_s_tómago, e_s_ joven

[z] e_s_ verde, béi_s_bol, e_s_ de aquí, e_s_ más, e_s_ grande, de_s_de, e_s_ bueno, e_s_ nuevo, e_s_ de México, e_s_ lacio, e_s_ romántico, tu_s_ libros

B. In other areas—especially the coastal areas, the Caribbean countries, and parts of the Southern Cone—the letter **s** is pronounced as an aspiration (much like a soft *h* of English), or even dropped altogether, especially if followed by a consonant. This very common practice is called "eating s's" (**comerse las eses**).

Listen to some of the same words and phrases as pronounced by a Cuban speaker.

[h] e_s_tá, e_s_ poco, e_s_pero, conte_s_tar, e_s_ feo, tiene_s_ tiempo, gu_s_to, e_s_cribir, e_s_cuchar, e_s_posa, e_s_ joven, béi_s_bol, e_s_ más, e_s_ grande, de_s_de, e_s_ nuevo

Ejercicios de ortografía

I. *Medial* r *and* rr

Single **r** (**r**) and double **r** (**rr**) between vowels (in medial position) must be carefully distinguished in speaking and writing. Remember that **r** between vowels is pronounced as a single tap, while **rr** is a trill.

Write the words you hear with **r** and **rr.**

1. _____

2. _____

3. _____

4. _____

5. _____

6. _____

7. _____

8. _____

9. _____

10. _____

II. *Exclamations*

Remember that interrogative words are written with an accent mark. These include **¿Cómo?,** **¿Dónde?, ¿Cuánto?, ¿Cuál?, ¿Por qué?, ¿Quién?, ¿Cuándo?,** and **¿Qué?** The words **qué** and **cuánto** are also written with an accent mark if they are used in exclamations, such as, for example: **¡Qué bonita es esta playa!**

Write the sentences you hear making sure to include accent marks when needed.

1. _____

2. _____

3. _____

4. _____

5. _____

III. *Accent Marks on Affirmative Commands*

When a pronoun (**me, te, le, lo, la, nos, les, los, las,** or **se**) is added to a polite affirmative command that has two or more syllables, the command form must be written with an accent mark: **lávese las manos, acuéstese, cómprelo, dígale la verdad.** This use of the written accent mark follows the rules you have learned:* they are words in which the stress falls on the third syllable (or further) from the end.

Listen and write the following sentences with affirmative polite (**usted** and **ustedes**) commands that include pronouns. Write an accent mark on the stressed syllable of each command.

1. _____

2. _____

3. _____

4. _____

5. _____

6. _____

7. _____

8. _____

9. _____

10. _____

---

*You may wish to review the rules for stress in the **Ejercicios de pronunciación II** section of **Capítulo 5** as well as the rules for written accent marks in the **Ejercicio de ortografía** section of **Capítulo 9** of this *Cuaderno de actividades.*

Actividades auditivas

A. ¡El viaje de sus sueños! La agencia
Viajes Meliá tiene una promoción: dos
paquetes especiales para los habitantes
de las Américas que quieren visitar
España. Escucha su anuncio de radio y
luego completa la actividad a
continuación.

Vocabulario de consulta

maestros	masters
pintura	painting
diseños	(fashion) designs
antigua	old
ruido	noise
acuario	aquarium
mezquita	mosque
de sabor moro	with a Moorish flavor (influence)
¡No se pierda… !	Don't miss . . . !
oferta	offer
aprovéchela	take advantage of it
sueños	dreams

Lugares mencionados

el Palacio Real	*Royal Palace*
los Jardines del Buen Retiro	*a magnificent park in Madrid that covers about 350 acres of land at the edge*
el Barrí Gotic	*also called* **Barrio Gótico,** *the Gothic Quarter, with several buildings that date to Medieval times, it is an old neighborhood in the center of Barcelona*
Granada, Córdoba, Sevilla	*Cities in Southern Spain*

¿Cierto (C) o falso (F)?

1. El primer paquete es de diez días en Madrid y Barcelona.   C   F

2. En Madrid los turistas pueden pasar cinco días visitando museos.   C   F

3. En el Museo del Prado hay solamente obras de Picasso y Dalí.   C   F

4. Velázquez, El Greco y Goya son tres grandes maestros del arte español.   C   F

5. En Madrid se puede ir de compras en la Calle de Serrano.   C   F

6. El Barrí Gotic está en Barcelona.   C   F

7. Para ver muchas obras del arquitecto Antoni Gaudí hay que ir a Madrid.   C   F

8. Una obra famosa de Gaudí es la iglesia de la Sagrada Familia.   C   F

9. En Sevilla los turistas pueden admirar la antigua mezquita.   C   F

10. En Granada hay unos jardines donde se disfruta de paz y tranquilidad.   C   F

B. Juan Fernando quiere visitar España. Juan Fernando es un estudiante costarricense y miembro del club Amigos sin Fronteras. Él siempre ha querido visitar España y ahora llama a Ana Sofía por Skype para charlar sobre el país de ella. Escucha la conversación y luego completa las oraciones.

Vocabulario de consulta

¡Cuánto tiempo!	It's been a long time!
¿Qué hay de nuevo?	What's new?
te cuento	I'll tell you
hoyos de barro caliente	hot mud holes
estatuas	statues
El pensador de Rodin	Rodin's *The Thinker*
gracioso	funny
consejos	advice
¡Pura vida!	Wonderful!
¡Hecho!	Done!
posada	inn

Lugares mencionados

Tortuguero	*a national park in the northeast of Costa Rica where turtles go to lay their eggs every year*
Rincón de la Vieja	*a national park in Costa Rica around the active volcano Rincón de la Vieja that offers hot mud baths and many other amenities*
Segovia, Ávila, Toledo, Cuenca, Aranjuez, Chinchón, Guadalajara	*small but important towns and cities around Madrid, Spain*

1. Juan Fernando habla con _____ por Skype.

2. En _____ Juan Fernando fue a Tortuguero.

3. En Rincón de la Vieja Juan Fernando y sus amigos se convirtieron en _____.

4. Juan Fernando ofrece mostrarle su país, _____, a Ana Sofía.

5. Juan Fernando tiene muchas ganas de visitar _____ y necesita los consejos de Ana Sofía.

6. Juan Fernando dice que nunca ha _____ nada sobre_____.

7. Ana Sofía le recomienda a su amigo que visite _____ porque hay muchas cosas que ver y hacer y porque hay muchos lugares interesantes muy cerca.

8. Segovia, Toledo, Ávila y otros lugares están a menos de _____ kilómetros de Madrid. Se puede llegar a ellas por _____ y por poco _____.

9. Juan Fernando necesita un hotel _____ o una posada para _____.

Videoteca

Amigos sin Fronteras

Episodio 11: ¡Allá vamos, Los Ángeles!

Resumen. Eloy, Ana Sofía, Sebastián y Nayeli hacen un viaje en carro a Los Ángeles. Es la primera vez que Ana Sofía visita esa ciudad y está muy emocionada. Van a quedarse en un hotel de Santa Mónica y Eloy, que es angelino, va a llevar a sus amigos a los lugares turísticos de Los Ángeles. Por el camino paran en una gasolinera y luego manejan directamente a la playa, donde a Sebastián le espera una sorpresa.

Preparación para el video

A. Comencemos. ¿Qué tipo de actividades son comunes antes de salir de viaje en carro? Selecciona siete.

- [ ] **1.** Alquilar un carro.
- [ ] **2.** Guardar las maletas.
- [ ] **3.** Reservar un hotel, si es necesario.
- [ ] **4.** Hacer una lista de los sitios que quieres visitar.
- [ ] **5.** Hacer la maleta.
- [ ] **6.** Comprar los billetes de autobús.
- [ ] **7.** Ponerle gasolina al coche.
- [ ] **8.** Hacer sándwiches para el viaje.
- [ ] **9.** Jugar Wii.
- [ ] **10.** Revisar el aire de las ruedas (llantas).

Vocabulario de consulta

no hace falta	it´s not necessary
mejor paramos	it would be better if we stop
camioneta	van
cita	date, encounter
tonta	silly, dumb
te distraes	you get distracted
prohibido	forbidden
huellas	handprints/footprints

Comprensión del video

B. El episodio. Lee cada una de las oraciones e indica la persona correspondiente.

1. _____ No tiene licencia de conducir.
2. _____ Ya está en Los Ángeles.
3. _____ Compró comida para los amigos.
4. _____ Pidió las papitas.
5. _____ No le gustan los parques de atracciones.

a. Ana Sofía

b. Claudia

c. Eloy

d. Nayeli

e. Sebastián

(Continúa.)

C. **Contenido en general.** ¿Cierto (C) o falso (F)?

1. Sebastián sugiere hacer unos sándwiches y todos aceptan.   C   F

2. Claudia fue a Los Ángeles unos días antes para encontrarse con una familia paraguaya.   C   F

3. Estos cuatro amigos del club van a dormir en la casa de los padres de Eloy.   C   F

4. Ana Sofía quiere las donas y las papitas.   C   F

5. Sebastián se puso su traje de baño favorito para bañarse en la playa.   C   F

D. **Detalles.** Contesta las preguntas según la información en el video.

1. ¿De cuántas horas es el viaje aproximadamente? _____

2. ¿Qué tipo de gasolina le pusieron al carro? _____

3. ¿Qué quiere decir Ana Sofía al comentar que Sebastián tuvo una cita con el señor Roca?

   _____

4. ¿Qué hizo Sebastián al ajustar los espejos retrovisores? _____

5. Para Ana Sofía, ¿cuál es el lugar más importante que deben visitar? _____

Mi país

España

Preparación para el video

Selecciona las respuestas correctas.

1. Alrededor de España están _____ y _____.

   a. el Mar Mediterráneo
   b. el Océano Pacífico
   c. el Océano Atlántico

2. Si quieres viajar a España desde Estados Unidos puedes usar _____ y _____.

   a. el tren   c. el avión   e. el metro

   b. el barco   d. el coche

Comprensión del video

Las Fallas de Valencia

Indica la ciudad o región apropiada para cada atractivo de España.

	MADRID	ANDALUCÍA	BARCELONA
1. el flamenco	☐	☐	☐
2. el Alcázar de Sevilla	☐	☐	☐
3. el Rastro	☐	☐	☐
4. el Parque Güell	☐	☐	☐
5. la Sagrada Familia	☐	☐	☐
6. el Retiro	☐	☐	☐
7. la Rambla	☐	☐	☐
8. el Centro de Arte Reina Sofía	☐	☐	☐
9. la Puerta del Sol	☐	☐	☐
10. la Alhambra	☐	☐	☐

¡A leer!

¿Sabías que... ?

La presencia gitana° en España

Gypsy (adj.)

¿Sabías que hay más de 600.000 personas en España que son descendientes de gente nómada[a] de India? Tras la invasión de la India por los musulmanes[b] en el siglo IX, varios grupos de indios salieron del norte de su país y empezaron a establecerse en muchos países de Europa y el norte de África. Algunos de ellos, procedentes[c] de Egipto y Turquía, llegaron a España en el año 1425. Los españoles del siglo XV los llamaron «egiptanos[d]», palabra que se transformó en «gitanos[e]».

Los gitanos han sufrido mucha discriminación en España y en otros países de Europa. Varios reyes[f] españoles quisieron expulsarlos[g] del país y los gitanos han tenido que vivir al margen de la sociedad. Tradicionalmente los gitanos se dedicaban a los trabajos agrícolas[h] y algunos eran excelentes herreros y artesanos.[i] Pero esta comunidad siempre ha tenido una alta tasa de desempleo y analfabetismo.[j] En 1983 el gobierno español estableció un programa para promover la educación de los gitanos. Los gitanos de hoy en día se concentran en Andalucía, Cataluña y la Comunidad* Valenciana, pero su idioma y su cultura han tenido una influencia profunda en la cultura española en general.

Los gitanos llegaron a España hablando **romaní**, un idioma de India, pero gradualmente crearon su propio[k] idioma mixto, llamado **caló**, que utiliza la gramática del español con vocabulario del romaní. Muchas palabras del caló han pasado a formar parte del castellano coloquial, entre otras: **payo/a** (una persona no gitana), **chusma** (un grupo de personas), **chaval(a)** (un niño o una niña), **chungo/a** (malo/a o difícil), **jamar** (comer) y **nanay** (*no way*).

La música flamenca es la expresión más popular de la cultura gitana. Esta música surgió en Andalucía a fines del siglo XVII pero tiene sus raíces[l] en la cultura del sur de España, con influencia gitana, mora[m] y judía. El baile flamenco se caracteriza por el rítmico zapateo[n] y el cante jondo, un tipo de canción que expresa el sufrimiento del pueblo gitano. Hay muchos gitanos que son famosos bailarines (o «bailaores», como dicen en Andalucía) de flamenco. Pero también hoy en día hay gitanos en todas las profesiones: médicos, profesores, abogados, futbolistas y políticos. Los gitanos llegaron a España como gente nómada pero ahora su cultura es una parte íntegra de la sociedad española.

[a]*nomadic* [b]Tras... *After the Muslim invasion of India* [c]*coming* [d]palabra española del siglo XV para referirse a los egipcios [e]*Gypsies* [f]*kings* [g]*to expel them* [h]*agricultural* [i]herreros... *blacksmiths and artisans* (*craftsmen*) [j]alta... *high rate of unemployment and illiteracy* [k]*own* [l]*roots* [m]*Moorish* [n]*stamping of feet*

Comprensión

1. ⎯⎯⎯⎯ ¿Los gitanos son originalmente de qué país?

   a. España   c. Turquía
   b. Egipto   d. India

2. ⎯⎯⎯⎯ En la España actual, los gitanos viven mayormente en...

   a. Andalucía, Valencia y Cataluña
   b. el País Vasco, Galicia y Madrid
   c. Asturias, Andalucía y Cantabria
   d. Cataluña, País Vasco y La Rioja

3. ⎯⎯⎯⎯ El idioma que hablan los gitanos en España se llama...

   a. romaní   c. hindi
   b. caló   d. catalán

4. ⎯⎯⎯⎯ El estilo de música que combina elementos de los gitanos, los moros y los judíos es...

   a. el zapateo
   b. el flamenco
   c. el cante de los romaníes
   d. la música del caló

*Spain is geographically and politically divided into seventeen **Comunidades Autónomas,** regional areas that, while part of Spain, administer local laws and conserve their own customs.

Galería

España

La Tomatina, Buñol, en la provincia de Valencia, es una fiesta de tomates en donde celebran con una verdadera guerra de tomates.

Los eventos más famosos de las fiestas de Sanfermín son los encierros, donde más de 20.000 participantes corren durante varios minutos por las calles de Pamplona.

Las fallas, unas estatuas gigantes que decoran las calles de Valencia del quince al diecinueve de marzo, se queman el último día a medianoche.

En las procesiones de la Semana Santa en Sevilla los nazarenos, o penitentes, acompañan a los pasos (el nombre que les dan a las estatuas religiosas). Pasan por varias calles mientras se escuchan emotivas canciones tradicionales, llamadas **saetas,** dedicadas a las figuras religiosas.

Las celebraciones de España

Las celebraciones de España son muy variadas y todas tienen un factor en común: ¡son impresionantes!

¡Empecemos en las islas: las islas Canarias! Tenerife está en el archipiélago canario frente a la costa noroeste de África y allí puedes celebrar una de las fiestas más divertidas del mundo: el Carnaval. Por sus fabulosos desfiles de carrozas decoradas, la música y los bailes, el Carnaval de Santa Cruz de Tenerife ahora es el segundo más importante del mundo, después del Carnaval de Río de Janeiro. Además, ¡Tenerife tiene unas playas estupendas!

Desde allí, puedes ir al sur de la península española, a la ciudad de Sevilla en la comunidad de Andalucía, para celebrar la Semana Santa,[a] la fiesta tradicional más importante de España y una de las grandes fiestas de primavera. Hay desfiles por las calles desde el Domingo de Ramos[b] hasta el Domingo de Resurrección.[c] Estas procesiones duran entre cuatro y catorce horas, y son muy estructuradas, con la Cruz de Guía,[d] los nazarenos[e] y los pasos, que son grandes imágenes que representan la Pasión y que se llevan en plataformas por la calle. Poco después de la Semana Santa empieza la famosa Feria de Abril, con música y baile, caballos, castañuelas[f] y trajes típicos de sevillana. ¿Cuál de estas dos fiestas primaverales prefieres ver?

Si visitas la costa mediterránea de España, debes viajar a la Comunidad Valenciana, en donde se celebran otras dos fiestas muy famosas: las Fallas y la Tomatina. Las Fallas se celebran en la ciudad de Valencia en marzo. Son una gran exposición de arte en las calles, formada por unas espectaculares estatuas gigantes hechas de papel maché, cartón y madera,[g] llamados «fallas». Las fallas representan actividades y preocupaciones de todos los españoles con ironía y humor. Pero el momento más importante es cuando se queman todas las fallas que adornan las calles. También en la Comunidad Valenciana, en Buñol se celebra la Tomatina el último miércoles de agosto. En esta fiesta única, puedes participar en una verdadera guerra[h] de tomates.

En Pamplona, una ciudad en Navarra, en el norte de España, puedes ser participante en otro festival emocionante, uno de los más famosos de España. Del siete al catorce de julio se celebra San Fermín o los Sanfermines. Lo más conocido de esta celebración es el encierro de los toros,[i] en el que más de 20.000 personas vestidas de blanco y rojo corren delante de los toros por las calles de Pamplona hasta llegar a la plaza de toros. ¿Te atreves[j] a participar?

¿Qué celebración quieres visitar primero? La elección es difícil, ¿verdad? Pues esto es sólo un ejemplo de algunas de las fiestas y celebraciones de España, pero la lista es inmensa. Si te gusta el ruido de los tambores,[k] hay tamborradas —celebraciones de todas las percusiones— en San Sebastián en enero y en Hellín durante la Semana Santa. Otras fiestas importantes son el Bando de la Huerta y el Entierro de la Sardina[l] de Murcia la semana después de la Semana Santa; la fiesta de Moros[m] y Cristianos de Alicante en abril; el festival del Grec de Barcelona en el verano; la romería vikinga[n] de Pontevedra en agosto y la semana cervantina de Alcalá de Henares en Madrid, que se celebra en octubre en honor a Miguel de Cervantes, el autor de la famosa novela *Don Quijote de la Mancha*. ¡Seguro que te vas a divertir mucho!

[a]Semana... *Holy Week (the week before Easter Sunday)* [b]Domingo... *Palm Sunday* [c]Domingo... *Easter Sunday* [d]Cruz... *Guiding Cross* [e]*penitents wearing traditional white costume* [f]*castanets* [g]cartón... *cardboard and wood* [h]*war* [i]encierro... *running of the bulls* [j]Te... *Do you dare* [k]*drums* [l]Entierro... *Sardine Burial* [m]*Moors* [n]romería... *Viking pilgrimage*

Comprensión. Indica el lugar y el nombre del festival que corresponde al detalle.

				LUGAR		NOMBRE
1.	_____ _____	batalla de tomates	a.	Santa Cruz de Tenerife, islas Canarias	f.	Fallas
2.	_____ _____	estatuas gigantes quemadas			g.	Carnaval
3.	_____ _____	pasos	b.	Pamplona, Navarra	h.	San Fermín
4.	_____ _____	desfiles en las islas	c.	Buñol, Comunidad Valenciana	i.	la Semana Santa
5.	_____ _____	encierro de los toros	d.	Valencia, Comunidad Valenciana		
			e.	Sevilla, Andalucía	j.	la Tomatina

Conexión cultural

El nuevo flamenco

María Bermúdez

Sara Baras

Vocabulario de consulta

espectáculos	shows	**perseguida**	persecuted
llamativos	flashy	**se remonta**	dates back
taconeo	heel stomping	**comienzos**	beginnings
palmadas	clapping	**adquirió**	acquired
raíces	roots, origin	**cantaores**	Flamenco singers
moros	Moors	**mezcla**	mixing, mixture
judíos	Jews	**bailaor(a)**	Flamenco dancer
gitanos	Gypsies	**resulta**	ends up being
sureñas	southern	**emocionante**	exciting
queja	protest, cry	**sigue tocándose**	it is still being played

Cuando escuchamos la palabra *flamenco,* muchos pensamos en **espectáculos** dramáticos con mujeres de **llamativos** vestidos multicolores, que bailan al ritmo de las castañuelas, del **taconeo** y de las **palmadas.** También pensamos en la música popularizada por los Gypsy Kings. Todo eso es cierto, pero el flamenco incluye mucho más. Esta fascinante tradición de música y baile nació en Andalucía, región del sur de España, y sus **raíces** vienen de tres culturas: la cultura de los **moros,** la de los **judíos** y la de los **gitanos.**

En España, el flamenco tiene una rica tradición de músicos serios y dedicados a su arte. En las ciudades **sureñas** —Cádiz, Jerez de la Frontera, Sevilla, Granada— la presencia del flamenco es constante. Los andaluces tienen una manera musical de expresarse, pero su canto también expresa dolor y sentimiento: la **queja** de los gitanos, gente pobre y **perseguida.**

La historia del flamenco **se remonta** a los **comienzos** de la civilización ibérica. Este estilo de música y baile **adquirió** su forma contemporánea entre los años 1869 y 1910, en sitios muy populares que se llamaban «cafés cantantes». En el siglo XX surgieron grandes artistas de flamenco, entre ellos el guitarrista Paco de Lucía y los **cantaores** El Lebrijano, Camarón de la Isla y Enrique Morente. Pero desde los años setenta el flamenco empezó a cambiar al recibir la influencia de otros estilos musicales como el son y el bolero de Cuba, el jazz, el blues y la música brasileña. El resultado de este cambio es lo que hoy llamamos nuevo flamenco o flamenco fusión.

Uno de los grupos más populares del nuevo flamenco es Ojos de Brujo, que se formó en Barcelona y combinaba hip hop, reggae y rock con ritmos flamencos en sus discos *Barí* (2004) y *Techarí* (2006).* Este grupo se disolvió y ahora tres de sus fundadores han creado Lenacay,† una banda que continúa mezclando el flamenco con la música electrónica y además flirtea con el funk y el soul en su primer disco, *Ryma* (2012). Otro grupo, Chambao, se ha hecho popular con el estilo flamenco *chill* de sus álbumes *Pokito a poko* (2005) y *Con otro aire* (2007). Su último disco, *Chambao* (2012), vuelve a la **mezcla** de sonidos flamencos y atmósferas electrónicas.

Hay también famosas bailarinas como Sara Baras y María Bermúdez que representan esta fusión cultural. Baras, una joven **bailaora** y coréografa de Cádiz, usa el flamenco para contar historias. Bermúdez, en cambio, es una bailarina mexicoamericana de Los Ángeles que lleva muchos años de triunfos en España. Vive y trabaja en Jerez de la Frontera, hermosa ciudad donde se inicia el canto flamenco. Es la fundadora de dos grupos de flamenco: Sonidos Gitanos y Chicano Gypsy Program. En este último, Bermúdez mezcla sus raíces mexicoamericanas con la cultura de Andalucía, creando un producto que **resulta** diferente, fresco e innovador.

Cuando se habla del flamenco fusión, algunos músicos lamentan la mezcla de estilos que caracteriza nuestra época. Por otra parte, otros ven en la transformación algo **emocionante** y necesario. En todo caso, los cambios son inevitables. Además, para tranquilidad de músicos y admiradores, la música flamenca en su forma más pura no ha desaparecido, pues **sigue tocándose** en el sur de España. Allí, esa rica tradición continúa viva.

Comprensión

1. ¿En qué parte de España nació el flamenco? _____

2. ¿Cuáles son las tres culturas que son las raíces del flamenco? _____

   _____

3. ¿Qué expresa el canto flamenco? ¿Por qué? _____

   _____

4. Menciona cuatro artistas del flamenco del siglo pasado. _____

   _____

5. Da una definición del flamenco fusión. _____

   _____

6. ¿Dónde se formó el grupo Ojos de Brujo y cuáles son los estilos musicales que combina? ____

   _____

7. ¿Qué grupo ha hecho popular el estilo flamenco *chill*? _____

8. ¿Cómo se llama la bailaora que usa el flamenco para contar historias? _____

   _____

9. ¿De dónde es María Bermúdez, y dónde vive y trabaja ahora? _____

   _____

10. ¿Qué hace María Bermúdez con el grupo Chicano Gypsy Program? _____

    _____

---

*En caló, la lengua gitana, *barí* significa «alegría» o «la alegría de vivir». Y *techarí* quiere decir «libre».
†En caló, *len* significa «el curso de la vida», *acay* es «la mirada». La propuesta del grupo es una mirada al curso de la vida, el aprendizaje continuo (*continuous learning*).

La salud 12

¡A escribir!

El cuerpo humano y la salud

A. En el consultorio. Varios amigos del club y sus familias van al médico por problemas de salud. Completa sus conversaciones con las palabras de la lista.

Vocabulario útil				
las caderas	costillas	el hígado	los oídos	la rodilla
el codo	las encías	muela	pestaña	sangre
el corazón	la garganta	la muñeca	pulmones	el tobillo

DENTISTA: A ver, muéstrame dónde te duele (*hurts*). Abre la boca, por favor.

MAYA (LA HERMANA DE JORGE): Me duele mucho esta _____.[1] Creo que está muy mal porque no puedo masticar con ella.

DENTISTA: Efectivamente, está mal, pero _____[2] también están bastante mal. Cuando están saludables, son rosadas y las tuyas no están rosadas. ¿Ves _____[3] en el cepillo de dientes cuando te cepillas los dientes?

MÉDICO: ¿Qué te ha pasado, Nayeli?

NAYELI: Me caí de la bicicleta esta mañana y ahora me duele todo. Creo que tengo algún problema en _____[4] derecho porque no puedo doblar el brazo. Ah, y tampoco puedo mover bien la mano. ¿Puede examinarme también _____[5]?

(*Continúa.*)

MÉDICO: Mire los rayos X, señora. Aquí puede ver que tiene tres _____⁶ rotas, pero afortunadamente no le tocaron los _____⁷ ni otro órgano interno. ¿Vino su hijo Jorge con usted?

OMAYRA: Sí, me está esperando afuera.

JUAN FERNANDO: Doctor, quiero estar en buenas condiciones para la competición del Fortachón Venezolano. ¿Puede darme algunas recomendaciones?

MÉDICO: Bueno, lo principal es tener buena salud. Así que debes tener una dieta saludable: no bebas alcohol y ten cuidado con el colesterol. Ya sabes que el alcohol es malo para _____⁸ y si no controlas el colesterol puedes tener problemas con _____,⁹ también.

MÉDICO: ¿Qué te pasa, Ana Sofía?

ANA SOFÍA: Pues que llegó el invierno y a mi cuerpo no le gusta el frío. Me duele mucho _____¹⁰; no puedo ni hablar. Ah, y también me duelen mucho _____,¹¹ especialmente el izquierdo, y no puedo oír bien.

MÉDICO: Hola, señora. ¿Cómo está hoy?

OMARA: Hola, doctor. Estoy regular. _____¹² de la pierna izquierda me duele mucho cuando la doblo y no puedo caminar más de media hora porque me duelen mucho _____.¹³

MÉDICO: ¡¿Qué te pasó, Jorge?!

JORGE: Pues, que tuve un pequeño accidente cuando estaba escalando una montaña y ahora no puedo poner el pie en el piso. Creo que el problema es _____.¹⁴

CLAUDIA: Me duelen y me lloran mucho los ojos. ¿Me los puede examinar, por favor?

ÓPTICO: Claro que sí. A ver, abre los ojos. Parece que el problema son las alergias. Pero, además, tienes una _____[15] dentro del ojo.

B. El cuerpo. Combina las frases de las tres columnas para componer las definiciones de las partes del cuerpo. Luego di cuántas de esas partes tenemos normalmente en el cuerpo (*uno/a, dos, muchos/as,* etcétera).

Es un órgano interno… Es una parte del cuerpo externa… *Es una parte del cuerpo que está adentro de la boca…*	que sirve para…	caminar, saltar, correr y bailar. comer todo tipo de comida, hablar, cantar, silbar y besar. mandar la sangre por todo el cuerpo. *masticar y morder.* oír, escuchar y poner atención. oler, respirar, estornudar e inhalar. tocar, comer alguna comida, escribir y tocar la guitarra.	diez dos (×2) *muchos* una (×2) uno

MODELO: Los dientes, las muelas: *Es una parte del cuerpo que está adentro de la boca y que sirve para masticar y morder.* Normalmente en el cuerpo tenemos *muchos.*

1. Los pies: _____
_____. Normalmente en el cuerpo tenemos _____.

2. La boca: _____
_____. Normalmente en el cuerpo tenemos _____.

3. Los dedos de la mano: _____
_____. Normalmente en el cuerpo tenemos _____.

4. La nariz: _____
_____. Normalmente en el cuerpo tenemos _____.

5. El corazón: _____
_____. Normalmente en el cuerpo tenemos _____.

6. Los oídos: _____
_____. Normalmente en el cuerpo tenemos _____.

Las enfermedades y su tratamiento

Lee *Infórmate 12.1–12.2*

C. ¿Qué les recomiendas? Contesta las preguntas de los amigos con los tratamientos que le recomiendas a cada uno. Luego completa cada recomendación con el verbo entre paréntesis en la forma correcta de subjuntivo.

1. _____ JORGE: Me duele el oído izquierdo. ¿Qué puedo hacer?

2. _____ DANIEL: A Sebastián le duele mucho el estómago. ¿Qué debe hacer?

3. _____ OMAR: Marcela, los chicos y yo tenemos fiebre y nos duele el cuerpo. ¿Qué podemos hacer?

4. _____ ANA SOFÍA: Claudia y Nayeli tienen dolor de garganta y tos. ¿Qué puedo hacer para ayudarlas?

5. _____ CLAUDIA: A Eloy le duele mucho el tobillo. ¿Qué debe hacer?

a. Les recomiendo que _____ (quedarse: ustedes) en la cama y que _____ (tomar: ustedes) caldo de pollo y muchos líquidos.

b. Le recomiendo que _____ (ponerse: él) un vendaje, que _____ (poner: él) el pie en alto y que _____ (usar: él) muletas para caminar.

c. Te recomiendo que les _____ (dar: tú) jarabe para la tos. Además quiero que _____ (hacer: ellas) gárgaras con agua de sal y que no _____ (hablar: ellas) mucho.

d. Quiero que _____ (beber: él) té de manzanilla (*chamomile*) con limón y sin azúcar y que no _____ (comer: él) mucho.

e. Te recomiendo que _____ (ponerse: tú) gotas y que no _____ (salir: tú) a la calle si hace frío.

D. Recomendaciones de salud. La abuela de Jorge sabe muchos remedios. Ella le da una lista de recomendaciones a su nieto para que la comparta con todos los amigos del club. Completa la lista de recomendaciones con las siguientes palabras, cambiando los verbos al subjuntivo.

Vocabulario útil	
cortarse	tener fiebre
dolerle(s) el oído	tener gripe
dolerle(s) la cabeza	tener la nariz tapada
dolerle(s) la garganta	tener los ojos rojos y secos
dolerle(s) las muelas	tener un esguince en el tobillo
tener alergias	tener un resfriado fuerte y tos

Jorge

Mi abuelita siempre me ha dicho que cuando (yo) _____,[1] debo tomar un descongestionante. Además me ha dado esta lista de remedios para todos…

- No pasa con frecuencia, Jorge, pero cuando _____² (tú), te sugiero que limpies bien esa parte y te pongas una curita.

- En primavera le ocurre a mucha gente, así que no tengan miedo. Cuando (ustedes) _____,³ les sugiero que se pongan gotas para los ojos y que los cierren por unos minutos.

- Cuando a ustedes _____,⁴ quiero que consulten con el dentista inmediatamente. Puede ser una infección seria.

La abuela de Jorge

- Para todos los que sufren con la llegada de la primavera: Cuando (ustedes) _____,⁵ les recomiendo que tomen un antihistamínico.

- Estas recomendaciones son especialmente para Estefanía y para Franklin porque sé que sufren de estos problemas: Estefanía, cuando _____,⁶ te recomiendo que te pongas un algodón con alcohol en él y que vayas al otorrinolaringólogo (*ear, nose, and throat doctor*) si no pasa el dolor. Y, Franklin, cuando _____,⁷ te sugiero que tomes aspirina o paracetamol; quizás te duela por el estrés de las clases.

- Este consejo es para todos ustedes. Cuando _____,⁸ quiero que hagan gárgaras de agua con sal, que no hablen mucho y que tomen té caliente con miel y limón.

- Jorge, pon mucha atención a esto, que siempre te pasa: Cuando (tú) _____ _____,⁹ te sugiero que tomes mucha vitamina C, que comas muchas naranjas y que tomes un jarabe para la tos.

- Esto va destinado a varios de ustedes, especialmente a los que les gusta escalar montañas y correr: Cuando _____,¹⁰ al principio (*at first*) es necesario que usen muletas o un bastón y que no caminen mucho. Pero, recuerden que deben ir al médico.

- Lucía, esto va por ti. Cuando _____,¹¹ te recomiendo que tomes aspirina o paracetamol y que te pongas algo frío en la frente para que baje la temperatura.

- Omar, te informo que cuando los niños vienen de la escuela, muchas veces traen virus a la casa y, al final, todos los miembros de la familia se contagian. Bueno, pues cuidado y cuando tus niños _____,¹² te sugiero que les des muchos líquidos, que se acuesten y descansen, y que consulten tu y Marcela con el médico si los síntomas empeoran (*get worse*). ¡Ah… y que no vayan a la escuela!

La atención médica

Lee *Infórmate 12.3*

E. **Atención médica en el hospital.** Observa al personal médico y a los pacientes que hay en cada consultorio de este hospital. Completa las conversaciones entre los doctores y los pacientes con las expresiones de la caja. **OJO:** Escribe los verbos en negrita con la forma de **usted** del imperativo (mandatos).

> **Abrir** el ojo y no **moverse.**
> **Acostarse** aquí para escucharle el corazón a su bebé.
> *Contarme qué le pasa a su hijita.*
> **Contarme** qué siente. ¿Por qué está enojado?
> **Darme** los documentos de su seguro médico.
> **Decirme** qué muela le duele.
> **Decirme** qué pierna le duele.
> **Explicarme** qué síntomas tiene, para ver si son los síntomas de la gripe.
> **Mostrarme** la receta que le dio el médico; **no pagarme** todavía.
> **Quitarse** la chaqueta y **darme** el brazo para ponerle la vacuna. **No ponerse** nerviosa.

(*Continúa.*)

MODELO: PEDIATRA: *Cuénteme qué le pasa a su hijita.*

MAMÁ DE LA PACIENTE: Ha estado varios días con tos y con fiebre.
Además no quiere comer.

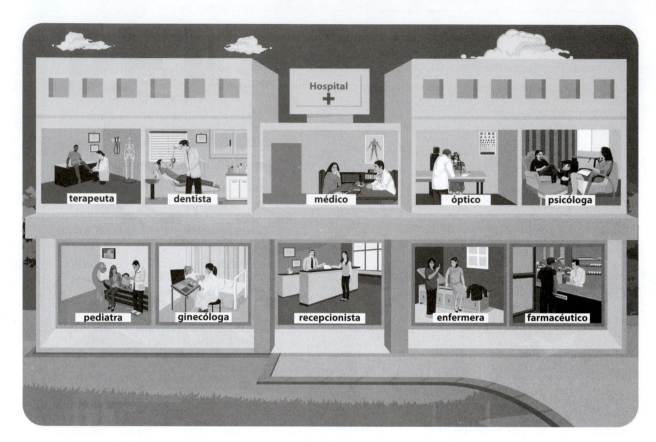

1.   GINECÓLOGA: _____

      PACIENTE: ¡Qué emoción! Tengo unas ganas enormes de verle la cara ya.

2.   ENFERMERA: _____

      PACIENTE: Es que le tengo mucho miedo a las vacunas, a los médicos, a los hospitales…
      ¡Quiero llorar!

3.   FARMACÉUTICO: _____

      PACIENTE: Está bien. Aquí tiene mi receta. Claro, le pago cuando usted me diga.

4.   RECEPCIONISTA: _____

      PACIENTE: Aquí tiene, señor.

5.   TERAPEUTA: _____

      PACIENTE: La pierna izquierda, doctor. Mire, aquí.

6.   DENTISTA: _____

      PACIENTE: No sé exactamente cuál es, pero creo que es una de estas dos de arriba.

7.   MÉDICO: _____

      PACIENTE: Pues me duelen la cabeza y la garganta, tengo un poco de fiebre y me duele
      todo el cuerpo.

8.   ÓPTICO: _____

PACIENTE: Está bien, pero es difícil no cerrarlo.

9.   PSICÓLOGA: _____

PACIENTE: Bueno, tengo muchas razones para estar enojado, pero la razón principal es que ya no tengo trabajo.

F. **Sugerencias en el hospital.** El Dr. Saavedra es director de un hospital en Caracas. A continuación tienes un memorándum interno que el doctor escribió con las recomendaciones que él le hace al personal (*personnel*) del hospital. Primero, completa el memorándum con los nombres de los especialistas. **OJO:** Hay palabras extras en la lista. Luego escribe los verbos entre paréntesis en la forma apropiada del subjuntivo, usando un pronombre (**le, les, se**) cuando es necesario.

MÉDICOS ESPECIALISTAS				
a los enfermeros	**a los pediatras**	**al cardiólogo**	**al dentista**	**al psiquiatra**
a los farmacéuticos	**a los veterinarios**	**al cirujano**	**al ginecólogo**	**al terapeuta**

_____¹ le sugiero que...

- _____² (intentar) resucitar inmediatamente a los pacientes con infarto.

- _____³ (diagnosticar) con mucho cuidado los problemas de los vasos sanguíneos

(*blood vessels*).

- les _____⁴ (aconsejar**les**) a los pacientes cómo mejorar la salud del corazón.

_____⁵ les pedimos que...

- _____⁶ (poner**les**) las vacunas y las inyecciones a los pacientes.

- _____⁷ (tomar**les**) la temperatura y el pulso a los enfermos.

- _____⁸ (atender) a los pacientes cuando lleguen al consultorio.

_____⁹ principal le aconsejo que...

- siempre _____¹⁰ (poner**se**) guantes antes de hacer las operaciones.

- _____¹¹ (hacer) las cirugías con mucho cuidado.

- _____¹² (pedir**les**) el bisturí a los enfermeros que le ayuden.

_____¹³ principal siempre le digo que...

- _____¹⁴ (tratar) los problemas mentales tan pronto como (*as soon as*) los diagnostique.

- _____¹⁵ (recetar) solo los estimulantes y antidepresivos realmente necesarios.

Los accidentes y las emergencias

Lee Infórmate 12.4

G. Pequeños accidentes. Mira las imágenes y completa las oraciones usando un pronombre personal y las formas en pretérito de los siguientes verbos: **caerse, descomponerse, olvidarse, perderse, quedarse, romperse (×2).** Pon atención a las palabras en negrita.

MODELO:

JORGE: Una vez, *se me cayeron* **varios platos** en el pie y *se me rompió* **un dedo del pie derecho.**

1.

Xiomara está enojada porque

_____ **los lentes** cuando

se cayó.

2.

ANA SOFÍA: ¿Por qué estás preocupado, Sebastián?

SEBASTIÁN: Es que (a mí) _____ **la**

receta en casa y necesito tomar el

antibiótico a las seis.

3.

FRANKLIN: _____ **la**

muleta y necesito otra

urgentemente.

4.

ELOY: Estoy de mal humor porque

_____ **el estetoscopio** y lo

necesito para mis prácticas. ¿Dónde

puede estar?

5.

6

A Camila y a Nayeli _____

las curitas en casa. Necesitan

comprar más en la farmacia.

MAMÁ DE ELOY: A los socorristas

_____ **la ambulancia.**

H. La historia de mi accidente. Jorge le cuenta a Sebastián un accidente que tuvo en Mérida, Venezuela, cuando tenía diez años. Ordena la historia de la forma más lógica: Escribe los números del 1 a 5 en la primera parte de la historia y del 6 a 10 en la segunda parte.

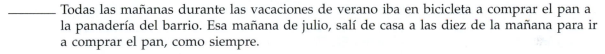

JORGE: El accidente ocurrió hace unos diez años, muy cerca de mi casa. Esto es lo que pasó ese día.

_____ El chofer se bajó de su vehículo muy rápidamente y vino a verme mientras yo estaba en el suelo, con sangre en la cabeza.

_____ Doblé a la izquierda para entrar en la Avenida 4 Bolívar y, al doblar, vi que una camioneta roja y enorme venía hacia mí.

_____ Todas las mañanas durante las vacaciones de verano iba en bicicleta a comprar el pan a la panadería del barrio. Esa mañana de julio, salí de casa a las diez de la mañana para ir a comprar el pan, como siempre.

_____ Iba pensando en mis planes para el día y me pasé el semáforo en rojo.

_____ El chofer de la camioneta frenó muy rápido pero, de todas formas (*anyway*), chocamos.

SEBASTIÁN: Jorge, ¿y qué pasó después? ¿Vino una ambulancia? Cuenta.

JORGE: Pues todo pasó tan rápidamente…

_____ A los tres días salí del hospital con el brazo enyesado y con esta experiencia inolvidable.

_____ Al momento llegó una ambulancia y bastante personal médico. De la ambulancia se bajaron tres enfermeros y un médico de urgencias con una camilla.

_____ A los diez minutos llegaron dos policías en motocicleta. Uno de los policías llamó a una ambulancia mientras estaba a mi lado. El otro policía empezó a hacerle preguntas al chofer y a tomar apuntes sobre el impacto.

_____ En el hospital llamé a mi mamá y ella vino rápidamente.

_____ Me acostaron en la camilla y me metieron a la ambulancia para llevarme al hospital.

En resumen

I. **La acupresión.** Mira los siguientes ejercicios y masajes que ofrece la acupresión para solucionar pequeños problemas de salud y mejorar la salud y el bienestar. Luego contesta las preguntas.

Pequeños problemas de salud

DOLOR DE CABEZA

1. Póngase las palmas de las manos a los lados de la cabeza.
2. Presione la cabeza.
3. Mueva los dedos por el cráneo (calavera). Presione y repita.

OJOS CANSADOS

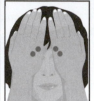

1. Cúbrase la cara con las dos manos.
2. Ponga un poco de presión.
3. Dese (*Give yourself*) un masaje en las sienes (*temples*).

TENSIÓN

1. Agárrese la cabeza con las dos manos.
2. Ponga un poco de presión.
3. Dese un masaje con los pulgares.
4. Respire profundamente (*deeply*).

TENSIÓN MUSCULAR

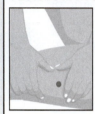

1. Agárrese el área afectada entre el pulgar y los dedos.
2. Haga un poco de presión.
3. Presione firmemente.

INSOMNIO

1. Presione el puente de la nariz con el pulgar.
2. Mantenga la presión y luego quítela.
3. Repítalo.

Consejos saludables

RELAJACIÓN

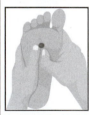

1. Agárrese (*Hold*) el pie y presiónelo con los pulgares.
2. Dese un masaje vigoroso por la planta (*sole*) del pie.

CONCENTRACIÓN

1. Presione el área debajo de los ojos hacia arriba.
2. Mantenga la presión tres segundos.
3. Presione hacia abajo.
4. Repítalo tres veces.

MEMORIA

1. Agarre el muslo con las manos.
2. Presione con los pulgares.
3. Muévalos hacia arriba y hacia abajo.

CLARIDAD MENTAL

1. Ponga los dedos índices (*index*) en los oídos.
2. Muévalos adelante y atrás con un poco de presión.

EJERCICIO DE OJOS

1. Mire hacia arriba.
2. Mire a la izquierda.
3. Mire hacia abajo.
4. Mire a la derecha.
5. Haga los movimientos 1 a 3 seguidos (*in succsession*).

1. ¿Qué les recomienda la acupresión a las personas con insomnio?

   Les recomienda que _____

   _____

2. ¿Y qué les sugiere a las personas con los ojos cansados?

   _____

   _____

3. ¿Qué te aconseja la acupresión para relajarte?

   _____

   _____

4. Imagínate que vives con varios estudiantes. Llama a tus compañeros/as de cuarto y dales instrucciones (mandatos) de qué hacer para...

   a. la concentración

   _____

   _____

   b. la memoria

   _____

   _____

   c. la claridad mental

   _____

   _____

5. Ahora habla con tu profesor de español y cuéntale qué debe hacer para...

   a. el dolor de cabeza

   _____

   _____

   b. la tensión muscular

   _____

   _____

   c. hacer ejercicio de ojos

   _____

   _____

Exprésate

Escríbelo tú

Un accidente

Escribe sobre algún incidente con final feliz o chistoso que hayas tenido. Si no has tenido ningún incidente con final feliz o chistoso, escribe sobre la historia de alguna persona conocida. Da todos los detalles que puedas. Usa los ejemplos en la tabla para guiarte.

EL AMBIENTE	
	Ejemplo
día/mes/año/...	*Era el lunes, dos de enero del año 2011.*
hora	*Eran casi las seis de la tarde.*
clima/estación	*Hacía frío y nevaba **porque** ya era invierno y...*
otra información del ambiente	*... **por eso,** los árboles ya no tenían hojas. Había muchas hojas amarillas en el suelo y empezaba a acumularse la nieve.*
las personas	*Yo estaba leyendo una novela romántica en la sala de mi casa y mi mejor amigo estaba preparando la cena en mi casa.*
LA ACCIÓN	
	Sucesos (Parte 1)
lista de sucesos/acciones	*Escuché un gran ruido afuera.*
	***Entonces**, me levanté del sofá y...*
	... salí corriendo de mi casa.
resultado final	***Cuando** llegué a la calle, vi un accidente que parecía serio: Un coche chocó contra el poste de la luz **porque**...*
	... había hielo en el asfalto y aunque el chofer pisó los frenos, no pudo detener el coche. El chofer era mi vecino.
	*Mi pobre vecino estaba herido y su esposa no estaba en casa. **Así que** (So) me subí a la ambulancia con él. Mientras, mi amigo llamó a diferentes personas para localizar a la esposa de mi vecino y decirle que estaba herido. Al final la localizó.*
	Sucesos (Parte 2)
lista de sucesos/acciones	*En el hospital atendieron a mi vecino y pronto le dijeron que podía regresar a casa. Sus heridas no eran tan graves como yo creía. Su esposa también llegó al hospital y habló con los médicos.*
resultado final	*Cuando mi amigo y yo llegamos a casa, había humo por toda la cocina; a mi amigo se le olvidó apagar la estufa y se quemó la cena. Pero **al final** no fue una noche tan terrible... La esposa de mi vecino llegó con ensalada y unas ricas pizzas. Comimos todos juntos en casa de ellos... ¡la aventura tuvo un final feliz!*

_____

_____

_____

_____

_____

_____

_____

_____

_____

_____

_____

_____

_____

_____

Enlace auditivo

Pronunciación y ortografía

Ejercicios de ortografía

I. *Accent Mark Exceptions: Word Pairs*

There are pairs of words in Spanish whose meaning is distinguished by a written accent mark. The most common are the following.

UNACCENTED WORD		ACCENTED WORD	
de	*of; from*	dé	*give (pol. sing. command; subjunctive)*
el	*the*	él	*he*
mi	*my*	mí	*me*
se	*(obj. pron.) self; (impersonal) you, one*	sé	*I know*
si	*if*	sí	*yes*
te	*(obj. pron.) you; (refl. pron.) yourself*	té	*tea*
tu	*your*	tú	*you*

The following sentences each use a pair of the words listed above. Listen to the sentences and write the missing words. Decide from the meaning which need accent marks.

1. _____ mamá es doctora, ¿no? ¿Y _____ eres doctora también?

2. ¿ _____ gusta el _____ de menta o el de manzanilla?

3. —_____ voy contigo … _____ me invitas, claro.

4. _____ hermano mandó estas flores, pero son para ti. No son para _____.

5. Y, ¿ _____ quién es este florero?

6. Yo no _____ si Jorge _____ fracturó la pierna o no.

7. No me _____ las muletas; prefiero usar el bastón _____ don Antonio.

8. Me duele mucho el brazo; _____ el doctor me receta el paracetamol, yo _____ lo voy a tomar.

9. ¿Me permites manejar _____ coche?

10. _____ sabes que el coche es de _____ hermano, pero _____ quieres, puedes hablar con _____.

II. *Orthographic Changes in the Subjunctive and Polite Commands*

Several types of verbs have spelling changes in certain subjunctive forms and the polite commands in order to preserve the sound of the infinitive. You have seen some of the changes in the present indicative and in the preterite (past) tense. Review the following spelling changes before beginning the exercise.

CHANGE	INFINITIVE	PRESENT INDICATIVE	PRETERITE	PRESENT SUBJUNCTIVE, POLITE COMMANDS (USTED, USTEDES)
g to **j** (before **a, o**)	proteger	prote_jo_,* proteges	protegí	prote_ja_
g to **gu** (before **e**)	pagar	pago	pa_gué_,† pagaste	pa_gue_
gu to **g** (before **a, o**)	seguir	si_go_,* sigues	seguí	si_ga_
c to **z** (before **a, o**)	convencer	conven_zo_,* convences	convencí	conven_za_
c to **zc**§ (before **a, o**)	conocer	cono_zco_,§ conoces	conocí	cono_zca_
c to **qu** (before **e**)	buscar	busco	bus_qué_,† buscaste	bus_que_
z to **c** (before **e**)	cruzar	cruzo	cru_cé_,† cruzaste	cru_ce_

The most common verbs in each class are the following.

1. **g** to **j**: **coger** (*to take; to catch*), **dirigir** (*to direct*), **elegir** (*to elect*), **escoger** (*to choose*), **proteger** (*to protect*), **recoger** (*to pick up*)
2. **g** to **gu**: **entregar** (*to hand in/over*), **jugar** (*to play*), **llegar** (*to arrive*), **negar** (*to deny*), **obligar** (*to oblige*), **pagar** (*to pay [for]*), **pegar** (*to hit; to glue*), **regar** (*to water*)
3. **gu** to **g**: **conseguir** (*to get, attain*), **perseguir** (*to pursue*), **seguir** (*to follow; to continue*)
4. **c** to **z**: **convencer** (*to convince*), **torcer** (*to twist*), **vencer** (*to defeat*)
5. **c** to **zc**: **agradecer** (*to be grateful for*), **conducir** (*to drive; to conduct*), **conocer** (*to know*), **favorecer** (*to favor*), **ofrecer** (*to offer*), **parecer** (*to seem*), **producir** (*to produce*), **traducir** (*to translate*)
6. **c** to **qu**: **acercarse** (*to get close to*), **buscar** (*to look for*), **chocar** (*to crash*), **criticar** (*to criticize*), **comunicarse** (*to communicate*), **explicar** (*to explain*), **indicar** (*to indicate*), **pescar** (*to fish*), **practicar** (*to practice*), **rascar** (*to scratch*), **sacar** (*to take out*), **secar** (*to dry*), **tocar** (*to play; to touch*)
7. **z** to **c**: **abrazar** (*to embrace*), **almorzar** (*to have lunch*), **comenzar** (*to begin*), **cruzar** (*to cross*), **empezar** (*to begin*), **rechazar** (*to reject*), **rezar** (*to pray*)

Now listen and write the sentences you hear. Pay particular attention to subjunctive and command verb forms and their spelling.

1. _____
2. _____
3. _____
4. _____
5. _____
6. _____
7. _____
8. _____
9. _____
10. _____

---

*Recall that the first-person singular (**yo**) form of the present indicative has the same spelling change to preserve the sound of the infinitive.

†Recall that the first-person singular (**yo**) form of the preterite has the same spelling change to preserve the sound of the infinitive.

§In addition, a **k** sound is inserted in these forms; thus the full change is **c** (s) to **zc** (sk).

Actividades auditivas

A. En cama por tres días. Hoy el profesor Sotomayor Sosa se siente
mal. Anoche estuvo tosiendo y estornudando y no pudo dormir. Ahora
está en el consultorio del médico. Escucha el diálogo y escribe la
información en la ficha médica.

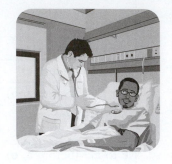

Vocabulario de consulta

profundamente	deeply
grave	serious
sospechaba	suspected
bastante	rather, quite
la cápsula	capsule, pill

FICHA MÉDICA

Nombre del (de la) paciente: _____

Síntomas:

_____ tos	_____ dolor de oídos
_____ estornudos	_____ dolor de cabeza
_____ fiebre	_____ dolor en los pulmones
_____ congestión	_____ dolor de espalda
_____ insomnio	_____ dolor de muelas

Diagnóstico: _____

Recomendaciones: _____

_____

Receta: _____

Preocupación del paciente: _____

B. En la sala de urgencias. Don José Torroja Yepes, padre de
Ana Sofía, se cayó del techo y ahora está en la sala de
urgencias del hospital Virgen de la Arrixaca de Murcia.
Escucha su conversación con la médica y decide si las
oraciones son ciertas o falsas.

Vocabulario de consulta

equilibrio	balance
escalera	ladder
albañiles	masons; construction workers
radiografía	X-ray

¿Cierto (C) o falso (F)?

1.	Cuando se cayó, don José estaba reparando el techo de su casa.	C	F
2.	Don José es arquitecto y se sube con frecuencia a los techos.	C	F
3.	Don José se golpeó la cabeza al caerse del techo.	C	F
4.	Cuando trató de caminar, le dolía mucho la pierna izquierda.	C	F
5.	El vecino llamó a la ambulancia cuando vio a don José en el suelo.	C	F
6.	A la doctora le parece que don José tiene la pierna fracturada.	C	F
7.	La doctora le dice que no es necesario darle medicina para el dolor.	C	F
8.	La doctora dice que tampoco es necesario sacarle un radiografía, que ella está segura que hay una fractura.	C	F
9.	Según la doctora, si la pierna está fracturada es necesario enyesarla.	C	F
10.	En dos semanas don José sí puede jugar en el campeonato de fútbol.	C	F

Videoteca

Amigos sin Fronteras

Episodio 12: No me siento bien

Resumen. Sebastián tiene gripe y le pide a Nayeli que lo ayude porque se siente muy mal. Sebastián habla con la abuela de Franklin, que sabe mucho de remedios caseros, y la abuela le hace algunas recomendaciones. Después llega Eloy a casa de Sebastián y, como es estudiante de medicina, examina a su amigo y le dice que debe tomar jarabe y que pronto va a estar mejor.

Preparación para el video

A. Comencemos. Selecciona la mejor respuesta.

1. ¿Cómo se llama el chico de la foto? _____

   a. Eloy
   b. Franklin.
   c. Sebastián
   d. Rodrigo

2. Si el chico no se siente bien, es buena idea que _____ también.

   a. descanse
   b. asista a todas sus clases
   c. haga mucho ejercicio
   d. coma mucho

Vocabulario de consulta

¡Ay, pobre de ti!	You poor thing!
remedio casero	home remedy
te debo	I owe you
el estómago revuelto	an upset stomach
¡Qué asco!	How gross!
respira hondo	breathe deeply
sabor	flavor
contagiarse	to catch an illness

(*Continúa.*)

Comprensión del video

B. **El episodio.** Empareja cada una de las oraciones con la persona correspondiente.

1. _____ Recoge a su amigo en la universidad.

2. _____ Prepara un jarabe de cebolla y rábano.

3. _____ Le trae un jarabe y rama de buganvilia a su amigo.

4. _____ Le toma la temperatura a su amigo.

5. _____ Le da té, limón y miel a su amigo.

6. _____ Tiene miedo de las inyecciones.

7. _____ No entra en la casa porque tiene una clase.

8. _____ Escucha los pulmones del paciente.

a. Eloy

b. Franklin

c. la abuela

d. Nayeli

e. Sebastián

C. **Contenido en general.** ¿Cierto (C) o falso (F)?

1. _____ Sebastián no quiere consultar con el médico; prefiere tomar un remedio casero.   C   F

2. _____ La abuela le receta té negro para la tos a Sebastián.   C   F

3. _____ La abuela dice que es posible que Sebastián tenga bronquitis y que una inyección de antibiótico es lo mejor para una infección bacteriana.   C   F

4. _____ Sebastián les tiene mucho miedo a las inyecciones.   C   F

5. _____ Eloy piensa que Nayeli es una amiga muy buena porque cuida bien a Sebastián.   C   F

D. **Detalles.** Contesta las preguntas según la información en el video.

1. ¿Para qué llama la abuela de Franklin a Sebastián?

      _____

2. ¿Qué síntomas le menciona Sebastián a «la abuela» de Franklin?

      _____

3. ¿Dónde va a conseguir (*get*) Sebastián el jarabe de cebolla morada y rábano?

      _____

4. ¿Qué le hace «el doctor» Eloy a Sebastián?

      _____

5. ¿Qué le dice Eloy a Sebastián del jarabe de cebolla morada y rábano?

      _____

Mi país

Venezuela

Preparación para el video

Selecciona las respuestas correctas.

1. ¿Cómo se llama la capital de Venezuela? _____.

   a. Bogotá   c. Caracas
   b. Santiago   d. Tegucigalpa

2. ¿Qué mar hay al norte de Venezuela?

   a. el Mar Mediterráneo
   b. el Mar Rojo
   c. el Mar Caribe

El famoso Salto Ángel

Comprensión del video

Conecta las dos columnas para completar las oraciones.

1. Caracas tiene edificios grandes como _____.

2. Alrededor de la Plaza Bolívar hay _____ y en el centro hay una estatua de Simón Bolívar.

3. Más de trescientas islas forman _____.

4. _____ tiene playas preciosas, ciudades coloniales, muchas tiendas y restaurantes con comida deliciosa.

5. Se pueden ver las impresionantes _____ en el desierto Médanos del Coro.

6. En Mérida está _____ más alto y largo del mundo.

7. En _____ hay una heladería (Heladería Coromoto) con muchos sabores exóticos de helado.

8. El Salto Ángel y los tepuyes están en _____.

a. el teleférico

b. dunas de arena

c. Isla Margarita

d. las torres de El Silencio

e. el Parque Nacional Canaima

f. edificios coloniales

g. el archipiélago Los Roques

h. Mérida

¡A leer!

¿Sabías que... ?

La influencia árabe en el campo de la medicina

¿Sabías que los árabes han tenido mucha influencia en el campo[a] de las ciencias y la medicina? Los árabes gobernaron[b] la mayor parte de España desde el año 711 hasta 1492 d.C.[c] Durante ese tiempo, los hispanoárabes hicieron investigaciones[d] importantes en el campo de la medicina y realizaron descubrimientos científicos valiosos. Su trabajo tuvo un gran impacto en el conocimiento[e] médico del mundo entero.

Los árabes tradujeron muchas de las grandes obras griegas sobre la filosofía y las ciencias —Aristóteles, Galeno, Hipócrates— y así las preservaron para futuros científicos. Pero los árabes no se limitaron a las obras de los antiguos griegos; varios hispanoárabes escribieron sus propios textos médicos. Abulcasis, nacido en Córdoba en 963, se considera el padre de la cirujía.[f] Durante una carrera de casi cincuenta años, inventó más de 200 distintos dispositivos quirúrgicos[g] y habló de la importancia de una relación positiva entre el médico y el paciente. Abulcasis escribió *El libro de la práctica médica*, una enciclopedia médica de treinta volúmenes; en ella presenta varias prácticas médicas innovadoras, como el uso del yeso para las fracturas.

Avenzoar, nacido en Sevilla en 1092, escribió sobre el uso de agua fría para bajar la fiebre y recomendó usar siempre la más pequeña dosis efectiva de un medicamento. Sus textos fueron traducidos al latín en el siglo XIII y se usaron en las universidades de Europa hasta el siglo XVIII. Pero el nombre más célebre entre los médicos hispanoárabes es el de Averroes. Nacido en 1126 en Córdoba, este hombre fue filósofo, astrónomo y matemático y escribió varios textos dedicados a la anatomía, la fisiología, la higiene y los medicamentos.[h]

Con casi ocho siglos de presencia árabe en España, no es sorprendente que el idioma español haya heredado[i] de la lengua árabe muchas palabras que están relacionadas con la ciencia o la medicina, entre otras, **alcohol** de *al kohól*, **alcanfor**[j] de *al kafûr*, **jarra** de *yárra*, **jarabe** de *sharâb*, **algodón**[k] de *al qutn*, **álgebra** de *al yebr*, **almanaque** de *al manâh*, **cifra**[l] de *sifr* y **jaqueca**[m] de *saqiqa*. Muchas de estas palabras pasaron del español al francés y eventualmente al inglés.

Una palabra de origen árabe muy usada en español es **ojalá**,[n] la cual se refiere a Alá, nombre que dan los musulmanes a Dios.[ñ] La palabra **ojalá** viene del árabe *wa sha llâh*, que en español quiere decir *Y que Dios lo quiera*.[o] Hoy en día **ojalá** no tiene connotación religiosa. Si un amigo está enfermo, podemos decirle «¡Ojalá (Espero) que te mejores[p] pronto!»

[a]*field* [b]*governed* [c]*después de Cristo (A.D.)* [d]*research* [e]*knowledge* [f]*surgery* [g]*dispositivos... surgical devices*
[h]*medications* [i]*haya... has inherited* [j]*camphor* [k]*cotton* [l]*cipher (code) or figure (number)* [m]*migraine* [n]*Hopefully*
[ñ]*God* [o]*God willing* [p]*te... you get better*

Comprensión

1. _____ ¿Por cuántos años estuvieron los árabes en España?

   a. casi 900   **b.** más de 200   **c.** casi 2.000   **d.** más de 700

2. _____ Abulcasis se considera el padre de la...

   a. cirugía   **c.** anatomía   **b.** farmacología   **d.** ginecología

3. _____ El médico Avenzoar recomendó el uso de...

   a. tratamientos dietéticos en vez de la medicina árabe   **c.** instrumentos quirúrgicos

   b. la dosis efectiva más pequeña de una droga   **d.** un yeso para las fracturas

4. Empareja la palabra árabe con la palabra moderna en español: **aceite, albaricoque, alberca** (*swimming pool*)**, algodón, almohada, azúcar, jarabe.**

   a. *al súkkar* _____

   b. *al mihádda* _____

   c. *al qutn* _____

   d. *sharâb* _____

   e. *al zeit* _____

   f. *al birká* _____

   g. *al barqûq* _____

Galería

Venezuela

Isla Margarita tiene playas paradisíacas (*heavenly*), corales hermosos y perlas (*pearls*) de gran belleza.

El Salto Ángel es la caída de agua más alta del mundo.

El teleférico de Mérida es el más elevado y largo del mundo.

El Parque Nacional Médanos de Coro es una zona de dunas y desierto que está muy cerca de unas playas preciosas.

(*Continúa.*)

Belleza para todos los gustos

¡Ven y conoce toda la belleza venezolana! Disfruta de la riqueza[a] y de la variedad de sus paisajes,[b] de su gente y de su cultura. Entre los paisajes, Venezuela te ofrece playas, desiertos, montañas, llanos y una extensa selva amazónica. ¿Quieres visitar este bello país? ¡Vamos!

Si te gusta la playa, te recomendamos que visites las playas de Isla Margarita o las de la costa central. En las playas de la costa central puedes disfrutar de música y bailes con influencia africana. Pero cuando vayas a esas playas, no te olvides de llevar una buena crema de protección solar para evitar las quemaduras del sol.[c]

Si no te gustan las playas, te sugerimos que vayas al Parque Nacional Médanos de Coro. Allí vas a disfrutar de los bellos paisajes desérticos y rodar[d] por sus dunas. Es un desierto bastante extenso, así que[e] no te olvides de llevar agua. Ah, y muy cerca de este paisaje desértico hay unas playas hermosas. ¡Increíble, ¿verdad?!

En la región de los Andes hay atracciones fascinantes, como el pico[f] más elevado de Venezuela, el pico Bolívar, y la catarata más alta del mundo, Salto Ángel. Si quieres llegar cerca del pico Bolívar, te sugerimos que te montes[g] en el teleférico de Mérida. Pero, una advertencia[h]: este famoso teleférico no es apto[i] para cardíacos ni para personas con fobia a las alturas porque es el teleférico más alto (4.765 metros [15.633 pies]) y largo (12,5 kilómetros [7.77 millas]) del mundo. ¿Ahora tienes miedo o tienes ganas de subir? Otra de las atracciones principales de Venezuela es la caída de agua Salto Ángel, la más alta del mundo. ¡Tiene una altura de 979 metros (3.212 pies)! ¿Qué crees que se siente al ver una caída de agua de esta magnitud? ¿miedo? ¿aprensión? ¿sorpresa? ¡Decide tú!

Pero no te vayas, el viaje no ha terminado. Hay dos zonas más que son muy populares entre turistas: los llanos y la selva amazónica. Esperamos que no tengas alergias, porque la amplia variedad de flora y fauna de estas zonas es impresionante. Además de esta belleza natural, en los llanos de Venezuela puedes ver un espectáculo[k] del baile típico venezolano, el joropo. Así que, cuando vayas a los llanos, ¡ve listo/a para aprender a bailar joropo! Ah… y no se aceptan excusas de esquinces ni piernas enyesadas, nada. Y en la selva amazónica puedes admirar la diversidad y riqueza étnica que tiene Venezuela. De hecho, en la selva amazónica, vive más de una docena de etnias[l] indígenas con su propia cultura y lengua.

¡Ve y conoce la cultura venezolana y la riqueza de sus raíces prehispánicas, hispánicas y africanas!

[a]*wealth* [b]*landscapes* [c]quemaduras… *sunburns* [d]*roll* [e]así… *so* [f]*peak* [g]te… *you get on* [h]*warning* [i]*suitable* [j]*drop, plunge* [k]*show, performance* [l]docena… *dozen ethnic groups*

Comprensión. Escribe el nombre correspondiente.

1. Es un paisaje desértico con dunas: _____

2. Tiene playas bellas y bailes y gran influencia africana (la música y el baile): _____

3. Es la caída de agua más alto del mundo: _____

4. Es un baile típico de los llanos de Venezuela: _____

5. Este transporte te lleva al pico más alto de Venezuela: _____

Conexión cultural

Dos grandes logros° de Venezuela

Achievements

Vocabulario de consulta

pobreza	poverty
Sin embargo	However
exitoso	successful
recursos	resources
los aleja	distances them
han apoyado	have supported
a través de	through, by means of
sobresale	stands out
bienestar	welfare
de calidad	high-quality
marginadas	underserved
privaciones	hardships
promover	promote
alfabetización	literacy
salir adelante	to get ahead, advance

Gustavo Dudamel dirige la
Orquesta Filarmónica de
Los Ángeles

Hasta hace poco el pueblo de Venezuela sufría a causa de la **pobreza;** los problemas de la educación y la atención médica eran particularmente graves. No había suficientes escuelas para todos y, aunque había buenos hospitales y médicos excelentes, era muy costoso obtener esos servicios. **Sin embargo,** hoy en día, en esos dos campos, Venezuela se ha convertido en ejemplo para el mundo. En 1975, el economista y músico José Antonio Abreu fundó El Sistema, un programa educativo para ofrecer clases gratuitas de música clásica a todos los niños interesados. Ahora este programa administra más de 125 orquestas juveniles. En el campo de la medicina, desde 1999 se ha formado un nuevo sistema médico que incluye la Misión Barrio Adentro. Este programa ha construido una sistema de clínicas que le ofrece todo tipo de atención médica y educación relacionada con la salud a la gente más pobre.

Una clínica de Misión Barrio Adentro

El **exitoso** programa educativo El Sistema no solo ofrece lecciones de música. Es también un programa que educa a miles de niños de **recursos** económicos muy limitados y **los aleja** de una vida de pobreza y crimen. Casi desde que se fundó El Sistema, todos los gobiernos venezolanos, y el de Hugo Chávez en especial, lo **han apoyado** económicamente. A los niños se les educa y se les da ayuda de muchas maneras. La meta principal de su fundador es usar la música para proteger a niños y jóvenes **a través de** la educación, el entrenamiento y la rehabilitación.

Varios de los participantes de El Sistema han logrado fama internacional. Entre ellos **sobresale** Gustavo Dudamel, ahora director de la Orquesta Filarmónica de Los Ángeles, California, y de la

(*Continúa.*)

Orquesta Sinfónica Simón Bolívar de Venezuela. En Los Ángeles, Dudamel ha fundado una orquesta para jóvenes: Youth Orchestra Los Ángeles (YOLA). En ella es clara la influencia de El Sistema porque les lleva la música a las comunidades de bajos recursos. Otros dos existosos graduados de El Sistema son Joén Vásquez y Edicson Ruiz. Joen Vázquez ha obtenido prestigiosos premios como el Artist International de Nueva York y el Premio Passamaneck de Pittsburgh. Edicson Ruiz es el primer miembro hispano de la Orquesta Filarmónica de Berlín y el segundo más joven: ¡entró a esa orquesta a los diecisiete años!

El otro gran éxito de Venezuela, el programa médico y de **bienestar** social Misión Barrio Adentro, ofrece acceso gratuito a atención médica y dental **de calidad**, además de entrenamiento en deportes a comunidades **marginadas**. Esta ayuda es la respuesta de la nueva Venezuela a las **privaciones** que son resultados de la ideología neoliberal* de los gobiernos de los años ochenta y noventa y de los bajos precios del petróleo en los años noventa. En 1990 el 49,4% de los venezolanos vivía en la pobreza y no tenía acceso a ningún tipo de atención médica; en 1999 era ya el 67,7% y aumentó de manera alarmante la tasa de enfermedades infecciosas. Por estas razones, Misión Barrio Adentro se asignó tres metas: **promover** la salud, prevenir enfermedades y lograr la participación de la comunidad en el cuidado de su propia salud.

Después de más de diez años, este programa ha sido la inspiración para otras misiones: Misión Alimentación para que todos, especialmente los niños y los adultos mayores, tengan acceso a por lo menos dos comidas diarias; Misión Robinson, para promover la **alfabetización**, y Misión Milagro que se ocupa de eliminar el déficit en la atención oftalmológica y en las enfermedades de los ojos.

Misión Barrio Adentro cuenta ahora con miles de clínicas en los barrios más pobres y con la participación entusiasta del pueblo. Lo mismo se puede decir de El Sistema. Gracias a los grandes esfuerzos de su fundador, Antonio Abreu, este programa ha ayudado a mejorar la situación de miles de niños venezolanos quienes no solo se han salvado de la pobreza y del crimen sino que han aprendido a valorar y disfrutar de la música. A la vez, estos niños han recibido y reciben toda clase de apoyo para **salir adelante** en la sociedad moderna.

Comprensión. Completa las oraciones según la información de la lectura.

1. Los dos programas que han ayudado mucho a la gente pobre de Venezuela se llaman

   _____ y _____ .

2. Casi desde su fundación, El Sistema ha recibido apoyo de _____

   _____ y, especialmente del de _____ .

3. La meta de Antonio Abreu, el fundador de El Sistema, es proteger a los niños y a los jóvenes

   dándoles _____ .

4. Tres grandes músicos, productos de El Sistema, y famosos internacionalmente son:

   _____ , _____ y _____ .

5. Misión Barrio Adentro es un programa de _____ social que provee atención

   _____ y _____ a la gente de los barrios más _____ de

   Venezuela.

6. Misión Barrio Adentro también les ofrece a las comunidades marginadas _____

   _____ .

*El programa neoliberal consiste principalmente en la privatización y la desregulación.

La familia y la crianza 13

¡A escribir!

Los lazos familiares

Lee *Infórmate 13.1*

A. Relaciones. Usa las formas apropiadas de los verbos de la lista para contestar las preguntas sobre los hábitos de las parejas y los amigos.

Vocabulario útil		
abrazarse	enviarse emails	insultarse
besarse	escribirse por Facebook	pelearse
comprenderse	golpearse	quererse mucho
comunicarse por Skype	gritarse	textearse
enojarse	hablarse por teléfono	tomarse de la mano (*to hold hands*)

¿Cómo muestran su amor tu novio/a (esposo/a) y tú cuando están juntos en público?	¿Qué hacen dos personas que están en una mala relación?	¿Qué hacen dos personas que están en una relación de amistad a distancia?
1. Mi novio/a (esposo/a) y yo... *nos abrazamos* _____ _____ _____ _____	2. Por lo general, estas personas... _____ _____ _____ _____	3. Por ejemplo, Ana Sofía y su mejor amiga en España... _____ _____ _____ _____

B. Planes de boda. Franklin le escribe el siguiente correo electrónico a su mejor amigo, Hermes, para contarle sus planes de boda. Completa el email con las formas apropiadas de presente de los verbos **ser** y **estar**.

De: Franklin Sotomayor Sosa <fsotomayor@peralta.edu>
A: Hermes Pérez Soler <hermesps@gmail.com>
Asunto: ¡Sorpresa!

Hola, Hermes:

Te escribo para contarte que Estefanía y yo ya _____[1] planeando nuestra boda. Como bien sabes, ella y yo _____[2] comprometimos desde hace varios meses. Nos conocemos muy bien y pensamos que _____[3] listos para casarnos. Estefanía quiere casarse en Quetzaltenango (o Xela, como se conoce comúnmente), Guatemala, porque toda su familia _____[4] de allí.

Ya sabemos algunos detalles de la boda, pero no todos. Sabemos que la fecha de la boda _____[5] el próximo quince de julio, pero no sabemos la hora todavía. También sabemos que _____[6] en la iglesia del Espíritu Santo, una iglesia que _____[7] muy cerca de la casa de los bisabuelos de Estefanía. Ah, y los padrinos de la boda van a ser dos de nuestros amigos del club: Claudia va a ser la madrina y Sebastián el padrino. Y el cura va a ser un amigo de la familia de Estefanía que normalmente _____[8] en otra iglesia de Guatemala, pero que ha aceptado ir a Xela a casarnos. Para la luna de miel vamos a viajar a la República Dominicana porque las playas de esta isla caribeña _____[9] bellas y el clima _____[10] agradable y muy parecido al de Puerto Rico.

Uno de los detalles que no tenemos todavía es qué va a pasar con la recepción. Los padres de Estefanía van a pagar la recepción y ellos _____[11] planeándolo todo. Dicen que _____[12] un secreto. Lo único que sabemos es que _____[13] en el salón de un hotel. Así es que imagínate… tú sabes que, por lo general, yo no _____[14] nervioso, pero en este caso sí _____[15] bastante nervioso porque no sé nada de ese tema. Pero, voy a ser positivo.

Bueno, y ya sabes, mi querido amigo Hermes. ¡Cuento contigo para ser el padrino de mi primer hijo!

Abrazos,
Franklin

Las órdenes, los consejos y los buenos deseos

Lee Infórmate 13.2–13.3

C. Franklin se queja. De pequeño Franklin se quejaba cuando sus padres le daban órdenes. Usa las oraciones de la lista para completar los diálogos.

¡Que las tienda mi hermana!	¡Que lo recoja mami cuando llegue!
¡Que la saque mi hermana!	¡Que lo saque a pasear mi hermana!
¡Que llegue pronto mi hermana también!	¡Que te las traiga mi hermana!
¡Que lo apague mi hermana!	¡Que vaya ella sola!

MODELO: MAMÁ: No llegues tarde a casa después de clases, Franklin.

FRANKLIN: *¡Que llegue pronto mi hermana también!* Yo no voy a ser el único.

PAPÁ: Buenos días, Franklin. ¿Dormiste bien? Tráeme las zapatillas, por favor.

FRANKLIN: ¿Por qué yo? _____.[1]

PAPÁ: No seas descortés (*rude*), Franklin. ¡Ay! El periódico se cayó de la mesa. Tú tienes más

energía que yo. Recógelo, por favor.

FRANKLIN: _____.[2]

MAMÁ: ¡Franklin! ¿Qué estás haciendo? Queremos hablar contigo mientras desayunamos; no

deseamos verte jugar videojuegos. Apaga el videojuego antes de desayunar, hijo.

FRANKLIN: _____.[3]

Yo empecé a jugar después que ella.

MAMÁ: ¿Ya terminaste de comer, Franklin? Pues ahora tiende tu cama y la de tu hermana.

FRANKLIN: _____.[4] Yo las tendí ayer.

MAMÁ: Bien, entonces saca a pasear al perro, por favor.

FRANKLIN: _____.[5] Esta mañana estoy muy cansado y

no tengo ganas de salir.

PAPÁ: No discutas, Franklin. Vas a sacar a pasear al perro y antes de irte a la escuela, saca la

basura.

FRANKLIN: _____.[6] Ayer la saqué yo.

MAMÁ: Adiós, hijo. Diviértete en la escuela. ¿Vas a ir con tu hermana al partido de fútbol esta

tarde?

FRANKLIN: _____.[7] Yo no quiero ir con ella.

MAMÁ: ¡Ay, Franklin!

D. Muchas órdenes. Omar y Marcela siempre le dicen a su hijo Carlitos lo que debe y no debe hacer. Completa las oraciones con los verbos de la lista usando las formas afirmativas y negativas de los mandatos informales (**tú**). **OJO:** Algunos de los mandatos llevan pronombres; pon atención a las palabras en negrita.

Vocabulario útil		
comer	jugar	recoger
cruzar	lavarse	regar
hacer	llegar	*tirar*

MODELOS:  No *tires* juguetes al inodoro; *tira* solo papel higiénico (*toilet paper*).

 No *cruces* **la calle** sin mirar; *crúzala* con mucho cuidado siempre y mira a los dos lados.

 No _____¹ tarde a casa; _____² a las ocho a más tardar (*at the latest*).

 No _____³ **las manos** solamente antes de comer; _____⁴ después de comer también.

 No _____⁵ **las plantas** ahora; mejor _____⁶ por la noche.

No _____[7] nada que te den las

personas en la calle; _____[8]

solamente la comida que yo te dé.

No _____[9] solo tus juguetes; _____[10] los

juguetes de tu hermana también.

Carlitos, no _____[11] videojuegos tantas horas;

_____[12] media hora como máximo.

No _____[13] **la tarea** durante la clase; _____[14] en

casa por la tarde.

E. Consejos. El abuelo de Franklin, don Rafael Sotomayor, le da consejos a Franklin. Primero, combina las dos columnas de manera lógica. Luego escribe la forma del subjuntivo del verbo entre paréntesis.

1. _____ Si ya están comprometidos varios meses y quieren casarse pronto,...

2. _____ Si quieren ir de luna de miel después de la boda,...

3. _____ Si quieres mantener un matrimonio por muchos años,...

4. _____ Si piensan tener hijos después del matrimonio,...

5. _____ Si Estefanía quiere bautizar a sus hijos en Guatemala,...

a. les aconsejo que se quieran mucho y que _____ (respetarse) los dos.

b. ojalá ustedes nos _____ (decir) sus planes con tiempo para poder asistir al bautizo.

c. es preferible que _____ (comenzar) a planear la ceremonia pronto.

d. es mejor que _____ (buscar) el destino del viaje pronto.

e. les aconsejo que _____ (planear) bien cuándo los van a tener y cuántos quieren tener.

La crianza

F. Recuerdos. Franklin recuerda algunas actividades que su hermana Janira y él hacían cuando eran pequeños. Completa sus descripciones con una de las siguientes respuestas.

apagué	estaba	no lo he hecho nunca más
castigó	me relajaba	se enojó
eran	no fue nada grave	se levantaban

HACE MUCHOS AÑOS

1. Mi hermana Janira siempre se subía a los árboles y allí actuaba como una actriz de Hollywood. Estas _____ sus dos actividades favoritas.

2. Un día mi hermana Janira se cayó de un árbol. Realmente _____ pero se hizo un esguince en el tobillo.

3. Otro día (yo) me subí a un árbol y grité «¡Socorro!» Solo lo hice esa vez y tuve tanto miedo que _____.

CUANDO TENÍA TRECE AÑOS

4. Me gustaba escuchar música mientras leía. Cuando hacía esas dos actividades _____ mucho.

5. Recuerdo que un día estaba leyendo una novela de ciencia ficción cuando empezó una tormenta de truenos y relámpagos. Nunca lo voy a olvidar. ¡Qué miedo! La novela _____ en su mejor momento y ese ruido me asustó (*frightened me*) mucho.

6. Y recuerdo que otra noche estaba terminando de leer mi primera novela de suspenso, cuando escuché un trueno enorme. Así que _____ todos los aparatos eléctricos y las luces y encendí una vela para seguir con mi novela.

DE PEQUEÑO(S)

7. Mi hermana y yo comíamos muy despacio porque jugábamos y nos peleábamos mucho durante la comida. Mi mamá y mi papá siempre terminaban de comer mucho antes que nosotros y ellos _____ de la mesa para ordenar la cocina.

8. Recuerdo un día en el que estaba almorzando en casa cuando vi al señor de las piraguas (*sno-cones*) y salí de casa sin decirle nada a mi mamá. Mi mamá _____ mucho conmigo por salir de casa sin decirle nada y me castigó.

9. Recuerdo un día en que mi madre cocinó una comida que no me gustaba. Puse la comida dentro de una servilleta de papel y la tiré al zafacón (a la basura). Mi madre no vio que yo tiré la comida, pero mi hermana se lo dijo y mi mamá me _____: ¡tuve que comer esa cena por tres días!

G. Fotos en Facebook. Franklin sube unas fotos a Facebook y varias personas las comentan. Mira las fotos y escoge una **Descripción de la foto** y un **Comentario** de cada lista.

DESCRIPCIÓN DE LAS FOTOS

Aquí estábamos en la puerta de la iglesia. Nosotros, los padrinos, y los recién casados estábamos mirando al cielo. ¡Estaba muy nublado! Parecía que iba a llover.

Aquí estábamos saliendo de la boda de mi tía Lili. Janira y yo estábamos muy enojados porque queríamos ir a jugar al parque que había enfrente de la iglesia, pero nuestros padres no nos lo permitieron.

¡La loca de mi hermana Janira! ¡Era tan traviesa! Siempre estaba subiéndose a los árboles. Le encantaba hacer eso.

Lo mejor de esta foto: la cara de felicidad al ponerse los anillos. Yo creo que mi primo nunca ha estado tan feliz en su vida. La verdad es que fue un gran día.

¡Mi foto favorita! Mira cómo nos divertíamos mi primo Pedro y yo durante el bautizo de mi hermana Janira. ¡Estábamos haciendo caras locas los dos!

COMENTARIO 1

¿Cuántos años tenían tu primo y tú en esa foto, Franklin?

Franklin, ¿y tú también te subías?

¿Querían jugar en el parque con la ropa nueva?

¿Y llovió al final?

Parece que fue un gran día para todos ustedes. Me imagino que todos estaban muy contentos.

COMENTARIO 2

A veces, pero no tanto como mi hermana.

Los dos teníamos seis años aproximadamente. Nos gustaba mucho jugar juntos pero mi primo vivía en otra ciudad, en Caguas, y solo nos veíamos de vez en cuando.

Sí, al final llovió pero afortunadamente estábamos cerca del lugar de la recepción.

Sí claro, lo importante para nosotros era jugar; para mí, con ocho años y para mi hermana con tres, la ropa no era un problema. Pero al final no jugamos. Mis padres no nos dejaron.

¡Qué suerte que pudiste estar allí con ellos! Y pronto vamos a celebrar este mismo momento contigo y con Estefanía.

 Franklin Sotomayor Sosa

Aquí estábamos en la puerta de la iglesia. Nosotros, los padrinos, y los recién casados estábamos mirando al cielo. ¡Estaba muy nublado! Parecía que iba a llover!

Me gusta · Comentar · Compartir

Xiomara: ¿Y llovió al final?

Estefanía: Si, al final llovió pero afortunadamente estábamos cerca del lugar de la recepción.

Escribe un comentario...

(Continúa.)

1.

_____

_____ 1

ÁNGELA: _____ 2

FRANKLIN: _____

_____ 3

2.

_____

_____ 4

NAYELI: _____ 5

FRANKLIN: _____

_____ 6

3.

_____

_____ 7

CLAUDIA: _____ 8

ANA SOFÍA: _____

_____ 9

4.

_____

_____ 10

LUCÍA: _____ 11

FRANKLIN: _____

_____

_____ 12

H. Crianzas diferentes. Omar compara su vida con la de sus hijos. Siguiendo el modelo, completa cada oración con uno de los verbos de la lista en la forma de **imperfecto, pretérito perfecto** (*present perfect*) y **pretérito.** Además usa las siguientes formas impersonales del verbo **haber: hay, hubo, había.**

Vocabulario útil					
castigar	escuchar	haber	hablar	*limpiar*	portarse

MODELO: Cuando yo era pequeño, *limpiaba* mi cuarto todas las semanas, pero mi hijo Carlitos es diferente. Él no *ha limpiado* su cuarto en mucho tiempo. La última vez que lo *limpió* fue hace dos meses.

1. Cuando era joven (yo) casi nunca _____ con personas en otros países. Sin embargo,

   en los últimos meses _____ mucho por Skype con los amigos del club. Ayer mismo

   fue la última vez que _____ con algunos de ellos.

2. Cuando era joven (yo) nunca _____ mal en la escuela, pero Carlitos es diferente.

   Hace un par de meses él _____ muy mal en la escuela y le pegó a otro niño.

   Afortunadamente, desde ese día no _____ mal.

3. Cuando yo era pequeño, mis padres nos _____ cuando nos portábamos mal, pero

   los padres de hoy somos diferentes. Marcela y yo no _____ a nuestros hijos casi

   nunca. La última vez que los _____ fue una vez que se pelearon.

4. Cuando mis hermanos y yo éramos pequeños, en general, yo nunca _____ de casos

   de hostigamiento (*bullying*) en las escuelas. Pero últimamente, _____ de muchos

   casos. Ayer mismo _____ en la radio de un caso en mi ciudad.

5. Cuando yo era joven, no _____ tantas oportunidades para estudiar en el extranjero;

   es más, creo que en mi escuela nunca _____ esa opción. Pero hoy en día

   _____ muchas oportunidades.

En resumen

I. La familia de Franklin y su niñez

Parte 1. Lee cómo se describen los miembros de la familia de Franklin y luego selecciona de la lista lo que ellos dicen sobre su niñez.

1. _____ Soy el padre de Franklin. Me llamo Marcial Sotomayor Ponce y tengo sesenta y seis años. Trabajo en el canal de televisión BorinquenTV, que se ve en Estados Unidos gracias a DirectTV.

2. _____ Soy la madre de Franklin. Me llamo Lidia Sosa Ortiz y tengo sesenta y dos años. Soy profesora de historia en la Universidad de Puerto Rico, en Río Piedras.

3. _____ Me llamo Rafael Sotomayor y soy el abuelo paterno de Franklin, el padre de Marcial. Tengo ochenta y ocho años. Cuando era joven era peluquero.

4. _____ Me llamo Janira Sotomayor Sosa y soy la única hermana de Franklin. Tengo veintitrés años. Soy actriz de telenovelas pero quiero ser actriz de cine.

a. Cuando era niña me gustaba ponerme disfraces, actuaba y me imaginaba que era otra persona.

b. Cuando era niña y también de adolescente, siempre jugaba a ser maestra y mis hermanos eran mis estudiantes.

c. De niño, yo les cortaba el pelo a mis hermanos porque éramos muchos y no teníamos dinero para ir todos a la peluquería.

d. Recuerdo muy bien el mejor día de mi vida. Yo tenía unos ocho años y mis compañeros de la escuela y yo hicimos una excursión a la estación de televisión.

Parte 2. Ahora usa los ejemplos de la familia de Franklin y los modelos de abajo para presentar a uno de tus abuelos y a uno de tus tíos, y luego preséntate tú. Escribe algo que hacían esas personas de pequeñas y lo que hacías tú.

MODELOS: *Mi abuela se llama… Es la madre de mi madre/padre. Tiene… años. Era/Es… (profesión). Cuando era pequeña,… (actividad relacionada con su profesión).*

Me llamo… y soy el hijo mayor / menor / del medio / único de mis padres. Tengo… años. Soy… (profesión) y en el futuro quiero ser… (profesión). Cuando era pequeño/a,… (actividad relacionada con tu futura profesión).

MI ABUELO/A

_____

_____

_____

_____

MI TÍO/A

_____

_____

_____

_____

YO

_____

_____

_____

_____

Exprésate

Escríbelo tú

Un evento inolvidable

Narra un evento inolvidable de tu pasado. Puede ser una fiesta, una celebración, un incidente, un viaje o un encuentro con alguien. Usa estos pasos para guiarte.

1. Describe la escena: el momento, el lugar y lo que estaba pasando.
2. Cuenta lo que pasó de pronto (*suddenly*).
3. Continúa la narración.
4. Narra el resultado e incluye un final.

Mira el modelo, donde Franklin narra una experiencia que tuvo una tarde cuando regresaba a casa en autobús. Las formas de los verbos (pretérito o imperfecto) se indican entre paréntesis.

> MODELO: Una tarde (yo) **esperaba** (*imperfecto*) el autobús para ir a casa. A veces uso el transporte público cuando no quiero manejar. Esa tarde **llovía** (*imperfecto*) mucho y yo **me sentía** (*imperfecto*) cansado después de un día difícil en el trabajo. Entonces **vi** (*pretérito*) a mi amigo Sebastián que **pasaba** (*imperfecto*) en su carro. Lo **saludé** (*pretérito*) y él me **saludó** (*pretérito*) también, pero **no paró** (*pretérito*). El autobús **llegó** (*pretérito*), **me subí** (*pretérito*), y **noté** (*pretérito*) que **estaba** (*imperfecto*) lleno de gente; muchas personas **iban** (*imperfecto*) de pie.[a] Por fin **llegamos** (*pretérito*) a mi parada de autobús. **Me bajé** (*pretérito*) y **caminé** (*pretérito*) a casa. La casa **estaba** (*imperfecto*) totalmente oscura, como siempre. Pero entonces, cuando **abrí** (*pretérito*) la puerta, Estefanía y todos mis amigos **me gritaron** (*pretérito*): «¡Feliz cumpleaños, Franklin!» ¿Y sabes quién **estaba** (*imperfecto*) allí también? ¡Mi amigo Radamés! Después de todo, **resultó**[b] (*pretérito*) ser un día maravilloso y una experiencia inolvidable.
>
> [a]iban… *were standing*

(Continúa.)

_____

_____

_____

_____

_____

_____

_____

_____

_____

_____

_____

Enlace auditivo

Pronunciación y ortografía

Ejercicios de ortografía

I. *Diphthongs and Other Vowel Combinations*

When two vowels in Spanish occur together and at least one of them is an unstressed **i** or **u**, they are pronounced together as a single syllable. This combination is called a *diphthong*. There are many diphthongs possible within a word: **iu, ua, ue, ui, uo, ai** or **ay, ei, oi** or **oy, au, eu,** and **ou.** Listen to examples of Spanish words with diphthongs. (The **ou** occurs very infrequently in Spanish; no example of this diphthong is included.)

DIPHTHONG	EXAMPLE	DIPHTHONG	EXAMPLE
ia	hacia	**uo**	antiguo
ie	tiene	**ai** or **ay**	hay
io	premio	**ei**	seis
iu	ciudad	**oi** or **oy**	voy
ua	cuatro	**au**	bautizo
ue	hueso	**eu**	neutro/a (= *neutral*)
ui	ruina	**ou**	*rarely occurs*

If these vowel combinations are instead pronounced so they are clearly separate vowels, an accent mark must be written on the **i** or the **u** to show that there is no diphthong: **día, fríe** (*he/she fries*), **mío, actúa, continúe, actúo, leí, egoísta, país, aún** (*still, yet*), **se reúne.**

    Listen and write the words you hear. If the vowel combination is pronounced as a diphthong, do not write an accent mark. If the vowels are pronounced separately, write an accent mark on the **i** or the **u.**

1. _____   9. _____

2. _____   10. _____

3. _____   11. _____

4. _____   12. _____

5. _____   13. _____

6. _____   14. _____

7. _____   15. _____

8. _____

II. *Accent Review (Part 2)*

A. Remember that question and exclamation words always have a written accent mark: **¿qué?, ¡qué!, ¿cómo?, ¡cómo!, ¿dónde?, ¿cuándo?, ¿por qué?, ¿quién?, ¿cuál?, ¿cuántos/as?, ¡cuántos/as!** Listen to the following questions and exclamations and write each one correctly. Be sure to add an accent mark to the question or the exclamation word.

1. _____

2. _____

3. _____

4. _____

5. _____

6. _____

7. _____

8. _____

9. _____

10. _____

B. As you know, words that end in a vowel, **-n,** or **-s** should be stressed on the next-to-last syllable. Some examples of this rule are: **ca-ri-ño-so, ma-dri-na, cu-ra, pri-mos, ca-si, des-cu-bren.** Whenever the stress is on the last syllable in words that end in a vowel, **-n,** or **-s,** a written accent mark must be added to that syllable. See, for example: **pa-pá, des-pués, ob-ser-vé, co-mún, a-quí, so-lu-ción.**

    Listen to the following words and write each one. Then decide if it needs a written accent mark.

1. _____   6. _____

2. _____   7. _____

3. _____   8. _____

4. _____   9. _____

5. _____   10. _____

C. Words that end in a consonant (except **-n** or **-s**) are stressed on the last syllable: **sig-ni-fi-<u>car</u>**, **so-<u>cial</u>, us-<u>ted</u>, po-pu-<u>lar</u>, ni-<u>ñez</u>.** Whenever the stress falls on any other syllable in words that end in a consonant other than **-n** or **-s**, it must be marked with a written accent: **<u>sué</u>-ter, <u>ár</u>-bol, <u>lá</u>-piz, <u>fá</u>-cil, <u>sánd</u>-wich.**

Listen to the following words and write them correctly, with or without an accent mark, depending on where the stress falls.

1. _____   6. _____

2. _____   7. _____

3. _____   8. _____

4. _____   9. _____

5. _____   10. _____

D. Any word that is stressed on the third-to-the-last syllable or before must have a written accent mark: **<u>clá</u>-si-co, <u>ú</u>-ni-co, <u>tí</u>-mi-da, <u>mú</u>-si-ca, <u>lám</u>-pa-ras, pe-<u>lí</u>-cu-las, <u>pú</u>-bli-ca-men-te.** Write the following words. Do not forget to place a written accent mark on the correct syllable.

1. _____   6. _____

2. _____   7. _____

3. _____   8. _____

4. _____   9. _____

5. _____   10. _____

E. As you know, unstressed vowels **i** and **u** normally join another vowel to form a diphthong. When this is not the case, **i** and **u** have a written accent mark, as in **frí-o, pa-ís, ma-íz, con-ti-nú-a.** Listen and write the following words. Remember to write an accent mark over the **i** or the **u** to signal that it is stressed.

1. _____   6. _____

2. _____   7. _____

3. _____   8. _____

4. _____   9. _____

5. _____   10. _____

F. The first- and third-person singular preterite forms of regular verbs are always stressed on the last letter of the last syllable. To indicate that they break the normal rule of pronunciation for words that end in a vowel, **-n,** or **-s,** these forms have a written accent mark: **be<u>sé</u>, be<u>só</u>; ven-<u>dí</u>, ven-<u>dió</u>; descu<u>brí</u>, descu-<u>brió</u>.**

Remember that irregular verb forms *do not* have a written accent mark in the preterite: **dije, dijo; puse, puso; tuve, tuvo; vi, vio.** Listen to the following sentences and write each one. Be sure to write an accent mark when appropriate.

1. _____

2. _____

3. _____

4. _____

5. _____

G. Remember that many verb forms in the imperfect take accent marks. Verbs that end in **-ar** take an accent in the **nosotros/as** form: **tomábamos.** Verbs that end in **-er** and **-ir** take accents in all forms: **tenía, tenías, tenía, teníamos, teníais, tenían.**

Listen to the following sentences and write each one. Write an accent when necessary.

1. _____

2. _____

3. _____

4. _____

5. _____

H. As you know, affirmative commands of more than one syllable need accent marks when one or more pronouns have been added: **báñate, cómanlo, contéstame, dígaselo, háblenme, péinate, tráiganosla.** Listen to the following sentences and write each one. Write an accent mark on the command when necessary.

1. _____

2. _____

3. _____

4. _____

5. _____

Actividades auditivas

A. **¡Algún día!** Omar está de visita en California por segunda vez, ahora con su esposa y sus hijos. Marcela, su esposa, se ha hecho muy buena amiga de Lucía, estudiante del club Amigos sin Fronteras. Ahora conversan las dos en un café de Berkeley. Escucha su conversación y luego contesta las preguntas.

Vocabulario de consulta

rato	while, short time
de vez en cuando	every once in a while
mantener	support
aprovechar	take advantage of
etapa	phase, period
me digo a mí misma	I tell myself
afortunada	lucky, fortunate

¿Nunca tienes un poco de silencio?
Sí, ¡cuando los niños duermen!

Marcela tiene varias preocupaciones y Lucía le da algunos consejos. Escribe sus consejos.

Preocupación: Estoy muy cansada últimamente.

Consejo: _____[1] más.

Preocupación: Omar está muy ocupado y no me ayuda con la crianza de los niños.

Consejos: _____[2] con Omar. _____[3] bien la situación.

_____[4] que no trabaje tanto.

Preocupación: No es fácil mantener a una familia con un solo sueldo.

Consejo: _____[5] un trabajo de economista.

Preocupación: Los niños me necesitan.

Consejo: _____[6] de tus hijos ahora.

B. **El chico más normal del club.** Jorge y Claudia conversan sobre su niñez y adolescencia en una fiesta del club Amigos sin Fronteras. Escucha su conversación y luego empareja las frases lógicamente.

Vocabulario de consulta

robots	robots
obedecer	obey
travieso	mischievous
tele	TV
¿nunca te prohibían... ?	they never forbade/prohibited you . . . ?
prohibido	forbidden
reglas	rules

1. _____ Jorge era un niño travieso; él siempre…

2. _____ Jorge empezó a interesarse en las computadoras…

3. _____ Jorge y su hermano todavía pelean y gritan, pero…

4. _____ El castigo que Jorge más detestaba era…

5. _____ Si Claudia se portaba mal cuando era niña…

6. _____ Cuando Claudia era adolescente…

7. _____ En la casa de Claudia no gritan porque…

8. _____ Claudia dice que cuando tenga hijos…

a. no la dejaban ver televisión.

b. está prohibido.

c. no poder usar la computadora.

d. son muy buenos amigos.

e. cuando era niño.

f. no los va a criar con reglas.

g. peleaba con su hermano.

h. no podía ir a fiestas.

Videoteca

Amigos sin Fronteras

Episodio 13: ¡Que vivan los novios!

Resumen. Franklin y Radamés están en un café, conversando sobre los planes de boda de Franklin y Estefanía. Luego Claudia y Nayeli se encuentran con ellos en el café. Nayeli los invita a su casa para mostrarles unas fotos de la boda de su tía Margarita y les cuenta una anécdota chistosa de esta tía. Resulta que (*It turns out that*) Margarita llegó a la iglesia el día de la boda, esperó y esperó, ¡pero el novio no apareció!

Preparación para el video

A. **¡Comencemos!** Mira la foto y completa las oraciones.

1. En la foto, es el día de _____ de la tía de Nayeli.

2. La novia está _____.

3. El novio está _____.

Vocabulario de consulta

¡Que vivan los novios!	Long live the bride and groom!
chistoso/a	funny
por supuesto	of course
por si acaso	just in case
vigilado	watched
anécdota	anecdote, story
valiente	brave
bostezando	yawning
no había cambiado de opinión	he hadn't changed his mind
¡no es para menos!	understandably so!

Comprensión del video

B. **Episodio.** ¿Quién lo dijo?

1. _____ Estoy enamorado y voy a casarme pronto.

2. _____ Se me olvidó la fecha y nunca llegué a la iglesia.

3. _____ No me iba a quedar soltera; por eso fui a su casa.

4. _____ Saqué muchas fotos de la boda.

5. _____ Si voy a tu casa, quiero café.

6. _____ Me encantan las mujeres valientes.

7. _____ Mi tía es súper organizada.

a. Javier

b. Nayeli

c. el padre de Nayeli

d. Franklin

e. Margarita

f. Radamés

g. Claudia

C. **Contenido en general** ¿Cierto (C) o falso (F)?

1. Franklin cree que Radamés no tiene tiempo ni ganas de casarse.   C   F

2. Franklin está seguro de que él va a estar en la ceremonia de su propia boda.   C   F

3. Nayeli dice que a su tía Margarita se le olvidó la fecha de su boda.   C   F

4. Margarita, la novia, es una mujer muy desorganizada; nunca hace planes.   C   F

5. Margarita le dijo al cura que él tenía que acompañarlos a todos a casa del novio y el cura fue con ellos.   C   F

D. **Detalles** Contesta las preguntas según la información en el video.

1. ¿Cómo es Radamés según Franklin?

_____

2. ¿Qué les va a mostrar Nayeli a sus amigos si van a su casa?

_____

3. ¿Qué condición pone Radamés para ir a casa de Nayeli?

_____

4. ¿Que opina Claudia de la novia?

_____

5. ¿Qué pasa al final con los novios? ¿Qué ropa lleva el novio?

_____

Mi país

Puerto Rico y la República Dominicana

Preparación para el video

El Fuerte de San Felipe del Morro

1. ¿De qué país es Franklin Sotomayor Sosa?

   a. de República Dominicana
   b. de Puerto Rico
   c. de Cuba

2. ¿Con quién está comprometido para casarse Franklin?

   a. con Ana Sofía   b. con Estefanía   c. con Claudia

Comprensión del video

Selecciona el país apropiado, según el video. **OJO:** Algunos ejemplos pueden ser de los dos países.

	PUERTO RICO	REPÚBLICA DOMINICANA
1. San Juan	☐	☐
2. los taínos	☐	☐
3. San Pedro de Macorís	☐	☐
4. la Isla del Encanto	☐	☐
5. el Fuerte de San Felipe del Morro	☐	☐
6. el coquí	☐	☐
7. salsa y merengue	☐	☐
8. Santo Domingo	☐	☐
9. el parque nacional el Yunque	☐	☐
10. la estatua de Colón	☐	☐

¡A leer!

¿Sabías que... ?

Los taínos, artesanos del Caribe

¿Sabías que cuando Cristobal Colón llegó a La Española[a] en 1492, se encontró primero con los indígenas taínos? Los taínos eran gente pacífica[b]; la palabra *taíno* significa «bueno» o «noble» en su propio idioma. Ocupaban el territorio que hoy es Puerto Rico, la República Dominicana,* Haití, Jamaica, las Bahamas y parte de Cuba. Los taínos pertenecían al grupo de indígenas arahuaco, originario de Brasil y Venezuela, y colonizaron las Antillas en el año 600 d.C.,[c] desplazando a los habitantes anteriores.[d]

Por más de 800 años los taínos vivieron en armonía con la naturaleza, cultivando mandioca,[e] maní,[f] batata, calabaza, tabaco y algodón,[g] pescando en las aguas del Caribe y cazando[h] iguanas, tortugas y manatíes. Los pueblos taínos, llamados *yucayeques*, eran gobernados por un cacique.[i] En el yucayeque había varios *bohíos*, casas redondas[j] hechas de hoja[k] de palma, organizados alrededor

[a]*Hispaniola*, la isla donde ahora se encuentran Haití y la República Dominicana [b]*peaceful* [c]*después de Cristo (A.D.)* [d]*previous* [e]*cassava root* [f]*cacahuate* [g]*cotton* [h]*hunting* [i]*chief* [j]*round* [k]*leaf*

---

*En el idioma de los taínos, Puerto Rico se llamaba *Borinquen* y la República Dominicana se llamaba *Quisqueya*.

de una plaza central. Allí se presentaban *areitos*, ceremonias religiosas y culturales en las cuales los indígenas recitaban su historia y les rezaban[l] a sus muchos dioses acompañados de música de tambores.[m]

Los taínos esculpían[n] pequeños ídolos, *los cemíes*, que eran representaciones físicas de los dioses. Los cemíes, hechos de piedra, madera, hueso o concha,[ñ] combinaban las formas del ser humano con las de un animal y algunos tenían ojos o dientes incrustados de oro. Pero el talento artístico de los taínos no se limitaba a estos ídolos; el arte era una parte íntegra de su vida diaria. Fabricaban *dujos* (o *duhos*), que eran sillas ceremoniales de madera o piedra; también hilaban[o] hamacas, ropa y esculturas[p] de algodón y hacían recipientes[q] de cerámica. Se pintaban el cuerpo, se decoraban con tatuajes religiosos y llevaban joyas[r] de concha, hueso, piedra y plumas.[s] Además construían grandes canoas de madera para hacer comercio[t] con los mayas en Honduras, los mexicas en México y los caribes en la costa de Venezuela.

El final de los taínos fue trágico. Casi todos murieron durante la colonización española a causa del duro trabajo, el trato cruel que les dieron los españoles y las enfermedades que estos trajeron.* Pero se ha descubierto, en una investigación de la Universidad de Puerto Rico, que el sesenta y un por ciento de todos los puertorriqueños todavía conserva ADN[u] de los indígenas. Y se estima que en la República Dominicana el quince por ciento de la población conserva material genético de esta tribu indígena. También se sabe que muchos campesinos[v] de Puerto Rico, la República Dominicana y Cuba todavía usan técnicas agrícolas y practican la medicina de hierbas de sus antepasados[w] taínos. Además, el español heredó[x] muchas palabras del idioma de los taínos; entre otras: barbacoa, batata, canoa, cigarro, guayaba, huracán, iguana, maíz, manatí, papaya y el nombre de estas islas caribeñas: Bahamas, Cuba y Jamaica. Y si quieres ver ejemplos de su arte, el Museo del Hombre Dominicano en Santo Domingo y el Museo de la Universidad de Puerto Rico tienen colecciones de arte taíno que demuestran la riqueza de su cultura. La civilización taína desapareció pero su espíritu sigue vivo en la gente del Caribe.

[l]*prayed*   [m]*drums*   [n]*sculpted*   [ñ]*piedra… stone, wood, bone or seashell*   [o]*wove*   [p]*sculptures*   [q]*containers*
[r]*jewelry*   [s]*feathers*   [t]*trade*   [u]*DNA*   [v]*peasants, rural dwellers*   [w]*ancestors*   [x]*inherited*

Comprensión

1. _____ ¿Qué significa la palabra *taíno* en el idioma de los indígenas taínos?

   a. «habitante del Caribe»   **c.** «primer hombre»
   b. «noble» o «bueno»   **d.** «cacique»

2. _____ ¿Cómo se llamaban las casas redondas del yucayeque taíno?

   a. bohíos   **b.** areitos   **c.** duhos   **d.** cemíes

3. _____ Los cemíes eran…

   a. sillas ceremoniales   **c.** representaciones de los dioses
   b. los jefes de los pueblos taínos   **d.** las casas de los taínos

4. Indica con un círculo las palabras en español que vienen del idioma taíno.

   a. huracán   **g.** cacahuate   **m.** manatí
   b. tomate   **h.** chile   **n.** aguacate
   c. cigarro   **i.** papaya   **ñ.** canoa
   d. papa   **j.** chocolate   **o.** barbacoa
   e. maíz   **k.** guayaba
   f. iguana   **l.** coyote

---

*Casi toda la población murió por enfermedades como la viruela (*smallpox*) y el sarampión.

Galería

Puerto Rico y la República Dominicana

Ve al bosque nacional de El Yunque, Puerto Rico, para estar en contacto directo con la naturaleza, escuchar el sonido de la famosa rana coquí y ver la famosa cascada La Mina.

Visita el Castillo de San Felipe del Morro, en San Juan, Puerto Rico. Este fuerte del siglo XVI es el más grande del Caribe.

El Alcázar de Colón, República Dominicana, está ubicado en la zona colonial de la capital dominicana. Es uno de los museos más importantes de este país.

En Puerto Plata, República Dominicana, uno puede descansar en las playas, disfrutar de la ciudad y subir al teleférico para ver la gran estatua de Jesucristo en la loma Isabel Torres.

Historia y belleza natural

¿Alguien te ha hablado alguna vez del encanto[a] natural e histórico de las islas caribeñas? ¡Descúbrelo tú mismo/a! Puerto Rico se conoce como «la Isla del Encanto», y si la visitas, vas a saber por qué. Su valor natural es inmenso, no solo por sus playas sino[b] también por la flora y la fauna de sus bosques, como se observa en el famoso bosque tropical El Yunque. ¿Lo conoces? Hoy en día El Yunque es la casa de muchas especies animales que tuvieron que salir de su hábitat normal por la deforestación de otras zonas. Entre las especies animales de este bosque, es de especial importancia el coquí, una rana[c] pequeña que se encuentra en toda la isla y que es un símbolo del país. Otro símbolo puertorriqueño es, sin duda, el Fuerte San Felipe del Morro, conocido comúnmente como El Morro. Ubicado en la zona antigua de San Juan, la capital de la isla, este fuerte del siglo XVI se usaba para vigilar[d] la bahía de San Juan. ¿Qué sitio de la Isla del Encanto te gustaría visitar primero: El Yunque o el Morro?

Por otro lado,[e] la República Dominicana y Haití comparten[f] la misma isla, a la que los españoles llamaron La Española cuando llegaron por primera vez en diciembre de 1492. La Ciudad Colonial de Santo Domingo, la capital del país, fue reconocida por la UNESCO como Patrimonio de la Humanidad. Allí puedes encontrar muchos ejemplos de la historia caribeña en forma de casas, monumentos, calles e iglesias. Entre ellos destaca[g] el majestuoso palacio del Alcázar de Colón, que data del siglo XVI y esconde[h] secretos de las personas que pasaron por él a lo largo de[i] la historia: varios miembros de la familia de Cristóbal Colón, Hernán Cortés e incluso el pirata Francis Drake, quien robó varios objetos de valor de este palacio. En la actualidad este edificio es el museo más visitado de la República Dominicana.

Claro que el mayor atractivo turístico del país son sus playas, no sólo para bañarse y descansar sino también para celebrar bodas de ensueño.[j] ¿Has asistido a alguna boda en la playa? ¿Quieres planear tu boda u otro momento importante allí? En la República Dominicana tienes muchas playas hermosas de donde elegir; entre ellas están las playas del norte que son uno de los destinos turísticos más importantes del Caribe. En esta zona norte es precisamente donde desembarcó Cristóbal Colón en su primer viaje, así que aquí se une la riqueza[k] histórica a la natural. De hecho, la ciudad de Puerto Plata es un buen ejemplo de esta unión: además de su valor histórico y de su extraordinaria belleza natural, con playas y paisajes tropicales, te ofrece la oportunidad de tener experiencias inolvidables. En Puerto Plata te puedes subir al único teleférico que hay en la isla y llegar a la cima de la Loma Isabel de Torres, donde está la estatua de Jesucristo con los brazos abiertos. Y si te gustan los fuertes, no te pierdas otro fuerte del siglo XVI, el Fuerte de San Felipe, que está cerca de esta zona.

En fin, ¿qué te interesa más de Puerto Rico y la República Dominicana: su belleza natural o su riqueza histórica? No te preocupes, ¡disfruta de todo!

[a]*charm* [b]*but* [c]*frog* [d]*watch over, guard* [e]*Por... On the other hand* [f]*share* [g]*stands out* [h]*hides, guards*
[i]*a... throughout the course of* [j]*de... dream* [k]*richness*

Comprensión. Contesta las preguntas.

1. ¿Qué es «la Isla del Encanto»?

   _____

2. ¿Cuáles son dos símbolos de Puerto Rico?

   _____

3. ¿Qué países están en La Española?

   _____

4. ¿Qué personas históricas pasaron por el palacio del Alcázar de Colón? Nombra tres.

   _____

Conexión cultural

Puerto Rico: En búsqueda° de identidad

search

Vocabulario de consulta

Encanto	Enchantment
oro	gold
puerto	port
esclavitud	slavery
minas	mines
haciendas	estates, ranches
Imperio	Empire
ciudadanía	citizenship
gozan de	enjoy
ejército	army
soberanía	sovereignty, self-rule
votaciones	voting
autóctono	indigenous, of native origin
a pesar de	in spite of

Puerto Rico tiene dos banderas oficiales: la estadounidense y la puertorriqueña.

Puerto Rico es una de las islas más bellas del mundo, por eso mucha gente la llama «Isla del **Encanto**», nombre que alude a los hermosos paisajes de la isla, sus playas, ríos y lagos. Pero el nombre Puerto Rico, en realidad, se refiere al **oro** que encontraron los españoles en el **puerto** que finalmente llamaron San Juan Bautista. Antes de llegar Cristóbal Colón a Puerto Rico en 1493, la isla estaba habitada por los indígenas taínos, quienes la llamaban «Borinquen*». Se calcula que había entre 30.000 y 60.000 habitantes taínos en la isla. Tristemente, muchos de estos indígenas murieron a causa del trabajo excesivo que tenían que hacer para los españoles en su **esclavitud** en las **minas** y las **haciendas** y también por las enfermedades que trajeron los colonizadores. Para el año 1524, los pacíficos taínos habían sido exterminados casi completamente.

Puerto Rico fue colonia del **Imperio** español hasta finales del siglo XIX. En 1898, como resultado de una guerra entre España y Estados Unidos,[†] España perdió sus últimas colonias: Puerto Rico, Cuba, Guam y las Filipinas. Cuba consiguió la independencia absoluta, pero Puerto Rico quedó bajo control militar de Estados Unidos. Los puertorriqueños recibieron **ciudadanía** estadounidense en 1917 y muchos años después, en 1952, su país se convirtió en Estado Libre Asociado —*commonwealth* en inglés— de Estados Unidos. Puerto Rico es la única nación hispana que tiene esa designación política. Los puertorriqueños **gozan de** todos los privilegios de los ciudadanos estadounidenses pero no tienen representación de voto en el Congreso ni derecho a votar en las elecciones federales.[§] En cambio sí pueden enlistarse en el **ejército** de Estados Unidos y, de hecho, muchos puertorriqueños han participado en las guerras de este país.

Esta situación peculiar de Puerto Rico es motivo de debate en la isla caribeña. Algunos puertorriqueños opinan que su país debe ser un estado oficial de Estados Unidos, mientras que otros rechazan esta identidad porque la consideran situación de colonialismo. El debate político se centra en tres posibles formas de identidad nacional: 1) independencia absoluta, 2) Estado Libre Asociado con más **soberanía** y 3) anexión a Estados Unidos. Por mucho tiempo, solo la identidad de Estado Libre Asociado ha predominado en todas las **votaciones** del país. Pero en 2012, una

---

*Hay varias teorías sobre lo que esta palabra significaba para los taínos. La más aceptada es que *borinquen* significa «isla de cangrejos (*crabs*)».

[†]La Guerra hispanoestadounidense, conocida en inglés como *the Spanish-American War*.

[§]El cargo (*office*) político más alto que se permite en Puerto Rico es el de gobernador, porque el presidente de ese país es el mismo de Estados Unidos.

mayoría votó por anexión a Estados Unidos, lo cual indica un deseo de cambio por parte de muchos puertorriqueños. ¿Llegará este país caribeño a convertirse en el estado cincuenta y uno de los Estados Unidos? ¿Qué opinas tú?

Durante toda la historia de Puerto Rico, mucha gente en la isla se ha preguntado cuál es su identidad nacional, pues desde 1493 el país no ha tenido un gobierno **autóctono** ni independiente. Sin duda los puertorriqueños se sienten muy hispanos culturalmente; aunque el inglés y el español son idiomas oficiales, el español es el que más se habla en el país y es el idioma de su literatura. La cultura de Puerto Rico —su música, sus costumbres y tradiciones— refleja sus raíces afrohispanas. Pero **a pesar de** esta fuerte base cultural, la búsqueda de identidad de este país caribeño continúa hasta hoy en día.

Comprensión

1. ¿Por qué llaman a Puerto Rico la «Isla del Encanto»?

   _____.

2. ¿Quiénes habitaban la isla de Puerto Rico antes de llegar Cristóbal Colón?

   _____.

3. ¿Qué colonias perdió España en la Guerra hispanoestadounidense?

   _____

   _____.

4. ¿Cuál es la situación política de Puerto Rico desde 1952?

   _____.

5. Menciona las tres formas de identidad nacional por las que han votado los puertorriqueños.

   _____.

6. ¿Qué opinas de la situación política de Puerto Rico? ¿Piensas que debe ser un país independiente, un Estado Libre Asociado o un estado oficial de los Estados Unidos? Explica.

   _____.

   _____.

   _____.

De compras 14

¡A escribir!

Los productos y los materiales

Lee *Infórmate 14.1*

A. De compras. Varios amigos del club compraron cosas nuevas. Mira los dibujos y escribe oraciones sobre los objetos que compraron. Incluye una frase de cada columna y el precio del objeto. Sigue el modelo.

MODELO:  SEBASTIÁN: *Para* preparar un arroz peruano delicioso, *compré* una sartén *de* hierro *por cuarenta dólares.*

USO	OBJETO	MATERIAL
para caminar cómodamente	un anillo de compromiso	acero inoxidable
para cortarle el pelo a mi perro Chulis	una chaqueta	cartón
para surfear en las playas de California	una caja	fibra de vidrio
para mandarles a mis padres un paquete	*una sartén*	cuero
para no tener frío cuando vaya a esquiar	una tabla de surfeo	*hierro*
para pedirle a Estefanía que se case conmigo	unas tijeras	lana
para preparar un arroz peruano delicioso	unos zuecos	oro blanco y diamantes

(Continúa.)

1.

FRANKLIN: _____
_____
_____

2.

ELOY: _____
_____
_____

3.

ANA SOFÍA: _____
_____
_____

4.

JORGE: _____
_____
_____

5.

ESTEFANÍA: _____
_____
_____

6.

NAYELI: _____
_____
_____

B. **Conversaciones.** Completa cada frase de la lista usando **por** o **para.** Luego usa las frases para completar el diálogo.

MODELO:

> **a.** Claro, ya comprendo por qué compraste las de plástico. ¿*Para* qué las necesita?
>
> **b.** ¿De plástico? ¿*Para* quién son?
>
> **c.** Las compré *por* solo dos dólares.

OMAR: Ayer compré unas tijeras de plástico.

MARCELA: ___b___ (*¿De plástico? ¿Para quién son?*)

OMAR: Son para Maritza.

MARCELA: ___a___ (*Claro, ya comprendo por qué compraste las de plástico. ¿Para qué las necesita?*)

OMAR: Para hacer un trabajo en la escuela.

MARCELA: ¡Qué raro! No me dijo nada. ¿Y cuánto te costaron?

OMAR: ___c___ (*Las compré por solo dos dólares.*)

MARCELA: ¡Qué buen precio! Gracias por comprarlas.

> **a.** Cuesta treinta dólares pero está en oferta. Se la vendo _____ veinte dólares.
>
> **b.** Es _____ mi sobrina Ánika, de seis años.
>
> **c.** _____ solo tres dólares más puede comprar la guitarra de madera.

DEPENDIENTA: Hola, ¿en qué le puedo servir?

RADAMÉS: Necesito un regalo.

DEPENDIENTA: ¿Para quién es? ¿Es para un niño o para un adulto?

RADAMÉS: _____[1]

DEPENDIENTA: Mire, tengo estos juguetes.

RADAMÉS: Me gusta mucho esa guitarra de plástico.

DEPENDIENTA: _____[2]

RADAMÉS: Bien, la de madera, entonces. ¿Cuánto cuesta, señorita?

DEPENDIENTA: _____[3]

RADAMÉS: Perfecto. Como (*Since*) es para un regalo, ¿puede envolverla con papel de regalo?

DEPENDIENTA: Por supuesto.

(Continúa.)

a. Es muy bonito pero no quiero pagar más de cuarenta dólares _____ una blusa.

b. Sí, necesito una _____ ponérmela en la fiesta de graduación de mi prima.

c. No recuerdo la hora exacta. Sé que es _____ la tarde.

XIOMARA: Me gusta mucho esta blusa de seda.

ANA SOFÍA: ¿Necesitas una?

XIOMARA: _____ [4]

ANA SOFÍA: ¿Y a qué hora es la fiesta de graduación?

XIOMARA: _____ [5]

ANA SOFÍA: A ver… ¿Te gusta esta blusa? Cuesta sesenta dólares.

XIOMARA: _____ [6]

ANA SOFÍA: ¡Mira! Dice que está en oferta y cuesta solo treinta dólares. ¿Quieres probártela?

XIOMARA: ¡Claro que sí!

a. _____ tres meses ya. Dice que le encanta esa compañía.

b. _____ una compañía de contabilidad de Quito que se llama Auditorpool, S.A.

ESTEFANÍA: ¿Para quién trabaja Omar?

MARCELA: _____ [7]

ESTEFANÍA: ¿Ha trabajado mucho tiempo ahí?

FRANKLIN: _____ [8]

ESTEFANÍA: ¿Y cómo llega al trabajo?

FRANKLIN: Normalmente en autobús, pero a veces prefiere manejar.

a. Esta vez _____ avión. Es lo más rápido.

b. Faltan cinco _____ las diez.

c. Sí, claro y _____ celebrar el Día de Acción de Gracias con ellos.

d. Voy _____ Los Ángeles.

ELOY: ¿Qué hora es?

LUCÍA: _____ [9]

ELOY: Uy, es tarde. Tengo que salir ya.

LUCÍA: ¿Adónde vas?

ELOY: _____ [10]

LUCÍA: ¿Para visitar a tu familia?

ELOY: _____ [11]

LUCÍA: ¿Y cómo vas a viajar?

ELOY: _____ [12]

LUCÍA: Bueno, pues chao, que lo pases bien.

Comprando ropa

Lee *Infórmate 14.2*

C. En la tienda. Combina las frases de las dos columnas lógicamente. Pon atención a las palabras en negrita.

1. _____ Me gusta mucho este camisón de lunares.

2. _____ Esta camisa de rayas me queda muy apretada.

3. _____ A mi hermana le encantan estos zapatos de tacón alto.

4. _____ A Camila le encantan esas botas.

5. _____ Mami, ¿me compraste la bata de cuadros que te dije?

6. _____ Necesito dos pares de guantes de piel, unos de mujer y otros de hombre. ¿Tiene?

7. _____ Uy, está lloviendo y no traje el paraguas.

a. **Se las** pone todos los días, ¿verdad?

b. ¿Puedo probár**melo**?

c. Sí, claro. Tengo estos. ¿Quiere que **se los** envuelva con papel de regalo?

d. ¿Puedes prestar**me uno**? **Te lo** devuelvo mañana cuando nos veamos. No quiero comprar otro.

e. ¿Puede mostrar**me una** más suelta?

f. **¿Se los** regalamos? ¿O le regalamos unas sandalias?

g. No, no **te la** compré. Ahora vamos a la tienda y **te la** compro.

D. Conversaciones en la tienda de ropa. Ordena la siguiente conversación de Franklin y el dependiente de una tienda. El número 1 indica el primer parlamento (*line*) de la conversación. Escribe los números del 2 al 9 para la primera parte de la conversación y los números del 10 al 14 para la segunda.

_____ FRANKLIN: Buenas tardes. Necesito unos pantalones para ir a una fiesta. ¿Me puede mostrar los que tiene?

_____ DEPENDIENTE: Los pantalones de esas tallas están allá, al lado de los probadores. ¿Los quiere de un color específico?

_____ FRANKLIN: Sí, son para mí. De cintura uso la talla treinta y de largo llevo la treinta y dos.

_____ FRANKLIN: Pues tal vez en gris oscuro…

___1___ DEPENDIENTE: Buenas tardes. ¿En qué puedo servirle?

_____ FRANKLIN: ¿Solo los tiene en negro? No sé qué hacer… No puedo esperar a mañana; los necesito para esta noche.

_____ DEPENDIENTE: Sí, claro, ahora se los muestro. ¿Son para usted? ¿Qué talla lleva?

_____ DEPENDIENTE: Ya veo, los quiere para hoy. Pues, estos negros son muy bonitos. Pruébeselos.

_____ DEPENDIENTE: A ver, gris oscuro… Lo siento, de su talla solamente nos quedan pantalones en negro. Los grises nos los traen mañana.

Cinco minutos después…

_____ FRANKLIN: Gracias, igualmente. Adiós.

_____ DEPENDIENTE: Está bien. Aquí tiene su bolsa. ¡Que pase un buen día!

_____ FRANKLIN: No, no es necesario que me los envuelva. Póngamelos en una bolsa, por favor.

_____ FRANKLIN: Me los he probado y me quedan muy bien. Me los llevo. ¿Aceptan tarjetas de crédito?

_____ DEPENDIENTE: Sí, claro, tarjetas de crédito y efectivo. ¿Quiere que se los envuelva?

Las compras y el regateo

Lee *Infórmate 14.3*

E. De compras por la ciudad. Mira la imagen de la ciudad y completa las conversaciones que tienen lugar en cada tienda usando las oraciones de la lista.

Está poniéndo**selo** ahora mismo.

No, todavía no **nos los** han traído.

Pónga**noslas** de chocolate y vainilla, por favor.

Por favor, tráiga**melos** más grandes.

Sí, claro, **se los** envuelvo ahora mismo.

Sí, **me lo** dio anoche.

Sí, por favor, córte**mela** en filetes.

Sí, por favor, envuélva**nosla**.

1. En la carnicería…

   CARNICERO: ¿Quiere que le corte la carne de ternera?

   CLIENTE: _____

2. En la frutería…

   CLIENTE: ¿Puede envolverme los plátanos en papel?

   FRUTERO: _____

3. En la heladería…

   DEPENDIENTA: ¿De qué sabor quieren las dos bolas de helado?

   CLIENTE: _____

4. En el café…

   CHICA 1: ¿Ya te dio tu novio el anillo de compromiso?

   CHICA 2: _____

5. En la tienda de ropa…

   FRANKLIN: ¿Ya les han llegado los pantalones grises?

   DEPENDIENTA: _____

6. En la tienda de vestidos de novia…

ANA SOFÍA: ¿Ya se ha probado Estefanía el traje de novia? ¿Le queda bien?

CLAUDIA: _____

7. En la zapatería…

DEPENDIENTE: Le quedan pequeños, ¿verdad? ¿Le traigo otro número de zapatos?

CLIENTE: Sí, estos zapatos me quedan apretados. _____

_____

8. En la florería (floristería)…

FLORISTA: ¿Les envuelvo la planta en papel de regalo?

CLIENTES: _____. Es un regalo para mi mami.

F. Regateo. Franklin y Estefanía están en un mercado al aire libre en Guatemala y quieren comprar varias prendas de ropa. Completa la conversación de regateo con **lo, la, le (×2), les, me, me lo (×2), nos lo, se lo (×3).**

FRANKLIN: Mira qué chaqueta de lana más bonita. ¿_____^{1} quieres, Estefanía?

ESTEFANÍA: Es muy bonita, pero prefiero aquel huipil. Preguntemos el precio.

FRANKLIN: Señor, ¿cuánto cuesta aquel huipil que está allí?

VENDEDOR: Vale Q300 (300 quetzales); está bordado a mano.

ESTEFANÍA: ¡Me gusta mucho!

VENDEDOR: Qué bien. Mire, señorita, aquí _____^{2} tiene.

ESTEFANÍA: Gracias, señor.

VENDEDOR: Chicos, ¿_____^{3} gusta algo más? Tenemos muchas prendas de ropa.

FRANKLIN: Sí, (a mí) _____^{4} gusta todo pero no nos lo podemos llevar todo.

VENDEDOR: Si se quieren probar algo, díganmelo.

FRANKLIN: Sí, sí, claro. Pero bueno, con respecto al huipil, pienso que es muy caro por Q300.

_____^{5} ofrezco Q250.

VENDEDOR: No, no _____ _____^{6} puedo rebajar tanto (a usted).

FRANKLIN: ¿_____ _____^{7} puede dejar (a mí) en Q260?

VENDEDOR: No, lo siento, no _____ _____^{8} puedo dar por Q260. Mi precio final es Q285.

ESTEFANÍA: _____^{9} doy Q275.

VENDEDOR: Pues…

ESTEFANÍA: Por Q275, _____ _____^{10} llevamos.

VENDEDOR: Está bien, Q275. ¿_____ _____^{11} envuelvo (a ustedes)?

ESTEFANÍA: No, gracias, _____ _____^{12} voy a poner ahora mismo.

¿Gastar o ahorrar?

Lee *Infórmate 14.4*

G. Opiniones de padres e hijos. Mira la siguiente tabla con opiniones de los padres de Estefanía y de su hermano menor, Guillermo, sobre cómo gastar el dinero. Usa la información para responder a las preguntas. Pon atención a las palabras en negrita y escribe los números con letra en las preguntas 2, 4 y 8. Sigue los modelos.

	OPINIONES DE SUS PADRES	OPINIONES DE SU HERMANO MENOR
	¿Piensan gastar el dinero en... ?	¿Es necesario... ?
Comprar el Wii: Q1.492,50	No	Sí
Darle un donativo a NPH (Nuestros Pequeños Hermanos™) de Guatemala: Q5.750,00	Sí	No
Hacer una gira por Europa: Q13.440,35	Sí	No
Comprar una bicicleta Trek usada: Q900	No	Sí
Un coche pequeño (VW Polo, 2004) para Viviana, la hermana de Estefanía y Guillermo: Q38.000	Sí	No

MODELOS: ¿Piensan **comprar** el Wii los padres de Estefanía?

No, no creo que *lo compren.*

¿Los padres de Estefanía le **van a comprar** el Wii a Guillermo?

No, no creo que *se lo vayan a comprar / vayan a comprárselo.*

¿Piensa Guillermo que es necesario **comprar** el Wii?

Sí, él piensa que es necesario *comprarlo.*

¿Cuánto cuesta el Wii?

Cuesta Q1.492,50 (*mil cuatrocientos noventa y dos quetzales con cincuenta centavos*).

1. ¿Los padres de Estefanía van a **dar** un donativo?

Sí, ellos piensan _____ a NPH de Guatemala.

2. ¿De cuánto es el donativo que le piensan dar a NPH?

Es de _____.

3. Para Guillermo, ¿**es** necesario gastar el dinero en hacer una gira por Europa?

No, él no cree que _____ necesario.

4. ¿Cuánto cuesta una gira por Europa?

Cuesta _____.

5. ¿Piensan **comprar** la bicicleta Trek usada los padres de Estefanía?

No, no es probable que _____.

6. Según Guillermo, ¿es necesario **comprar** la bicicleta Trek usada?

Guillermo cree que sí es muy necesario _____.

7. ¿Los padres de Estefanía le **van a comprar** el coche a Viviana?

Sí, es seguro que ellos _____.

8. ¿Cuánto cuesta el coche que piensan comprarle a Viviana?

Cuesta _____.

H. Dos tipos de compradores

Parte 1. Primero, usa las oraciones de la lista para describir a los dos tipos de compradores (*buyers*): los compulsivos y los responsables.

Ahorra dinero para las emergencias de la vida.
Casi nunca mira en la sección de ofertas ni considera la mercancía barata.
Compra lo que realmente necesita y es indispensable.
Compra solamente las cosas que necesita y paga en efectivo.
Gasta más de lo que puede pagar con su sueldo.
Intenta gastar solo lo necesario y ahorrar el resto.
Pide préstamos para comprar cosas que no necesita.
Quiere comprar coches y otros productos de lujo que no son necesarios.
Siempre compra a crédito y muchas veces no puede pagar al final del mes.

---

1. ¿Qué hace un comprador compulsivo?

_____

_____

_____

_____

2. ¿Qué hace un comprador responsable?

_____

_____

_____

_____

(*Continúa.*)

Parte 2. Ahora contesta las preguntas siguiendo el modelo. **OJO:** A veces se necesita el indicativo y otras veces el subjuntivo.

MODELO: ¿Crees que un comprador compulsivo **tiene** problemas con su familia por su adicción a las compras?

Sí, es muy probable que *un comprador compulsivo* **tenga** *problemas con su familia por su adicción a las compras.*

1. En tu opinión, ¿un comprador compulsivo **paga** las tarjetas de crédito completamente todos los meses?

   Dudo que las _____.

2. ¿Piensas que un comprador responsable **está** más tranquilo mentalmente que un comprador compulsivo?

   Sí, estoy seguro que _____.

3. ¿Crees que un comprador responsable **prefiere** pagar en efectivo en vez de usar tarjetas de crédito?

   Sí, es muy probable que _____.

4. ¿Crees que el historial de crédito de un comprador compulsivo **es** bueno?

   No, no creo que _____.

5. Si un comprador responsable pide préstamos, ¿crees que los **paga** a tiempo (*on time*)?

   Sí, estoy seguro de que los _____.

En resumen

I. **Preguntas personales.** Contesta las siguientes preguntas. Da tantos detalles como puedas.

1. ¿Cuál ha sido el mejor regalo que has recibido? Describe el regalo y explica por qué es el mejor. ¿Quién te lo regaló? ¿Por qué te dieron ese regalo? ¿Era una ocasión especial? Explica.

   _____

   _____

   _____

2. ¿Cuál crees que es el peor regalo que se le puede hacer a una chica / un chico? ¿Por qué? ¿Qué reacción crees que pueda tener una chica / un chico si le das ese regalo?

   _____

   _____

   _____

   _____

3. ¿Cuál es la peor compra (*purchase*) que has hecho en tu vida? ¿Qué compraste y dónde lo compraste? ¿Cómo lo pagaste (con efectivo, con cheque, con tarjeta de crédito/débito)? ¿Para quién era esa compra (para mí, para mi amigo, etcétera)? ¿Qué le dices a un amigo o pariente que tiene planes de comprar ese mismo objeto?

_____

_____

_____

_____

Exprésate

Escríbelo tú

Vivo dentro de mis posibilidades

Escribe un ensayo sobre lo que haces tú para vivir dentro de tus posibilidades. ¿Prefieres gastar dinero o ahorrarlo? Si prefieres ahorrar, ¿qué porcentaje de tu sueldo ahorras cada mes? En tu opinión, ¿es importante ahorrar? ¿Por qué? ¿Cuánto ahorras tú al mes? ¿En qué gastas más dinero: en comida, en libros, en música, en ropa, en el alquiler de la casa, en el carro? ¿Tienes un presupuesto? Descríbelo. ¿Es fácil para ti ajustarte a ese presupuesto? ¿Por qué? Si no tienes un presupuesto, ¿cómo decides en qué gastar tu dinero? ¿Has tenido alguna crisis económica? Explica.

_____

_____

_____

_____

_____

_____

_____

_____

_____

_____

Enlace auditivo

Pronunciación y ortografía

Ejercicios de ortografía

I. *Adding Accent Marks When Adding Syllables*

A. As you know, infinitives in Spanish are stressed on the final syllable: **en-con-<u>trar</u>, res-pon-<u>der</u>, in-sis-<u>tir</u>.** When a single pronoun is added to the end of an infinitive, the word is still stressed on the **-ar, -er,** or **-ir** ending, but it's now the next-to-last syllable. The word now ends in a vowel (when adding **me, te, lo/la,** or **le**) or **-s** (when adding **nos, os, los/las,** or **les**), making the stress fall naturally on the next-to-last syllable, so no written accent mark is added: **ha-<u>blar</u>-le, <u>ver</u>-las.** However, if *two* pronouns are added, the form must be written with an accent mark: **<u>dár</u>-me-lo, de-<u>cír</u>-se-los.**

Listen and write the following sentences with infinitives and pronouns. Write an accent mark on the appropriate syllables.

1. _____

2. _____

3. _____

4. _____

5. _____

B. Present participles (verb forms ending in **-ando** and **-iendo/-yendo**) end in a vowel and are therefore stressed on the next-to-last syllable. Whenever one or more pronouns are added to the end of a present participle, an accent mark must be added to the stressed syllable: **es-tu-<u>dián</u>-do-lo, ha-<u>cién</u>-do-las, dur-<u>mién</u>-do-se.**

Listen and write the following sentences with present participles and pronouns. Write an accent mark on the appropriate syllables.

1. _____

2. _____

3. _____

4. _____

5. _____

II. *Punctuation in Spanish*

A. Spanish uses many of the same punctuation marks that English does: **coma** (comma), **punto** (period), **dos puntos** (colon), **punto y coma** (semicolon), **puntos suspensivos** (ellipsis), **signo de interrogación** (question mark), and **signo de admiración** (exclamation mark). You will also see some punctuation marks that you won't see in English. For example, Spanish often indicates dialogue with a long dash.* In addition, angular quotation marks, also called *comillas* (« »), are used instead of quotation marks to set off words.

Most punctuation marks that are the same for Spanish and English are used in the same way for both languages. But remember that in Spanish, questions and exclamations have an inverted mark (**¿, ¡**) at the beginning of the question or exclamation and a regular mark (**?, !**) at the end. The first question or exclamation mark may be placed within the sentence, right before the

---

*In the section that follows (**III**), you will learn about the use of the long dash (—), often called an em dash, for dialogue in Spanish.

beginning of the actual question or exclamation: **Después de la excursión, ¡qué rica cena nos preparó Marcela! Y tú, ¿qué crees?** Note that in Spanish the adverbs and pronouns typically referred to as interrogatives (**adónde, cómo, cuándo, cuánto, cuánto/a, dónde, por qué, qué, quién**) have an accent mark in both questions and exclamations: **¿Cuánto cuesta esta bufanda? ¿Solo treinta pesos? ¡Qué ganga!**

Listen to these questions and exclamations and add question and exclamation marks in the appropriate places, according to the context.

1. _____

2. _____

3. _____

4. _____

5. _____

B. Rules for capitalization in Spanish are slightly different than in English. In Spanish, only names are capitalized; that is, the names of countries or other geographical areas, businesses, people, pets, and holidays start with a capital letter: **Argentina, el parque Chapultepec*, el restaurante Botín*, el cine Maremagnum*, el Día de la Independencia, Estefanía Rosales Tum.** Titles of movies and books use a capital letter for the first word only, unless there is a name in the title: **la novela** *Hija de la fortuna,* **la novela** *La muerte de Artemio Cruz,* **la película** *La piel que habito,* **la película** *Soldados de Salamina.* Recall that, unlike English, Spanish does not use capital letters for days of the week, months, languages, nationalities or religions: **jueves, febrero, ruso, guatemaltecas, budista.**

Listen and write the sentences you hear. Pay attention to which words need to be capitalized in Spanish and which ones do not.

1. _____

2. _____
   _____
   _____
   _____

3. _____
   _____

4. _____
   _____

5. _____
   _____

6. _____
   _____

---

*Note that there is no consensus among native speakers regarding the capitalization of names of urban spaces: parks, plazas, streets, avenues, and boulevards. Many people will capitalize the word **parque** in **Parque Chapultepec.** However, the *Diccionario panhispánico de dudas de la Real Academia Española* (*DRAE*) states that in the case of words such as **parque, plaza, paseo,** only the actual proper name is capitalized: **parque del Retiro, plaza Cinco de Mayo, paseo de la Revolución.** This textbook follows the punctuation style set by the *DRAE*, but as you read Spanish you will see both styles.

III. *Writing Dialogue in Spanish*

As you've probably noticed, Spanish marks dialogue differently than English. Writing style in English calls for the use of quotation marks. Note these marks in the following conversation.

"I can't find the new bookstore," said Omar to his wife Marcela on the phone, from his car. "Are you sure it's downtown?"

"No, it isn't downtown," Marcela replied. "It's in our neighborhood."

"Now you tell me!" he exclaimed.

"I'm sorry, dear," she observed, "but you never asked me where it was."

Instead of quotation marks, Spanish typically uses a long dash (often referred to as an *em dash*, and sometimes written as two hyphens) before each spoken line of dialogue.

—Hola, ¿cómo te llamas?

—Me llamo Claudia Cuéllar Arapí. ¿Y tú?

—Me llamo Eloy Ramírez Ovando.

Long dashes are also used to mark and enclose the narrator's comments. Look at the first dialogue, now in Spanish, and note the use of the long dashes.

—No puedo encontrar la nueva librería —le dijo Omar a su esposa Marcela por teléfono, desde el carro—. ¿Estás segura de que está en el centro?

—No, no está en el centro —contestó Marcela—. Está en nuestra vecindad.

—¡Ahora me lo dices! —exclamó él.

—Lo siento, querido —observó ella—, pero nunca me preguntaste dónde estaba.

A long dash indicates the beginning of the narrator's interjection and is set off from the preceding dialogue by a word space (that is, one space, or the amount of space between words). This helps to define the portion that is not dialogue. (—¡Ahora me lo dices! —exclamó él.)

Another long dash is used to close off the narrator's comment to indicate that the person continues speaking. Punctuation following the dash depends on the context. If the utterance is interrupted with the narrator's interjection but continues, the dash after the narrator's comment is followed by a comma. (—Lo siento, querido —observó ella—, pero nunca me preguntaste dónde estaba.) But if the comment by the narrator is at the end of the speaker's sentence and followed by more dialogue by the same speaker, then the dash is followed by a period. (—No, no está en el centro —contestó Marcela—. Está en nuestra vecindad.)

Finally, if the narrator's comment is at the end of the sentence and is followed by another speaker, there is no final dash. (—¡Ahora me lo dices! —exclamó él.) The new speaker's dialogue starts a new line preceded by a dash.

Now read the following conversation between Eloy Ramírez and Lucía Molina and insert the long dashes where they are needed.

Lucía, ¿puedes ir de compras conmigo mañana?   le preguntó Eloy a su amiga.

Sí, claro   respondió ella   . Ya sabes que siempre encuentro los mejores precios.

¡Es verdad!   exclamó Eloy   . Tienes un talento especial para encontrar gangas.

Gracias   dijo Lucía.

Entonces, paso por tu casa temprano   sugirió él   , a las diez de la mañana. ¿Está bien?

Sí, claro   contestó ella   . ¡Pero las diez no es muy temprano!

Actividades auditivas

A. En la tienda de ropa. Estefanía Rosales Tum y su hermana menor, Viviana, están en una tienda de ropa. Pronto va a ser el cumpleaños de Viviana y Estefanía le quiere regalar un vestido nuevo. Escucha su conversación y luego completa las oraciones.

Vocabulario de consulta

la cremallera	zipper
suelto	loose
hacen juego	they match
atuendo	attire

1. A Viviana le gustó el vestido _____ y se probó la talla ocho primero

   pero _____.

2. Luego la empleada le llevó un vestido en _____ y ella se lo probó.

   Sentía que le quedaba suelto de la espalda porque no _____.

3. Estefanía le dice a Viviana que ella le va a regalar _____

   _____ por su cumpleaños pero que no

   _____ para comprarle otra cosa.

4. Viviana le dice a Estefanía que no se preocupe porque su madre le va a regalar

   _____ y ella ha ahorrado y se va a comprar _____.

5. Viviana está contenta porque Estefanía va a _____

   _____ este año. Dice que las dos van a _____ esa noche.

B. Planes para una venta de zaguán. Estefanía y Franklin se casan dentro de poco y han alquilado un apartamento más grande. Ahora hablan de qué van a vender o regalar porque tienen muchas cosas duplicadas. Escucha su conversación y luego contesta las preguntas.

Vocabulario de consulta

cosas duplicadas	duplicated items, things that are the same
deshacernos	to get rid of
lo demás	the rest
lo que nos haga falta	whatever we need (lack)
por todos lados	everywhere
dentro de dos semanas	within two weeks
la tuya	yours (*referring to* your table)

(Continúa.)

1. Estefanía y Franklin hablan de un problema, ¿cuál es y qué van a hacer para resolverlo?

   _____

2. ¿Qué prefiere Estefanía, vender o regalar las cosas extra que tienen? ¿Por qué?

   _____

3. Franklin quiere comprar un sillón cómodo. ¿Qué prefiere comprar Estefanía?

   _____

4. Estefanía dice que es difícil caminar por el apartamento. ¿Por qué?

   _____

5. ¿Dónde van a anunciar la venta de zaguán? ¿Y para cuándo?

   _____

6. ¿Con cuál de las dos mesas deben quedarse, según Estefanía? Por qué?

   _____

7. Franklin va a escribir el anuncio. ¿Qué va a hacer Estefanía?

   _____

Videoteca

Amigos sin Fronteras

Episodio 14: ¡Me gusta regatear!

Resumen. Franklin, Ana Sofía y Claudia están en casa de Claudia, buscando en Craigslist algunas cosas que necesitan. Pero no las encuentran en línea, sino (*but rather*) en la publicación *Pennysaver*. Luego van a la cochera (el garaje) de una casa donde se venden los objetos que buscan y allí regatean con el dueño hasta conseguir un buen precio. Al final, consiguen lo que necesitan y practican el regateo.

Preparación para el video

A. **¡Comencemos!** Contesta las preguntas.

1. ¿Compras tú cosas en ventas de zaguán o de cochera? ¿Por qué?

   _____

   _____

2. Si compras algo en una venta de zaguán o de cochera, ¿pagas lo que te piden o regateas? ¿Por qué?

   _____

   _____

Vocabulario de consulta

me urge	it's urgent (for me)
modestia aparte	all modesty aside
lo imprimo	I'll print it
propia	own
de todos modos	anyway

Comprensión del video

B. El episodio. Indica la persona que se describe, según el video.

1. _____ Está recién casado/a.

2. _____ Necesita comprar una silla.

3. _____ No sabe regatear.

4. _____ Tiene dos televisores.

5. _____ Solo quiere gastar ciento treinta dólares.

6. _____ Quiere comprar un televisor.

7. _____ Es mexicano.

8. _____ Sabe regatear mejor que sus amigos.

a. Ana Sofía

b. Claudia

c. Franklin

d. el vendedor

C. Contenido en general ¿Cierto (C) o falso (F)?

1. Ana Sofía encontró una buena silla en Craigslist.   C   F

2. Franklin le encontró un televisor a Claudia.   C   F

3. Franklin se siente mal cuando regatea en Guatemala.   C   F

4. Franklin imprime el anuncio de Sears para usarlo cuando regateen.   C   F

5. El vendedor vende el televisor porque él y su esposa compraron uno más grande.   C   F

D. Detalles Contesta las preguntas según la información en el video.

1. ¿Qué quiere Ana Sofía? ¿Y Claudia?

   _____.

2. ¿Qué dice el anuncio sobre el precio de la silla?

   _____.

3. ¿Qué comenta Franklin en relación con el precio del anuncio?

   _____.

4. ¿Por qué se pone contenta Ana Sofía cuando ve la dirección de la persona que vende el televisor?

   _____.

5. ¿Por qué vende el señor mexicano un televisor casi nuevo?

   _____.

Mi país

Guatemala

Preparación para el video

1. ¿Dónde está Guatemala?

   a. en América del Norte
   b. en América Central
   c. en América del Sur

2. En este capítulo de tu libro de texto has visto una prenda de ropa muy común entre las mujeres de Guatemala. ¿Cómo se llama esa prenda de ropa?

   a. la guayabera   b. el bombín   c. el huipil

El lago Atitlán

Comprensión del video

Conecta las dos columnas para hacer asociaciones lógicas.

1.	chapina	a.	ganadora del Premio Nobel de la Paz en 1992
2.	Chichi	b.	pirámide de Tikal
3.	Antigua	c.	lugar donde Estefanía quiere casarse
4.	Rigoberta Menchú	d.	el lago más profundo de América Central
5.	Xela	e.	Quetzaltenango
6.	Templo del Gran Jaguar	f.	capital de Guatemala durante la colonia española
7.	iglesia San Andrés Xecul	g.	guatemalteca
8.	Atitlán	h.	Chichicastenango

¡A leer!

¿Sabías que...?

Un mercado de palabras

¿Sabías que hay varias palabras para **dinero** en español? En muchos países de América Latina se usa el nombre de un metal valioso para referirse al dinero: la plata. En México y Perú el dinero también puede ser «lana*», mientras que en Guatemala, El Salvador y Honduras se dice «pisto*» y en Argentina, «guita*». En España una persona que tiene mucha plata, «está forrada[a]», mientras que en México dicen que un hombre rico es «billetudo», es decir, tiene muchos billetes. Y si una persona es tacaña, en muchos países se dice que es «codo[†]» o, en Guatemala, es «garra[b]».

[a]*Literally, lined or padded*   [b]*Literally, claw (n.); grasp (n.)*

---

*The words **lana** (*wool*), **pisto** (*ratatouille*), and **guita** (*string*) all mean *dough* when used as slang.
[†]**Codo** literally means *elbow*. This expression, accompanied by a gesture of tapping one´s elbow, refers to stingy people (See **Entérate**, page 10 of the Student Edition). Some believe this imitates someone who guards money in a fist, close to the chest, thus exposing the elbow.

Al ir de compras muchos hispanos prefieren un mercado al aire libre. México tiene los tianguis, grandes mercados con puestos que venden de todo. Los puestos del mercado tienen diferentes nombres según el país: en Argentina y Uruguay son «mercaditos», en Colombia son «chuzos» y en Guatemala les llaman «champas». Es divertido ir de puesto en puesto viendo todo lo que está a la venta: ropa, artesanía, joyas, flores, dulces y más. A mucha gente le gusta buscar gangas o regatear para conseguir un buen precio. ¡Cuidado no seas demasiado codo!

Al hablar de la ropa y la mercancía, el vocabulario varía un poco de un país a otro. El suéter es «jersey» en España y «buzo» en Argentina y Uruguay. La camiseta también tiene variantes: «playera» en México, «polera» en Chile y «remera» en Argentina. Después de bañarnos nos ponemos la bata y las zapatillas, o «pantuflas[c]». Las sandalias pueden ser «caites» en Guatemala, «huaraches» en México y «chanclas» en otras partes. La prenda de ropa que quizás más nombres tenga es la chaqueta. ¡Hay por lo menos siete maneras de decir esta palabra! En México es «chamarra», en Colombia «chompa», en Perú «casaca» y en Argentina y Uruguay «campera»; en España es «cazadora» y en Guatemala «chumina».

En las palabras para muebles y aparatos domésticos también notamos diferencias. El refrigerador —que a veces se abrevia a «refri» o «frigo»— es «nevera» en partes de México y «heladera» en muchos países de América del Sur. Luego hay palabras dobles como tostador/tostadora, congelador/congeladora, refrigerador/refrigeradora: algunas regiones usan la forma masculina que termina en **-r**, mientras que otras usan la forma femenina con **-ra.** Pero a veces se refiere a cosa distintas: por ejemplo, el secador seca el pelo, pero la secadora seca la ropa.

El español, como otros idiomas, ha adoptado palabras de otras lenguas. Del persa está «chal» y del francés están «pantufla» y «brasier». El inglés influye mucho en el vocabulario actual de la ropa con palabras como «pans», que en México quiere decir pantalones para hacer gimnasia y viene de la palabra *pants* en inglés. Y hay muchas otras palabras de ropa que vienen del inglés: el suéter, los tenis, los bluyines, el shor, y hasta el pantijós (para las pantimedias).

Este ha sido un breve recorrido[d] por las palabras que se usan para varias prendas de ropa y otras cosas a la venta. Si gastamos mucho dinero en remeras o playeras, suéteres o buzos, chanclas o sandalias, chompas o chamarras, una nueva nevera o un nuevo refrigerador, pues no nos queda ni un centavo y estamos pelados.[e] O como dicen en Guatemala, ¡estamos gafos!

[c]*house slippers* [d]*tour* [e]*broke*

Comprensión

1. _____ ¿Qué otras palabras se usan para **dinero** en algunos países de habla hispana?

   a. «pisto», «plata», «verdes» **b.** «lana», «pisto», «plata» **c.** «oro», «plata», «cupón»

2. _____ ¿Cómo se puede llamar a una persona tacaña?

   a. «codo» **b.** «cuello» **c.** «suelto»

3. _____ ¿Qué palabras para ropa tiene su origen en el francés?

   a. chal y suéter **b.** tenis y bluyines **c.** brasier y pantufla

4. _____ ¿Cómo se dice **camiseta** en Argentina?

   a. «remera» **b.** «playera» **c.** «polera»

5. _____ Si gastamos mucho dinero y ya no nos queda un centavo podemos decir…

   a. «¡Estamos fritos!» **b.** «¡Estamos muertos!» **c.** «¡Estamos pelados!»

Galería

Guatemala

La fachada de la iglesia de
San Andrés Xecul, adornada
y decorada con colores vivos,
como los textiles tradicionales
de Guatemala

El quetzal, símbolo nacional de
Guatemala y pájaro
sagrado (*sacred*) en la
tradición maya

Rigoberta Menchú, ganadora del
Premio Nobel de la Paz

El lago de Atitlán, un atractivo turístico
importante con deportes acuáticos, como la pesca,
la natación y el buceo

¡Guatemala tiene un color especial!

La historia, la cultura y la calidez[a] de los guatemaltecos se sienten en todo el país. Los colores vivos[b] de sus tejidos, de su flora y de su fauna e incluso de algunos de sus edificios nos explican mucho de su tradición. Acompáñanos a conocer Guatemala.

Al noroeste de la Ciudad de Guatemala, la capital del país, está el departamento[c] de Sololá. El atractivo principal de este departamento es el lago de Atitlán; con una profundidad de unos 350 metros, o 1150 pies, es el lago más profundo del mundo y para muchos el más bello también. Alrededor del lago hay tres volcanes —el volcán Atitlán, el Tolimán y el San Pedro— y sus colores son espectaculares. ¿No te parece maravilloso poder ver estos volcanes mientras pescas o nadas? Al norte del departamento de Sololá está el departamento de Totonicapán y, en su capital, encontramos más de cuarenta fábricas de textiles,[d] cerámicas y juguetes de madera. Pero quizás lo más llamativo del departamento de Totonicapán es la fachada de la iglesia de San Andrés Xecul. La fachada de esta iglesia, que parece estar hecha de dulce, tiene un diseño similar al de los huipiles que llevan las mujeres de esta zona.

Por cierto, ¿sabías que los diseños de los huipiles nos dan mucha información? Los diseños de los huipiles informan, por ejemplo, sobre el estado civil o la región de donde es la persona que lo lleva. Los más tradicionales están hechos de lana y o de algodón, aunque hoy también los hay de seda. Tradicionalmente, los colores se obtenían de flores y plantas, e incluso de insectos. La guatemalteca Rigoberta Menchú, ganadora del Premio Nobel de la Paz en 1992, es de familia maya-quiché y, como tal, mantiene la costumbre maya de llevar huipil.

La naturaleza de Guatemala también se une a[e] esta fiesta de color. De hecho, uno de los símbolos nacionales de Guatemala, el quetzal, también llamado «pájaro serpiente», se caracteriza por su plumaje verde, su pecho rojo y una cola muy larga. Por cierto, ¿recuerdas cómo se llama la moneda de Guatemala? Efectivamente, es el quetzal. Como puedes ver, la harmonía de colores que vemos en Guatemala —en la naturaleza, en algunos de sus edificios, en la ropa tradicional— es perfecta y muestra la esencia de este país.

[a]*warmth*　[b]*bright, vivid*　[c]*political region, similar to a state*　[d]fábricas... *textile mills, factories*　[e]se... *joins*

Comprensión. Primero escribe el nombre que corresponde al detalle. Luego, apunta otro detalle descriptivo de esa persona, lugar, o cosa.

1. el más profundo del mundo

   _____ : _____

2. pájaro de pecho rojo

   _____ : _____

3. con una fachada muy adornada y colorida

   _____ : _____

4. ropa tradicional de lana, algodón o seda

   _____ : _____

5. de familia maya-quiché

   _____ : _____

Conexión cultural

La artesanía maya

Vocabulario de consulta

antepasados	ancestors
lazos	ties
a pesar del mestizaje	in spite of the racial mixing
llegada	arrival
telas	cloth
tejer	weave
pieza	(woven) piece
indumentaria	clothing, attire
rescatar	rescue, preserve
aceleradamente	**rápidamente**
caluroso	hot
prueba	proof
creencias	beliefs
No obstante	Nevertheless
no solo… sino también	not only . . . but also
complacer	to please

Una mujer maya tejiendo en su telar de cintura

Si visitamos los mercados en la zona maya —Chiapas y Yucatán en el sur de México, Guatemala, Honduras y Belice— vamos a encontrar una gran variedad de hermosas artesanías de colores alegres. Hay cerámica de elegantes diseños, joyería, textiles, huipiles bordados, cinturones tejidos, adornos para el pelo, cojines bordados y muchas cosas más. Todas llevan hermosos diseños mayas de personas, animales o plantas. Esta tradición de las artesanías viene de los **antepasados** mayas. Los artesanos guatemaltecos tienen una gran creatividad que revela fuertes **lazos** con la cultura de esta región, una cultura de más de 3.000 años. En general mantienen los diseños tradicionales y usan las antiguas técnicas, **a pesar del mestizaje** que surgió con la **llegada** de los españoles. De la gran variedad de artesanías, los textiles —**telas** de algodón— son los que llaman más la atención. Una leyenda guatemalteca dice que el tejido es un regalo que la diosa Ixchel, diosa de la luna, les dio a las mujeres mayas. Ella les dio los telares de cintura* y les dijo qué símbolos debían **tejer** para decorar sus telas.

Las **piezas** antiguas revelan un gran simbolismo y contienen referencias místicas a la visión maya del cosmos. La mayoría de esas piezas puede admirarse en diferentes museos de la región maya. En relación con la **indumentaria,** un museo especialmente interesante es el museo Ixchel del Traje Indígena en Guatemala. Para los fundadores es importante **rescatar** estos atributos culturales indígenas porque la sociedad está cambiando **aceleradamente** a causa de la globalización y los grupos indígenas van perdiendo sus tradiciones e identidad. En el museo pueden admirarse huipiles y otras prendas tradicionales de los siglos XIX y XX. Debido al clima húmedo y **caluroso** de la región, no se han conservado muchas piezas más antiguas. El museo ofrece información sobre el cambio de la indumentaria desde el siglo XIV y dibujos de prendas más antiguas, basadas en los diseños de la cerámica que afortunadamente sí se ha conservado.

En resumen, hoy en día el pueblo maya ya no construye templos ni centros ceremoniales, pero la artesanía que produce es **prueba** de su gran creatividad. A través de ella, los artesanos mantienen lazos con su pasado y con el simbolismo de su cultura y sus **creencias** religiosas. El pueblo maya

---

*****Los telares de cintura** (literally, *waist looms*) are portable looms that women hold steady by tying one end to a post and the other to their waist.

conserva las antiguas técnicas perfeccionadas a través de generaciones de artesanos. **No obstante,** las técnicas, diseños y formas también expresan otras ideas, resultado del mestizaje cultural y religioso producido **no solo** por la conquista y colonización europea/española (1492–1821), **sino también** por otras influencias extranjeras. Estas últimas llegan con el turismo y la cultura popular, especialmente la de Estados Unidos. Entonces, muchas de las piezas que se venden hoy en los mercados, aunque se parecen bastante a las tradicionales y siguen siendo hermosas y artísticas, con frecuencia aluden no a historias mayas sino a personajes de la cultura popular, tal vez por el deseo de **complacer** al cliente.

Comprensión

1. Según la leyenda, ¿qué les dio la diosa de la luna a las mujeres mayas? ¿Con qué otra cosa les ayudó en relación con el tejido?

   _____

   _____

2. ¿Hay textiles muy antiguos —de más de trescientos años, por ejemplo— en el museo Ixchel? ¿Por qué?

   _____

   _____

3. ¿Por qué están perdiendo los mayas su tradición y su identidad?

   _____

   _____

4. ¿De dónde vienen los dibujos que nos muestran ahora cómo era la indumentaria maya de los siglos XVI, XVII y XVIII?

   _____

   _____

5. ¿A qué cambio radical en la cultura maya se alude en los primeros párrafos? Y en el segundo y tercer párrafos, ¿qué factores se mencionan que han causado cambios en los diseños maya?

   _____

   _____

Nuestro porvenir 15

¡A escribir!

Las metas personales

Lee *Infórmate 15.1*

A. Las metas personales. Lee las metas personales de algunos amigos del club. Escribe una pregunta sobre sus planes futuros usando las palabras entre paréntesis.

> MODELO: Juan Fernando quiere participar en el concurso Fortachón Costarricense. (ganar el concurso)
>
> —*¿Ganará el concurso?*

1. El año próximo, Juan Fernando piensa hacer un viaje en motocicleta por toda Latinoamérica. (hacer el viaje solo o con otra persona)

   — _____

2. En los próximos meses Radamés grabará su primer disco con Cumbancha. (ser famoso)

   — _____

3. El próximo verano, Franklin y Estefanía se casarán. (tener muchos hijos)

   — _____

4. Sebastián quiere ser un gran cocinero. (poder lograrlo)

   — _____

5. Omar y Marcela piensan viajar a California. (ir a Berkeley para conocer a los amigos del club en persona)

   — _____

6. Eloy quiere continuar practicando español y ser un médico famoso. (tener muchos pacientes hispanos)

   — _____

7. Ana Sofía tiene novio en España, pero ahora ella está muy contenta en Berkeley. (querer seguir con su novio)

   — _____

B. Hablemos del porvenir. Juan Fernando habla por Skype con algunos amigos del club sobre sus planes para el porvenir. Completa la conversación con la forma apropiada del futuro de los siguientes verbos: **abrir, ahorrar, casarse, empezar (×2), hacer (×2), ir (×2), participar, querer, tener, venir, viajar.**

JUAN FERNANDO: ¿Qué _____¹ (ustedes) cuando acaben de estudiar en la universidad?

ELOY: Pues yo _____² un consultorio con algún compañero y, tan pronto como pueda, _____³ a hacer investigaciones para producir vacunas contra el SIDA. ¿Y tú qué _____,⁴ Juan Fernando?

JUAN FERNANDO: Bueno, antes de terminar mis estudios en la universidad, _____⁵ en el concurso Fortachón Costarricense. Después _____⁶ un poco de dinero para hacer un viaje en motocicleta por toda Latinoamérica. También quiero viajar a China para conocer a mis parientes por parte de padre. ¡Pero ese viaje no lo voy a hacer en motocicleta!

ELOY: ¡Espero que no!

JUAN FERNANDO: ¿Y ustedes qué planes tienen, Franklin y Estefanía?

FRANKLIN: Bueno, como sabes, en un par de meses _____⁷ en Guatemala y después _____⁸ tener hijos, ¿verdad, Estefanía?

ESTEFANÍA: Sí, _____⁹ varios hijos. A los dos nos gustan mucho las familias grandes.

JUAN FERNANDO: Ana Sofía, ¿y tú qué planes tienes?

ANA SOFÍA: Pues, cuando termine de estudiar inglés, quiero estudiar administración de empresas en UC Berkeley, pero también _____¹⁰ por Latinoamérica. Quiero conocer todos los países de los amigos del club.

JUAN FERNANDO: ¿_____¹¹ (ustedes) a Costa Rica a visitarme? Mi país es ¡pura vida!

ANA SOFÍA: Yo sí, seguro que _____.¹² ¡Tengo ya muchas ganas!

ELOY: Yo también tengo muchas ganas pero no tengo mucho dinero, así que ¡_____¹³ a ahorrar hoy mismo!

ESTEFANÍA: A Franklin y a mí nos encanta viajar; posiblemente vayamos en unos años. Seguro _____¹⁴ acompañados de los niños que tengamos.

Cuestiones sociales

Lee *Infórmate 15.2*

C. La realidad de hoy y del futuro. La siguiente tabla presenta algunas cuestiones sociales típicas de muchos países. Completa las oraciones de la caja para explicar qué ocurre con esas cuestions hoy en día y lo que se espera en el futuro. Pon atención al uso del indicativo y del subjuntivo.

... hay muchas personas sin casa.
... la sociedad respete los derechos civiles de todos los ciudadanos.
... *las personas puedan trabajar y pagar los préstamos que tengan para conservar sus casas.*
... *mucha gente está perdiendo su casa por la crisis económica.*
... muchas personas no son conscientes de la necesidad de reciclar.
... muchas personas no tienen seguro médico.
... no haya tantas personas viviendo en la calle.
... no se puede respirar aire puro.
... se pueda respirar aire puro.
... todo ciudadano tenga seguro médico.
... todo el mundo sepa que es necesario reciclar y usar de nuevo los productos de papel, cartón, vidrio y plástico.
... una parte de la sociedad aún no respeta los derechos civiles de otras personas.

	La realidad es que vivimos en un lugar donde...	**Pero en el futuro, queremos vivir en un lugar donde...**
La crisis económica	*mucha gente está perdiendo su casa por la crisis económica.*	*las personas puedan trabajar y pagar los préstamos que tengan para conservar sus casas.*
El aire (contaminado)	1. _____	2. _____
Los desamparados	3. _____	4. _____
El seguro médico	5. _____	6. _____
Los derechos civiles	7. _____	8. _____
El reciclaje	9. _____	10. _____

D. Grupos activistas. Completa las dos propuestas (*proposals*) de estos grupos activistas con la forma apropiada de las palabras de la lista.

Vocabulario útil		
empezar	saber	tirar
haber (haya)	separar	usar (×2)
ocurrir	ser	

ACTIVISTAS PRO MEDIO AMBIENTE

Tenemos que proteger la Tierra antes de que __*sea*__ demasiado tarde. Por ello, es necesario que los ciudadanos _____[1] lo siguiente.

- Cuando las personas _____[2] la basura, es importante que la _____[3] en diferentes contenedores (*containers*) de reciclaje: plástico, papel y cartón, vidrio, etcétera.

- La comida orgánica es muy beneficiosa para el planeta porque se cultiva sin que los agricultores _____[4] pesticidas.

- La contaminación del aire empeorará a menos que todos nosotros _____[5] a tomar las medidas (*measures*) necesarias.

- Para que _____[6] menos contaminación, les sugerimos que _____[7] más el transporte público.

- La construcción de reactores nucleares debe evitarse para que no _____[8] otro accidente como el de Fukushima.

Vocabulario útil		
deber	llegar	resolver
haber (haya)	necesitar	
ir	poder	

ACTIVISTAS PRO DERECHOS CIVILES

El respeto a los ciudadanos y a sus derechos es muy importante para nosotros. Por eso (*Because of that*), nuestra propuesta ofrece lo siguiente.

- Buscaremos soluciones para salir de la crisis económica para que _____[9] menos desamparados.

- Crearemos guarderías gratuitas o de precios bajos para que los niños de edad preescolar _____[10] recibir cuidado hasta que sus padres _____[11] del trabajo.

- Les daremos seguro médico a todos los ciudadanos de modo que todos _____[12] a un hospital o a un consultorio médico cuando lo _____[13].

- No creemos que _____[14] existir discriminación sexual en el trabajo. Debemos exigir que los sueldos de hombres y mujeres sean iguales.

- Pensamos que es necesario ofrecer más programas gratuitos de educación sexual para que se _____[15] el problema de la sobrepoblación.

La tecnología

Lee *Infórmate 15.3–15.4*

E. ¿Qué harías?

Parte 1. Primero, completa cada una de las oraciones con la forma apropiada del condicional de los verbos entre paréntesis.

a. ___*Usaría*___ (Usar: yo) el programa Photoshop para arreglar la foto y luego se

la ___*enviaría*___ (enviar: yo) por correo.

b. _____ (Comprar: nosotros) un buen programa de antivirus y lo _____ (instalar: nosotros) inmediatamente.

c. _____ (Deber: ellos) usar las redes sociales. Así _____ (poder: ellos) subir

las fotos a Facebook y los videos a YouTube.

d. _____ (Guardar: yo) una copia de respaldo en varios lugares.

e. Le _____ (poner: yo) un nombre de usuario y una contraseña a mi información.

f. Se la _____ (mandar: yo) en un archivo adjunto.

Parte 2. Ahora selecciona la oración de la primera parte para contestar cada pregunta sobre cómo usar la computadora y el Internet.

MODELO: ___*a*___ ¿Qué harías para arreglar una foto que quieres mandarle a tu familia?
(*Usaría el programa Photoshop para arreglar la foto y luego se la enviaría por correo.*)

1. _____ ¿Qué harías si quisieras mostrarle a tu amigo una novela que estás escribiendo?

2. _____ ¿Qué harías para estar seguro/a de no perder por accidente un documento digital importante?

3. _____ Si tienes documentos personales en tu computadora que no quieres compartir con tu hermano/a que también usa la misma computadora, ¿qué harías?

4. _____ Si unos amigos quieren compartir fotos y videos con otros amigos, ¿qué deberían hacer?

5. _____ ¿Qué harían ustedes para evitar que entren virus en la computadora?

F. **¡Mi cámara ya no tiene batería!** Ana Sofía está de vacaciones en Costa Rica y visita a su amigo Juan Fernando. Los dos salen a pasear y a tomar fotos. Completa la conversación con los verbos que faltan, usando la forma correcta del condicional o del imperfecto de subjuntivo.

ANA SOFÍA: Juan Fernando, ¿_podrías_ (poder) tomarme una foto aquí con mi cámara, por favor?

JUAN FERNANDO: Por supuesto. ¿Preparada para la foto? ¡Oh, no! Tu cámara no se enciende. Necesitas cargarle (*charge*) la batería.

ANA SOFÍA: ¿De verdad? ¿Ya no tiene batería? ¡La puse a cargar anoche! Si _____[1] (tener: yo) mi iPhone aquí, _____[2] (poder: nosotros) usar esa cámara.

JUAN FERNANDO: No te preocupes, Ana Sofía. Yo sí tengo mi celular aquí, pero no es un iPhone. Ojalá salga bien la foto con mi celular. Hay muy poca luz. ¡Qué lástima que yo no tenga un celular como el tuyo! Si al menos mi celular _____[3] (tener) flash, la foto _____[4] (salir) mejor.

ANA SOFÍA: No te preocupes, tómamela así. ¿Estoy bien aquí para la foto? A ver… ¡Patata!*

Juan Fernando le toma la foto a Ana Sofía.

JUAN FERNANDO: ¡Mira, Ana Sofía! ¡No salió muy bien esta foto! La cámara de mi móvil no es buena. No tiene flash, ni zoom, ni muchos megapixels.

ANA SOFÍA: Tranquilo, esa foto está perfecta. Luego la arreglaremos con Photoshop.

JUAN FERNANDO: ¡Ah, claro, la arreglamos con Photoshop! Pero… yo no tengo ese programa ni tampoco sé usarlo. Si _____[5] (saber: yo) usarlo y lo tuviera instalado en mi computadora, yo mismo te _____[6] (arreglar) la foto.

ANA SOFÍA: No hay problema, Juan Fernando. Se lo diré a Eloy. Él siempre nos ayuda a arreglar las fotos con Photoshop. Si él _____[7] (estar) aquí ahora, seguro que nos _____[8] (enseñar: él) cómo hacerlo.

JUAN FERNANDO: ¿De verdad? _____[9] (querer) pasar algún tiempo en Berkeley con ustedes para que él me enseñara a usarlo. ¿Crees que él lo _____[10] (hacer) si se lo _____[11] (pedir: yo)?

ANA SOFÍA: Claro que sí. Eloy es muy buena persona y le encanta la tecnología. Si lo _____[12] (llamar: tú) y le _____[13] (decir: tú) que quieres aprender, seguro que te lo _____[14] (explicar: él). Cuando volvamos a tu casa, mándale un correo electrónico y pídele ayuda. Pero ahora sí, ¡tómame otra foto aquí! Quiero que se vea el volcán por detrás. ¡Patata!

_____

*Los españoles usan esta expresión cuando se toman una foto, su versión de «*Say cheese!*».

El futuro del planeta

G. **Revistas del medio ambiente.** Lee las portadas (*covers*) de estas revistas y complétalas con las palabras de la lista. Pon atención a las portadas y a quién va dirigido cada mensaje.

Vocabulario útil	
desperdiciar el agua	nos urge
la agricultura orgánica	pesticidas
la sequía	reciclar
les preocupa	salud
los agujeros de la capa de ozono	te da rabia
los ríos y los océanos contaminados	usar envases reusables

MODELO:

MODELO: Miren _los agujeros de la capa de ozono_.

¿No _les preocupa_ el calentamiento global?

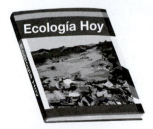

¿Qué ves en esta imagen? ¿No _____¹ ver

_____²?

Ya no llueve y _____³ se ha convertido en un gran

problema. No debemos _____.⁴

A todos nosotros _____⁵ cuidar el planeta. Para ello,

hay que _____⁶ el papel, el plástico y el vidrio, y

siempre _____,⁷ bolsas de lona y vasos de vidrio.

Cuida el planeta y tu cuerpo fomentando _____.⁸ Así

reducirás el uso de _____⁹ y protegerás tu

_____.¹⁰

H. Los amigos del club y el planeta. Lee las opiniones de varios amigos sobre problemas sociales y las acciones que se pueden tomar para resolverlos. Luego escribe lo que dice cada amigo combinando una frase de cada lista. Pon atención a las palabras en negrita.

OPINIONES	ACCIONES
me urge empezar a usar la energía solar porque es mucho más limpia y eficiente que la energía nuclear.	Por eso, participamos en campañas para que los ciudadanos usen transporte público y ayuden a reducir la cantidad de esmog que se produce.
le parece muy necesario proteger el medio ambiente.	Por eso, va a su trabajo en autobús en vez de manejar y usa energía renovable.
te preocupa el problema de la lluvia ácida?	Por eso, les gusta participar en la creación de reservas para proteger el hábitat de estas especies y quieren que se impongan fuertes restricciones para la caza de estas especies animales.
les llaman la atención todas las especies que hay en peligro de extinción y **les da rabia** que se destruya la fauna del planeta.	
nos afecta y **nos molesta** la contaminación del aire.	¿Piensas que si la gente usara más carros eléctricos y medios de transporte público, se podría reducir la cantidad de humo tóxico que emiten los carros?
	Por eso, quiero instalar paneles solares en la futura casa que tengamos Franklin y yo.

1. A Omar _____
   _____
   _____

2. A Sebastián y a Daniel _____
   _____
   _____

3. XIOMARA: A Nayeli y a mí _____
   _____
   _____

4. ESTEFANÍA: A mí _____
   _____
   _____

5. JUAN FERNANDO: Eloy, ¿a ti _____
   _____
   _____

En resumen

I. **Mensajes electrónicos no solicitados.** Los amigos del club han recibido estos mensajes electrónicos. Ayúdales a contestarlos. **OJO:** Comienza cada mensaje con **estimado/a** y termina con **atentamente** o **gracias.** Lee el modelo.

MODELO:

Para: Eloy Ramírez Ovando <eramo@berkeley.edu>
De: nanotecnologia@yahoo.com
Asunto: Curso: El uso de la nanotecnología en la medicina

Estimado futuro Dr. Ramírez Ovando:

Sabemos que usted será un médico famoso. ¿Quisiera ser el más famoso del mundo y curar todo tipo de enfermedades? Compre este curso que le enseñará a usar la nanotecnología para curar enfermedades como el cáncer.

Atentamente,

Dr. Saucedo

Para: nanotecnologia@yahoo.com
De: Eloy Ramírez Ovando <eramo@berkeley.edu>
Asunto: RE: Curso: El uso de la nanotecnología en la medicina

Estimado Dr. Saucedo:

Gracias por su mensaje, pero tengo serias dudas sobre ese curso. Si se pudiera usar la nanotecnología para curar enfermedades como el cáncer, ya habría muchos médicos usando esa técnica. ¿Usted la usa? ¿Podría decirme si ya la ha usado?

Gracias,

Eloy Ramírez Ovando

Para: Sebastián Saldívar Calvo <sebaschef@berkely.edu>
De: tvfuturo@gmail.com
Asunto: Ya llegó el televisor del futuro chef

Estimado Sr. Sebastián Saldívar:

¿Quisiera usted ser el futuro gran chef de América? Tenemos lo que usted necesita: un televisor que transmite el olor de las comidas. También ofrecemos una serie de videos con las mejores recetas de todos los países. Con este televisor, tendrá el éxito en sus manos. Si quiere probarlo, respóndanos a este correo y, por solo $3.500,00, podrá disfrutar de este gran aparato.

Atentamente,

Sr. Martínez

Gerente General, TV del Futuro

Para: tvfuturo@gmail.com
De: Sebastián Saldívar Calvo <sebaschef@berkely.edu>
Asunto: RE: Ya llegó el televisor del futuro chef

Para:	Estefanía Rosales Tum <anthroestef@berkeley.edu>
De:	energiaverde@hotmail.com
Asunto:	Una nueva fuente de energía en su casa

Estimada Srta. Rosales Tum:

¿Quisieran usted y su futuro esposo tener en su casa una fuente de energía limpia y buena para el medio ambiente? Sabemos que sí, así que nosotros le ofrecemos la solución. Nuestra empresa instala paneles solares en el área de California a precios competitivos. Además de usar una fuente de energía verde y ayudar al planeta, su presupuesto también se verá afectado positivamente. Llámenos y le daremos un precio estimado. Además le enviaremos una revista con consejos para conservar el medio ambiente.

Atentamente,

David Guillamón

Presidente, Energía Verde, S.A.

Para:	energiaverde@hotmail.com
De:	Estefanía Rosales Tum <anthroestef@berkeley.edu>
Asunto:	RE: Una nueva fuente de energía en su casa

Exprésate

Escríbelo tú

Cuestiones ambientales urgentes

Piensa en una cuestión ambiental que te parece urgente, como por ejemplo, alguna especie animal en peligro de extinción o el calentamiento global. Escribe una breve composición sobre el tema. Explica el problema, luego di dónde ocurre, cuáles son sus causas principales y cuáles son las consecuencias. Para terminar, sugiere qué se puede hacer para mitigar o resolver el problema.

_____

_____

_____

_____

_____

_____

Enlace auditivo

Pronunciación y ortografía

Ejercicios de ortografía

I. *Accent Marks on Future and Conditional Tenses*

The future tense uses accent marks on the stressed vowel of the last syllable of all forms except for the **nosotros/as** form: **saldré, saldrás, saldrá,** *saldremos,* **saldréis, saldrán.** All conditional verb forms use an accent mark on the first **í** of the ending: **haría, harías, haría, haríamos, haríais, harían.**

Listen and write the following future and conditional verb forms, placing an accent where needed.

1. _____
2. _____
3. _____
4. _____
5. _____
6. _____
7. _____
8. _____

9. _____
10. _____
11. _____
12. _____
13. _____
14. _____
15. _____

II. Accent Review (Part 3)

A. Remember that words that end in a vowel are naturally stressed on the next-to-last syllable. When they are stressed on the last syllable, they must carry a written accent on the stressed vowel. The singular first- and third-person preterite forms of regular verbs* end in vowels and are stressed on the last syllable; don't forget to use accent marks when writing them: **decidí, llegué; durmió, se despertó.**

Listen and write the sentences you hear, adding an accent mark to the past-tense form when necessary.

1. _____

2. _____

3. _____

4. _____

5. _____

6. _____

7. _____

8. _____

9. _____

10. _____

B. In the imperfect tense, the first-person plural, or **nosotros/as**, form of **-ar** verbs always has a written accent mark: **estudiábamos, cantábamos, jugábamos.**** The first-person plural forms of the irregular verbs **ser** and **ir** also have accent marks: **éramos, íbamos.** For regular **-er** and **-ir** verbs, all of the imperfect forms have an accent mark: **comía, vivías, corríamos.**

Listen to the following narrative and write the verb forms. Use accent marks when necessary.

> Cuando yo _____¹ ocho años, mi hermano y yo _____² con frecuencia, pero
>
> también _____³ mucho tiempo juntos. Como yo _____⁴ el mayor,
>
> _____⁵ más juguetes que mi hermano y él siempre _____⁶ jugar con los
>
> míos. Yo _____⁷ que él _____⁸ mis juguetes y por eso _____⁹ tratos
>
> (*deals*) con él: me _____¹⁰ sus dulces y él _____¹¹ jugar con todas mis cosas.
>
> Los dos _____¹² videojuegos y _____¹³ la computadora casi todos los días
>
> cuando _____¹⁴ niños, pero también _____¹⁵ mucho y _____¹⁶ en
>
> bici. Todos los veranos _____¹⁷ de viaje con nuestros padres y siempre _____¹⁸
>
> dos semanas en el campo con los abuelos. Por las tardes, a veces _____¹⁹ al río a
>
> pescar o nadar; otros días nos _____²⁰ en casa y _____²¹ con los juguetes.
>
> Lo mejor de todo... ¡no _____²² tarea!

---

*For more practice with accents on regular preterite verb forms, you may wish to review the **Ejercicios de ortografía II** in **Capítulo 8** of this *Cuaderno de actividades.*

For more practice with accents on regular imperfect verb forms, you may wish to review the **Ejercicios de ortografía II in **Capítulo 10** of this *Cuaderno de actividades.*

C. Remember to include accent marks on all but the first-person plural (**nosotros/as**) form of the future tense and on all forms of the conditional. Listen and write the sentences you hear, adding an accent mark to any conditional forms and to future forms when necessary. Don't forget to use question marks and exclamation marks when required.

1. _____

2. _____

3. _____

4. _____

5. _____

D. Remember that some one-syllable Spanish words sound the same but have different meanings depending on whether they have a written accent mark. (See **Capítulo 12, Ejercicios de ortografía I.**) Some of the most frequently used word pairs of this type are **de/dé, el/él, mi/mí, se/sé, si/sí, te/té,** and **tu/tú.** The word **más** (*more*) always uses an accent mark.*

Write the sentences you hear, remembering to add accent marks to words when the meaning requires one. Don't forget to use question marks and exclamation marks when necessary.

1. _____

2. _____

3. _____

4. _____

5. _____

6. _____

7. _____

8. _____

9. _____

10. _____

E. Remember that the unstressed vowels **i** and **u** normally form a diphthong with the vowels **a, e,** and **o: iu, ua, ue, ui, uo, ai** or **ay, ei, oi** or **oy, au, eu,** and **ou.**** When they do not form a diphthong (that is, the **i** or **u** is stressed and the vowels are in different syllables), the stressed **i** or **u** has a written accent mark: **rí-o, con-ti-nú-o, le-ís-te, ac-tú-a.**

Listen and write the following words. Remember to write an accent mark over the **i** or **u** to signal that it is stressed.

1. _____   6. _____

2. _____   7. _____

3. _____   8. _____

4. _____   9. _____

5. _____   10. _____

_____

*Originally the word **más,** meaning *more,* formed a pair with the unaccented word **mas,** which means *but.* However, the use of **mas** to mean *but* is hardly heard in everyday conversations. It is mostly used in print media and literary texts.

For more practice with diphthongs and separating diphthongs, you may wish to review the **Ejercicios de ortografía II in **Capítulo 6** and **Ejercicios de ortografía I** in **Capítulo 13** of this *Cuaderno de actividades.*

F. Remember that an accent mark is needed on affirmative commands[†] and present participles[††] if one or more pronouns are added, and on infinitives if two pronouns are added. Listen and write the sentences you hear, adding accent marks where necessary. Don't forget to use question marks when necessary.

1. _____
2. _____
3. _____
4. _____
5. _____
6. _____
7. _____
8. _____
9. _____
10. _____

Actividades auditivas

A. Sin fiesta no hay futuro. Xiomara, Radamés, Camila, Jorge y Eloy conversan en un café sobre sus planes para el futuro. Escucha la conversación y llena los espacios con los planes de estos estudiantes.

[†]The one-syllable commands **de, di, haz, pon, ten, ve, ven** do not use an accent mark if only one pronoun is added (**Dele la lista**), but do need one if two pronouns are added (**Póntelos**). For more practice with accent marks on affirmative commands, you may wish to review the **Ejercicios de ortografía III** in **Capítulo 11** of this *Cuaderno de actividades*.

[††]For more practice with accent marks on present participles, you may wish to review the **Ejercicios de ortografía I** in **Capítulo 14** of this *Cuaderno de actividades*.

Vocabulario de consulta

fama	fame
informática	computer science
exige	(it) demands

1. Lo que de verdad le interesa a Radamés es _____.

2. Xiomara está segura de que será profesora y también _____.

3. A Jorge no le interesa la fama. Él solo quiere _____.

4. Eloy espera que Jorge invente _____.

5. Camila piensa que, como psicóloga, estará siempre _____,

   súper estresada pero muy _____.

6. Eloy quiere ser médico porque según él, los médicos hacen una labor humanitaria.

   Por ejemplo: _____ y _____.

7. A Xiomara le parece muy bien que los doctores _____.

B. ¡Si todo fuera tan fácil! Franklin, Estefanía, Lucía y Rodrigo conversan sobre algunos de los problemas de la sociedad moderna. Después de escuchar la conversación, escribe por qué los amigos dicen que estos problemas son serios.

Vocabulario de consulta

armas de fuego	firearms
muertes	deaths
vulnerables	vulnerable
se quedó sin	was left without

PROBLEMA   **LO CONSIDERAN SERIO PORQUE...**

1. las armas de fuego _____

   _____

2. los niños desamparados _____

   _____

3. el desempleo _____

   _____

4. los agujeros en la capa de ozono _____

   _____

Videoteca

Amigos sin Fronteras

Episodio 15: Una larga siesta

Resumen. En el centro estudiantil, Sebastián, Claudia, Nayeli y Eloy conversan sobre la tecnología y lo mucho que los jóvenes dependen de sus aparatos electrónicos. Nayeli propone que todos pasen un día sin sus aparatos, pero Eloy está muy cansado y estresado por sus exámenes. Él no reacciona a la idea de Nayeli porque se queda dormido. Entonces tiene un sueño muy interesante.

Preparación para el video

A. **¡Comencemos!** Mira la foto y contesta las preguntas.

1. ¿Dónde están las personas de la foto?

   a. en la universidad   c. en una fiesta
   b. en un salón de clase   d. en un café

2. ¿Qué crees que está bebiendo Eloy?

   a. refresco   c. vino
   b. café   d. un batido

Vocabulario de consulta

esclavo	slave
capaz	capable, able
malos modales	bad manners
Colgaron	They hung up
bromeando	joking
caray	dang (*Mex., coll.*)
jalarlo	pull it
atarlo	tie it up
una broma	a prank
de mal gusto	in bad taste
pesadilla	nightmare

Comprensión del video

B. El episodio. Primero, escribe quién diría la oración: Nayeli, Eloy, Sebastián o Claudia. Luego indica a qué se refiere la palabra subrayada, según el video.

1. No <u>lo</u> vas a encontrar en tus bolsillos.

   _____   _____

2. ¿Lo vas a escribir en <u>eso</u>?

   _____   _____

3. Él no puede vivir sin <u>ella</u>.

   _____   _____

4. <u>Lo</u> tengo en mi dormitorio.

   _____   _____

5. ¡<u>Ella</u> lleva disfraz de Halloween!

   _____   _____

6. No <u>los</u> vamos a usar por un día entero.

   _____   _____

C. Contenido en general. ¿Cierto o falso?

1. Eloy compra más café para no dormirse.   C   F
2. En el sueño, está en el apartamento de Nayeli.   C   F
3. En su sueño, Eloy tiene un televisor en su cuarto.   C   F
4. En el sueño de Eloy, Nayeli usa la computadora de Eloy para
   escribir su ensayo.   C   F
5. A Nayeli le gusta la idea de ser compañera de casa de Eloy.   C   F

D. Detalles. Contesta las preguntas según la información del vídeo.

1. ¿Quién propuso la idea de pasar un día sin usar los aparatos electrónicos?

   _____

2. Después de la siesta, ¿dónde busca Eloy su teléfono?

   _____

3. ¿Qué no existía en el sueño de Eloy?

   _____

4. Al final, ¿qué le recomienda Nayeli a Eloy?

   _____

Mi país

Costa Rica

Preparación para el video

1. ¿Dónde está Costa Rica?

    a. en América del Norte
    b. en América Central
    c. en América del Sur

2. ¿Qué tipo de actividades se hacen en el ecoturismo? Marca todas las respuestas correctas.

    a. ver la flora y la fauna
    b. bañarse en aguas termales
    c. viajar en motocicleta
    d. hacer fuegos no controlados

El río Celeste, en el parque nacional Volcán Tenorio

Comprensión del video

¿Cierto (C) o falso (F)?

1. Los ticos usan la frase ¡Pura vida! para decir que algo es muy bueno.	C	F
2. Costa Rica solo tiene playas en el Caribe.	C	F
3. Hay playas, montañas, desiertos y volcanes en Costa Rica.	C	F
4. En Monteverde y Manuel Antonio se puede disfrutar de la flora y fauna.	C	F
5. El reciclaje y el ecoturismo no son muy importantes para los ticos.	C	F
6. A Juan Fernando le da miedo tirarse en tirolina.	C	F
7. Una avenida importante de San José se llama Paseo Colón.	C	F
8. La comida típica que parece el novio y la novia de una boda es el gallo pinto.	C	F

¡A leer!

¿Sabías que... ?

La comunicación digital

¿Sabías que hay más de 250.000.000 de usuarios de Internet en el mundo hispano? Cada año aumenta[a] el número de usuarios, sobre todo entre las edades de dieciocho y treinta y cinco años. En países como España, Chile, Argentina y Uruguay, el porcentaje de los ciudadanos con acceso al Internet es muy alto: en España el 62 por ciento de la población usa el Internet, en Chile y Uruguay el 55 por ciento lo utiliza, mientras que en Argentina la tasa de usuarios llega al 66 por ciento. En algunas partes de Centroamérica la participación en la red mundial[b] es más baja, entre 10 y 30 por ciento. Pero en Costa Rica llega al 45 por ciento de la población y está creciendo a diario.

Mucho se ha hablado sobre la brecha digital[c] entre los países más industrializados y los países en vías de desarrollo.[d] Esta estratificación digital se debe a[e] la falta de acceso a las conexiones de banda ancha[f]; también se debe al analfabetismo[g] digital o a factores bien conocidos como la pobreza o la falta de electricidad. Sin embargo, cada día avanza más la inclusión digital en el mundo hispano.

[a]*increases* [b]*red... world net (World Wide Web)* [c]*brecha... digital divide* [d]*países... developing countries*
[e]*se... is due to* [f]*de... broadband* [g]*illiteracy*

Los servicios de red social son muy populares. Facebook cuenta con 145.000.000 de participantes en América Latina. En España hay dos servicios: Facebook con 15.000.000 de usuarios y Tuenti,* un servicio de red social que fue fundado en 2006 y al cual hay conectados más de 11.000.000 de españoles. En España los más jóvenes prefieren comunicarse por medio de Tuenti, mientras que los mayores de veinticinco años usan más Facebook. Los usuarios de Tuenti afirman que este tiene un diseño más limpio y fácil de manejar[h] que Facebook.

Si quieres ver videos de música u otros temas, seguramente entras en YouTube, que cuenta con millones de usuarios por todo el mundo hispano. Y no olvidemos que los teléfonos móviles se han convertido en la tecnología más usada, pues en muchos países de habla hispana el uso de servicio celular excede el 50 por ciento de los habitantes.** En España ya el número de líneas celulares superó el número de habitantes; eso quiere decir que algunos usuarios poseen más de un teléfono móvil y no lo utilizan solo para hablar sino para distintas funciones, como por ejemplo, para conectarse al Internet.

La popularidad del texteo como parte del servicio celular ha influido mucho en el español que se usa en el Internet, tanto en los mensajes electrónicos como en las páginas de red social. Algunos chicos han desarrollado[i] tal destreza[j] en el envío de textos que son capaces[k] de enviar mensajes enteros desde el bolsillo de sus pantalones para evitar que los maestros o los padres los vean. A ver si podemos descifrar este mensaje de texto: **q acs st find aki npn stoy n kls 100pre dfcl asdc t yamo bss.** Pues esta persona escribió: *¿Qué haces este fin de semana? Aquí no pasa nada; estoy en clase, siempre difícil. Al salir de clase te llamo. Besos…*

PALABRAS COMÚNMENTE USADAS EN EL LENGUAJE DEL TEXTEO EN ESPAÑOL	
Hla	Hola
Kntm	Cuéntame
Dim	Dime
q qrs?	¿Qué quieres?
Tq	te quiero
a2	Adiós

El texteo es ya un código aparte. Alguna gente piensa que ese código degrada el lenguaje; otras personas lo ven como una incorporación valiosa al lenguaje. ¿Qué opinas tú? Un detalle más: ¿Sabías que hay libros de gramática en español recientes que incorporan el lenguaje del texteo en sus lecciones? Como ves, ¡el texteo ya está siendo considerado parte de la gramática española! Junto con el e-mail, los videos de YouTube y las redes sociales, forma parte íntegra de la nueva comunicación digital en todo el mundo.

[h]más… *cleaner and easier to use*   [i]han… *have developed*   [j]tal.. *such skill*   [k]*capable*

(*Continúa.*)

*Tuenti viene de la frase **tu entidad** (*your identity*)
**El servicio de teléfono celular tiene una de las tasas de uso más altas en el mundo hispano: el 90 por ciento en Venezuela y Colombia, 87 por ciento en Chile, el 82 por ciento en Bolivia, el 63 por ciento en Argentina y el 50 por ciento en Costa Rica y México.

Comprensión

1. _____ ¿Qué países tienen mejor acceso al Internet?

   a. Colombia, Chile, España, México
   b. Argentina, Chile, Uruguay, España

   c. Chile, España, Panamá, Venezuela
   d. Colombia, Guatemala, España, Paraguay

2. _____ ¿En España, los jóvenes prefieren conectarse por medio de cuál red social?

   a. Tuenti
   b. Tuvida

   c. Facebook
   d. MySpace

3. _____ ¿En qué país se superó la cantidad de líneas celulares a los habitantes?

   a. Chile
   b. Argentina

   c. España
   d. Colombia

4. Empareja estas palabras con su versión en texteo.

   1. _____ hla
   2. _____ kntm
   3. _____ dim
   4. _____ q qrs?
   5. _____ tq
   6. _____ 100pre
   7. _____ bss
   8. _____ aki
   9. _____ acs
   10. _____ a2

   a. haces
   b. siempre
   c. adiós
   d. hola
   e. cuéntame
   f. besos
   g. te quiero
   h. ¿Qué quieres?
   i. dime
   j. aquí

Galería

Costa Rica

El parque nacional Tortuguero es uno de los lugares más importantes del mundo donde se protegen varias especies de tortugas marinas en peligro de extinción, como la tortuga verde, y donde viven otras muchas especies animales, como el manatí y el pez gaspar (*tropical gar*).

El río Celeste, en el parque nacional Volcán Tenorio, tiene una hermosa catarata, aguas termales y un color azul celeste espectacular.

El volcán Poás tiene dos cráteres: En el principal hay una laguna con agua caliente y en el otro hay una laguna de agua fría.

La playa Ostional se ubica en la región de Guanacaste, en la costa del Pacífico. En esta playa anida (*nests*) el mayor número de tortugas lora del planeta.

¡Pura vida!

Costa Rica solo se puede definir de una forma: Es ¡pura vida! De hecho, «pura vida» es una expresión muy común entre los costarricenses. ¿Y por qué es una frase tan apropiada para describir el país? Ahora sabrás.

Costa Rica te ofrece una diversidad natural única: Tiene acceso a las dos costas (la del Pacífico y la del Caribe), a zonas montañosas y volcánicas, y a una multitud de parques nacionales y reservas naturales. Gracias a estas condiciones naturales, no importa donde vayas, por todo el país podrás apreciar un gran número de especies animales y plantas, e incluso algunos animales en

(*Continúa.*)

peligro de extinción, como el jaguar.* Por cierto, ¿sabías que a las costas de Costa Rica también llegan cinco de las siete especies de tortugas marinas del mundo para anidar[a]? Si quieres tener la oportunidad de observar la llegada[b] de las tortugas lora,[c] te aconsejamos que vayas a la playa Ostional, en la costa del Pacífico. Ojalá puedas ser testigo de este fenómeno porque es… ¡pura vida! Por otro lado, en la costa del Caribe, tenemos el parque nacional Tortuguero,** que tiene una inmensa variedad de flora y fauna a causa de sus varios hábitats, que incluyen, entre otros, océano y playas, ríos, pantanos,[d] lagos, lagunas y, por supuesto, selvas tropicales. ¿Puedes adivinar qué animal en particular se protege en este parque nacional? ¡Efectivamente, se protegen tortugas! Aquí, la más conocida es la tortuga verde.

Serán paradisíacas e inolvidables las experiencias que tengas cuando visites el río Celeste en el parque Nacional Volcán tenorio. Como su nombre lo indica, es un río con aguas azul celeste. El llamativo color de sus aguas es el resultado de reacciones químicas entre el agua y los minerales del volcán Tenorio. Cuando visites este río, podrás disfrutar de este espectáculo multicolor y de un bosque frondoso[e] y verde. Además, podrás hacer muchas actividades: caminatas por la naturaleza, visitas a aguas termales, géiseres y más.

¿Te gustan las aguas termales? En Costa Rica, debido[f] a la gran cantidad de volcanes que tiene el país, la afluencia[g] de aguas termales y calientes es muy extensa. El volcán Poás, que está en el Parque Nacional Volcán Poás, tiene dos cráteres: uno con una laguna de agua caliente y otro con una laguna de agua fría. La belleza de este volcán y otros en Costa Rica, como el espectacular volcán Arenal, hace que sean unos de los sitios más visitados por los turistas.

Al pensar en toda esta hermosa riqueza natural, comprenderás bien por qué es tan importante para los costarricenses el ecoturismo y la protección de las especies animales y vegetales. Y también comprendes ahora por qué se dice que Costa Rica es «pura vida», ¿verdad? Ojalá puedas ir pronto para que descubras este hermoso país.

[a]*nest* [b]*arrival* [c]*the Olive Ridley turtle* (Literally, *parrot*) [d]*swamps* [e]*lush* [f]*due* [g]*flow*

Comprensión

Parte 1. Primero escribe el nombre apropiado y luego apunta algún detalle descriptivo.

1. dos cráteres con lagunas

   _____ : _____

2. aguas azul celeste

   _____ : _____

3. siete especies en total

   _____ : _____

Parte 2. Describe las tortugas y los dos parques nacionales.

1. las tortugas lora

   _____

2. parque nacional Tortuguero

   _____

3. parque nacional Volcán Tenorio

   _____

---

*Este felino, el más grande de las Américas, vive en el parque nacional La Amistad, que es el bosque lluvioso más grande de Costa Rica y el único creado por dos países (Costa Rica y Panamá), de ahí su nombre La Amistad.
**Tortuguero es un lugar muy rico en cuanto a su variedad natural, pero también por su diversidad cultural, puesto que las raíces afrocaribeñas de sus habitantes están presentes en sus comidas, bailes y tradiciones.

Conexión cultural

La inmigración nicaragüense en Costa Rica

Vocabulario de consulta

una tercera parte	one-third
goza de	enjoys
ha dado la bienvenida	have welcomed
ha tratado de	has tried to
acuerdo	agreement
permiso	permit
soportar	to tolerate, to put up with
cosechas	crops
fábricas	factories
política	policy
fuerza policial	police force
artículos	articles (of a law)
encarcelamiento	imprisonment
huían	fled
sigue en aumento	continues to increase
culpan	blame
males	wrongs
hecho	fact
mano de obra	labor
disminuir	diminish

Muchos de los recogedores (*pickers*) de café en Costa Rica son nicaragüenses.

Se estima que en Costa Rica hay entre 600.000 y 800.000 inmigrantes de Nicaragua, de los cuales **una tercera parte** está en el país ilegalmente. Muchos de estos inmigrantes abandonan su país para buscar trabajo. Costa Rica resulta ser el destino ideal, pues está cerca, ofrece fácil entrada y **goza de** una economía mucho más estable y próspera que la de Nicaragua.* Para los nicaragüenses, Costa Rica es un país rico, un lugar de oportunidades y futuro.

Costa Rica siempre les ha **dado la bienvenida** a los inmigrantes. Además de los nicaragüenses, a este país emigran colombianos, panameños, chinos y estadounidenses. El gobierno costarricense ha **tratado de** abrir sus puertas a Nicaragua, firmando un **acuerdo** en 1998 para permitir la entrada de inmigrantes con **permiso** para trabajar en la agricultura. Pero la llegada masiva de nicaragüenses está cambiando la actitud de los costarricenses hacia el país vecino. Muchos se sienten invadidos y llaman a los nicaragüenses, con resentimiento, «turistas perpetuos». Los nicaragüenses tienen que **soportar** la discriminación de un sector de la población costarricense y vivir al margen de la sociedad, pero siguen llegando a Costa Rica. Allí trabajan en **cosechas** de café y plátano, hacen labores domésticas o buscan empleo en **fábricas** de grandes compañías como Intel, Procter and Gamble y Abbot Laboratories.

Se entiende la reacción negativa de muchos costarricenses, pues se podría decir que la inmigración nicaragüense se ha convertido en una crisis para Costa Rica. Como resultado, el gobierno ha tenido que volver a evaluar su **política** hacia la inmigración. Fue así que en 2006 estableció una nueva ley que le da más autoridad al gobierno para deportar a los inmigrantes. También creó una **fuerza policial** dedicada exclusivamente a la cuestión de la inmigración ilegal. Uno de los **artículos** de la nueva ley justifica el **encarcelamiento** de individuos que no son delincuentes y cuyo único crimen es vivir en otro país sin tener los documentos requeridos.

(Continúa.)

---

*El ingreso anual medio (*average yearly income*) de Nicaragua es de 2.800 dólares estadounidenses, en comparación con el de Costa Rica, que es de 11.000 dólares.

Los nicaragüenses no han emigrado a Costa Rica siempre por razones económicas; también ha habido motivos políticos. Durante la década de los setenta, muchos **huían** del gobierno opresivo y corrupto de Anastasio Somoza (1967–1979). Luego, en los ochenta, había gente que se iba de Nicaragua por no estar de acuerdo con las ideas comunistas del gobierno revolucionario sandinista (1979–1990). Otros abandonaron el país durante este período para escapar de los conflictos políticos entre los sandinistas y los contrarrevolucionarios.

En tiempos recientes, la población nicaragüense en Costa Rica **sigue en aumento**, contribuyendo de manera significativa a la economía y a la cultura del país. Según el censo más reciente, esta población es muy joven: el 50% tiene entre veinte y cuarenta años; el 25% tiene menos de veinte años. Las estadísticas muestran que hay básicamente tres grupos de inmigrantes recientes de Nicaragua en Costa Rica: 1) el grupo migratorio, compuesto por los que llegan para trabajar en la agricultura y solo se quedan un año; 2) el grupo semipermanente de aquellos que llegan a Costa Rica sin su familia para hacer una variedad de trabajos y vuelven de visita a su país una vez al año; 3) el grupo permanente, inmigrantes que llegan con su familia para trabajar y se quedan a vivir en Costa Rica.

Lamentablemente, muchos costarricenses **culpan** a los nicaragüenses por todos los **males** que sufre el país, sobre todo por el aumento del crimen. Pero también es un **hecho** que Costa Rica depende de la **mano de obra** nicaragüense, sin la cual la economía costarricense sufriría enormemente. La nueva ley de inmigración afecta las condiciones de vida de los inmigrantes de Nicaragua, haciéndolos más vulnerables a abusos de todo tipo. Hay menos protección y menos garantía de seguridad para esta gente. En consecuencia, es probable que la inmigración nicaragüense empiece a **disminuir**, y esta disminución podría tener un impacto negativo en la economía de Costa Rica. ¿Qué efecto tendrá la ausencia gradual de nicaragüenses en la sociedad costarricense? Según la opinión de los expertos, Costa Rica lamentará esta ausencia.

Comprensión

1. ¿Cómo llaman los costarricenses a muchos inmigrantes nicaragüenses?

    _____.

2. Menciona los tres tipos de trabajo que hacen los nicaragüenses en Costa Rica.

    _____.

3. ¿Qué ha hecho el gobierno costarricense para controlar la inmigración nicaragüense?

    _____.

4. Además de la razón económica, ¿por qué otras razones se iban de su país los nicaragüenses durante las décadas de los setenta y los ochenta?

    _____.

5. Describe los tres grupos de inmigrantes recientes de Nicaragua que hay en Costa Rica.

    _____.

6. ¿Qué opinas de la inmigración? ¿Tienen derecho de emigrar las personas que no pueden encontrar trabajo en su país? ¿Si no pudieras conseguir trabajo en tu país, emigrarías a otro?

    _____.

    _____.

Expansión gramatical

This **Expansión gramatical** is intended to help expand your knowledge of Spanish grammar at a more advanced level. The topics covered are often encountered during a second-year course, but you may want to explore some of them on your own. Your instructor may also want to cover these areas after finishing *Tu mundo*. Answers to the exercises in this section are included in the Answer Key at the back of this *Cuaderno de actividades*.

The grammar that you have studied in *Tu mundo* is by no means all the grammar that you will need to know in order to read, write, and speak Spanish with native fluency, but don't be discouraged. You can already communicate with native speakers on a wide array of topics, and your ability to understand spoken and written material will allow you to interact comfortably with the Spanish-speaking world. Advanced grammatical competence does not come as much from learning rules and completing exercises as it does from talking with Spanish speakers in person, reading, listening to the radio, watching TV, and interacting with Spanish speakers on social media sites. All of these activities are powerful ways to acquire grammar in a meaningful context. Many non-native speakers of Spanish become lifelong learners, continually adding to their repertoire of vocabulary and grammatical knowledge, all the while enjoying their contact with the Spanish-speaking world. **¡Buen viaje!**

1. Indicating to Whom Something Belongs: Possessive Pronouns

A. When a possessive adjective (**mi, tu, nuestro/a, vuestro/a, su**) functions as a noun, it is called a possessive pronoun (**mío/a, tuyo/a, nuestro/a, vuestro/a, suyo/a**). Note that possessive pronouns change their form to show gender and number.

¿No tienes suéter? Te presto **el mío.**　　*You don't have a sweater? I'll lend you mine.*

¿Olvidaron sus galletas? **Las nuestras**　　*Did you (pl.) forget your cookies?*
　 están en la mesa.　　*Ours are on the table.*

B. When a possessive pronoun replaces a specific noun, Spanish speakers usually use a definite article (**el, la, los, las**) with the pronoun.

Tus botas son más elegantes que las mías.　　*Your boots are more elegant than mine.*

The definite article is generally omitted after a form of **ser.** However, the article may be used after **ser** for emphasis.

Las botas elegantes son **tuyas.**　　*The elegant boots are yours.*

Las botas más elegantes son **las tuyas.**　　*The most elegant boots are yours* (as opposed
　　to belonging to someone else).

C. In Spanish one possessive pronoun (**el suyo**) corresponds to the English possessive pronouns *yours* (singular or plural), *his, hers,* and *theirs*. Therefore, out of context, the sentence **El suyo no ha llegado** could correspond to all of the following English meanings: *His / Hers / Theirs / Yours (sing. or pl.) hasn't arrived.* Normally, in conversation, context will tell you to what and to whom **suyo/a/os/as** refers. As an alternative to **suyo,** you may use the article followed directly by **de** plus the name of the person: **El de Marta no ha llegado.** (*Marta's hasn't arrived.*)

Ejercicio 1

Claudia encuentra varias cosas en el salón de clase. Ella le pregunta a Eloy de quién son. Escribe las respuestas de Eloy siguiendo (*following*) los modelos. El dueño / La dueña del objeto se indica entre paréntesis.

MODELOS: CLAUDIA: ¿De quién son estas plumas? ¿Son tuyas? (Eloy)
ELOY: Sí, son *mías*.
CLAUDIA: ¿De quién son estas plumas? ¿Son de los estudiantes? (la profesora)
ELOY: No, no son *suyas*. Son de *la profesora*.

1. CLAUDIA: ¿De quién es esta chaqueta? ¿Es tuya? (Eloy)

   ELOY: _____

2. CLAUDIA: ¿De quién es este cuaderno? ¿Es mío? (Claudia)

   ELOY: _____

3. CLAUDIA: ¿De quién son estas calculadoras? ¿Son de Rodrigo y Lucía? (Rodrigo y Lucía)

   ELOY: _____

4. CLAUDIA: ¿De quién es este reloj? ¿Es de Sebastián? (Daniel)

   ELOY: _____

5. CLAUDIA: ¿De quién son estas mochilas? ¿Son de Camila y Nayeli? (Camila y Nayeli)

   ELOY: _____

6. CLAUDIA: ¿De quién es este diccionario? ¿Es nuestro? (nosotros)

   ELOY: _____

7. CLAUDIA: ¿De quién son estos bolígrafos? ¿Son del profesor? (Lucía)

   ELOY: _____

8. CLAUDIA: ¿De quién es esta patineta? ¿Es de Radamés? (Rodrigo)

   ELOY: _____

9. CLAUDIA: ¿De quién es este disco compacto? ¿Es tuyo? (Eloy)

   ELOY: _____

10. CLAUDIA: ¿De quién son estos papeles? ¿Son míos? (el profesor)

    ELOY: _____

2. Asking and Answering Questions: Patterns in the Preterite

A. Four common question-and-answer patterns in the preterite include **yo** or **nosotros/as** verb forms in the answer. If the question refers to *you* (*singular*), then your answer will use the **yo** form of the verb. If the question refers to *you and others*, then your answer will use the **nosostros/as** form of the verb.

INFORMAL SINGULAR

—¿Saliste anoche? *Did you go out last night?*

—Sí, salí. / No, no salí. *Yes, I did (go out). / No, I didn't (go out).*

POLITE SINGULAR

—¿Durmió (usted) anoche?   *Did you sleep last night?*

—Sí, dormí. / No, no dormí.   *Yes, I did (sleep). / No, I didn't (sleep).*

INFORMAL AND POLITE PLURAL (LATIN AMERICA); POLITE PLURAL (SPAIN)

—¿Bailaron ustedes anoche?   *Did you dance last night?*

—Sí, bailamos. / No, no bailamos.   *Yes, we did (dance). / No, we didn't (dance).*

INFORMAL PLURAL (SPAIN)

—¿Comisteis (vosotros) anoche?   *Did you eat last night?*

—Sí, comimos. / No, no comimos.   *Yes, we did (eat). / No, we didn't (eat).*

B. If the question refers to people other than the speaker and the person being spoken to (**él, ella, ellos, ellas, mi madre, el profesor,** etcétera), the verb form in the question and answer will usually be the same.

Ejercicio 2

Contesta las preguntas con **sí** o **no** según lo que se indica entre paréntesis.

MODELO: Ayer, ¿te lavaste el pelo? (sí)

       Sí, me lavé el pelo.

Ayer,...

1. ¿fuiste a un concierto? (sí) _____

2. ¿cenaste con tus padres? (no) _____

3. ¿escribiste un mensaje electrónico? (sí) _____

4. ¿compraste un coche? (sí) _____

5. ¿leíste una revista? (no) _____

La semana pasada, ¿tú y tus amigos...

6. hicieron un viaje? (no) _____

7. vieron una película buena? (sí) _____

8. salieron juntos? (sí) _____

9. dieron una fiesta? (no) _____

10. sacaron muchas fotografías? (no) _____

3. Using Regional Pronouns: *vos* and *vosotros/as* Forms

A. The subject pronouns **tú** and **usted(es)** are used by the majority of Spanish speakers and are recognized by everyone. However, as you know, Spanish has two other pronouns that are equivalent to English *you:* **vos** (*informal, singular*) and **vosotros/as** (*informal, plural*).

    In some countries, particularly Argentina, Uruguay, Paraguay, and most of Central America, speakers prefer to use the subject pronoun **vos** and its verb forms when speaking with friends and family. **Vos** is also used by many speakers in parts of Colombia, Chile, and Ecuador. If you travel to areas where **vos** is used, everyone will accept that you use **tú** and **usted** because you are a foreigner, but if you stay in one of those countries for any length of time, you will probably find yourself using **vos** and its verb forms with your friends.

B. Except for the present indicative and subjunctive (and some forms you have not yet learned), the **vos** verb forms are almost identical to the **tú** verb forms.

In the present indicative, use the endings **-ás** for **-ar** verbs, **-és** for **-er** verbs, and **-ís** for **-ir** verbs. Stem vowels do not change: **querés, podés, dormís.** Note in the examples that follow that, unlike the pronoun **tú,** the pronoun **vos** is commonly used in place of someone's name.

¿Qué **querés** comer **vos**?	*What do you want to eat?*

The affirmative **vos** commands are formed with the infinitive minus the final **-r: terminá, comé, escribí.**

Vení con nosotros.	*Come with us.*

The subject pronoun **vos** remains unchanged when it follows a preposition.

Voy con **vos** al centro.	*I'm going downtown with you.*
El regalo es para **vos.**	*The gift is for you.*

All other pronouns, as well as the possessive adjectives, are the same as the **tú** forms.

C. The subject pronouns **tú** and **ustedes** are recognized and used by all speakers of Spanish. However, in the northern and central areas of Spain, including Madrid, speakers distinguish between informal and formal *you* in the plural. They use **vosotros/as** as an informal plural pronoun and **ustedes** as a formal plural pronoun. Just as with the pronoun **tú,** the pronoun **vosotros/as** is frequently omitted unless there is a subject change or emphasis is needed.

Here are the **vosotros/as** forms of most of the verb tenses presented in *Tu mundo.*

PRESENT (INDICATIVE): habláis, coméis, recibís

PRESENT PROGRESSIVE: estáis + hablando/comiendo/recibiendo

PRESENT PERFECT: habéis + hablado/comido/recibido

PAST (PRETERITE): hablasteis, comisteis, recibisteis

IMPERFECT: hablabais, comíais, recibíais

FUTURE: hablaréis, comeréis, recibiréis

CONDITIONAL: hablaríais, comeríais, recibiríais

PRESENT SUBJUNCTIVE: habléis, comáis, recibáis

IMPERFECT SUBJUNCTIVE: hablarais, comierais, recibierais

AFFIRMATIVE COMMANDS: hablad, comed, recibid

Speakers who use **vosotros/as** address also use the corresponding pronouns: **vosotros/as** (subject, object of preposition), **vuestro/a/os/as** (possessive), and **os** (all other object pronouns).

Espero que **os** divertáis **vosotros** en la playa.	*I hope you enjoy yourselves at the beach.*
Vuestro perro está en nuestro jardín.	*Your dog is in our garden.*

Ejercicio 3

Lee la conversación entre dos amigos en Argentina. Imagínate que el mismo diálogo se está hablando ahora en México y haz los cambios necesarios para cambiar las formas verbales de **vos** por las de **tú.** OJO: También hay que decidir qué hacer con los pronombres.

—¿Vas a quedarte en casa esta noche vos?

—No, pienso salir al cine. ¿Y vos?

—No sé.

—¿Por qué no venís conmigo vos?

—¿Qué pensás hacer después del cine?

—Dar una vuelta por el centro. ¿Querés?

—¿Tenés coche?

—Claro que sí. ¿Qué decís?

—De acuerdo. ¿A qué hora pasás a buscarme?

—A las ocho.

— _____

— _____

— _____

— _____

— _____

— _____

— _____

— _____

— _____

— A las ocho.

Ejercicio 4

Lee la conversación entre dos amigos en Madrid. Imagínate que el mismo diálogo se está hablando ahora en México y haga los cambios necesarios para cambiar las formas verbales de **vosotros/as** por las de **ustedes. OJO:** También hay que decidir qué hacer con los pronombres.

CHICA 1: ¿Qué pensáis hacer esta noche?

CHICA 2: No sé. ¿Qué queréis hacer vosotros?

CHICO 3: ¿Qué os parece ir al cine? Hay una nueva película francesa que tengo ganas de ver.

CHICA 1: A vosotros os gustan las películas francesas, pero a mí no. Me aburren. ¿No os gustaría salir a bailar un rato?

CHICO 3: Pero vosotras sabéis que soy el peor bailador de Madrid. ¡No, gracias! ¿Qué tal si hacemos una fiesta en casa?

CHICA 2: ¡Excelente idea! Vosotros dos invitáis a vuestros amigos y yo invito a los míos. ¿A qué hora?

CHICA 1: ¿Qué os parece si empezamos a las diez?

CHICA 1: _____

CHICA 2: _____

CHICO 3: _____

CHICA 1: _____

_____

CHICO 3: _____

_____

CHICA 2: _____

_____

CHICA 1: _____

4. The Passive Voice

A. The passive voice in Spanish, as in English, is constructed with the verb **ser** followed by a past participle. (For a review of how to form regular and irregular past participles, see **Infórmate 11.1** in the *Tu mundo* textbook.) Most tenses of **ser** may be used, but the past tense is most common. The agent that performs the action is expressed in a phrase beginning with **por.**

El museo **fue diseñado por** Gehry.　　　*The museum was designed by Gehry.*

B. In passive constructions, both the verb form of **ser** and the past participle must agree in number and gender with the subject of the sentence. Note that the the passive voice with **ser** is not commonly seen in Spanish and it is used mostly in reporting and by news media.

La cas**a** fue construid**a** por mi abuelo.　　　*The house was built by my grandfather.*

Los tac**os** fueron preparad**os** por Nayeli.　　　*The tacos were prepared by Nayeli.*

Ejercicio 5

Cambia las oraciones de la voz pasiva a una declaración (*statement*) directa.

MODELO:　La motocicleta fue reparada por Eloy.
　　　　　Eloy *reparó* la motocicleta.

1. El partido fue ganado por el equipo colombiano.

_____

2. El incendio fue apagado por los bomberos.

_____

3. Nayeli y Sebastián fueron atacados por un loco.

_____

4. Ese cuadro (*painting*) fue pintado por Picasso.

_____

5. Los exámenes fueron calificados (*graded*) por el profesor Sotomayor.

_____

5. Narrating Past Experiences: The Present Perfect and the Pluperfect

The present perfect (**pretérito perfecto**) (see **Infórmate 11.1** in the *Tu mundo* textbook) refers to events that occured (and those that have not yet occurred) at some unspecified point in the past in relation to the present moment. Both Spanish and English use the present tense of the auxiliary verb (**haber** and *to have*) and a past participle to express this idea. Remember that regular past participles end in **-ado** or **-ido**.

Another perfect tense that you may often hear is the pluperfect (past perfect or **pluscuamperfecto**). The pluperfect describes an action that preceded another action in the past. This tense uses the auxiliary verb **haber** in the imperfect tense: **había, habías, había, habíamos, habíais, habían.**

PRESENT PERFECT

Ellos no **han vuelto.**

They have not returned.

PLUPERFECT

Ellos todavía no **habían vuelto** cuando yo llegué.

They had not returned yet when I arrived.

PRESENT PERFECT

Hemos visto las pirámides aztecas tres veces.

We have seen the Aztec pyramids three times.

PLUPERFECT

Como no **habíamos visto** las pirámides mayas, hicimos un viaje a Guatemala.

Since we had not seen the Mayan pyramids, we took a trip to Guatemala.

Remember that pronouns must be placed before the auxiliary verb **haber.**

No **nos hemos acostado** todavía.

We haven't gone to bed yet.

¿Ya **te habías vestido** cuando tus amigos llegaron?

Had you already gotten dressed when your friends arrived?

Ejercicio 6

Indica todas las respuestas lógicas.

1. _____ A los siete años yo ya…

   a. había terminado la escuela primaria.
   b. había asistido al kínder.
   c. había aprendido a caminar.
   d. había visitado el consultorio de un médico.

2. _____ A los nueve años yo ya…

   a. había manejado un camión.
   b. había viajado por avión.
   c. había tenido gripe varias veces.
   d. había estudiado en la universidad.

3. _____ Hoy cuando llegamos a clase, mis compañeros y yo ya…

   a. habíamos escrito la composición.
   b. habíamos desayunado.
   c. nos habíamos peinado.
   d. le habíamos entregado la tarea al profesor.

4. _____ Cuando mi amigo llegó a la universidad hoy, todavía no…

   a. había hecho la tarea.
   b. se había levantado.
   c. se había vestido.
   d. había leído la lección para hoy.

5. _____ A los ocho años mis hermanitas ya...

    a. habían tenido varicela.
    b. habían escalado varias montañas.
    c. habían ido a la escuela.
    d. habían ganado un millón de dólares.

Ejercicio 7

Completa las oraciones con el pretérito perfecto o el pluscuamperfecto del verbo entre paréntesis.

    1. Cuando mis padres llegaron, mis amigos y yo ya _____ (limpiar) la casa.

    2. Como Claudia y Camila nunca _____ (subir) a la torre Eiffel, ellas decidieron ir de vacaciones a París.

    3. Xiomara no _____ (ver) nunca el acueducto en Segovia. Algún día le gustaría ir a España.

    4. A los veintidós años Omar Acosta ya _____ (casarse) con Marcela pero su primer hijo todavía no _____ (nacer).

    5. Son las diez de la noche y Sebastián todavía no _____ (hacer) su tarea.

    6. Antes de acostarse, Camila _____ (ducharse), pero se le olvidó lavarse los dientes.

    7. Lucía todavía no _____ (viajar) a España. Espera hacer un viaje allí el año que viene.

    8. Cuando Omar y Marcela regresaron del concierto, los niños ya _____ (acostarse).

6. *Por/Para*: Summary

As you know, **por** and **para** have a variety of meanings and can correspond to English prepositions such as *for, by, through,* and *in order to.*

A. Here is a summary of the most common meanings of **por** and **para**. (For a more complete review of some of these uses of **por** and **para**, see **Infórmate 11.2** and **14.1** in the *Tu mundo* textbook.)
por (*for, by, through*)

SUBSTITUTION FOR / ON BEHALF OF

Mientras el presidente estuvo en el hospital, el vicepresidente tomó varias decisiones **por** él.	*While the president was in the hospital, the vice president made several decisions for him.*

IN EXCHANGE FOR / PAYING

¡Pagué más de doscientos dólares **por** mi libro de química!	*I paid more than two hundred dollars for my chemistry book!*

MOVEMENT BY, THROUGH(OUT), OR ALONG A PLACE

Cuando manejamos a Arenal, pasamos **por** muchos pueblos pequeños.	*When we drove to Arenal, we passed through many small towns.*

MEANS/MANNER (TRANSPORTATION)

Yo nunca he viajado **por** tren; siempre he viajado **por** avión.	*I have never traveled by train; I have always traveled by plane.*

LENGTH OF TIME (MAY BE OMITTED)

Anoche estudié la gramática **(por)** dos horas.	*Last night I studied grammar for two hours.*

GENERAL TIME OR AREA

por la mañana, **por** la tarde, **por** la
noche **por** la playa, **por** el parque,
por la ciudad, **por** aquí

*in the morning, in the afternoon at night by/on the
beach, near/by the park, around the city, around here*

PER

Me pagan por página.

They pay me per page.

BECAUSE OF / DUE TO

Es alta por su edad.
   para (*for; in order to*)

*She's tall because of her age. (When compared to
others younger than she is, she's tall.)*

RECIPIENT

Aquí hay un regalo **para** ti.

Here is a gift for you.

EMPLOYER

Me gustaría trabajar **para** las
Naciones Unidas.

I would like to work for the United Nations.

DESTINATION

El presidente de Colombia salió
ayer **para** Madrid. No sé por qué
se va **para** allá.

*The president of Colombia left for Madrid
yesterday. I don't know why he's going
over there.*

DEADLINE

Tenemos que terminar el trabajo
para el miércoles.

We have to finish the work by Wednesday.

TELLING TIME

Son diez **para** las ocho.

It's ten to eight.

PURPOSE/GOAL/USE

Es necesario estudiar **para** sacar
buenas notas.

*It is necessary to study in order to get
good grades.*

La sartén se usa **para** freír.

Skillets are used for frying.

OPINION

Para mí no es nada interesante.

*For me (In my opinion), there's nothing
interesting about it.*

COMPARISON

Es alto **para** su edad.

*He's tall for his age. (When compared to
others his age, he's tall.)*

B. Note that **por** is used with **aquí** and **allí** to mean *around* or *in a general area*. **Para** is often used
with **acá** and **allá,** instead of **aquí** and **allí,** to indicate destination.

—¿Quién es el muchacho que
viene **para acá**?

Who is the guy coming this way?

—Es Ricky, el hermanito de Eloy.

That's Ricky, Eloy's little brother.

—Vamos a sorprenderlo. ¡Escóndete
por allí y yo me escondo por aquí!

*Let's surprise him. You hide over there and
I'll hide over here!*

Ejercicio 8

Completa las oraciones con **por** y **para,** según las siguientes reglas. Luego apunta la regla que seguiste.

POR

1. substitution for / on behalf of
2. in exchange for / paying
3. movement by, through(out), or along a place
4. length of time (may be omitted)
5. general time or area
6. means/manner (transportation)
7. *per*
8. because of / due to

PARA

9. recipient
10. employer
11. destination
12. deadline
13. telling time
14. purpose/goal/use
15. opinion
16. comparison

MODELOS: Voy a la fiesta de Ángela *por* (5) la tarde.

No me quedo *por* (4) mucho tiempo porque tengo que trabajar mañana.

1. ¿Cuándo sales _____ (__) Machu Picchu?

2. ¿Qué es mejor, viajar _____ (__) tren o viajar _____ (__) avión?

3. Me encanta caminar _____ (__) la playa, pero mis hermanos prefieren caminar _____ (__) el bosque o la selva.

4. ¿Necesitas manejar _____ (__) ir al supermercado o está cerca de tu casa?

5. Viajé _____ (__) toda España porque estuve allí _____ (__) dos meses.

6. ¿Es _____ (__) el próximo lunes el informe sobre la selva amazónica?

7. ¡Ay, es tarde! Ya son veinte _____ (__) las dos.

8. Mi tío es programador y trabaja _____ (__) la compañía Apple de España.

9. Hoy es el cumpleaños de Estefanía. Franklin compró un collar de perlas _____ (__) ella.

10. El ladrón escapó _____ (__) la ventana.

11. Regresé a la tienda y cambié el suéter _____ (__) un saco de seda.

12. ¿Cuánto pagaste _____ (__) ese teléfono celular?

13. ¿ _____ (__) quién son estos anillos?

14. Salimos hoy _____ (__) Argentina. Tenemos que estar en Buenos Aires _____ (__) el 9 de julio.

15. Me gustaría sacar muy buenas notas en todas mis clases. Esta noche debo estudiar _____ (__) seis horas.

16. No te preocupes. Si te enfermas, yo puedo trabajar _____ (__) ti.

17. Se viste muy bien _____ (__) hombre.

18. En general prefiero ducharme _____ (__) la mañana.

19. Me gusta mi empleo en la biblioteca. Me pagan doce dólares _____ (__) hora y puedo estudiar cuando no hay mucha gente.

20. El champú se usa _____ (__) lavarse el pelo.

7. Hypothesizing about the Past:
Si hubiera ———— *-do... habría* ———— *-do*

In both English and Spanish, contrary-to-fact (hypothetical) statements in the present and the past consist of two clauses: an *if*-clause (**si**-clause) and a *then*-clause (conclusion), which can be in any order.

If I did something (but I don't), (then) I would . . .

I would . . . if I did something (but I don't).

If I had done something (but I didn't), (then) I would have . . .

I would have . . . if I had done something (but I didn't).

Recall that a hypothetical situation in the *present* is expressed in Spanish with the past subjunctive in the *if*-clause and a conditional verb in the conclusion. (See **Infórmate 15.4B** in the *Tu mundo* textbook for a review of how to express contrary-to-fact situations in the present.)

Si fuera más alta, **jugaría** al básquetbol.   *If I were taller, I'd play basketball.*

However to express a hypothetical situation in the *past* in Spanish, the verb in the *if*-clause is in the pluperfect (past perfect) subjunctive, which is formed with the past subjunctive form of the auxiliary verb **haber** (**hubiera, hubieras, hubiera, hubiéramos, hubierais, hubieran**) followed by the past participle of the main verb. The verb in the conclusion, or *then*-clause, is in the conditional perfect: the conditional form of **haber** (**habría, habrías, habría, habríamos, habríais, habrían**) followed by the past participle of the main verb. Note that the past participle form is part of the verb and always ends in **-o**; it does not function as an adjective when it forms a perfect tense.

CONTRARY-TO-FACT SITUATION IN THE PAST
if-clause = past subjunctive of **haber** + past participle
then-clause = conditional of **haber** + past participle

Si **hubiera ganado** las elecciones, el candidato **habría hecho** varios cambios para mejorar la situación económica.

If he had won the election, the candidate would have made various changes to improve the economic situation.

Si el gobierno **hubiera protegido** la selva tropical, **se habrían salvado** varias especies de pájaros.

If the government had protected the rain forest, several species of birds would have been saved.

These forms are not frequently heard in everyday conversation, but they are quite common in writing and more formal speech.

Ejercicio 9

Lee las opiniones de estos ciudadanos y completa las oraciones con la forma correcta del verbo **haber.**

> MODELO: UNA AMA DE CASA: Si *hubiera* ganado el candidato popular, no *habríamos* tenido tantos problemas políticos.

1. UNA AMA DE CASA: Si (nosotros) ——————— conservado la electricidad, no los precios ——————— subido.

2. UN ECONOMISTA: Si la tasa de la natalidad mundial no ——————— aumentado tanto en el último siglo, no ——————— habido tanta escasez (*shortage*) de recursos ahora.

3. UN INGENIERO: Si este puente se ——————— construido de cemento reforzado, no se ——————— caído durante el terremoto.

4. UNA TRABAJADORA SOCIAL: Menos jóvenes se _____ metido en pandillas si el gobierno _____ gastado más en la educación.

5. UN POLICÍA: Si se _____ legalizado la cocaína, muchas personas se _____ hecho (*would have become*) drogadictos.

6. UNA ECOLOGISTA: Nosotros no _____ sufrido una crisis de energía si el gobierno _____ proporcionado más fondos para la energía renovable.

7. UNA MADRE ORGULLOSA: Si mi hijo no _____ estudiado tanto, nunca se _____ graduado de la Facultad de Medicina.

8. UNA MAESTRA: Si nosotros _____ gastado menos en el presupuesto militar, _____ ahorrado lo suficiente para pagarles la educación universitaria a muchos jóvenes pobres.

8. The Perfect Tenses: Summary

A. The perfect tenses in both Spanish and English are formed with the auxiliary verb **haber** (*to have*) and a past participle. You have already studied one of these tenses, the present perfect. (See **Gramática 11.1** for the present-tense forms of **haber** and lists of regular and irregular past participles.)

Nunca **he viajado** a Brasil.   *I have never been to Brazil.*

B. The pluperfect (past perfect) indicative is used to indicate an action that preceded another action in the past. It consists of an imperfect form of **haber** (**había, habías, había, habíamos, habíais, habían**) plus a past participle.

¡Perdimos el vuelo! Cuando llegamos al aeropuerto, el avión ya **había salido.**   *We missed the flight! When we arrived at the airport, the plane had already left.*

C. In **Expansión gramatical 7** you were introduced to two other perfect tenses: the conditional perfect (**habría llegado**) and the past perfect subjunctive (**hubiera llegado**) in hypothetical (contrary-to-fact) statements.

Si los demócratas **hubieran ganado** las elecciones, **habrían proporcionado** más fondos para el bienestar social.   *If the Democrats had won the election, they would have allotted more funds for social welfare.*

D. The present perfect subjunctive is often used to indicate a completed action in sentences of subjective reaction or doubt. It consists of a present subjunctive form of **haber** (**haya, hayas, haya, hayamos, hayáis, hayan**) plus a past participle.

¡Qué bueno que el partido conservador **haya ganado** las elecciones!   *How (It's) great that the conservative party (has) won the election!*

Ejercicio 10

Completa las oraciones con una forma del verbo auxiliar **haber** en el indicativo (**he, has, ha, hemos, habéis, han**) o en el subjuntivo (**haya, hayas, haya, hayamos, hayáis, hayan**) y el participio pasado del verbo entre paréntesis.

MODELOS: Los obreros siempre *se han opuesto* a las reducciones en los sueldos. (oponerse)

Es una lástima que los obreros no *hayan protestado* cuando les redujeron el sueldo. (protestar)

1. —Eloy, ¿_____ la película *Mar adentro*? (ver)

   —Ay no, Ana Sofía. No la _____ todavía. (ver)

   —Pues, es una lástima que no la _____ porque es excelente. (ver)

2. —Y tú, Nayeli, ¿_____ la novela *La hija de la fortuna*? (leer)

   —No, porque no _____ un curso de literatura latinoamericana. (tomar)

3. —¿Sebastián todavía no _____ del cine? (volver)

   —No, y tampoco _____ la tarea. (hacer)

   —¡Imposible! No creo que _____ sin hacerla. (irse)

4. —Radamés, ¿cuántas veces _____ tarde a la clase este semestre? (llegar)

   —Ni una vez este semestre. ¿Por qué, Claudia?

   —Hmmm… ¿y cuántas mentiras _____ (decir)

   —¿Crees que soy mentiroso, Claudia?

   —No, Radamés, pero dudo que me _____ la verdad. (decir)

Answer Key

CAPÍTULO 1

¡A ESCRIBIR!

A. **1.** c **2.** a **3.** d **4.** b

B. **Parte 1:** 3, 5, 1, 2, 6, 4 **Parte 2:** **1.** e **2.** c **3.** f **4.** b **5.** d **6.** a

C. (*Word order will vary.*) **Los colores:** amarillo, anaranjado, azul, blanco, café, gris, morado, negro, rojo, rosado, verde, violeta. **La ropa:** abrigo, blusa, botas, bufanda, camisa, camiseta, corbata, chaqueta, falda, gorro, pantalones, saco, sandalias, sombrero, traje, vaqueros, vestido, zapatos.

D. **Parte 1:** (*Order of responses will vary.*) **1.** una bufanda, un gorro, unos pantalones cortos, una sudadera, unos zapatos de tenis blancos **2.** unas sandalias, un vestido corto **3.** una corbata, unos zapatos grises, un sombrero, un traje negro muy elegante **4.** unas botas, una camiseta, una chaqueta, unos vaqueros azules **Parte 2:** **1.** El hombre lleva la corbata. **2.** La corbata cuesta quince dólares y trece centavos. **3.** La niña lleva el vestido. **4.** El vestido cuesta treinta y cinco dólares y diez centavos. **5.** El niño lleva el gorro y la bufanda. **6.** (Juntos,) El gorro y la bufanda cuestan veinte dólares. **7.** La mujer lleva las botas. **8.** Las botas cuestan cuarenta y nueve dólares y cuarenta centavos.

E. **1.** f **2.** e **3.** c **4.** g **5.** a **6.** d **7.** b

F. **1.** Patricia Ramírez Ovando **2.** Antonio Ramírez del Valle **3.** Eduardo Antonio Ramírez Ovando **4.** Eloy Ramírez Ovando **5.** Estela Ovando Hernández

G. (*Order of responses will vary.*) *Expresiones para saludar:* Hola; Buenos días; Buenas tardes; Buenas noches *Expresiones para hablar del estado:* Muy bien, gracias, ¿y tú?; Regular, ¿y tú?; No muy bien, un poco cansado/a *Expresiones para presentar:* Mucho gusto; Encantado/a; Igualmente *Expresiones para despedirse:* Adiós; Chao; Hasta luego

H. **1.** Hola **2.** Me llamo **3.** Igualmente **4.** Hola **5.** Cómo estás **6.** Muy bien, gracias, ¿y tú? **7.** Te presento a mi amiga. **8.** Igualmente

I. 4, 9, 11, 6, 3, 10, 5, 1, 2, 7, 8

J. *Answers will vary.*

EXPRÉSATE

Escríbelo tú. *Answers will vary.*

ENLACE AUDITIVO

Ortografía. **1.** ¿Cómo? **2.** ¿Qué? **3.** ¿Quién? **4.** ¿Cuántos? **5.** ¿Cuál?

Actividades auditivas

A. **1.** 10 **2.** 39 **3.** 48 **4.** 25 **5.** 16 **6.** 13 **7.** 15

B. **1.** Camila (Piatelli) **2.** Rodrigo (Yassín) **3.** Nayeli **4.** Camila **5.** Hay doce. / doce / 12

VIDEOTECA

Amigos sin Fronteras

A. *Possible answers:* ¿Cómo te llamas? ¿Cuál es tu apellido? ¿De dónde eres?

B. 2, 3

C. **1.** F **2.** C **3.** F **4.** F **5.** C

D. **1.** rojo, camiseta, fútbol **2.** Paraguay, economía **3.** mexicanos, chicano **4.** Claudia, club

Mi país

Preparación para el video.

1. b **2.** (*Answers may vary*) Cinco de Mayo, el festival de la Calle 8, la parada Puertorriqueña...

Comprensión del video.

1. C **2.** F **3.** C **4.** F **5.** C **6.** C **7.** F **8.** C

¡A LEER!

¿Sabías que... ?: **1.** c **2.** b **3.** a

Galería. **1.** c **2.** b **3.** a **4.** d **5.** e

Conexión cultural. **1.** F **2.** F **3.** C **4.** C **5.** F **6.** F **7.** C

CAPÍTULO 2

¡A ESCRIBIR!

A. **1.** e **2.** d **3.** a **4.** f **5.** h **6.** b **7.** i **8.** g **9.** c

B. **1.** Tengo dieciocho años. **2.** Tenemos veinte años. **3.** Tengo veinticuatro años. **4.** cuántos años tiene usted **5.** cuántos años tienes **6.** cuántos años tiene

C. **1.** c **2.** d **3.** e **4.** a **5.** b **6.** f

D. **Se usa solo el cuerpo:** Caminen. Corran. Dense una vuelta. Miren hacia arriba. Salten. **Se usa el cuerpo y otro elemento:** Abran el libro. Escriban su nombre en la pizarra. Muéstrenme el reloj. Muéstrenme la pizarra. Saquen el bolígrafo.

E. **1.** los ojos **2.** los pies **3.** el cuello **4.** la nariz **5.** la cara **6.** los hombros **7.** la cabeza

F. **1.** Raquel **2.** Carmen **3.** Luis **4.** Javier **5.** Clara **6.** Domingo

G. **1.** Paraguay **2.** México **3.** Costa Rica **4.** Argentina **5.** Colombia **6.** Guatemala **7.** Chile

H. **1.** Soy de Paraguay **2.** de dónde es **3.** soy de Los Ángeles **4.** es de México **5.** son de Ecuador

I. *Answers will vary.*

Escríbelo tú. *Answers will vary.*

ENLACE AUDITIVO

Ortografía I

A. **1.** el niño **2.** la niña **3.** la señorita **4.** el señor **5.** la compañera de clase

B. **1.** ella **2.** amarillo **3.** llama **4.** apellido **5.** ellos

C. **1.** ocho **2.** mucho **3.** chaqueta **4.** muchacha **5.** chico

Ortografía II. **1.** habla **2.** hombres **3.** hola **4.** hasta luego **5.** Honduras **6.** hermano **7.** ahora **8.** hospital

Actividades auditivas

A. **1.** 38 **2.** 89 **3.** 57 **4.** 43 **5.** 26

B. los brazos = 1; la boca = 2; las manos = 3; las piernas = 4; la cabeza = 5; los pies = 6; los hombros = 7; el estómago = 8; la nariz = 9; el cuello = 10

VIDEOTECA

Amigos sin Fronteras

A. *Possible answers:* Norteamérica: México; Centroamérica: Guatemala, Honduras, Nicaragua, El Salvador, Costa Rica, Panamá; El Caribe: Puerto Rico, Cuba, la República Dominicana; Europa: España; Sudamérica: Colombia, Venezuela, Ecuador, Perú, Chile, Argentina, Uruguay, Paraguay, Bolivia

B. **1.** Claudia **2.** Radamés **3.** Sebastián **4.** Ana Sofía **5.** Franklin **6.** Eloy **7.** Nayeli

C. **1.** F **2.** C **3.** F **4.** C **5.** F

D. **1.** Nayeli **2.** Radamés **3.** Ana Sofía **4.** Eloy **5.** Franklin

Mi país

Preparación para el video.

1. a, c, d **2.** c

Comprensión del video.

1. d **2.** f **3.** b **4.** e **5.** h **6.** c **7.** a **8.** g

¡A LEER!

¿Sabías que... ? **1.** c **2.** d

Galería. **1.** el guaraní **2.** Asunción **3.** (*must name one*) la Misión Jesuítica de la Santísima Trinidad, la Misión de San Cosme y San Damián **4.** los ríos Paraná y Paraguay **5.** su flora y su fauna multicolor **6.** el arpa paraguaya **7.** la Danza de las Botellas

Conexión cultural. **1.** b **2.** b **3.** c **4.** a **5.** b

CAPÍTULO 3

¡A ESCRIBIR!

A. **1.** el fútbol **2.** el béisbol **3.** el ciclismo **4.** la natación **5.** el tenis

B. **Parte 1:** **1.** d **2.** a **3.** e **4.** b **5.** c **6.** f **Parte 2: 1.** C **2.** F, A Ana Sofía le gusta mucho ir a conciertos con los amigos. **3.** F, A Camila y a Eloy les gusta textear. **4.** F, A Sebastián y a Ángela les gusta mucho cocinar en casa. **5.** F, A Xiomara le gusta leer novelas latinoamericanas.

C. *¿Qué hora es?* **1.** f **4.** b **5.** h **6.** e *¿A qué hora es la fiesta?* **2.** c **3.** g **7.** d **8.** a **9.** Son las seis y media de la mañana. **10.** Es la una menos cuarto de la tarde. **11.** Estudio a las nueve de la noche. **12.** Me gusta andar en bicicleta a las seis y cuarto de la tarde. **13.** Es a mediodía. **14.** Es a las seis menos veinticinco de la tarde.

D. **1.** Es a las seis de la mañana. **2.** Es a las siete y media de la mañana. **3.** Es a mediodía. (Es a las doce.) **4.** Es a la una de la tarde. **5.** Es a las cuatro de la tarde. **6.** Es a las cinco menos cuarto de la tarde.

E. **1.** d **2.** f **3.** a **4.** b **5.** e **6.** c

F. **1.** Llamo **2.** escuchas **3.** visitan **4.** beben **5.** bebemos **6.** das **7.** celebramos **8.** practicas **9.** levanto **10.** sales **11.** regresas

G. **Parte 1:** **1.** Está nublado. **2.** Hace sol. **3.** Llueve. **4.** Hace viento. **5.** Nieva. **Parte 2:** **1.** Hace sol. **2.** Hace sol. **3.** Está nublado. **4.** Llueve. **5.** Llueve

H. **1.** hacen **2.** hacen **3.** asisten **4.** salen **5.** acampan **6.** viajan **7.** visitan **8.** hacen **9.** hacemos **10.** comemos **11.** charlamos **12.** hacemos **13.** viajamos **14.** pasamos **15.** toca **16.** toca **17.** asistimos **18.** bailamos **19.** cantamos **20.** tocan

I. *Answers will vary.*

Escríbelo tú. *Answers will vary.*

ENLACE AUDITIVO

Ejercicios de ortografía

I. **1.** borrador **2.** hora **3.** señor **4.** correcto **5.** rojo **6.** bailar **7.** pizarra **8.** carro **9.** caro **10.** enero

II. **1.** yo **2.** silla **3.** mayo **4.** cuello **5.** hay **6.** llegar **7.** muy **8.** playa **9.** amarillo **10.** llama **11.** apellido **12.** uruguayo **13.** llueve **14.** hoy **15.** estoy **16.** callado **17.** oye **18.** ellas **19.** soy **20.** lleva

Actividades auditivas

A. **1.** F **2.** F **3.** C **4.** C **5.** F **6.** C **7.** C **8.** F

B. **1.** a las 6:30 **2.** tres **3.** Nayeli **4.** una **5.** los martes, jueves y domingos **6.** estudia y monta a caballo **7.** los domingos

VIDEOTECA

Amigos sin Fronteras

A. **1.** *Answers will vary.* **2.** (*Answers may vary.*) Radamés lleva camiseta y vaqueros azules.; Claudia, Ana Sofía y Sebastián llevan camisa. **3.** Hace frío. **4.** Juegan al Cranium.

B. **1.** Claudia **2.** Eloy **3.** Ana Sofía **4.** Sebastián **5.** Radamés

C. **1.** F **2.** C **3.** C **4.** F **5.** C

D. 7, 2, 1, 8, 3, 5, 6, 4

Mi país

Preparación para el video.

1. Buenos Aires, Montevideo **2.** c

Comprensión del video.

1. j **2.** e **3.** h **4.** i **5.** f **6.** c **7.** b **8.** g **9.** a **10.** d

¡A LEER!

¿Sabías que... ? **1.** b **2.** c

Galería. **1.** F **2.** F **3.** **4.** F **5.** C **6.** F

Conexión cultural. **1.** C **2.** C **3.** F **4.** C **5.** F **6.** F

CAPÍTULO 4

¡A ESCRIBIR!

A. **Parte 1:** **1.** Rosa **2.** Luis **3.** Dulce **4.** Mario **5.** Ana **6.** Clara **7.** Ricardo **8.** Marta **9.** Julia **10.** Mateo **11.** Lucía **12.** David **13.** Sebastián (Raúl) **14.** Raúl (Sebastián) **15.** Isabel **16.** Manuel **17.** Mónica (Elisa) **18.** Elisa (Mónica) **19.** Francisco **Parte 2:** **1.** Tienen tres hijos. **2.** Tienen dos hijos. **3.** Tienen siete nietos. **4.** Tienen dos primos. **5.** Tiene una tía soltera.

B. **Parte 1:** **1.** f **2.** d **3.** e **4.** a **5.** c **6.** b **Parte 2:** **1.** Los libros de literatura son de Xiomara. **2.** El estudiante de veterinaria tiene un perro. **3.** Eloy tiene dos perros. **4.** Ana Sofía usa los esquíes en invierno. **5.** El libro de español es de la estudiante.

C. **1.** quiero ir a la montaña pero mi esposo prefiere ir a la playa. **2.** siempre quieres comer en casa, pero yo a veces prefiero comer en un restaurante. **3.** siempre quiere ver videos en YouTube, pero tú prefieres ir al cine. **4.** queremos ir de compras, pero ellos prefieren descansar y leer un buen libro. **5.** quieren viajar por Europa, pero mis hermanos y yo preferimos visitar países de Latinoamérica.

D. **1.** quieren **2.** preferimos **3.** quieren **4.** quiere **5.** prefiere **6.** Quiero **7.** quieren **8.** prefiero **9.** prefiero **10.** Quieren

E. **1.** mil veintinueve **2.** dos mil catorce **3.** ocho mil setecientos cincuenta **4.** quince mil novecientos trece **5.** noventa y siete mil quinientos setenta y siete

F. **1.** Hola, ¿habla usted inglés? **2.** ¿Cómo se llama usted? **3.** ¿Cuáles son sus apellidos? **4.** ¿De dónde es usted? **5.** ¿Cuál es su fecha de nacimiento? **6.** ¿Cuál es su dirección? **7.** ¿Cuál es su estado civil? **8.** ¿Cómo se llama su esposa? **9.** ¿Tiene hijos? **10.** ¿Y dónde están sus hijos? **11.** ¿De quién es esa maleta? **12.** ¿Por qué viajan usted y su esposa a Estados Unidos?

G. **1. a.** Va a ir a la casa de su madre **b.** Piensa pasear y jugar con los perros de su madre. **c.** Tiene ganas de pasear por el parque con sus hijos. **2. a.** Van a ir a la escuela. **b.** Piensan estudiar y jugar con sus amigos. **c.** Tienen ganas de estar en el parque y jugar al fútbol con su padre. **3. a.** Van a ir al hospital. **b.** Piensan visitar a un amigo. **c.** Tienen ganas de hacer la tarea con sus hijos y jugar al Wii con ellos.

H. **1.** tiene ganas de leer un buen libro en el parque **2.** piensa escuchar su música favorita, la música da Claudia Oñate **3.** va a ver las tortugas de las islas Galápagos **4.** va a tomar fotos en Mitad del Mundo **5.** van a bailar en un concierto de Cumbancha **6.** piensan limpiar la casa **7.** tienen ganas de visitar a la familia de Estefanía en Guatemala

I. *Answers will vary.*

J. *Answers will vary.*

Escríbelo tú. *Answers will vary.*

ENLACE AUDITIVO

Ejercicios de ortografía

I. **1.** los ojos **2.** argentino **3.** joven **4.** rojo **5.** jugar **6.** recoger **7.** vieja **8.** generalmente **9.** anaranjado **10.** bajo **11.** gente **12.** el traje **13.** generosa **14.** las hijas **15.** jueves

II. **1.** ¿Cuándo **2.** ¿Qué **3.** ¿Por qué **4.** ¿Dónde **5.** ¿Cómo **6.** ¿Quiénes **7.** ¿Cuántos **8.** ¿Cuál

III. **1.** marzo **2.** Claudia **3.** domingo **4.** Rusia **5.** española **6.** chino **7.** Francia **8.** lunes **9.** cubana **10.** julio **11.** mexicano **12.** Omar **13.** italiano **14.** septiembre **15.** Paraguay

Actividades auditivas

A. **1.** C **2.** F **3.** F **4.** C **5.** F **6.** F **7.** F **8.** F **9.** C

B. **1.** b **2.** a **3.** c **4.** b **5.** a **6.** b **7.** a **8.** a **9.** a **10.** b

VIDEOTECA

Amigos sin Fronteras

A. **1.** Dos, están **2.** zapatos, juegan **3.** ven, jugar

B. 3, 5, 1, 2, 4

C. **1.** F **2.** F **3.** C **4.** C **5.** C **6.** C

D. **1.** Radamés **2.** Claudia **3.** Omar **4.** Berkeley **5.** Nayeli, Rodrigo, Camila

Mi país

Preparación para el video.

1. c **2.** b

Comprensión del video.

1. C **2.** F **3.** C **4.** C **5.** F **6.** F **7.** C **8.** F

¡A LEER!

¿Sabías que... ? **1.** b **2.** d

Galería. **1.** c **2.** d **3.** b **4.** e **5.** a **6.** b

Conexión cultural. **1.** Charles Darwin **2.** del nombre de las tortugas gigantes que habitan allí **3.** Encantadas, Archipiélago del Ecuador, Archipiélago de Colón **4.** el bucanero e historiador inglés Ambrose Cowley **5.** Están relacionados con la conquista española y los santos católicos **6.** fauna, porque hay pocos insectos para polinizar las plantas

CAPÍTULO 5

¡A ESCRIBIR!

A. **Parte 1:** **1.** d **2.** a **3.** b **4.** c **5.** f **6.** e **Parte 2:** **1.** Se levanta. **2.** cuatro horas / 4 horas **3.** Se despiertan., Se duchan. **4.** Se ponen el pijama., Se acuestan. **5.** Almuerza con los amigos., Va al gimnasio (por una hora)., Cena., Descansa.

B. **1.** duermo **2.** te despiertas **3.** me despierto **4.** despertarte **5.** Cierras **6.** Empiezo **7.** enciendo **8.** leo **9.** Haces **10.** juego **11.** Comes **12.** Desayunas **13.** Almuerzas **14.** como **15.** Tomas **16.** tomo **17.** te duchas **18.** acostarte

C. **1.** el jugo de naranja **2.** el yogur (el cereal, el pan tostado) **3.** la ensalada de lechuga y tomate **4.** el pescado **5.** la fruta **6.** la leche **7.** el cereal **8.** los espaguetis **9.** el helado de fresa **10.** los refrescos **11.** los huevos revueltos **12.** el tocino **13.** la hamburguesa **14.** las papas fritas **15.** el pastel

D. **1.** planearla **2.** verduras **3.** las **4.** vitaminas **5.** calorías **6.** La **7.** Las **8.** mucha fibra **9.** mucho azúcar **10.** los **11.** lo **12.** lo

E. **1.** el Año Nuevo **2.** el Día de los Reyes Magos **3.** el Día de San Valentín **4.** Semana Santa (y domingo de Pascua) **5.** el Día del Trabajador **6.** el Día de la Madre **7.** el Día del Padre **8.** el Día de la Independencia **9.** el Día de las Brujas **10.** el Día de los Muertos **11.** la Nochebuena **12.** la Navidad **13.** la Nochevieja

F. **1.** Aquí en Estados Unidos, los niños salen de sus casas con un disfraz, van de casa en casa y piden dulces. **2.** El cuatro de julio, yo siempre lo celebro con mi familia, me pongo ropa roja, azul y blanca, y por la noche salgo al parque a ver los fuegos artificiales. **3.** Este día de febrero, yo siempre le doy flores y una tarjeta a Estefanía, me pongo ropa elegante para estar con mi novia y salgo a cenar con ella a un restaurante elegante. **4.** Omar, tú sales con tus hijos y le compras un regalo a Marcela por ser una madre excelente, y luego la invitas a comer a su restaurante favorito, ¿no? **5.** Ese día de diciembre mi familia y yo cenamos en casa de mi abuela con mis primos y tíos, nos ponemos ropa nueva y celebramos el fin de un año y el comienzo de otro con doce uvas.

G. **1.** están enamorados **2.** están cansados **3.** está enfermo **4.** están aburridos **5.** tiene sueño **6.** tienen hambre

H. **1.** tiene sueño **2.** tiene frío **3.** tiene miedo **4.** tiene hambre **5.** tiene sed **6.** están muy contentas **7.** está deprimida **8.** están muy ocupados **9.** están cansados **10.** están muy contentos **11.** está deprimida **12.** está muy contenta

I. *Answers will vary.*

J. *Answers will vary.*

ENLACE AUDITIVO

Ejercicios de ortografía

I. **1.** abuela **2.** cabeza **3.** evento **4.** febrero **5.** novio **6.** abril **7.** primavera **8.** habla **9.** llevo **10.** libro

II. A. **1.** suéter **2.** lápiz **3.** fácil **4.** difícil **5.** fútbol

B. **1.** estómago **2.** teléfono **3.** periódico **4.** físico **5.** simpática **6.** rápido **7.** dólares **8.** América **9.** película **10.** idéntico **11.** tímida **12.** sábado **13.** música **14.** décimo **15.** México

Actividades auditivas

A. **1.** E **2.** N **3.** E **4.** E **5.** N **6.** E

B. **1.** F **2.** C **3.** C **4.** F **5.** C **6.** F

VIDEOTECA

Amigos sin Fronteras

A. **1.** b **2.** a **3.** b

B. **1.** Claudia **2.** Radamés **3.** Eloy **4.** Radamés **5.** Eloy **6.** Nayeli

C. **1.** F **2.** F **3.** C **4.** C **5.** F **6.** F **7.** F

D. **1.** baña, bien, la guitarra **2.** pollo, pescado, vegetales **3.** Papi, Mami **4.** canción **5.** whiskey

Mi país

Preparación para el video.

1. b **2.** b, c

Comprensión del video.

1. Honduras **2.** Nicaragua **3.** El Salvador **4.** El Salvador **5.** Nicaragua **6.** El Salvador **7.** Nicaragua **8.** Honduras

¡A LEER!

¿Sabías que... ? **1.** c **2.** b

Galería. **1.** c **2.** c **3.** b **4.** a **5.** a, b **6.** b, c **7.** a, c **8.** b **9.** a

Conexión cultural. **1.** c **2.** e **3.** f **4.** b **5.** d **6.** a

CAPÍTULO 6

¡A ESCRIBIR!

A. **1.** geografía **2.** historia **3.** anatomía **4.** literatura **5.** psicología **6.** matemáticas **7.** química (farmacéutica)

B. *Apropiadas:* contestarle al profe cuando nos hace preguntas; escuchar al profesor cuando nos habla; hacerle preguntas al profesor; ponerle atención al profesor; tomar apuntes; tomar exámenes; trabajar en grupo con varios compañeros/as *No apropiadas:* charlar con los compañeros cuando el profesor habla; dormir una siesta; estudiar para los exámenes de otras materias; hacer la tarea de otras materias; maquillarse y ponerse perfume; tocar la guitarra, cantar y bailar; usar el celular / hablar por el móvil

C. Parte 1: 1. d **2.** a **3.** e **4.** f **5.** b **6.** c **Parte 2: 1.** nos, le **2.** le, me **3.** te, les **4.** nos, nos

D. 1. está escribiendo en la pizarra **2.** estamos charlando sobre el examen **3.** está hablando por teléfono con su mejor amiga sobre la fiesta **4.** está texteando a sus amigos **5.** los novios están durmiendo una siesta **6.** está leyendo una revista de carros

E. 1. saben **2.** saben **3.** sabe **4.** sabe **5.** sabe **6.** sabe **7.** sabe **8.** sabe **9.** saben **10.** saben **11.** sabes **12.** sé **13.** sabemos **14.** sabes **15.** sé

F. 1. saben **2.** sé **3.** puedo **4.** sabe **5.** puedo **6.** puedo **7.** sabes **8.** puedes **9.** sé **10.** sabemos/podemos **11.** podemos **12.** podemos **13.** pueden **14.** podemos

G. 1. enfermero/a **2.** tomarles la presión a los pacientes **3.** profesor(a) **4.** enseñar en una academia **5.** mecánico **6.** reparar carros y autobuses **7.** peluquero/a **8.** cortar el pelo **9.** ingeniero/a **10.** diseñar estructuras grandes **11.** abogado/a **12.** defender a los acusados **13.** plomero **14.** reparar tuberías **15.** cantante **16.** cantar varios tipos de música **17.** terapeuta **18.** dar masajes

H. 1. necesita escuchar al cliente y tomar apuntes, preparar la defensa, escoger el jurado y presentarle el caso al jurado. **2.** tengo que tomarle la presión al paciente, darle la medicina a una paciente, escuchar a la paciente y tomar apuntes para dárselos al médico, informar al médico y atender a los pacientes cuando llaman. **3.** debes pasear a los perros, darles medicinas a los animales cuando la necesitan, bañar a los animales y jugar con el gato que está enfermo. **4.** tenemos que lavar los platos, limpiar las ventanas, pasar la aspiradora y lavar la ropa.

I. (*Answers to the questions will vary.*) **1.** b **2.** f **3.** a **4.** e **5.** g **6.** c **7.** d

ENLACE AUDITIVO

Ortografía

I. 1. cara **2.** ¿Cuánto cuesta? **3.** poco **4.** parque **5.** ¿Qué es? **6.** ¿Quién está aquí? **7.** corto **8.** chaqueta **9.** cosa **10.** aquí

II. A. 1. economía **2.** todavía **3.** Lucía **4.** geografía **5.** librería **6.** día **7.** anatomía **8.** biología **9.** policía **10.** Tío

B. 1. gradúo **2.** Raúl **3.** ataúd **4.** reúnen **5.** continúo **6.** actúo

Actividades auditivas

A. 1. Es el supervisor de la construcción. **2.** El plomero está ocupado: Está instalando la tubería en la cocina. **3.** El electricista está ocupado también: Está reparando unos cables eléctricos **4.** porque los obreros están trabajando en el techo y es peligroso **5.** Está instalando los cables en el techo. **6.** Puede hablar con el plomero.

B. 1. c **2.** d **3.** a **4.** b **5.** c **6.** a **7.** c **8.** c

VIDEOTECA

Amigos sin Fronteras

A. Claudia, Ana Sofía, Radamés; disfraces

B. 2, 4, 6

C. 1. h **2.** e **3.** g **4.** c **5.** b

D. 1. *Possible answers:* hawaiano, princesa, mujer bombero, policía, terapeuta, niña
2. Quiere ser enfermera para acompañar a Eloy, el médico loco. **3.** Debe aprender a tocar canciones de Elvis. **4.** Van a invitar a Daniel a cenar al restaurante favorito de él.

Mi país

Preparación para el video.

1. d **2.** b

Comprensión del video.

1. e **2.** a **3.** h **4.** f **5.** b **6.** d **7.** c **8.** g

¡A LEER!

¿Sabías que… ? **1.** b **2.** c **3.** a

Galería. **1.** un pueblo, Atacama, al desierto **2.** poetas **3.** precolombino, Santiago **4.** esculturas, Isla de Pascua **5.** una fiesta, tradiciones **6.** casas, Chiloé

Conexión cultural. **1.** c **2.** c **3.** b **4.** d **5.** c **6.** b **7.** a **8.** a

CAPÍTULO 7

¡A ESCRIBIR!

A. **1.** ¿Sabes… ? **2.** ¿Sabes… ? **3.** ¿Conoces… ? **4.** ¿Sabes… ? **5.** ¿Conoces… ? **6.** ¿Sabes… ? **7.** ¿Conoces… ? **8.** ¿Sabes… ? **9.** ¿Conoces… ? **10.** ¿Conoces… ? **11.** ¿Sabes… ? **12.** ¿Conoces… ? **13.** ¿Sabes… ?

B. **1.** ¿Cómo se llama el lugar donde puedes comprar pan y pasteles para el desayuno? **2.** ¿Cómo se llama el lugar donde puedes comprar estampillas y mandar cartas y paquetes? **3.** ¿Cómo se llama el lugar donde puedes hacer ejercicio y levantar pesas? **4.** ¿Cómo se llama el lugar donde puedes comprar medicinas y cosas para el baño como, por ejemplo, cepillos de dientes y champú? **5.** ¿Cómo se llama el lugar donde puedes recibir atención médica en caso de emergencia? **6.** ¿Cómo se llama el lugar donde puedes sacar o depositar dinero y hacer otras transacciones financieras? **7.** ¿Cómo se llama el lugar donde puedes buscar información y leer libros, revistas y periódicos? **8.** ¿Cómo se llama el lugar donde puedes ver exhibiciones de arte y aprender cosas sobre diferentes artistas? **9.** ¿Cómo se llama el lugar donde puedes tomar el sol y nadar? **10.** ¿Cómo se llama el lugar donde puedes comprar comidas frescas para luego preparar el desayuno, el almuerzo o la cena?

C. **1.** La casa de los Fernández Saborit tiene más cuadros en la sala que la casa del Sr. Rivero. **2.** La casa del Sr. Rivero tiene menos sillas en la cocina que la casa de los Fernández Saborit. **3.** La casa de los Fernández Saborit tiene tantas mesitas en la sala como la casa del Sr. Rivero. / La casa del Sr. Rivero tiene tantas mesitas en la sala como la casa de los Fernández Saborit. **4.** Las camas de los Fernández Saborit son más grandes que la cama del Sr. Rivero. **5.** La cocina del Sr. Rivero es menos moderna que la cocina de los Fernández Saborit. **6.** La casa del Sr. Rivero es tan cómoda como la casa de los Fernández Saborit. / La casa de los Fernández Saborit es tan cómoda como la casa del Sr. Rivero.

D. **1.** mercados **2.** panaderías **3.** cine **4.** tiendas de ropa **5.** discotecas **6.** bar es **7.** gimnasios **8.** una oficina de correos **9.** un jardín muy pequeño **10.** apartamento **11.** edificio de varios pisos **12.** bibliotecas **13.** museos **14.** aeropuerto internacional

E. *El dormitorio:* ordenar el dormitorio; tender la cama *La cocina:* lavar los platos; preparar el desayuno, la comida y la cena *El comedor:* desayunar, almorzar y cenar; poner y quitar la mesa *La sala:* jugar a las cartas con amigos; jugar juegos de mesa; pasar tiempo con la familia y los amigos *El baño:* ducharse; lavarse el pelo; limpiar los baños *Toda la casa:* desempolvar; limpiar las ventanas; pasar la aspiradora y barrer el piso

F. **Parte 1:** **1.** tengo que **2.** debo **3.** tengo que **4.** necesito **5.** tengo que **6.** debe **7.** debes **8.** necesitas **9.** tenemos **10.** necesita **11.** necesito **12.** tengo que **Parte 2:** **1.** C, N **2.** C **3.** C, N **4.** N **5.** N **6.** C, N **7.** C **8.** C

G. **1.** b **2.** d **3.** h **4.** f **5.** c **6.** g **7.** e **8.** a

H. Parte 1. 1. practicó **2.** escribió **3.** recogió **4.** firmaron **5.** estudió **6.** charlaron **7.** tomaron **8.** organizaron **Parte 2.** perfecto

I. *Answers will vary.*

ENLACE AUDITIVO

Ejercicios de ortografía

I. 1. portugués **2.** guitarra **3.** hamburguesa **4.** alguien **5.** siguiente **6.** Miguel **7.** juguete **8.** espaguetis

II. A. 1. café **2.** está **3.** escribí **4.** allí **5.** hablé **6.** corrí **7.** volví **8.** cené **9.** preparé **10.** papá

B. 1. sofás **2.** también **3.** francés **4.** alemán **5.** habitación **6.** jamón **7.** japonés **8.** televisión **9.** sillón **10.** jabón

C. 1. estación, estaciones **2.** japonés, japonesa **3.** canción, canciones **4.** opinión, opiniones **5.** inglés, ingleses

Actividades auditivas

A. *Condominios Mazurén:* **1.** condominios **2.** dormitorios **3.** baños **4.** sala **5.** cocina **6.** parque **7.** piscina **8.** Calle *Limpieza a Domicilio Victoria:* **1.** doméstico **2.** limpia **3.** muebles **4.** barremos **5.** quehaceres **6.** casa

B. 1. R **2.** J **3.** X **4.** R **5.** X **6.** J **7.** X **8.** R

VIDEOTECA

Amigos sin Fronteras

A. b

B. 1. Nayeli y Claudia **2.** Nayeli **3.** Ana Sofía **4.** Claudia **5.** Nayeli y Eloy **6.** Ana Sofía y Claudia

C. 1. C **2.** F **3.** C **4.** C **5.** C

D. 1. libro, parque **2.** sábado, limpia, estudia **3.** su apartamento, correo **4.** Sebastián, café **5.** las llaves, entre

Mi país

Preparación para el video.

1. d **2.** d

Comprensión del video.

1. C **2.** F **3.** F **4.** C **5.** F **6.** C **7.** C **8.** F **9.** C **10.** C

¡A LEER!

¿Sabías que... ? **1.** c **2.** a

Galería. 1. Shakira **2.** Juanes **3.** Fernando Botero **4.** *Cien años de soledad* **5.** 1982 **6.** el canal de Panamá **7.** Rubén Blades **8.** la Universidad de Harvard **9.** a los kunas

Conexión cultural. (*Corrections will vary.*) **1.** F; Los kuna prefieren hablar su idioma nativo, el dulegaya. **2.** C **3.** C **4.** F; Los kuna sí hicieron resistencia a la colonización de los españoles. / Los kuna pelearon contra los españoles. **5.** F; Casi todos los kuna viven en Panamá. **6.** C **7.** F; Las molas son ropa que los kuna hacen, venden y llevan. **8.** C

CAPÍTULO 8

¡A ESCRIBIR!

A. *Yo...* **1.** me desperté **2.** me quité el pijama **3.** fui a la universidad **4.** me puse la ropa **5.** me duché *Mi amigo Eloy...* **1.** se levantó **2.** se quitó el pijama **3.** preparó el desayuno **4.** se bañó **5.** desayunó

B. **1.** me hicieron una fiesta sorpresa y me trajeron muchos regalos. **2.** estuve en el concierto, hubo mucha gente y me puse ropa cómoda para poder bailar **3.** pudiste encontrar en la biblioteca el libro que te dije o tuviste que comprar uno nuevo en la librería? **4.** vino a la universidad y me dijo que vio a Claudia y a Xiomara en la cafetería. **5.** quisimos ayudar a la comunidad hispana de esta zona y tradujimos varios documentos del inglés al español.

C. **1.** Almorcé una ensalada con mi hermana en mi restaurante vegetariano favorito. **2.** Jugué al fútbol con mis amigos en un parque cerca de la universidad. **3.** Me afeité con cuidado en el baño después de ducharme. **4.** se despertó a las siete de la mañana con la alarma de su teléfono para prepararse e irse a la universidad. **5.** estudió por varias horas sola en la biblioteca de la universidad. **6.** hizo su tarea de inglés en la computadora en la sala de su casa.

D. **1.** quisieron formar un grupo con amigos hispanohablantes; tuvieron mucho éxito con esa idea del club; supe de la existencia del club **2.** pudimos tener miembros que viven en sus países de origen; supimos su nacionalidad **3.** conocimos en Skype a los hijos de Omar **4.** la conocimos en persona **5.** la pudimos planear en secreto **6.** ¡Tuvimos la victoria muy cerca! Pero el otro equipo fue mejor **7.** la quisimos ayudar y tradujimos varios documentos de interés

E. **1.** vuelve, volvió **2.** duerme, durmió **3.** me despierto, me desperté **4.** pierde, perdió **5.** cuentan, contaron **6.** mienten, mintieron **7.** andamos, anduvimos **8.** se cae, se cayó

F. **1.** despierta **2.** puedo **3.** nos levantamos **4.** oyó **5.** despertó **6.** se duchó **7.** tuve **8.** me vestí **9.** salimos **10.** fuimos **11.** pusimos **12.** manejamos **13.** llegamos **14.** pude **15.** dijo **16.** se puso **17.** quise **18.** dio **19.** sé 21. recomendó

G. **1.** Eloy y sus amigos manejaron a Los Ángeles hace dos meses. **2.** El verano pasado Camila fue de vacaciones a Rosario, Argentina. **3.** Nayeli y Claudia anduvieron en bicicleta por la playa ayer. **4.** Radamés anduvo a pie a la universidad hace tres horas. **5.** Omar y su familia viajaron a las islas Galápagos hace cinco semanas. **6.** Radamés y su grupo Cumbancha manejaron al centro cultural La Peña anteayer. / Anteayer Radamés y su grupo Cumbancha manejaron al centro cultural La Peña. **7.** Ana Sofía y Sebastián fueron al museo en carro hace dos fines de semana. / Ana Sofía y Sebastián condujeron al museo hace dos fines de semana. **8.** Rodrigo fue a la Isla Margarita en barco.

H. **1.** Hace por lo menos medio año que dormí doce horas por la noche. **2.** Hace un mes que Nayeli anduvo en bicicleta por la playa. **3.** Hace un año que se murió mi mascota. **4.** Hace dos meses que los amigos del club conocieron a Susan, la novia de Eloy. **5.** Hace mucho tiempo que supe la verdad. **6.** Hace un año y tres meses que pudimos descansar en la playa por última vez. **7.** Hace una semana que Jorge fue a la sinagoga. **8.** Hace dos noches que Radamés y Cumbancha tocaron en La Peña por última vez.

I. *Answers will vary.*

ENLACE AUDITIVO

Ejercicios de ortografía

I. **A.** **1.** pasado **2.** sacaste **3.** puse **4.** descansar **5.** responsable

B. **1.** plaza **2.** actriz **3.** hizo **4.** almorzar **5.** izquierdo

C. **1.** dice **2.** celebra **3.** ejercicio **4.** concierto **5.** entonces

II. **A.** **1.** comí **2.** estudié **3.** salí **4.** trabajé **5.** entendió **6.** llegó **7.** lavó **8.** corrí **9.** jugó **10.** terminó

B. **1.** hice **2.** puse **3.** pude **4.** quise **5.** dijo **6.** trajo **7.** vino **8.** dije **9.** tuve **10.** puso

III. A. **1.** sequé **2.** comunicaste **3.** toqué **4.** saco **5.** explicó

B. **1.** jugaste **2.** entregué **3.** regué **4.** pagó **5.** llego

C. **1.** crucé **2.** rezó **3.** rechazo **4.** comencé **5.** abrazamos **6.** hizo

D. **1.** creyeron **2.** siguió **3.** concluí **4.** destruyó **5.** incluyeron **6.** leí

E. **1.** Camila no quiso buscar el reloj ni los lentes que perdió. **2.** Yo busqué el reloj, pero encontré solamente los lentes. **3.** Claudia no jugó al tenis porque llegó muy tarde. **4.** Yo llegué temprano y jugué con su compañero. **5.** No pude leer el periódico ayer, pero mi padre sí lo leyó. **6.** Hoy busqué el periódico, pero no llegó. **7.** Dije que no, pero mi hermano no me oyó. **8.** Esta tarde empecé a hacer la tarea a las dos y Eloy empezó a las cuatro. **9.** Busqué mis lentes cuando llegamos a casa. **10.** Yo no pagué la cena. Pagó mi padre.

F. **1.** me bañé **2.** hablé **3.** dije **4.** manejaste **5.** llegué **6.** tuviste **7.** levantó **8.** salió **9.** vino **10.** desayunamos **11.** hicimos **12.** quiso **13.** compraron **14.** se lavó **15.** leyó

Actividades auditivas

A. (*Answers may vary.*) **1.** Porque tuvo un fin de semana difícil. **2.** Porque Kamal está enfermo. **3.** Tiene una infección en una pata. **4.** Tomó un taxi. **5.** Pasó dos días con él. **6.** Le fue mal porque no pudo asistir a una sesión de repaso. **7.** Compró una batería nueva. **8.** Tuvo que pagar $200,00 (doscientos dólares) más.

B. **1.** en Loreto, Baja California Sur **2.** (*Any two*) Eloy, Ana Sofía, Franklin, Rodrigo, Estefanía **3.** Muchos no pudieron ir porque trabajan. **4.** Franklin manejó y no se cansó. **5.** tibia y cristalina **6.** Rodrigo, porque pescó muchos peces. **7.** Porque no pudieron comer más. **8.** pinturas rupestres **9.** ballenas azules

VIDEOTECA

Amigos sin Fronteras

A. b

B. 1, 4, 5

C. **1.** F **2.** F **3.** C **4.** C **5.** F

D. **1.** junio, julio **2.** abuelos, fiesta **3.** pan **4.** el examen final, biología **5.** estudiar, practicar, su casa **6.** Nayeli **7.** tarde, su teléfono

Mi país

Preparación para el video.

1. b, c **2.** a, c

Comprensión del video.

1. b **2.** f **3.** e **4.** h **5.** c **6.** g **7.** a **8.** d

¡A LEER!

¿Sabías que... ?

A. **1.** a, f **2.** c

B. **1.** tomate **2.** aguacate **3.** chicle **4.** cacahuate **5.** coyote **6.** chile **7.** zacate **8.** guacamole **9.** tamale **10.** chocolate

Galería. **1.** c **2.** b **3.** a **4.** c **5.** b

Conexión cultural. **1.** Barrancas del Cobre; en la sierra Tarahumara del estado mexicano de Chihuahua **2.** el ferrocarril Chihuahua Pacífico (el ChePe); aproximadamente quince horas **3.** en la primavera o el otoño, porque ya pasaron las lluvias de otoño; en el fondo no hace tanto calor como en el verano y en las cimas no hace tanto frío como en invierno. **4.** rarámuri o tarahumaras **5.** Se fueron para escapar de la esclavitud en las minas de plata de los españoles; las cuevas los protegen de las lluvias, los vientos y los animales. **6.** Venden utensilios de barro, cestos de palma, violines y otro objetos de madera.

CAPÍTULO 9

¡A ESCRIBIR!

A. **1.** el ceviche **2.** (*any order*) pescado crudo, jugo de limón **3.** el guacamole **4.** (*any order*) aguacate, chile, tomate **5.** la paella valenciana **6.** (*any order*) pollo, mariscos, verduras **7.** el picadillo **8.** (*any order*) carne molida, cebolla **9.** el gallo pinto **10.** (*any order*) arroz, frijoles **11.** la parrillada **12.** (*any order*) carne de cerdo, carne de ternera

B. **1.** les gusta **2.** te gusta **3.** me encanta **4.** nos gusta **5.** te gustan **6.** me encantan **7.** le gusta **8.** me gusta **9.** nos gustan **10.** les gustan

C. **1.** d **2.** f **3.** a **4.** i **5.** j **6.** e **7.** h **8.** c **9.** b **10.** g

D. **1.** Sí, tienes que **2.** comerlo **3.** Tienes que **4.** una a dos (1-2) **5.** Sí, debes **6.** comerlas **7.** Debes **8.** una a dos (1-2) **9.** Sí, debes **10.** comerlo **11.** Debes **12.** dos (2) **13.** (*order may vary*) hierbas/especias/ajo/cebolla, frutos secos/semillas/aceitunas y derivados lácteos **14.** (*order may vary*) dulces, carne roja, carnes procesadas, huevos, legumbres, carne blanca, pescado/marisco, y patatas **15.** No, no debes **16.** comerlos **17.** Debes **18.** comerlos **19.** todas las semanas **20.** No, no tienes que **21.** comerlos **22.** tienes que **23.** comerlos **24.** todas las semanas

E. **1.** una taza **2.** dos tazas y media **3.** una cucharada **4.** una cucharadita **5.** media cucharadita **6.** una pizca **7.** media docena (seis) **8.** un kilo (un kilogramo) **9.** el aderezo **10.** una lata **11.** un tarro **12.** una bolsa

F. **1.** d **2.** e **3.** j **4.** f **5.** c **6.** i **7.** b **8.** h **9.** g **10.** a

G. **Parte 1:** **1.** ¿Desean algo para tomar? **2.** ¿Están listos para pedir? **3.** (*any order*) Me trae... , por favor. / Me gustaría probar... / Quisiera pedir... , por favor. / Para mí... , por favor. Tráiganos... , por favor. **4.** ¿Qué me recomienda? **5.** ¡Buen provecho! **6.** ¿Nos trae la cuenta, por favor?
Parte 2: **1.** a **2.** d **3.** f **4.** g **5.** c **6.** h **7.** b **8.** e

H. **1.** pedir **2.** sirven **3.** sirven **4.** pido **5.** pedir **6.** pido **7.** pedir **8.** sirven **9.** pedir **10.** sirven **11.** pido **12.** pedir **13.** pedí **14.** pido **15.** pides **16.** pedimos **17.** sirven **18.** sirvieron

I. *Answers will vary.*

EXPRÉSATE

Escríbelo tú. *Answers will vary.*

ENLACE AUDITIVO

Ejercicio de ortografía. **1.** ¿Dónde está el restaurante? **2.** La dirección es Calle Décima, número veintidós. **3.** Buenas tardes, ¿tienen una reservación? **4.** No, no hicimos reservaciones. **5.** Aquí tienen el menú. ¿Qué quieren tomar? **6.** Ella quiere té con limón y yo prefiero café con azúcar. **7.** ¿Qué van a pedir? **8.** Yo quiero el sándwich de atún. **9.** Buena selección. **10.** Yo voy a pedir la sopa de espárragos y una porción de sandía. **11.** Yo también quiero sopa, pero prefiero la de brócoli. **12.** ¿Cómo vamos a pagar? **13.** ¡Con mi tarjeta de crédito, claro! **14.** ¿Te gustó la comida? **15.** Sí, y comí mucho.

Actividades auditivas

A. 1. C 2. F: Ayer fue el cumpleaños del papá de Eloy 3. C 4. F: Eloy pidió tres tacos de pescado. 5. F: La familia comió bistec, arroz, enchiladas de pollo y un pastel de chocolate. 6. C

B. 1. a 2. b 3. a 4. d 5. d

VIDEOTECA

Amigos sin Fronteras

A. 1–3. (*Any order*) Nayeli, Sebastián, Eloy 4. restaurante 5. mesero 6. pedir (comer)

B. 1. b 2. a 3. d 4. c 5. c 6. b

C. 1. C 2. C 3. C 4. F 5. F

D. 1. Nayeli, Sebastián, Eloy 2. chicha morada 3. pescado, jugo de limón, cilantro, ajo, cebolla, choclo tostado, ají y camote 4. porque el arroz es verde 5. con tarjeta

Mi país

Preparación para el video.

1. a 2. c, d

Comprensión del video.

1. Bolivia 2. Perú 3. Bolivia 4. Perú 5. Bolivia 6. Perú 7. Perú 8. Perú 9. Perú
10. Perú/Bolivia

¡A LEER!

¿Sabías que... ? 1. d 2. a 3. b 4. a. *ahuacatl,* náhuatl b. *mahís,* taíno c. *ejotl,* náhuatl d. *mandióg,* guaraní

Galería. 1. Perú; c 2. Bolivia, j 3. Machu Picchu; d 4. andina; i 5. Bolivia; h 6. andina; f 7. Perú, inca; a 8. Titicaca; g 9. Bolivia, Cerro Rico; b 10. Perú, incas; e

Conexión cultural. 1. b 2. c 3. b 4. c 5. d 6. b

CAPÍTULO 10

¡A ESCRIBIR!

A. 1. a. a mi madre b. a mi madre y a mí c. a mi madre y a mi hermana d. conmigo e. con mi madre 2. a. a mi padre y a mi madre b. con mi hermano y con mi madre c. con mi padre y con mi hermano 3. a. con mi padre b. con ellos, con mi padre y con mi madre c. con nadie

B. 1. es la esposa de mi hermano 2. son los padres de mi esposo/a 3. es el esposo de mi hija 4. es la esposa de mi hijo 5. son los hijos de mi hermano/a 6. es el hermano de mi padre/madre 7. es la hija de mi madre/padre y su nuevo esposo/a 8. es la hija de mi madrastra/padrastro con su ex esposo/a 9. es la esposa de mi padre, pero no es mi madre 10. es el esposo de mi madre, pero no es mi padre

C. 2. Ánika 3. Maily 4. Mayra 5. David 6. Iraida 7. Omara 8. Tomás 9. Iraida y Eliana 10. Iraida, Eliana y Radamés

D. 1. usaba 2. tenía 3. practicaba 4. escuchaban 5. aplaudían 6. decían 7. iba
8. era 9. tomaba 10. eran 11. tenía 12. abría 13. miraba 14. sonreía 15. sacaba 16. gritaba
17. era 18. era 19. Parecía 20. venía 21. llevaba 22. daba 23. éramos 24. se llevaban
25. tenía 26. veía 27. hablaba 28. se ponía 29. quería 30. estaba

E. **1.** tocaba la guitarra por las noches.; la toco. **2.** jugábamos al escondite después de las clases.; lo jugamos. **3.** veían películas en el cine los sábados por la tarde.; las ven. **4.** lavaban el carro de Papi todos los fines de semana.; lo lavan. **5.** leía tiras cómicas todos los días.; las lee. **6.** jugaba al béisbol en la escuela.; lo juego. **7.** comíamos comida chatarra al menos una vez por semana.; la comemos. **8.** me ponía un disfraz de Elvis Presley en los carnavales.; me lo pongo.

F. **1.** i **2.** j **3.** g **4.** a **5.** c **6.** h **7.** e **8.** f **9.** d **10.** b

G. **1.** En esta foto mi familia y yo estábamos celebrando mi graduación de la escuela secundaria. **2.** ¡Qué bueno poder ver esta foto de graduación! **3.** Aquí mis hermanas llevaban ropa típica afrocubana porque estaban participando en el festival internacional de la escuela. **4.** ¡Qué vestidos tan bonitos! **5.** Aquí estaba yo comprando una de mis guitarras favoritas. **6.** ¡Te veo muy feliz en esa foto, Radamés! Claro que la música a ti siempre te pone feliz. **7.** Un ejemplo más de nuestras vacaciones juntos: Aquí Julián y yo estábamos esquiando en Utah. **8.** ¡No sabía que te gustaba la nieve ni el frío! **9.** Aquí estábamos jugando al Tetris mi hermana Iraida y yo. **10.** ¿Tenías ese videojuego? ¡A mí me encantaba! **11.** Oh, no, mi hermano haciendo locuras… Julián, ¿qué estabas haciendo en esta foto? ¿Adónde estabas mirando? **12.** Estaba preparándome para subirme a la palmera del vecino porque mi papalote estaba allí.

H. **1.** Lo iba a pasear (Iba a pasearlo), pero Maily ya lo paseó. **2.** Lo iba a recoger (Iba a recogerlo), pero mi mamá lo recogió primero. **3.** Lo iba a cortar (Iba a cortarlo), pero el vecino tenía la máquina de cortar. **4.** La iba a sacar (Iba a sacarla), pero estaba lloviendo y no pude sacarla. **5.** Lo iba a regar (Iba a regarlo), pero no había agua. **6.** Las iba a cerrar (Iba a cerrarlas), pero tenía mucho calor y no las cerré. **7.** Los iba a desempolvar (Iba a desempolvarlos), pero no estaban sucios.

I. *Answers will vary.*

EXPRÉSATE

Escríbelo tú. *Answers will vary.*

ENLACE AUDITIVO

Ejercicios de ortografía

I. **1.** boleto **2.** sobrino **3.** joven **4.** viejo **5.** bonito **6.** rubio **7.** vivo **8.** ventana **9.** vez **10.** por favor **11.** suegro **12.** deprimido **13.** siglo **14.** mango **15.** limonada

II. **1.** yo servía **2.** Marcela dormía **3.** Carlos peleaba **4.** nosotros tomábamos **5.** ellas corrían **6.** yo montaba **7.** tú tenías **8.** usted quería **9.** nosotras contábamos **10.** ellos subían

Actividades auditivas

A. **1.** b **2.** b **3.** c **4.** c **5.** a **6.** b **7.** b **8.** b

B. **1.** C **2.** F: Doña Omara dice que es bueno ser vieja. **3.** F: Le gustaba jugar en el parque con sus amigas. **4.** C **5.** F: Escuchaban programas de radio. **6.** F: Vivían en una casa pequeña en Guantánamo. **7.** C **8.** F: Doña Omara y sus amigas jugaban al escondite en el parque. **9.** C **10.** F: Ánika y su abuela deciden jugar al escondite.

VIDEOTECA

Amigos sin Fronteras

A. **1.** Están en casa de Sebastián. **2.** Están mirando algo en el iPad.

B. **1.** b **2.** c **3.** a **4.** e **5.** d

C. **1.** C **2.** F **3.** F **4.** F **5.** F

D. **1.** Le tiraba los globos a la gente que entraba a su casa. **2.** La golpeaban con el pie. **3.** Prepara pizza. (Compra una pizza.) **4.** Porque tenía miedo.

Mi país

Preparación para el video.

1. c   **2.** c

Comprensión del video.

1. C   **2.** F   **3.** C   **4.** F   **5.** C   **6.** C   **7.** F   **8.** C

¡A LEER!

¿Sabías que… ?   **1.** b   **2.** d   **3.** a   **4.** c

Galería.   **1.** c   **2.** f   **3.** e   **4.** d   **5.** a   **6.** b

Conexión cultural. 9, 1, 6, 2, 5, 3, 7, 4, 8

CAPÍTULO 11

¡A ESCRIBIR!

A.   **1.** ¡Cuántos truenos y relámpagos!   **2.** ¡Qué verano tan caluroso!   **3.** ¡Qué poca agua tienen los ríos y los lagos este año!   **4.** ¡Qué bonito es ver el rocío por las mañanas!   **5.** ¡Cuántos días soleados tenemos en Murcia!   **6.** ¡Cuántos peces de colores y corales he visto estas vacaciones!   **7.** ¡Cuánta lluvia ha caído hoy!   **8.** ¡Qué vientos tan fuertes!   **9.** ¡Cuánta escarcha había esta mañana!   **10.** ¡Qué neblina tan espesa había anoche, ¿verdad?!

B.   **1.** He estado   **2.** orilla   **3.** Habéis vuelto   **4.** ha estado   **5.** selva   **6.** ha hecho   **7.** montañas   **8.** desiertos   **9.** bosques   **10.** has visto   **11.** he visto   **12.** has ido   **13.** he ido   **14.** hemos estado   **15.** costa   **16.** han dicho   **17.** isla   **18.** he escuchado   **19.** arrecifes   **20.** he escrito

C.   **1.** c   **2.** d   **3.** f   **4.** b   **5.** a   **6.** e   **7.** l   **8.** j   **9.** g   **10.** h   **11.** i   **12.** k

D.   **1.** Hice la reserva en línea ayer por la tarde, pero no la he traído conmigo.   **2.** Sí, aquí está mi DNI.   **3.** Sí, tengo el carnet de conducir español.   **4.** Necesito un coche para siete personas.   **5.** Mejor de marchas, por favor.   **6.** La verdad, lo prefiero de gasoil.   **7.** No, gracias, tengo mi propio seguro.   **8.** Por una semana, por favor.   **9.** Hoy salgo para Valencia pero voy a viajar por toda España y necesito kilómetros ilimitados.   **10.** Pero ¿tengo que pagar el coche con esta tarjeta de crédito?   **11.** ¿Tengo que pagar extra si uso la tarjeta de crédito?   **12.** No, señor, creo que no tengo más preguntas.

E. De la plaza de toros Maestranza a la universidad: 3, 1, 4, 2   **Del Archivo de Indias a la plaza de España:** 5, 1, 4, 2, 3   **Del puente de San Telmo a la Giralda:** 7, 6, 4, 1, 5, 3, 2

F.   **1.** Vengan   **2.** Piensen   **3.** vean   **4.** Hagan   **5.** escojan   **6.** comiencen   **7.** sáquenlo   **8.** Busquen   **9.** Duerman   **10.** Díganle   **11.** denle   **12.** Cierren   **13.** estén   **14.** sepan   **15.** pónganle   **16.** sean   **17.** Conozcan   **18.** vayan   **19.** Empiecen   **20.** Vuelvan

G.   **1.** b   **2.** d   **3.** a   **4.** j   **5.** g   **6.** i   **7.** e   **8.** f   **9.** c   **10.** h

H.   **1.** viajaba   **2.** conocía   **3.** Tenía   **4.** estaba   **5.** estaba   **6.** había   **7.** estaba   **8.** esperaba   **9.** hablé   **10.** hacían   **11.** viajaban   **12.** tuve   **13.** hizo   **14.** llegué   **15.** facturé   **16.** pasamos   **17.** fuimos   **18.** abordé   **19.** crucé   **20.** empezaron

I.   *Answers will vary.*

EXPRÉSATE

Escríbelo tú. *Answers will vary.*

ENLACE AUDITIVO

Ejercicios de ortografía

I. **1.** caro **2.** tierra **3.** perro **4.** carro **5.** pero **6.** carretera **7.** arriba **8.** primero **9.** maletero **10.** arrecife

II. **1.** ¡Qué seco es este desierto! **2.** ¡Cuánta lluvia! ¿Cuándo va a hacer sol? **3.** ¡Qué selva más calurosa! **4.** ¡Cuántos carros! ¿Por qué hay tanto tráfico hoy? **5.** ¡Cuánta neblina! Es peligroso manejar esta noche.

III. **1.** Cómpreme el boleto hoy. **2.** ¿Las reservas? Hágalas mañana. **3.** Levántense temprano para llegar a tiempo. **4.** Dígale su nombre al empleado. **5.** Cuéntenos de su viaje. **6.** ¿Las entradas? Páguenlas con dinero en efectivo. **7.** ¿Los zapatos? Pónganlos en esa maleta. **8.** Tráigame el itinerario mañana. **9.** ¿El equipaje? Llévenlo al mostrador. **10.** ¿Los documentos? Sáquenlos y denme sus pasaportes.

Actividades auditivas

A. **1.** C **2.** C **3.** F **4.** C **5.** C **6.** C **7.** F **8.** C **9.** F **10.** C

B. **1.** Ana Sofía **2.** Semana Santa **3.** estatuas de barro **4.** Costa Rica **5.** España **6.** leído; Barcelona **7.** Madrid **8.** cien; tren; dinero **9.** barato; estudiantes

VIDEOTECA

Amigos sin Fronteras

A. 1, 3, 4, 5, 7, 8, 10

B. **1.** e **2.** b **3.** c **4.** d **5.** a

C. **1.** F **2.** C **3.** F **4.** F **5.** F

D. **1.** seis **2.** regular **3.** que tuvo que ir al baño **4.** Empezó a arreglarse el pelo. **5.** la playa (de Santa Mónica)

Mi país

Preparación para el video.

1. a, c **2.** b, c

Comprensión del video.

1. Andalucía **2.** Andalucía **3.** Madrid **4.** Barcelona **5.** Barcelona **6.** Madrid **7.** Barcelona **8.** Madrid **9.** Madrid **10.** Andalucía

¡A LEER!

¿Sabías que... ? **1.** d **2.** a **3.** b **4.** b

Galería. **1.** c, j **2.** d, f **3.** e, i **4.** a, g **5.** b, h

Conexión cultural. **1.** en Andalucía / el sur de España **2.** la cultura de los moros, de los judíos y de los gitanos **3.** dolor y sentimiento: la queja de los gitanos porque son gente pobre y perseguida **4.** Paco de Lucía, guitarrista; los cantaores El Lebrijano, Camarón de la Isla y Enrique Morente **5.** la mezcla del flamenco con otros estilos musicales **6.** Se formó en Barcelona y combina hip hop, reggae y rock con ritmos flamencos. **7.** Chambao **8.** Sara Baras **9.** Es de Los Ángeles, Estados Unidos, pero vive y trabaja en Jerez de la Frontera. **10.** La fundadora del grupo mezcla sus raíces mexicoamericanas con la cultura de Andalucía.

CAPÍTULO 12

¡A ESCRIBIR!

A. **1.** muela **2.** las encías **3.** sangre **4.** el codo **5.** la muñeca **6.** costillas **7.** pulmones **8.** el hígado **9.** el corazón **10.** la garganta **11.** los oídos **12.** La rodilla **13.** las caderas **14.** el tobillo **15.** pestaña

B. **1.** Es una parte del cuerpo externa que sirve para caminar, saltar, correr y bailar.; dos **2.** Es una parte del cuerpo externa que sirve para comer todo tipo de comida, hablar, cantar, silbar y besar.; una **3.** Es una parte del cuerpo externa que sirve para tocar, comer alguna comida, escribir y tocar la guitarra.; diez **4.** Es una parte del cuerpo externa que sirve para oler, respirar, estornudar e inhalar.; una **5.** Es un órgano interno que sirve para mandar la sangre por todo el cuerpo.; uno **6.** Es un órgano interno que sirve para oír, escuchar y poner atención.; dos

C. **1.** e: te pongas, salgas **2.** d: beba, coma **3.** a: se queden, tomen **4.** c: des, hagan, hablen **5.** b: se ponga, ponga, use

D. **1.** tenga la nariz tapada **2.** te cortes **3.** tengan los ojos rojos y secos **4.** les duelan las muelas **5.** tengan alergias **6.** te duela el oído **7.** te duela la cabeza **8.** les duela la garganta **9.** tengas un resfriado fuerte y tos **10.** tengan un esguince en el tobillo **11.** tengas fiebre **12.** tengan gripe

E. **1.** Acuéstese aquí para escucharle el corazón a su bebé. **2.** Quítese la chaqueta y deme el brazo para ponerle la vacuna. No se ponga nerviosa. **3.** Muéstreme la receta que le dio el médico; no me pague todavía. **4.** Deme los documentos de su seguro médico. **5.** Dígame qué pierna le duele. **6.** Dígame qué muela le duele. **7.** Explíqueme qué síntomas tiene, para ver si son los síntomas de la gripe. **8.** Abra el ojo y no se mueva. **9.** Cuénteme qué siente. ¿Por qué está enojado?

F. **1.** Al cardiólogo **2.** intente **3.** diagnostique **4.** aconseje **5.** A los enfermeros **6.** les pongan **7.** les tomen **8.** atiendan **9.** Al cirujano **10.** se ponga **11.** haga **12.** les pida **13.** A la psiquiatra **14.** trate **15.** recete

G. **1.** se le rompieron **2.** se me olvidó (se me quedó) **3.** Se me rompió **4.** se me perdió **5.** se les quedaron / se les olvidaron **6.** se les descompuso

H. (*first part*) 5, 3, 1, 2, 4 (*second part*) 10, 7, 6, 9, 8

I. *Answers will vary. Possible answers:* **1.** presionen el puente de la nariz con el pulgar, que mantengan la presión y luego que la quiten. **2.** Les sugiere que se cubran la cara con las dos manos, que pongan un poco de presión y que se den un masaje en las sienes. **3.** Puedes agarrarte el pie y presionarlo con los pulgares y luego darse un masaje vigoroso por la planta del pie. **4. a.** Pongan los dedos en la cara debajo de los ojos y presionen hacia arriba. Mantangan la presión tres segundos, luego presionen hacia abajo. Repítanlo tres veces. **b.** Agarren el muslo con las manos y presionen con los pulgares. Mueven los pulgares hacia arriba y hacia abajo. **c.** Pongan los dedos índices en las orejas y muévanlos adelante y atrás con un poco de presión. **5. a.** Póngase las palmas de las manos a los lados de la cabeza y presione la cabeza. Mueva los dedos por el cráneo (la calavera). Presione y repita. **b.** Agárrese el área afectada entre el pulgar y los dedos y haga un poco de presión. Presione firmemente. **c.** Mire arriba, a la izquierda, abajo y a la derecha. Haga de una a tres movimientos seguidos.

EXPRÉSATE

Escríbelo tú. *Answers will vary.*

ENLACE AUDITIVO

Ejercicios de ortografía

I. **1.** Tu; tú **2.** Te; té **3.** Sí; si **4.** Mi; mí **5.** de **6.** sé; se **7.** dé; de **8.** si; sí **9.** tu **10.** tú; mi; si; él

II. **1.** Señorita Gómez, quiero que me busque el estetoscopio. **2.** Usted traduce muy bien del inglés al español. Por favor, tradúzcame este documento. **3.** Doctor, quiero que me explique el tratamiento.

4. Omar, te recomiendo que recojas las cápsulas esta tarde en la farmacia. 5. En cuanto empiecen los dolores, le aconsejo que practique la meditación. 6. Quiero hablar contigo antes de que le entregues el informe al doctor. 7. Cuando consiga los resultados del análisis de sangre, comuníquese conmigo. 8. Si quieren comenzar la operación temprano, comiencen en media hora. 9. Está bien, pero el doctor no quiere que empecemos tan pronto. 10. El cirujano debe llegar ahora. Espero que no llegue tarde.

Actividades auditivas

A. (*Nombre*) Franklin Sotomayor Sosa (*Síntomas*) congestión, estornudos, fiebre, insomnio, tos, dolor de cabeza, dolor en los pulmones (*Diagnóstico*) bronquitis; la garganta (*Recomendaciones*) descansar; trabajar; quedarse; beber (*Receta*) antibiótico; una; cuatro

B. **1.** F **2.** C **3.** F **4.** C **5.** F **6.** C **7.** F **8.** F **9.** C **10.** F

VIDEOTECA

Amigos sin Fronteras

A. **1.** c **2.** a

B. **1.** d **2.** c **3.** b **4.** a **5.** d **6.** e **7.** b **8.** a

C. 1. C **2.** F **3.** C **4.** C **5.** C

D. **1.** porque ella tiene consejos / remedios caseros **2.** Le duele el pecho cuando tose. **3.** Franklin le va a llevar el jarabe. **4.** Le escucha los pulmones con el estetoscopio y le toma la temperatura. **5.** (*any one of these*) que el jarabe es muy bueno / que su madre también lo prepara y él lo ha tomado muchas veces / que el sabor no es tan malo como Sebastián cree.

Mi país

Preparación para el video.

1. c **2.** c

Comprensión del video.

1. d **2.** f **3.** g **4.** c **5.** b **6.** a **7.** h **8.** e

¡A LEER!

¿Sabías que… ? **1.** d **2.** a **3.** b **4. a.** azúcar **b.** almohada **c.** algodón **d.** jarabe **e.** aceite **f.** alberca **g.** albaricoque

Galería. **1.** Parque Nacional Médanos de Coro **2.** Isla Margarita **3.** Salto Ángel **4.** el joropo **5.** el teleférico de Mérida

Conexión cultural. **1.** El Sistema; Misión Barrio Adentro **2.** todos los gobiernos de Venezuela, Hugo Chávez **3.** educación, entrenamiento y rehabilitación **4.** (*any order*) Gustavo Dudamel; Joén Vásquez; Edicson Ruiz **5.** bienestar; médica; dental; pobres **6.** entrenamiento en deportes

CAPÍTULO 13

¡A ESCRIBIR!

A. **1.** (*Any order, any number of items*) nos besamos; nos comprendemos; nos tomamos de la mano; nos queremos mucho **2.** (*Any order*) se enojan; se golpean; se gritan; se insultan; se pelean **3.** (*Any order*) se comunican por Skype; se envían emails; se escriben por Facebook; se hablan por teléfono; se textean

B. **1.** estamos **2.** estamos **3.** estamos **4.** es **5.** es **6.** es **7.** está **8.** está **9.** son **10.** es **11.** están **12.** es **13.** es **14.** soy **15.** estoy

C. **1.** ¡Que te las traiga mi hermana! **2.** ¡Que lo recoja mami! **3.** ¡Que lo apague mi hermana! **4.** ¡Que las tienda mi hermana! **5.** ¡Que lo saque a pasear mi hermana! **6.** ¡Que la saque mi hermana! **7.** ¡Que vaya ella sola!

D. **1.** llegues **2.** llega **3.** te laves **4.** lávatelas **5.** riegues **6.** riégalas **7.** comas **8.** come **9.** recojas **10.** recoge **11.** juegues **12.** juega **13.** hagas **14.** hazla

E. **1.** c: comiencen **2.** d: busquen **3.** a: se respeten **4.** e: planeen **5.** b: digan

F. **1.** eran **2.** no fue nada grave **3.** no lo he hecho nunca más **4.** me relajaba **5.** estaba **6.** apagué **7.** se levantaban **8.** se enojó **9.** castigó

G. **1.** ¡La loca de mi hermana Janira! ¡Era tan traviesa! Siempre estaba subiéndose a los árboles. Le encantaba hacer eso. Ángela: Franklin, ¿y tú también te subías? Franklin: A veces, pero no tanto como mi hermana. **2.** ¡Mi foto favorita! Mira cómo nos divertíamos mi primo Pedro y yo durante el bautizo de mi hermana Janira. ¡Estábamos haciendo caras locas los dos! Nayeli: ¿Cuántos años tenían tu primo y tú en esa foto, Franklin? Franklin: Los dos teníamos seis años aproximadamente. Nos gustaba mucho jugar juntos pero mi primo vivía en otra ciudad, en Caguas, y solo nos veíamos de vez en cuando. **3.** Lo mejor de esta foto: la cara de felicidad al ponerse los anillos. Yo creo que mi primo nunca ha estado tan feliz en su vida. La verdad es que fue un gran día. Claudia: Parece que fue un gran día para todo ustedes. Me imagino que todos estaban muy contentos. Ana Sofía: ¡Qué suerte que pudiste estar allí con ellos! Y pronto vamos a celebrar ese mismo momento contigo y con Estefanía. **4.** Aquí estábamos saliendo de la boda de mi tía Lili. Janira y yo estábamos muy enojados porque queríamos ir a jugar al parque que había enfrente de la iglesia, pero nuestros padres no nos lo permitieron. Lucía: ¿Querían jugar en el parque con la ropa nueva? Franklin: Sí claro, lo importante para nosotros era jugar; para mí, con ocho años y para mi hermana con tres, la ropa no era un problema. Pero al final no jugamos. Mis padres no nos dejaron.

H. **1.** hablaba; he hablado; hablé **2.** me portaba; se portó; se ha portado **3.** castigaban; hemos castigado; castigamos **4.** escuchaba; he escuchado; escuché **5.** había; hubo; hay

I. **Parte 1.** **1.** d **2.** b **3.** c **4.** a **Parte 2.** *Answers will vary.*

EXPRÉSATE

Escríbelo tú. *Answers will vary.*

ENLACE AUDITIVO

Ejercicios de ortografía

I. **1.** frío **2.** media **3.** día **4.** energía **5.** farmacia **6.** oír **7.** cuidado **8.** divorcio **9.** anuncia **10.** se gradúa **11.** negocios **12.** suegro **13.** país **14.** se peina **15.** hacía

II. **A.** **1.** ¿Cómo se llama el novio de Claudia? **2.** ¿Cuándo es su cita con el director? **3.** ¿Dónde tiene lugar la boda? **4.** ¿Quién paga los gastos? **5.** ¿De qué color es el vestido de la suegra? **6.** ¡Qué anillo más caro! **7.** ¡Qué moderna es esta iglesia! **8.** ¿Por qué se textean durante la ceremonia? **9.** ¡Cuántas personas hay en esta fiesta! **10.** ¡Qué cariñosa es la hermanita de la novia!

B. **1.** varón **2.** modelos **3.** así **4.** noten **5.** mamá **6.** retrato **7.** castigo **8.** estrés **9.** salgan **10.** ojalá

C. **1.** pastel **2.** amistad **3.** difícil **4.** niñez **5.** infantil **6.** líder **7.** móvil **8.** valor **9.** juventud **10.** útil

D. **1.** simpática **2.** íntimo **3.** típico **4.** característica **5.** matrícula **6.** préstamo **7.** crítica **8.** católicos **9.** gramática **10.** América

E. **1.** psicología **2.** librería **3.** baúl **4.** tecnología **5.** continúa **6.** había **7.** todavía **8.** mío **9.** guía **10.** acentúa

F. **1.** El cura habló con los novios después de la boda. **2.** Mi comadre me llamó anoche pero estaba muy cansada y no contesté el teléfono. **3.** Mi ahijada se graduó en la universidad y se puso muy contenta cuando abrió el regalo que le compré. **4.** Quise asistir a la boda de mi vecino ayer, pero no pude porque tuve que trabajar. **5.** Mi hijo me desobedeció y para castigarlo le quité la patineta por una semana.

G. **1.** De niños, mi hermano y yo peleábamos mucho. **2.** Nuestra madre nos separaba y luego mi hermano y yo nos pedíamos perdón. **3.** De niña, leía mucho pero mi hermano prefería jugar videojuegos. **4.** Cuando mi abuelo era niño, los videojuegos no existían. **5.** Cuando éramos adolescentes, mis amigos y yo nos texteábamos durante las clases.

H. **1.** Llévale los papeles al director. **2.** Báñate y acuéstate porque ya es tarde. **3.** Explícales las instrucciones a Carmen y Eloy, luego explícamelas a mí. **4.** Entrégueme la tarea hoy, por favor. **5.** Despiértense y pónganse la ropa porque las clases comienzan en media hora.

Actividades auditivas

A. **1.** Descansa **2.** Habla **3.** Explícale **4.** Pídele **5.** Busca **6.** Disfruta

B. **1.** g **2.** e **3.** d **4.** c **5.** a **6.** h **7.** b **8.** f

VIDEOTECA

Amigos sin Fronteras

A. **1.** la boda **2.** enojada **3.** confundido

B. **1.** d **2.** a **3.** e **4.** c **5.** f **6.** g **7.** b

C. **1.** C **2.** C **3.** F **4.** F **5.** C

D. **1.** (*Any two*) guapo, simpático, talentoso, muy buena gente, popular con las chicas, un «don Juan» **2.** las fotos de la boda de su tía Margarita **3.** Dice que va solo si Nayeli le hace un café. **4.** que es una mujer valiente **5.** El cura los casa afuera de la casa del novio y él lleva su pijama.

Mi país

Preparación para el video.

1. b **2.** b

Comprensión del video.

1. Puerto Rico **2.** Puerto Rico/República Dominicana **3.** República Dominicana **4.** Puerto Rico **5.** Puerto Rico **6.** Puerto Rico **7.** Puerto Rico/República Dominicana **8.** República Dominicana **9.** Puerto Rico **10.** República Dominicana

¡A LEER!

¿Sabías que… ? **1.** b **2.** a **3.** c **4.** a, c, e, f, i, k, m, ñ, o

Galería. **1.** Es Puerto Rico. **2.** el coquí y el Fuerte San Felipe del Morro **3.** Haití y la República Dominicana **4.** Cristóbal Colón, Hernán Cortés y Francis Drake

Conexión cultural. **1.** por los hermosos paisajes de la isla, sus playas, ríos y lagos **2.** los indígenas taínos **3.** Puerto Rico, Cuba, Guam y las Filipinas **4.** Es un Estado Libre Asociado de Estados Unidos. **5.** independencia absoluta; Estado Libre Asociado con más soberanía; anexión total a Estados Unidos **6.** *Answers will vary.*

CAPÍTULO 14

¡A ESCRIBIR!

A.   1. Para pedirle a Estefanía que se case conmigo, compré un anillo de compromiso de oro blanco y diamantes por dos mil cuatrocientos cincuenta dólares.   **2.** Para cortarle el pelo a mi perro Chulis, compré unas tijeras de acero inoxidable por quince dólares.   **3.** Para no tener frío cuando vaya a esquiar, compré un suéter de lana por sesenta y siete dólares.   **4.** Para surfear en las playas de California, compré una tabla de surfeo de fibra de vidrio por quinientos dólares.   **5.** Para caminar cómodamente, compré unos zuecos de cuero por ciento veinte dólares.   **6.** Para mandarles a mis padres un paquete, compré una caja de cartón por tres dólares.

B.   1. b: para   **2.** c   **3.** a: por   **4.** a   **5.** b: para   **6.** c: por   **7.** b: Para   **8.** a: Por   **9.** b: para   **10.** d: para   **11.** c: para   **12.** a: por

C.   1. b   **2.** e   **3.** f   **4.** a   **5.** g   **6.** c   **7.** d

D.   2, 5, 4, 6, 1, 8, 3, 9, 7, 14, 13, 12, 10, 11

E.   1. Sí, por favor, córtemela en filetes.   **2.** Sí, claro, se los envuelvo ahora mismo.   **3.** Pónganoslas de chocolate y vainilla, por favor.   **4.** Sí, me lo dio anoche.   **5.** No, todavía no nos los han traído.   **6.** Está poniéndoselo ahora mismo.   **7.** Por favor, tráigamelos más grandes.   **8.** Sí, por favor, envuélvanosla.

F.   1. La   **2.** lo   **3.** les   **4.** me   **5.** Le   **6.** se lo   **7.** Me lo   **8.** se lo   **9.** Le   **10.** nos lo   **11.** Se lo   **12.** me lo

G.   1. dárselo   **2.** cinco mil setecientos cincuenta quetzales   **3.** sea   **4.** trece mil cuatrocientos cuarenta quetzales con treinta y cinco centavos   **5.** la compren   **6.** comprarla   **7.** se lo van a comprar (van a comprárselo)   **8.** treinta y ocho mil quetzales

H.   Parte 1.   1. (*Any order*) Casi nunca mira en la sección de las ofertas ni la mercancía barata. Gasta más de lo que puede pagar con su sueldo. Pide préstamos para comprar cosas que no necesita. Quiere comprar coches y otros artículos de lujo que no son necesarios. Siempre compra a crédito y muchas veces no puede pagar al final del mes.   **2.** (*Any order*) Ahorra dinero para las emergencias de la vida. Compra lo que realmente necesita y es indispensable. Compra solamente las cosas que necesita y las paga en efectivo. Intenta gastar solo lo necesario y ahorrar el resto.   **Parte 2.   1.** un comprador compulsivo pague las tarjetas de crédito completamente todos los meses   **2.** un comprador responsable está más tranquilo mentalmente que un comprador compulsivo   **3.** un comprador responsable prefiera pagar en efectivo en vez de usar tarjetas de crédito   **4.** el historial de crédito de un comprador compulsivo sea bueno   **5.** un comprador responsable los paga a tiempo / un comprador responsable paga los préstamos a tiempo

I.   *Answers will vary.*

EXPRÉSATE

Escríbelo tú. *Answers will vary.*

ENLACE AUDITIVO

Ejercicios de ortografía

I.   A.   1. Tengo tu dinero y quiero dártelo ahora.   **2.** Aquí está mi raqueta. Voy a prestártela.   **3.** Eloy tiene mis herramientas. Necesito pedírselas.   **4.** Me haces preguntas tontas. No tengo que contestártelas.   **5.** Este es mi cuñado. Quiero presentártelo.

B.   1. ¿La blusa? Estoy planchándola en este momento.   **2.** La licuadora no se lava. ¿Por qué estás lavándola?   **3.** ¿Los regalos? Luis y Marta están escogiéndolos ahora.   **4.** Sí, yo tengo las tijeras. Estoy poniéndolas en su lugar.   **5.** Ese es mi anillo. ¿Estás limpiándolo? ¡Gracias!

II.   A.   1. Y tu sobrina, ¿dónde vive ella?   **2.** Ayer fui a una tienda de segunda y ¡qué barato está todo allí!   **3.** ¡Cuánta gente hay hoy en el mercado!   **4.** Estefanía, ¿cuánto piensas gastar en tu boda?   **5.** Y esas herramientas, ¿de quién son?

B.   1. Mi amigo Jorge nació el quince de abril.   **2.** Hoy es viernes y después de clases pensamos ir al cine Robles donde ponen la película *También la lluvia*.   **3.** En mi familia somos cristianos y celebramos la Navidad, pero mi cuñada es judía y ella siempre nos invita a celebrar la primera noche del Janucá en su casa.   **4.** ¿Has leído la novela *Cien años de soledad* de Gabriel García Márquez?   **5.** Los sábados nos gusta salir a cenar en el restaurante Plato Picante. Allí sirven comida mexicana y peruana. **6.** Pasamos el mes de mayo en Europa. Visitamos España y Alemania. En España por supuesto hablamos español, pero en Alemania casi todos hablaban bien el inglés y no pudimos aprender mucho alemán.

III. —Lucía, ¿puedes ir de compras conmigo mañana? —le preguntó Eloy a su amiga.
—Sí, claro —respondió ella—. Ya sabes que siempre encuentro los mejores precios.
—¡Es verdad! —exclamó Eloy—. Tienes un talento especial para encontrar gangas.
—Gracias —dijo Lucía.
—Entonces, paso por tu casa temprano —sugirió él—, a las diez de la mañana. ¿Está bien?
—Sí, claro —contestó ella—. ¡Pero las diez no es muy temprano!

Actividades auditivas

A.   1. blanco de rayas azules; le quedó/queda muy apretado (no le quedó/queda bien)   **2.** talla diez; se subió la cremallera totalmente   **3.** el vestido y el saco; tiene dinero   **4.** los/unos zapatos; la bolsa   **5.** asistir a su fiesta (de cumpleaños); bailar mucho

B.   1. Tienen duplicados de muchas cosas; van a hacer una venta de zaguán.   **2.** Prefiere vender las cosas porque quiere tener más dinero para comprar lo que les haga falta.   **3.** Prefiere comprar una buena cama, tamaño King.   **4.** porque hay tantas cosas por todos lados   **5.** en el *Pennysaver*, para dentro de dos semanas (para el sábado quince).   **6.** con la de Franklin / la de madera porque ella también la prefiere; es hermosa y elegante   **7.** Va a poner todos los objetos pequeños en el estudio. (Va a empezar a separar las cosas.)

VIDEOTECA

Amigos sin Fronteras

A. *Answers will vary.*

B.   1. d   **2.** a   **3.** b   **4.** d   **5.** b   **6.** b   **7.** d   **8.** c

C.   1. F   **2.** F   **3.** C   **4.** C   **5.** F

D.   1. Ana Sofía quiere una silla. Claudia quiere un televisor.   **2.** Dice que cuesta ochenta dólares o la mejor oferta (OBO).   **3.** Comenta que es perfecto porque Ana Sofía va a poder regatear.   **4.** Se pone contenta porque es la misma dirección de donde venden la silla y pueden ir todos y ayudar a Claudia a regatar.   **5.** Lo vende porque está recién casado y tienen dos, uno de él y otro de su esposa.

Mi país

Preparación para el video.

1. b   **2.** c

Comprensión del video.

1. g   **2.** h   **3.** f   **4.** a   **5.** e   **6.** b   **7.** c   **8.** d

¡A LEER!

¿Sabías que... ?   **1.** b   **2.** a   **3.** c   **4.** a   **5.** c

Galería. (*Details will vary.*)   **1.** el lago de Atitlán: Está en el departamento de Sololá, al noroeste de la Ciudad de Guatemala. Está rodeado de tres volcanes. Tiene una profundidad de unos 350 metros, o

1150 pies. Para muchos es el lago más bello del mundo.   **2.** el quetzal: Es un símbolo nacional. Tiene plumaje verde y una cola larga. También lo llaman «pájaro serpiente». Es un pájaro sagrado en la tradición maya. El quetzal es la moneda de Guatemala.   **3.** la iglesia de San Andrés Xecul: La fachada parece estar hecha de dulces. El diseño de la fachada es como el huipil. Está en el departamento de Totonicapán.   **4.** el huipil: Los diseños de los huipiles indican el lugar de origen, el estado civil, la clase social y el tipo de evento al que asiste la persona que lo lleva. Tradicionalmente, los colores se obtenían de flores, plantas e insectos.   **5.** Rigoberta Menchú: Fue ganadora del Premio Nobel de la Paz en 1992. Mantiene la costumbre maya de llevar huipil.

Conexión cultural.   **1.** Les dio los telares de cintura. También les dijo qué símbolos debían tejer para decorar sus telas.   **2.** No, no hay textiles muy antiguos en el museo Ixchel porque el clima caluroso y húmedo de la región los destruyó.   **3.** Los mayas están perdiendo su tradición y su identidad porque la sociedad está cambiando muy rápido a causa de la globalización.   **4.** Vienen de los dibujos que hay en la cerámica antigua porque la cerámica antigua sí se ha conservado.   **5.** En el primer párrafo se habla del mestizaje que surgió con la llegada de los españoles. En el segundo párrafo se habla de la globalización que causa que los grupos indígenas pierdan sus tradiciones e identidad. En el tercero se habla del mestizaje cultural y religioso debido a la conquista, la colonización y a la influencia extranjera (el turismo y la cultura popular, especialmente de Estados Unidos).

CAPÍTULO 15

¡A ESCRIBIR!

A.   1. —¿Hará el viaje solo o con otra persona?   **2.** —¿Será famoso?   **3.** —¿Tendrán muchos hijos?   **4.** —¿Podrá lograrlo? (¿Lo podrá lograr?)   **5.** —¿Irán a la universidad para conocer a los amigos del club en persona?   **6.** —¿Tendrá muchos pacientes hispanos?   **7.** —¿Querrá seguir con su novio?

B.   1. harán   **2.** abriré   **3.** empezaré   **4.** harás   **5.** participaré   **6.** ahorraré   **7.** nos casaremos **8.** querremos   **9.** tendremos   **10.** viajaré   **11.** Vendrán   **12.** iré   **13.** empezaré   **14.** iremos

C.   1. no se puede respirar aire puro   **2.** se pueda respirar aire puro   **3.** hay muchas personas sin casa   **4.** no haya tantas personas viviendo en la calle   **5.** muchas personas no tienen seguro médico **6.** todo ciudadano tenga seguro médico   **7.** una parte de la sociedad aún no respeta los derechos civiles de otras personas   **8.** la sociedad respete los derechos civiles de todos los ciudadanos   **9.** muchas personas no son conscientes de la necesidad de reciclar   **10.** todo el mundo sepa que es necesario y usar de nuevo los productos de papel, cartón, vidrio y plástico

D.   1. sepan   **2.** tiren   **3.** separen   **4.** usen   **5.** empecemos   **6.** haya   **7.** usen   **8.** ocurra **9.** haya   **10.** puedan   **11.** lleguen   **12.** vayan   **13.** necesiten   **14.** deba   **15.** resuelva

E.   Parte 1.   b. Compraríamos, instalaríamos   **c.** Deberían, podrían   **d.** Guardaría   **e.** pondría **f.** mandaría   **Parte 2.   1.** f   **2.** d   **3.** e   **4.** c   **5.** b

F.   1. tuviera   **2.** podríamos   **3.** tuviera   **4.** saldría   **5.** supiera   **6.** arreglaría   **7.** estuviera **8.** enseñaría   **9.** Quisiera   **10.** haría   **11.** pidiera   **12.** llamaras   **13.** dijeras   **14.** explicaría

G.   1. te da rabia   **2.** los ríos y los océanos contaminados   **3.** la sequía   **4.** desperdiciar el agua **5.** nos urge   **6.** reciclar   **7.** usar envases reusables   **8.** la agricultura orgánica   **9.** pesticidas   **10.** salud

H.   1. le parece muy necesario proteger el medio ambiente. Por eso, va a su trabajo en autobús en vez de manejar y usa energía renovable.   **2.** les llaman la atención todas las especies que hay en peligro de extinción y les da rabia que se destruya la fauna del planeta. Por eso, les gusta participar en la creación de reservas para proteger el hábitat de estas especies y quieren que se impongan fuertes restricciones para la caza de estas especies animales.   **3.** nos afecta y nos molesta la contaminación del aire. Por eso, participamos en campañas para que los ciudadanos usen transporte público y ayuden a reducir la cantidad de esmog que se produce.   **4.** me urge empezar a usar la energía solar porque es mucho más limpia y eficiente que la energía nuclear. Por eso, quiero instalar paneles solares en la futura casa que tengamos Franklin y yo.   **5.** te preocupa el problema de la lluvia ácida? ¿Piensas que si la gente usara más carros híbridos y medios de transporte público, se podría reducir la cantidad de humo tóxico que emiten los carros?

I. *Answers will vary.*

EXPRÉSATE

Escríbelo tú. *Answers will vary.*

ENLACE AUDITIVO

Ejercicios de ortografía

I. **1.** pondrías **2.** aprenderemos **3.** irían **4.** escribirá **5.** habrá **6.** haremos **7.** se casarán **8.** comeréis **9.** tendrían **10.** ganarán **11.** visitarías **12.** volverán **13.** verás **14.** podremos **15.** viviré

II. **A.** **1.** Ayer por la mañana limpié mi cuarto y organicé mis papeles. **2.** Mi mamá se levantó temprano, tomó café y salió para el trabajo. **3.** Mis hermanas jugaron muchas horas en su cuarto. **4.** Mi hermano instaló un nuevo programa en su computadora, grabó un video y lo subió a YouTube. **5.** Mi papá regresó temprano del trabajo y fuimos todos al cine. **6.** Vimos una nueva película que a mí no me gustó mucho, pero que a mis hermanas les encantó. **7.** Mi madre volvió más tarde del trabajo y mi padre le ayudó a preparar la cena. **8.** Cené con la familia y luego lavé los platos mientras mi hermano barrió el piso. **9.** Mis amigos fueron a un concierto pero yo hice investigaciones en línea y escribí un informe para mi clase de historia. **10.** Luego pasé una hora actualizando mi Facebook y me acosté a la una de la mañana.

B. **1.** tenía **2.** peleábamos **3.** pasábamos **4.** era **5.** tenía **6.** quería **7.** sabía **8.** prefería **9.** hacía **10.** comía **11.** podía **12.** jugábamos **13.** usábamos **14.** éramos **15.** leíamos **16.** andábamos **17.** salíamos **18.** pasábamos **19.** íbamos **20.** quedábamos **21.** jugábamos **22.** hacíamos

C. **1.** Marcela, ¿a qué hora se acostarán tus parientes? **2.** Mis sobrinos estarán muy cansados y se acostarán temprano, pero mis cuñados se quedarán a hablar un rato con nosotros. **3.** Hija, si no pasaras tanto tiempo leyendo tu Facebook, tendrías más tiempo para estudiar. **4.** Ya sé papá, pero entonces, ¡no podría tener muchos amigos! **5.** Me casaré el año que viene y luego mi esposo y yo iremos de luna de miel a Puerto Rico.

D. **1.** Buenos días. ¿Te llamas Lucía? **2.** Sí, Lucía Molina. Mucho gusto. **3.** Igualmente. ¿Vienes con el chico del traje gris? **4.** No, no vengo con él. ¿Quién es? **5.** No sé. ¿Tú lo conoces, Sebastián? **6.** ¿No es tu pariente, Estefanía? **7.** ¡Es verdad! Es mi primo, Damián. ¡Hola, Damián! **8.** ¡Hola, chica! Si me presentas a tus amigos, los invito a tomar un café. **9.** Perfecto, Damián, pero tú sabes que prefiero el té. **10.** Está bien, café o té, lo que tú quieras.

E. **1.** país **2.** actúan **3.** período **4.** tío **5.** espía **6.** guía **7.** oíste **8.** continúa **9.** energía **10.** mío

F. **1.** Báñate y acuéstate, hijo. Ya es tarde. **2.** Levántense todos. Ya son las ocho. **3.** Pónganse estas chaquetas. No se pongan los guantes. **4.** Llámame mañana. No me llames esta tarde. **5.** ¿Las copias de la petición? Ya estoy preparándoselas. **6.** ¿Los fondos para la guardería? Voy a pedírselos ahora. **7.** ¿El documento de inmigración? Estoy guardándolo en este momento. **8.** Por favor, llévale esta carpeta a la asistente. **9.** Por supuesto, voy a llevársela en seguida. **10.** Préstame tu computadora, por favor.

Actividades auditivas

A. **1.** seguir tocando música toda la vida, hasta el último momento. **2.** escribirá varios libros **3.** tener un buen trabajo en informática **4.** una nueva manera de comunicarnos **5.** ocupada (feliz); contenta con su trabajo (feliz) **6.** curan a los enfermos; descubren nuevas medicinas **7.** ganen mucho dinero

B. **1.** son fáciles de conseguir y causan muchas muertes. **2.** estos niños son vulnerables y necesitan protección; hay casi un millón de niños desamparados en Estados Unidos **3.** tiene consecuencias muy negativas; los desempleados pierden sus casas y no tienen qué comer. **4.** un día se acabará el oxígeno; mucha gente no quiere aceptar que hay un gran peligro.

VIDEOTECA

Amigos sin Fronteras

A. **1.** a **2.** b

B. **1.** Nayeli, el teléfono **2.** Eloy, la máquina de escribir **3.** Sebastián, la tecnología **4.** Nayeli, el televisor **5.** Eloy, Nayeli **6.** Claudia, los aparatos electrónicos

C. **1.** F **2.** C **3.** F **4.** F **5.** F

D. **1.** Claudia. **2.** en los bolsillos **3.** No había Internet, ni laptop (computadoras portátiles), ni celulares. **4.** tomar otra siesta / Le recomienda que tome otra siesta.

Mi país

Preparación para el video.

1. b **2.** a, b

Comprensión del video.

1. C **2.** F **3.** F **4.** C **5.** F **6.** F **7.** C **8.** F

¡A LEER!

¿Sabías que... ? **1.** b **2.** a **3.** c **4.** 1d, 2e, 3i, 4h, 5g, 6b, 7f, 8j, 9a, 10c

Galería. **Parte 1.** *Answers for **detalles** will vary.* **1.** el volcán Poás: Está en el Parque Nacional Volcán Poás. Tiene dos cráteres: uno con una laguna de agua caliente y otro con una de agua fría. Es uno de los sitios costarricenses más visitados por los turistas. **2.** el río Celeste: Está en el Parque Nacional Volcán Tenorio. Las aguas son azules por las reacciones químicas entre el agua y los minerales del volcán. **3.** las tortugas marinas: Llegan seis de las especies a las playas de Costa Rica. La tortuga lora, la verde y la baula son tres de las especies de tortuga marina que llegan a Costa Rica. En el Parque Nacional Tortuguero se protegen varias especies de tortugas marinas en peligro de extinción, como la tortuga verde. El mayor número de tortugas lora del planet anida en la playa Ostional en Costa Rica. **Parte 2.** *Answers will vary.* **1.** Anidan en la playa Ostional, en la región de Guanacaste en la costa del Pacífico. **2.** Está en la costa del Caribe y aquí anidan las tortugas verdes. Demuestra una inmensa variedad de flora y fauna a causa de sus varios hábitats. **3.** Aquí se encuentran el río Celeste, el volcán Tenorio, un bosque frondoso, aguas termales y géiseres.

Conexión cultural. **1.** turistas perpetuos **2.** Trabajan en la agricultura (cosechas de café y plátano), en labores domésticas y en fábricas y plantas de grandes compañías. **3.** En 2006 estableció una nueva ley que le da más autoridad al gobierno para encarcelar y deportar a los inmigrantes ilegales. También creó una fuerza policial dedicada a la cuestión de la inmigración ilegal. **4.** Durante los setenta, muchos huían del gobierno de Anastasio Somoza. En los ochenta, la gente se iba porque no estaba de acuerdo con el gobierno revolucionario sandinista y también para escapar de los conflictos políticos entre los sandinistas y los contrarrevolucionarios. **5.** El grupo migratorio: los que llegan para trabajar en la agricultura y solo se quedan por un año; el grupo semipermanente: los que llegan a Costa Rica sin su familia para hacer varios trabajos y vuelven de visita a su país una vez al año; el grupo permanente: los que llegan con toda su familia para trabajar y se quedan a vivir en Costa Rica. **6.** *Answers will vary.*

EXPANSIÓN GRAMATICAL ANSWER KEY

Ejercicio 1. **1.** Sí es mía. **2.** Sí, es tuyo. **3.** Sí, son suyas. **4.** No, no es suyo. Es de Daniel. **5.** Sí son suyas. **6.** Sí, es nuestro. **7.** No, no son suyos. Son de Lucía. **8.** No, no es suya. Es de Rodrigo. **9.** Sí, es mío. **10.** No, no son tuyos. Son del profesor.

Ejercicio 2. **1.** Sí, fui a un concierto. **2.** No, no cené con mis padres. **3.** Sí, escribí un mensaje electrónico. **4.** Sí, compré un coche. **5.** No, no leí una revista. **6.** No, no hicimos un viaje. **7.** Sí, vimos una película buena. **8.** Sí, salimos juntos. **9.** No, no dimos una fiesta. **10.** No, no sacamos muchas fotografías.

Ejercicio 3. —¿Vas a quedarte en casa esta noche? —No, pienso salir al cine. ¿Y tú? —No sé. —¿Por qué no vienes conmigo? —¿Qué piensas hacer después del cine? —Dar una vuelta por el centro. ¿Quieres? —¿Tienes coche? —Claro que sí. ¿Qué dices? —De acuerdo. ¿A qué hora pasas a buscarme?

Ejercicio 4. ¿Qué piensan hacer esta noche? / No sé. ¿Qué quieren hacer ustedes? / ¿Qué les parece ir al cine? Hay una nueva película francesa que tengo ganas de ver. / A ustedes les gustan las películas francesas, pero a mí no. Me aburren. ¿No les gustaría salir a bailar un rato? / Pero ustedes saben que soy el peor bailador de Madrid. ¡No, gracias! ¿Qué tal si hacemos una fiesta en casa? / ¡Excelente idea! Ustedes dos invitan a sus amigos y yo invito a los míos. ¿A qué hora? / ¿Qué les parece si empezamos a las diez?

Ejercicio 5. **1.** El equipo colombiano ganó el partido. **2.** Los bomberos apagaron el incendio. **3.** Un loco atacó a Nayeli y Sebastián **4.** Picasso pintó ese cuadro. **5.** El profesor Sotomayor calificó los exámenes.

Ejercicio 6. **1.** b, c, d **2.** b, c **3.** a, b, c **4.** a, d **5.** a, c

Ejercicio 7. **1.** habíamos limpiado **2.** habían subido **3.** ha visto **4.** se había casado; había nacido **5.** ha hecho **6.** se había duchado **7.** ha viajado **8.** se habían acostado

Ejercicio 8. **1.** para (11) **2.** por (6), por (6) **3.** por (3), por (3) **4.** para (12) **5.** por (3), por (4) **6.** para (12) **7.** para (13) **8.** para (10) **9.** para (9) **10.** por (3) **11.** por (1 or 2) **12.** por (2) **13.** Para (9) **14.** para (11), para (12) **15.** por (4) **16.** por (1) **17.** para (16) **18.** por (5) **19.** por (7) **20.** para (14)

Ejercicio 9. **1.** hubiéramos, habrían **2.** hubiera, habría **3.** hubiera, habría **4.** habrían, hubiera **5.** hubiera, habrían **6.** habríamos, hubiera **7.** hubiera, habría **8.** hubiéramos, habríamos

Ejercicio 10. **1.** has visto, he visto, hayas visto **2.** has leído, he tomado **3.** ha vuelto, ha hecho, se haya ido **4.** has llegado, has dicho, hayas dicho

PHOTO CREDITS

Chapter 1

Page 17: © Richard Levine / Alamy; 18 (top left): © Bill Rogers Photography, (top right): © Joe Raedle/Getty Images, (bottom left): © Richard Levine / Alamy, (bottom right): © Chip Somodevilla/Getty Images; 21 (top): © Steve Granitz/WireImage/Getty Images, (bottom): © Sandy Huffaker/Getty Images.

Chapter 2

Page 38: Courtesy of Departamento de Publicidad y Propaganda, Secretaría Nacional de Turismo—SENATUR, Paraguay; 39 (top, left to right): Courtesy of Departamento de Publicidad y Propaganda, Secretaría Nacional de Turismo—SENATUR, Paraguay, © Mike Theiss/Ultimate Chase/Corbis, © J. Enrique Molina / Alamy, (bottom, left to right): © O. Louis Mazzatenta/National Geographic/Getty Images, © NORBERTO DUARTE/AFP/Getty Images; 41: © Christopher Pillitz/Getty Images.

Chapter 3

Page 59: © Linn Bergbrant/LatinFocus.com; 61 (top, left to right): © altrendo images/Getty Images, © Linn Bergbrant/LatinFocus.com, (bottom, left to right): © KrzysztofDydynski/Lonely Planet Images/Getty Images, © Robert Harding Productions/Getty Images; 62: © Education Images/UIG via Getty Images.

Chapter 4

Page 82: © Paul Franklin/Latin Focus.com; 84 (top, left to right): © Panoramic Images/Getty Images, © Nigel Pavitt/AWL/ Getty Images, © John Mitchell / Alamy, (bottom, left to right): © Paul Franklin/Latin Focus.com, © Pablo Corral Vega/CORBIS; 86: © John Freeman/Getty Images.

Chapter 5

Page 107: © Keren Su/Photodisc/Getty Images; 109 (top, left to right): © paul kennedy/Alamy, © Peter Horree / Alamy, (center, left to right): © Christian Kober/Getty Images, © Bill Raften/Getty Images, (bottom): © Keren Su/ Photodisc/Getty Images; 111: © Courtesy of Círculo de Amigas.

Chapter 6

Page 128: © Steve Allen/Brand X/Getty Pictures; 130 (top, left to right): © Tim Draper/Getty Images, © Time & Life Pictures/Getty Images, © Fred Stein Archive/Archive Photos/Getty Images, (center): © Steve Allen/Brand X/Getty Pictures, (bottom): © Paul Harris/Getty Images; 132: © ASSOCIATED PRESS.

Chapter 7

Page 145: © Rob Melnychuk/Getty Images RF; 152: © Bruno Morandi/Robert Harding/Getty Images; 154 (top, left to right): © Bruno Morandi/Robert Harding/Getty Images, © AFP/Getty Images, © Michelly Rall/Getty Images for Live Earth Events, (bottom, left to right): © Ulf Andersen/Getty Images, © THAIS LLORCA/epa/ Corbis; 156: © Education Images/UIG via Getty Images.

Chapter 8

Page 177: © Dollia Sheombar/Getty Images; 179 (top, left to right): © Dollia Sheombar/Getty Images, © Tim Fitzharris/Minden Pictures/Corbis, (bottom, left to right): © Ingo Arndt/Minden Pictures/Corbis, © Adam Wiseman/Corbis; 181: © Steven dosRemedios/Getty Images; 182: © Sabrina Dalbesio/Getty Images.

Chapter 9

Page 198: © John Warburton-Lee/Getty Images; 200 (left): Author's Image/PunchStock, (right): © James Brunker/ Latin Content/Getty Images; 201 (left): © John Warburton-Lee/Getty Images, (right): © Digital Vision/Getty Images RF; 203: © Design Pics / Keith Levit/Getty Images.